中国文化企业报告

2015

CHINESE
CULTURE ENTERPRISES
REPORT

陈少峰　张立波　王建平◎主编

清华大学出版社

北京

图书在版编目(CIP)数据

中国文化企业报告 2015/陈少峰，张立波，王建平　主编. —北京：清华大学出版社，2015
ISBN 978-7-302-39764-9

Ⅰ. ①中… Ⅱ. ①陈… ②张… ③王… Ⅲ. ①文化产业—企业发展—研究报告—中国—2015
Ⅳ.①G124

中国版本图书馆 CIP 数据核字(2015)第 077135 号

责任编辑：王燊娉　胡花蕾
封面设计：赵晋锋
版式设计：方加青
责任校对：邱晓玉
责任印制：王静怡

出版发行：清华大学出版社
　　　　网　　　址：http://www.tup.com.cn，http://www.wqbook.com
　　　　地　　　址：北京清华大学学研大厦 A 座　　　邮　　编：100084
　　　　社 总 机：010-62770175　　　　　　　　　邮　　购：010-62786544
　　　　投稿与读者服务：010-62776969，c-service@tup.tsinghua.edu.cn
　　　　质 量 反 馈：010-62772015，zhiliang@tup.tsinghua.edu.cn
印 刷 者：清华大学印刷厂
装 订 者：三河市少明印务有限公司
经　　销：全国新华书店
开　　本：180mm×250mm　　　印　张：20.5　　　字　　数：413 千字
版　　次：2015 年 6 月第 1 版　　　　　　　　印　次：2015 年 6 月第 1 次印刷
定　　价：58.00 元

产品编号：062983-01

主　办

主　编

执行主编

副主编

编委(以姓氏笔画为序)

本报告是国家社科基金重大项目"我国文化产业发展战略研究"(批准号：10zd&021)之子课题"中国文化企业发展战略"的阶段性研究成果。

前　言

　　2014年是我国全面深化改革的元年，也是文化产业结构发生重大变化的一年。在这一年里，文化改革举措频频出台，文化相关政策层层跟进，文化市场风云变幻，文化并购风起云涌，林林总总的文化事件、文化热点、文化现象构成了年度文化产业发展的生动图景。特别值得关注的是，2014年是互联网与文化产业深度融合和升级再造的一年，互联网文化产业快速发展。当前，互联网已经渗入影视、动漫游戏、演艺、出版、艺术品、文化旅游等各个行业领域，并悄然改变着整个文化产业的结构和具体业态，众筹模式、弹幕电影、网上直播音乐会、微店、可穿戴设备等层出不穷。与此同时，我国文化企业的业务结构在互联网对文化产业重塑过程中也正在发生着巨变，许多传统业务在市场竞争中逐渐萎缩或被淘汰，有些业务正在或已经被搬到互联网上，互联网思维及要素正在主导文化产业并购和资源整合。平台为王、IP凸显、专业垂直、O2O闭环、延长产业链、股权众筹、在线直播和在线参与等逐步成为文化企业的主流商业模式。进入2015年以来，在经济进入"新常态"和政治"按下改革快进键"的大背景下，文化产业领域的市场化程度会更高，新兴业态发展会更迅猛，产业结构将进入深度整合期。唯改革者进，唯创新者强，唯改革创新者胜，将成为文化企业成长壮大和可持续发展的基本通路和主导旋律。

　　《中国文化企业报告2015》(以下简称"《报告》")正是通过对文化企业经营管理影响的细致描述和深度剖析对以上变革进行回应。在我国经济进入"新常态"之后，文化产业无疑肩负着推动产业结构调整和经济转型升级的重任。如何充分发挥文化产业的引擎作用，如何促进文化产业与相关产业的融合发展；如何给传统文化行业注入互联网基因，如何调整业务结构和创新商业模式，如何促进新旧业务增长点有效转化，都是当前文化企业经营所面临的突出问题。基于此，《报告》通过对2014—2015年(含2015年初)各行业文化企业发展状况、存在问题、趋势前景以及相关案例进行分析，突出产业发展趋势研究和企业经营管理问题的对策性研究，借此为国内文化企业及相关投资机构了解中国文化产业发展动态、把握企业发展定位、进行战略决策提供有价值的指导或参考。

　　《中国文化企业报告》自2011年开始创立以来，已连续出版3本，在业界和学界形成了较大影响。与前几个报告相比，本《报告》在保持整体框架和体例相对稳定的同时，结合产业格局和企业实践的变化，对结构和内容进行了一些改进、提升和完善。一方面，从产业格局变动和细分市场出发，更加注重行业企业的细化研究。比如，对电影企业和广播电视企业、动漫企业与游戏企业分开进行分析，专列教育培训企业一章对教育行业发展趋势进行探讨等。另一方面，产业之间和文化产业内部各行业之间的跨界融合已成为主流，同时也是文化企业业务延伸的基本趋向，因此本《报告》加强了与文化企业经营密切相关的专题研究的内容，力图从跨界融合的视角来关注和探讨文化企业的发展路径，由此形成纵横交错的立体研究维度。另外，为了增强和扩大报告的信息量和实用性，应读者要求，《报告》在继续推出系列化的文化企业排行榜和推荐榜的基础上，还专门研究并编撰出版了《中国文化企业品牌案例》，以期实现报告与案例二者互相补充、互相启发、互相佐证，能够从理论、案例与实践相结合的角度更充分地探讨文化企业的经营之道。

最后仍需说明的是，《报告》是团队合作的研究成果，写作团队成员既有高校长期从事文化产业管理方向的研究者，也有文化企业界的好学深思之士。整个撰稿过程是在主编反复厘定写作框架的基础上，经过团队成员6次深入研讨，前后历时半年多时间完成的。在初稿完成之后，为了保持报告的整体系统以及风格的相对统一，主编又对《报告》各章做了相应的修改润饰和内容调整及删削的统稿工作。在这里必须说明，《报告》写作成员所主笔的各部分的内容，不同程度地参考了有关领域已经发表的统计结果和有关专题报告的研究成果。除了特别加以注释或者说明处之外，参考数据主要依据国家统计局、国家发改委、文化部、商务部、国家新闻出版广电总局、中国期刊协会、中国行业研究网、国内外相关报刊等基础信息。在此，对各有关机构和个人前期研究的辛勤付出及其对本《报告》所作出的基础性贡献一并表示诚挚的谢忱。

目 录

第一章
产业动态与发展趋势

- 2014—2015年是中国文化产业结构发生重大变化之年，也是互联网文化产业市场价值全面超过传统文化产业市场价值的转折之年。如果用一句话来概括我们所处文化产业发展的时代，也许狄更斯的"这是希望的春天，这是失望的冬天"这句话再合适不过了。

- 2014年BAT三家公司在文化产业领域快速成长和扩张，中国移动成立新媒体公司、智慧旅游的发展、网上电影旅游演出票务、网上艺术拍卖和网络视频产业等，都表明我国的互联网文化产业时代已经来临。

- 2015年上半年移动互联网的收入将超过PC互联网，到2015年底，互联网文化产业(含网上为主并购整合线下的部分以及卖票网站、观众网站等)将占文化产业整体市场价值的70%，移动互联网将占互联网文化产业市场价值的70%。

- 互联网思维在文化产业领域的主要表现是娱乐无边界，包括未来百万级的在线艺术品拍卖参与者、千万粉丝级的演唱会演出直播和互动点播、亿万级的视频收看、24小时的营业、舰队式的企业集团结构、无限大的市值成长空间等。

▌一、总体格局

在发布《中共中央关于全面深化改革若干重大问题的决定》之后，2014年是我国全面深化改革第一年，一系列的顶层改革设计对文化产业格局产生了重要影响。

（一）体制改革

2014年是文化体制改革措施密集出台之年。2月28日，中央全面深化改革领导小组第二次会议审议通过《深化文化体制改革实施方案》，新一轮文化体制改革进入全面实施阶段。该方案涉及25项、104条重要改革举措，在工作推进上具体化、项目化、责任化，并按照2015年、2017年、2020年3个时间节点明确了进度，以保证改革任务能落地。10月下旬，中共十八届四中全会审议通过了《中共中央关于全面推进依法治国若干重大问题的决定》，进一步明确了文化领域法治建设的目标和主要任务。

8月18日，中央全面深化改革领导小组审议通过了《关于推动传统媒体和新兴媒体融合发展的指导意见》，强调要推动传统媒体和新兴媒体在内容、渠道、平台、经营管理等方面的深度融合，着力打造一批形态多样、具有竞争力的新型主流媒体，建成几家拥有强大实力和传播力、公信力、影响力的新型媒体集团，形成立体多样、融合发展的现代传播体系。当前，更多的传统媒体开始全面在新媒体领域布局，微博、微信、App客户端多点发力，全媒体矩阵初步摆开。

在顶层设计的引导下，从特殊管理股到整合新的传媒集团，从社会经济效益到国内、国外两种资源，各项改革工作积极推进。例如，11月27日湖南省出台的《深化省管国有文化资产管理体制改革方案》正式启动，将潇湘晨报社、长株潭报社、法制周报社、金鹰报社、当代商报社等报刊社，划归湖南日报报业集团有限公司管理；将湖南教育报刊社、湖南教育音像电子出版社、湖南地图出版社等出版单位，划归湖南出版投资控股集团有限公司管理；整合湖南广播电视台相关可剥离经营性资产和芒果传媒有限公司，组建湖南广播影视集团有限公司。再如，作为上海报业合并后的一个标志性产品，"澎湃新闻"7月份出线点燃了一度沉寂的传媒业。"澎湃新闻"以网页版、App客户端、微信公众号等一系列新媒体平台，提出做"新闻与思想的平台"，聚合中文互联网世界中优质的时政思想类内容。这表明这个暂未完全市场化和垂直化的新闻领域，孕育着庞大的利益前景。

法治在文化产业领域的体现首先是保护知识产权执法，2014年8月31日全国人大常委会决定在北京、上海、广州建立知识产权法院；11月，北京知识产权法院挂牌成立，上海和广州知识产权法院也正式成立。在文化产业等领域的惩罚措施和惩治力度方面的执法正在积极贯彻十八届四中全会"保护知识产权"的法治精神，而不是地方保护主义。

（二）政策变化

与文化体制改革相配套，2014年也是文化产业政策年，多部委出台了诸多支持或扶持文化产业发展的政策。3月14日，国务院发布《关于推进文化创意和设计服务与相关产业融合发展的若干意见》，"文化"不再是"小文化"，而是通过"跨界融合"形成"大文化"，让文化创意和设计服务渗透制造业、互联网、人居环境、旅游、特色农业、体育业等经济社会多个方面，推进文化创意和设计服务等新型、高端服务业发展，促进与实体经济深度融合。当然，除了外部跨界，文化产业内部跨界和产业链整合也相当活跃。比如，乐视从视频网站到"超级电视"，再到拍影视，正在构建其"平台+内容+应用+终端"生态圈，跨界步伐之大让人惊讶。

支持小微文化企业创业和发展是2014年政策的重要着力点。8月19日，文化部、财政部、工信部3部委联合发布《关于大力支持小微文化企业发展的实施意见》。据抽样调查，目前我国小微文化企业的数量已占到文化企业总数的80%以上，从业人员约占文化产业从业人员总数的77%，实现增加值约占文化产业增加值的60%。一个好的政策往往能造就一批小微企业。比如，工商登记制度改革实施不到半年，全国注册市场主体同比增长近60%，2014年1—8月份，新注册市场主体超过800万家，带动了上千万人就业，其中互联网文化类企业是创业的热点领域。小微文化企业的发展，丰富了文化产品和服务的供给，促进了文化市场的活跃与繁荣，激发了文化产业发展活力，扩大了文化领域就业。

促进特色文化产业发展也是一个政策引导方向。8月8日，文化部、财政部印发《关于推动特色文化产业发展的指导意见》，强调依托各地多姿多彩的特色文化资源，通过创意转化、科技提升和市场运作，提供具有鲜明区域特点和民族特色的文化产品和服务的产业形态。目前我国特色文化产业发展势头总体良好，但还存在市场化程度不高、知名品牌较少、高端创意不足等问题。在优化文化产业布局、推动区域经济转型升级和新型城镇化建设等方面，尚需发挥更大的作用。

（三）企业发展

在中国经济进入新常态的大背景下，文化产业成为新常态的领头羊或领跑者。特别是在政策支持和市场环境不断向好的情况下，2014年文化企业业绩保持快速增长态势，特别是新兴文化业态发展迅猛，与年轻人消费特性紧密相关的电影、游戏、动漫和互联网新媒体等公司业绩增幅位居前列。从股市看，文化传媒板块全年业绩继续保持高增长。据Wind数据统计，2014年前3季度，按申银万国标准细分的传媒行业61家上市公司中，仅*ST传媒一家公司净利润为负，其余均实现赢利；75%的公司净利润同比增长，其中天舟文化、当代东方、东方财富、东方明珠、吉视传媒、掌趣科技等公司净利润同比增幅达100%以上。①

2014年是文化企业并购井喷年。据Wind统计，截至12月25日，2014年国内公司共发生169起文化传媒行业并购，包括影视、游戏、广告、出版、有线和卫星电视等子行业，涉及资本约1 605亿元。2014年前6个月的并购规模已超过2013年全年总规模。②按月度来看，8月份、12月份并购尤为活跃，并购案分别达到22起、19起。从子行业而言，以影视、游戏、广告、出版类并购为主，分别为61起、40起、46起、11起。其中，影视类并购更是占据36%。文化产业的并购井喷主要有如下原因：首先，受资本市场整体的并购环境影响，2014年以来，证监会放松了对并购的审核程序；其次，民营文化企业上市进程基本处于停滞状态，作为财务投资的股东们已经成为这些民营公司寻求资本解套的最大压力方；第三，文化企业对于公司的大文化概念、业绩增长、企业转型方面有强烈的期望。

知识产权越来越受重视。知识产权是文化企业的核心资产，探索对版权的保护和价值发掘方法，可以有效实现文化创意企业资产增值、延伸产业价值链。2014年，3起关于知识产权(IP)的事件促生了更多媒体版权意识的苏醒。首先是湖南卫视芒果TV实行独播战略，将湖南卫视多个王牌节目的网络播放权收回。其次是一家新闻聚合网站"今日头条"的融资消息。这家基于数据挖掘和算法推荐的新闻聚合平台，被许多传统媒体陆续通过社论、诉讼、声明等方式要求其停止侵权行为。再次，经历整整8个月的琼瑶起诉于正抄袭一案，于12月25日在北京市三中院正式宣判。法院判决《宫锁连城》侵犯了《梅花烙》的改编权，于正被要求向琼瑶公开赔礼道歉，5家被告则共计赔偿500万元，该案判决得到数百名编剧的支持和社会的普遍关注。

■二、新动态与新业态

BAT三家公司在文化产业领域快速成长和扩张，中国移动成立新媒体公司、智慧旅游的发展、网上电影旅游演出票务、网上艺术拍卖和网络视频产业等，都表明我国的互联网文化产业时代已经来临。

---

① 陈妍妍. 2014年文化产业持续高增长[N]. 证券日报，2014-12-24.
② 新元文智公司. 2014年文产并购规模超千亿，影视传媒成热点领域[R/OL]. 中国经济网，[2014-12-27]. http://stock.eastmoney.com/news/1406,20141228461955142.html.

（一）互联网文化产业

2014年12月15日，以"创新·融合·绿色"为主题的第二届中国网络视听大会在成都举行。会议主办方宣布，2014年中国网络视听产业总值将达378.4亿，比2013年增长48.8%，再创历史新高。从网络自制剧到微电影，从听音乐到看电影，网络视听产业不断壮大，发展前景广阔。据有关统计数据，2014年第1季度的移动互联网市场规模达到330.7亿元，第2季度达444.9亿元，第3季度达515.6亿元，根据得到的数据看，2014年中国移动市场规模接近1 900亿元。2015年1月11日，第1届中国互联网文化产业论坛在北京大学举办。论坛以"互联网文化产业趋势、商机与商业模式"为主题，以产学研结合的方式深入研讨了未来互联网文化产业的发展趋势、企业战略、技术解决方案和商业模式创新的重要议题，开创了中国互联网文化产业研究的新纪元。

从中国互联网络信息中心发布第34次《中国互联网络发展状况统计报告》看，截至2014年6月，我国手机网民达5.27亿，较2013年底增加2 699万人，网民中使用手机上网的人群占比升至83.4%，首次超过PC上网80.9%的占比。2014年上半年，手机支付成为网络应用发展的最大亮点，用户规模半年增长率达63.4%，使用率由2013年底的25.1%增至38.9%。手机支付带动商务类应用高速增长。移动支付打通各种商务应用，带动手机购物、手机团购和手机旅游预订等商务类应用快速增长。[①]

手机游戏带动游戏用户规模增长。截至2014年6月，中国网络游戏用户规模达到3.68亿，使用率从2013年底的54.7%升至58.2%。手机游戏使用率为47.8%，增长4.7个百分点，规模增长3 648万，是游戏用户增长的主要动力。进入2014年，中国手机游戏市场依然保持着高速发展的趋势。中国音像与数字出版协会游戏工委和中国互联网数据中心(IDC)统计数据显示，2014年上半年，中国手机游戏市场规模达到125.2亿元，超过了2013年全年的数据(112.4亿元)。同时，中国手机游戏的市场规模首次超过页游(即网页游戏)，成为中国游戏市场中仅次于端游(即客户端游戏)的第二大市场主力，也成为游戏产业链中各大内容商、分发商、渠道商竞争的红海。目前我国手机游戏产业链已十分成熟，内容商、发行商、渠道平台是产业链中的3个重要环节。在产业集中度方面，中国手机游戏渠道商集中度最高，发行商次之，内容商最为分散。如图1-1所示。

---

① 中国互联网络信息中心. 第34次中国互联网络发展状况统计报告[R/OL]. [2014-07-21]. http://www.cnnic.net.cn/gywm/xwzx/rdxw/2014/201407/t20140721_47439.htm.

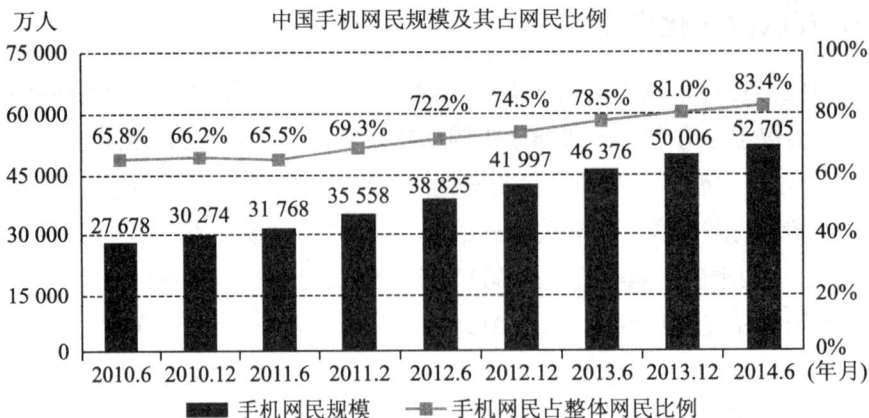

图1-1　中国手机网民规模及其占网民比例[①]

(二) 新模式

1. 众筹模式

众筹模式即大众筹资，用团购加预购的形式向网友募集资金，人人都是投资者。2014年众筹从专业领域走向大众生活，阿里巴巴数字娱乐事业群推出"娱乐宝"，用户出资100元即可投资热门影视作品。2014年11月18日，文筹网正式上线，提供股权众筹、债券众筹和回报众筹3种众筹方式，为创业者提供立体融资服务，标志着众筹模式的投融资渠道进入细分市场阶段。对于文化产业项目来说，众筹的魅力并不局限在融资支持，更是一个宣传和扩大影响的过程，让创业企业、艺术家或个人向公众展示他们的创意及项目，争取大家的关注和支持。

目前已经有很多互联网创业公司采用众筹的方式获得启动资金。证监会关于股权众筹规则的研究表明，股权众筹的合法性问题即将解决。但是政策上的放行并不意味着股权众筹风险的消失。利用股权众筹平台弥补投资人专业能力的不足，利用互联网消除信息和专业能力的不对称，似乎是更符合未来趋势的选择。最好的做法是，让股权众筹平台与投资人的利益保持一致，收益都来自退出与投资回报。[②]

2. O2O闭环模式

O2O闭环模式是两个O之间要实现对接和循环，其实是全产业链经营的一种延伸。[③]线上的营销、宣传、推广，要将客流引到线下去消费体验，实现交易，然后将线下的用户消费体验的反馈、线下用户引到线上交流、线上体验等行为实现闭环，即从线上到线下然后又回到线上。比如在艺术品投资领域，北京皇城艺术品交易中心董

---

① 中国互联网络信息中心. 第34次中国互联网络发展状况统计报告[R/OL]. [2014-07-21]. http://www.cnnic.net.cn/gywm/xwzx/rdxw/2014/201407/t20140721_47439.htm.

② 杜国栋. 互联网股权众筹的问题，还要靠互联网本身解决[J]. 21世纪商业评论，2014(12).

③ 陈少峰，张立波. 文化产业商业模式[M]. 北京：北京大学出版社，2012.

事长胡月明认为，艺术品闭环运营模式由艺术品选择、艺术品一级市场、艺术品二级市场、资本市场运营、信用管理体系、品牌管理体系6大部分构成。其中在资本市场运营中，要保证艺术品基金配置合理，如艺术品的典当、质押贷款、产权交易、运营、退市保障、与市场的呼应等，要保证各级市场及资源的协调性。

（三）新业态

1. 可穿戴设备

2014年各种智能可穿戴设备快速发展，但商业化普及却不尽理想。随着Apple Watch、三星Gear系列，智能手表从小众跨入主流。据工信部发布数据显示，2014年第1季度我国智能手机出货量为1.0亿部，同比下降24.7%。[①]智能手机用户已形成庞大规模，市场占有率已趋于饱和，增速呈减缓趋势。智能可穿戴设备等新兴产品需尽快找好产品定位，为在智能手机、平板电脑等设备走入瓶颈期时取代这些产品的地位作准备。苹果2014年发布的Apple Watch被视为整个可穿戴设备行业的救星。不过，目前市场上的智能设备中，外观时尚是大多数智能可穿戴设备的卖点，体验价值方面并没有太实际的创新，基本上是智能手机的衍生品，着重于消息提醒、健康追踪和生活习惯的养成等方面。由于缺乏核心技术和文化内容，难以满足用户更高体验需求，许多可穿戴设备在市场上沦为低档产品。可穿戴设备是以人、设备、智能三者融合的产品，其利润不是由产品本身的零部件成本决定，而是由硬件之外的体验价值决定，包括产品增值的应用服务、用户的体验等，由此可见，如何提高技术与体验价值，成为可穿戴设备亟待解决的问题。可穿戴设备在2015年的市场考验中会不会交出亮眼的成绩单，可能主要看产品定位以及商业化模式的创新。

2. 弹幕电影

电影和社交的结合，2014年进行了初步尝试。试水弹幕电影的两部影片是2014年7—8月推出的国产电影《秦时明月》和《小时代3》。弹幕方式主要有两种：一种是在电影的大银幕两侧的屏幕上进行的，弹幕不直接打在主银幕上；一种是完完全全和弹幕网站一样，弹幕直接就在电影画面上飘动。传统的电影和弹幕电影相比，前者是给每一个人声音和画面上的陶醉和享受，而后者只是一场集体性的狂欢。如果有符合弹幕形式的电影，比如喜剧片、搞笑片、话题类的影片，弹幕版确实能迎合观众，毕竟弹幕本身是一种市场营销。从当前发展来看，弹幕电影也许只能是电影放映时的一个娱乐互动手段，真正成为主流似乎还需时日。

3. 微店

伴随互联网生态的创新和企业创业速度的加快，2014年微店开始崛起。微店作为一种微商入驻的平台，主要分为两类模式：一类为B2C模式，如京东微店，直接通过

---

① 工信部. 2014年4月中国手机行业运行状况报告[R/OL]. [2014-05-09]. http://www.catr.cn/kxyj/qwfb/zdyj/

商家对接消费者；另一类微店类似于C2C模式，多面向个体。其中C2C类模式的玩家居多，如微信小店、京东拍拍微店、淘宝微店、口袋购物微店等。据报道，有的微店2014年1月开始上线，到10月公司估值达到100亿人民币，其发展速度惊人。虽然当前多数微店还处于良莠不齐的探索阶段，但微店的流行毕竟给一些文化创意产品的推广以及依靠创意创业的小微企业提供了新的机会和平台。

■三、竞争格局

2014年文化企业竞争更加激烈，从渠道到内容，从分散到整合，从国内到国际，其形式和领域越来越趋向于充分体现文化产业"内容为王"和"跨界融合"的本质。

（一）IP凸显

网络文学催生IP(知识产权)的发展。截至2014年6月，我国网络文学用户规模为2.89亿，较2013年底增长1 498万人，半年增长率为5.5%。网民网络文学使用率为45.8%，较2013年底增长了1.4个百分点。网络文学经过十几年的发展历程，逐渐形成了完整的产业链。在这条产业链条上，网络文学作为上游，知识产权将链条打通，通过IP授权，推出了游戏、动漫、影视等一系列衍生产品。网络文学的版权开发带来了巨大的价值，拓展了更多的商业模式。未来，在文化产业整合的大趋势下，文学、游戏、影视、动漫等文化产业将不再是独立的个体，而将呈现交叉融合的状态。

在手机游戏领域，IP的概念在2014年也被越来越多的手机游戏厂商所认同。手机游戏IP的价值体现在其能够通过明星IP所蕴涵的文化元素与品牌价值，大大增加相关手机游戏成功的可能性，并可以延长手机游戏产品的生命周期。在自研IP游戏中，游戏运营团队在游戏精品化之后，更多地通过品牌效应以及产品的不断迭代来使游戏融入更多的文化元素。经历数个快速迭代的版本，逐渐成熟的品牌认知度能够让这些游戏公司持续成功。另外，也有许多手机游戏厂商通过购买明星IP来扩充游戏产品的文化内容与玩法，当明星IP在市场上成功之后，众多的手机游戏厂商纷纷跟进。

（二）集团化

文化企业的业绩高成长、并购活跃和政策支持是文化产业发展的核心驱动力。至少在未来的两三年内，文化公司之间的并购或是互联网企业进入文化产业都将处于高潮期。目前来看，大部分文化企业都属于中小企业，只有大幅度提高行业集中度，才有可能提升文化产业整体实力，孕育出可以在全球范围内进行布局的大型文化集团。比如，2014年11月21日，停牌半年的百视通和东方明珠发出公告，宣布通过百视通吸收合并东方明珠方式，实现两家上市公司合并，合并后，公司总市值有望达千亿元。

在本次重组完成后，上市公司将打造包括"内容、平台与渠道、服务"在内的互联网媒体生态系统，并成为上海文广集团统一的产业平台和资本平台。有机构投资者分析，两家公司的合并，将为未来文化传媒行业的发展树立一个新的标杆。

（三）国际化

国际化也是2014年文化企业竞争的重要战略，其中韩国和好莱坞成为中国文化企业走出去的两大目的地。数据显示，2014年上半年，中国对韩国的投资额达到7.08亿美元，同比增长689.6%；而整个2013年，中国在韩国投资仅有4.8亿美元。在对韩激增的投资中，对文化产业的投资更加显著，较去年上半年实现了近20倍的增长。搜狐视频、华策影视、乐视影业等公司均有投资韩国影视公司的动作。马云、爱奇艺CEO龚宇均去好莱坞考察"六大"，不排除未来好莱坞电影公司被BAT收购。华谊兄弟在2014年初就曾宣布将参股好莱坞公司Studio 8，虽然被搁浅，但华谊兄弟并没有放弃进军好莱坞。9月份，华谊宣布斥资1.3亿美元在美国设立子公司，从事影视剧和股权投资，同时收购数字影院解决方案提供商GDC。

12月4日，奥飞动漫宣布与好莱坞的新摄政娱乐公司(New Regency Productions)达成长期战略合作关系，同时对该公司制作的3部好莱坞大片进行总额不超过6 000万美元的投资。据悉，奥飞将分享影片在全球的发行收益，并获得大中华区的独家发行权和相关商品化权利。对此，奥飞动漫董事长蔡东青表示，3部电影的投资仅仅是一个开端，奥飞更看重与对方的长期战略关系，这将有助于奥飞影业迅速学习好莱坞的先进理念和运营模式，在高起点切入电影产业。通过国际战略合作，奥飞在互动娱乐产业继续深耕并形成"动漫+游戏+电影+衍生品"的系统和泛娱乐布局。

当然，国际化也包括引进来的一面。2014年10月8日，青岛东方影都首批签约的9家影视企业中，国外公司有3家，分别为韦恩斯坦影业、Roadside Attractions影业和Cinetic影视传媒。其中，Roadside Attractions影业是美国知名的电影发行商，全球著名的独立电影和电视公司狮门公司是其主要股东之一，具有丰富的电影制作和发行经验，将助推青岛成为世界影视企业总部基地。

四、企业并购与上市

2014年，文化企业投融资相当活跃，各种文化并购及重组事件频发，互联网文化产业与新三板为文化企业上市提供了新机遇。

（一）整体投资方向

从2014年已披露的交易额度来看，大额资金注入领域主要是在移动互联网、电子商务、多媒体娱乐、游戏动漫、健康医疗和金融服务领域。2014年1月至11月，资本市场共产生1 756次投资事件，额度已超过千亿元。从投资次数来看，移动互联网领域216次，电子商务领域200次，游戏动漫162次，金融服务159次，企业服务136次，教育培训122次，消费生活领域102次，多媒体娱乐88次，电子硬件86次，旅游户外84次，汽车交通81次，医疗健康70次，广告营销50次，SNS社交网络49次，工具软件43次，房产酒店33次，媒体资讯28次，文娱艺术体育26次，法律法务2次，搜索引擎1次，其他领域18次。如图1-2所示。比如腾讯参投26次，投资领域能反映出腾讯业务发展布局重心除了游戏动漫以外，文化休闲成为腾讯集团快速强化的重点领域。

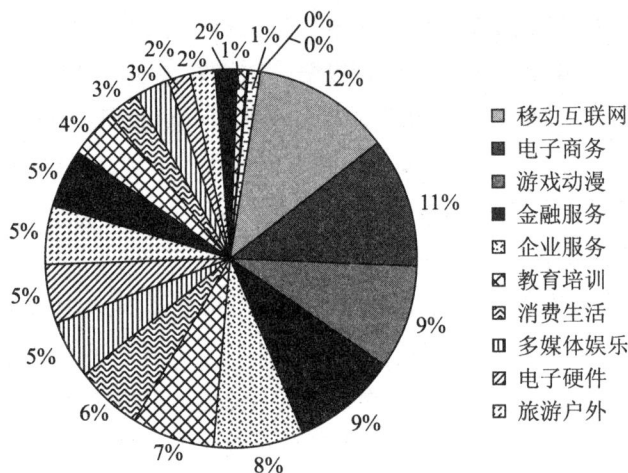

图1-2　2014年1月至11月资本市场投资领域①

（二）并购

2014年是文化企业并购年。并购主要发生在影视传媒、游戏动漫、移动互联网、教育培训和旅游户外等5个行业，其中影视、新媒体板块是并购的热点领域，55起并购事件并购金额达450亿元，占并购总金额的45%。与2013年相比，并购事件涉及领域更广，热点领域也由游戏动漫转移到影视传媒领域。2014年6月份的并购数量和金额为全年最高，23起并购事件并购金额达200亿元。1—6月份并购数量和规模呈震荡式增加，主要延续了2013年文化产业并购潮的趋势，整体规模增速较快；6—12月份并购规模呈波动式下降，但是整体并购规模依然处在高位。

2014年，影视企业通过与上市公司并购重组，与资本市场的对接特别活跃。一是行业内龙头影视企业的产业整合型并购，例如华录百纳25.07亿收购蓝色火焰，华策影视16.05亿收购上海克顿，印记传媒60.12亿借壳高金食品，当代文化11亿收购盟将威、

① 三川纪. 2014年风投都在看什么[EB/OL]. 虎嗅网，[2014-11-27]. http://www.huxiu.com/article/102490/1.html.

完美影视27.2亿借壳金磊股份、海润影视25.22亿借壳申科股份。二是行业外上市公司通过并购跨界进入影视产业，例如阿里巴巴62.44亿收购文化中国、中南重工10亿收购大唐辉煌、熊猫烟花5.5亿收购华海时代、湘鄂情10亿预收购中视精彩和笛女传媒、禾盛新材2.186亿收购金英马。此轮并购的特点是速度快、规模大、创新性强。比如阿里巴巴收购文化中国，通过增发注资的方式收购了一个未来开展文化业务的平台，而华录百纳收购蓝色火焰，是利用资本市场以小吃大的收购。

（三）上市

新三板成为文化企业上市的新宠。大多数文化企业"小而美"的特点，适合"新三板"的市场定位。2014年11月云南杨丽萍文化传播股份有限公司完成新三板挂牌，成为全国第一家登陆新三板的舞蹈演艺企业。2014年底新三板挂牌企业将达到1 500家，而文化企业接近100家。以后会有越来越多准备上创业板或主板的文化企业转战"新三板"，进而提升企业价值，提升企业的知名度。

2014年前8个月已经上市的文化企业包括新浪微博、乐居、途牛、京东、聚美、天鸽互动、迅雷、乐逗游戏等。这些企业主要有两大类：第一类是以微博、天鸽互动、迅雷、乐逗游戏为主的互联网文化产业；第二类是以途牛、京东、聚美为主的电商平台。其中，天鸽互动主要是运用了视频用于娱乐，未来这个市场可以延伸到医疗、教育、游戏等行业。天鸽互动的成功吸引了一批视频网站成为追随者，从一个侧面说明视频内容会成为一个新的勾连机会，也孕育着巨大的市场潜力。

当然最值得关注的还是阿里巴巴。2014年9月19日阿里巴巴在纽交所正式挂牌上市，市值达2 285亿美元，因此成为仅次于苹果、谷歌和微软的全球第4大高科技公司和第2大互联网公司。市场价值决胜的不是公司本身，而是生态系统，阿里巴巴在构筑电商之外的大文化板块，比如涉足影视、足球、手游、金融等。阿里巴巴不简单是一个电子商务网站，而是一个生态系统。事实上，阿里巴巴旗下拥有众多业务，并且还有众多的触角，有很多业务都不在上市之列。上市业务包括Aliexpress、聚划算、天猫、1688.com、淘宝网、Alibaba.com，这是阿里巴巴提供的产品与服务形态。不过，阿里巴巴构建的庞大的生态系统，让其可以带动多个产业的协同，并且可以吸引更多公司加入该链条。

▌五、趋势分析及发展预测

据我们的研究分析，到2015年底乃至以后几年，中国文化产业的格局将发生翻天覆地的变化，相应地，文化企业的生存发展空间也会有重大变化，企业需要把握趋势，顺势而为。

（一）互联网文化产业快速发展

从总体上看，互联网文化产业包括两大部分：一部分是互联网本身的文化产业；另一部分是传统文化产业搬到互联网上，如电影票、艺术品、工艺品等的网上售卖等。由于互联网企业主导的文化产业并购与资源整合加速，互联网文化产业发展速度超乎人们的想象。互联网企业上市后，资本运作将会实现线上占领线下的局面。据初步预估，2015年上半年移动互联网的收入将超过PC互联网，到2015年底，互联网文化产业(含网上为主并购整合线下的部分以及卖票网站、观众网站等)将占文化产业整体市场价值的70%，移动互联网将占互联网文化产业市场价值的70%。据工信部公布的相关数据显示，截至2014年7月，中国的移动互联网用户数已经达到8.72亿，而这一数字中手机网民达5.27亿，而这种强劲的发展态势在2015年将继续延续。预计到2017年，强劲的增长态势将继续保持，移动互联网市场规模有望扩大至6 000亿元。[①]

在未来两年内移动游戏市场仍将保持爆发式的增长态势，预计2015年中国移动游戏市场规模将有望达到400亿～500亿。根据业内人士分析，2015年将出现月流水交易过亿，月流水过10亿的产品也将很快出现。随着移动游戏市场产业链各环节建设越来越成熟，移动游戏的开发与运营将从粗放式转为精细化的方式，越来越多的精品游戏将会出现。而成熟的运营方式也使得移动游戏市场在二三线城市的市场拓展更易铺开。

（二）视频网站重新洗牌

视频行业风起云涌，在资本、监管和新旧势力的碰撞与角力中，行业竞争不断升级。视频网站定位于单纯的内容播放平台已经过时，打造视频行业全产业链生态系统，将成为主流视频网站的核心战略。2015—2016年，视频自制或将迎来真正的爆发，社交平台格局稳定，社交视频时代正在到来。Facebook、Twitter等在2013年就推出了视频分享功能，微信在2014年9月底推出了小视频分享功能的新版本，从分享文字、图片再到文件、视频、声音，通过移动互联网可以让你的朋友、家人更直观地了解到身边所发生的一切，正是因为移动互联网的存在，社交在某种程度上越来越真实化了。

根据KPCB发布的互联网趋势报告显示，移动互联网用户在移动设备上分享视频的次数、观看的时间都在呈直线增长态势，我们将进入微视频时代。各大视频平台的竞争中，社交元素的引入将成为主流趋势之一。从文字、图片到视频，社交的视频时代正越来越受到用户的热捧。微视频的各种火暴，以及用户在移动端消费视频的时间增长，可以部分印证这一趋势。2015年，传统意义的大片将会式微，迎合"90后"新世代的新电影将垄断市场；随着4G的发展，微电影也将更为流行。

---

① 孟芳. 2015年移动互联网行业十一大趋势[EB/OL]. 互联网周刊，[2014-11-25]. http://www.wtoutiao.com/a/788002.html.

（三）在线教育出现爆点

移动互联网带来在线教育行业的快速发展，MOOC就是最佳代表。将来，几乎每个人的智能手机里都会装上一两个学习型的App，通过移动设备下载课程来进行学习的人也越来越多，在线教育的平台类型也在逐渐丰富。根据沪江网提供的数据，移动互联网将在线教育行业发展带入到高速时期，沪江网Web端用户积累从0到1 000万用了10年时间，而在移动端实现这个数字仅用了1年时间。移动互联网的发展给"教育"这一古老并且决定未来的领域提供了新的发展契机。移动互联网的高速发展让在线教育迎来了行业发展的爆点。但是目前出现的无论是应用也好，网站也罢，在产品服务以及商业模式的建立上都还有很大的上升空间。比如在课程趣味性的增强、课程编排更加合理、提升学生学习的专注度等方面是在线教育行业需要深耕的几个领域，特别是建立合理有效的商业模式，在2015年仍需继续探索。

（四）国有文化企业遇到挑战

首先是电信运营商。智能手机更新换代最主要的变化将是去运营商化，表现在一是智能手机可能会去掉SIM卡，二是智能手机将开启手机与手机直接通信的时代，这都将运营商边缘化。电信运营商一直被互联网公司冲击得溃不成军，而在以后会更加严重。在2015—2016年，电信运营商会更加互联网化，甚至会抛弃原有的运营模式和成熟业务，互联网化的电信运营商与虚拟电信运营商的互联网公司将展开面对面的竞争，流量降价和语音免费将是直接的后果。

部分国有传媒企业不再拥有核心竞争力。新旧媒体融合，本质上是新媒体正在淘汰旧媒体。以报纸的发行量持续下降、电视开机率锐减、广告收入不断下滑等为显著指征，传统媒体的困境将由一报一台的休刊、关闭逐渐蔓延至全行业的生存危机。而大批人才从传统媒体流失，网站、新媒体等领域则集结了一大批昔日传统媒体的佼佼者与领军者。需要关注的是，中央所谓的新旧媒体融合，其实是督促传统媒体单位加快发展新媒体。而发展新媒体，就要有新媒体思维和互联网思维(互联网思维代替不了新媒体思维)，平台意识是两种思维的焦点。

（五）"内容为王"成为大势所趋

随着法治建设的推进和文化市场竞争的升级，知识产权保护环境将发生根本性的变化，文化产业将逐步进入"内容为王"的时代。陈彤入职小米，说明互联网文化企业开始重视媒体平台和内容建设，从渠道到内容，产业生态链的布局成为下一个抢滩重点。另外，资本涌入推动行业洗牌加速后，资源会越来越向优质IP倾斜。比如，网络文学作为IP源头之一，在资本市场中越来越受到关注，其价值也水涨船高。近来，游戏与影视剧公司争抢网络小说IP，版权价飙升。优质IP非常紧缺，在市场上供不应求。个别重要文学网站排行榜前列的小说，开价在300万元以上，部分小说甚至开价千万元以上。

（六）文化金融日趋活跃

随着文化产业规模的扩大，文化金融也越来越受重视，文化创业投资、艺术银行、企业并购将会大发展。同时，政府将为小微文化企业融资提供风险敞口补贴，小的商业银行逐渐转向投资为主、融资为辅。众筹越来越活跃，"众筹+创业投资"成为新模式，其他领域的金融活动逐渐适用于文化产业，包括发行企业债、担保、艺术品抵押贷款和海外并购等。

当然，互联网能否解决文化产业融资问题，关键取决于政策和监管能力，也取决于文化产业的规模和可持续性发展水平。一方面，互联网可以集合金融的整体力量选择好的服务对象，也包括文化企业、互联网的众筹活动。另一方面，小微企业的融资难题是无法彻底破解的。所以，文化金融的机会主要在投资和企业并购，而不是贷款或者小额文化企业贷款。此外，产业集聚发展和产业园区的投融资、保险、并购、资本运作等综合文化金融业务将有很大的成长空间。

（七）艺术品市场短期衰退

2015年，艺术品市场将进一步回归理性，出现短期衰退。主要表现在如下方面：艺术品市场泡沫破裂，艺术品公开交易将大幅萎缩，当代艺术品价格下降20%～80%不等；画廊倒闭2/3，传统拍卖持续下降(网上拍卖上升，比重仍较小)；艺术品从产品经营转向企业经营；平台地位更加突出；艺术品投资公司上市融资；5年内出现市值超百亿的艺术品投资公司；艺术品产业基地代替画家村；艺术品金融化集中在投资公司为主的集团(包括小的商业银行和大的投资控股集团)。

（八）企业两极分化加剧

一方面，大而强的舰队型企业迅猛发展。大舰队式的企业集团将会产生无限可能的企业市值。比如，一万家垂直网站，十万人众筹出书，百万个爱好者举锤参与艺术品拍卖，千万个粉丝点播歌曲与虚拟现场互动，亿万人的移动视频穿越等。当前，中国文化企业还有很大的成长空间，中国文化企业与世界级文化企业的差距很大。比如华谊兄弟和迪士尼相比，前者一年销售收入15亿元人民币，后者是450亿美元，差不多2 700亿元人民币。产业内整合将会提升龙头企业的行业地位，中小影视企业的资金劣势和平台劣势问题日益突出。未来5年内，中国有望出现3～5家世界级传媒集团，在移动互联网时代，文化产业将以核心平台企业为主，企业也将形成舰队式结构。

另一方面，"小而美"商业时代到来。由于国家重视扶持小微文化企业创业，以及阿里巴巴等带动的电商或微商平台，可以使中小企业寻找到成长的新路径。依托于互联网平台，中小文化企业可以通过在专业化和细分领域的创新，以及与电子商务的结合，来实现突破，其存在的新的机会包括：其一，中国很多区域特色文化产业、特色文化产品及文化品牌，可以进行创意、包装和挖掘；其二，针对特定消费人群的个性化文化服务，例如针对健康养生、针对小圈子的兴趣化族群都有新的机会。

（九）文化旅游开创新境界

当前，国家从发展服务业和驱动传统产业转型升级的角度来看待文化产业，里面包含着对于文化旅游跨界融合的支持。文化旅游发展趋势体现在：其一，以主题公园为核心，以游乐园为副产品；其二，活动经济与体验经济是核心标志；其三，跨界旅游大发展，如体育旅游、健康旅游、考试与游学旅游；其四，国际观光、商务旅游(含购物)持续发展；其五，影视植入、明星导向是品牌旅游的新方式；其六，生态观光、农业文化产业旅游与宗教艺术等专题旅游取得新进展；其七，特色文化产品、特色产品、区域历史文化特色产品和现代体验、提升的一体化发展；其八，家庭体验旅游是中国增长最快的领域，家长与儿童共同体验是重点；其九，旅游演出连锁经营、扩展产业链。

对中国来说，文化旅游、健康旅游、农业文化产业及其文化金融等有很大的发展空间。国务院重视创意设计(和娱乐体验)的跨界应用，在农业文化产业和健康旅游方面会很有前途。特别是健康旅游，一方面可以与中国健康医疗文化相结合，另一方面与农业文化产业相结合，其中包括农业体验、科普、主题公园、教育、娱乐和旅游、养生等综合要素。将来我们设计出来的健康旅游基地将是自然、生活、娱乐、健康、农业、医疗、精神健康锻炼等一体化的旅游体验目的地。

▍六、对策建议

结合以上对文化企业发展现状和趋势的分析，我们从企业经营的角度[①]提几点综合性对策建议。

（一）新常态下练内功

经济新常态本质上应是有较高效率支撑的中高速或中速增长。新常态的国家政策随着情况的变化有所调整，但是在政府主导下靠政策让企业生存、成长、壮大的日子

---

① 这里主要针对企业经营提出一些对策建议，至于从政府和社会角度的对策建议，我们将在《中国文化产业发展年度报告(2015)》中进行阐述，读者可以结合两个报告阅读。

可能越来越少。首先是需要确立一个思想，就是那种靠政府放水、靠海量投资赚"快钱"的日子一去不复返了。所以我们应通过提高自己企业竞争力找出路，做企业家应做的事情：发现和抓住商机，发现人才和让人才发挥作用，咬定创意和创新不放松，适应国内市场和全球市场上新的竞争规则进行革新。

另一方面，中国文化市场整体上是激流涌动、生机勃勃的。比如互联网文化产业，如前所述，充满诸多机遇或商机，传统文化企业应强化以用户为中心的互联网思维，借助新技术、新平台、新载体、新手段，创新内容生产和传播方式，高度重视云计算与大数据的引领与驱动作用。再如混合所有制改革，中共十八届三中全会决定要求国有资产管理的办法要向以管资本为主转变，文化企业家应参与和推进国有文化企业改革，才能实现效率的提高和新常态的确立。

（二）人才团队建设

互联网与云平台的日益壮大正在给传统文化产业带来巨大改变，在社交方式、消费方式日渐移动互联网化的同时，对企业人力资源的素质要求也在加快转变，人才的理念、工作方式、业务能力及组织结构都变得至关重要。人才是文化企业的核心资源，甚至是唯一资本，企业的转型发展需要吸引大批相关优秀人才的加盟。当前，在文化企业经营中，年薪制、职业经理制度已经越来越拢不住人才了，必须注重事业合伙制，同时打破一体化、流程化的组织结构，鼓励内部创业，建立内部创客组织。在企业员工中，"80后"可塑性强，"90后"创意无限，企业管理者要有把年轻人当作合作伙伴的胸怀，让他们更大限度地发挥自身的价值，多给他们参与产品创新的机会，这样才能让员工和企业达到双赢，并建立以价值观为基础的心理契约。

企业业务转型成功与否关键在于人。要树立新型的人才观，构建新型的用人机制。要善于发现人才、善待人才、珍惜人才、留住人才，并把人才战略落实到企业制度和管理细节之中。同时，企业也应借此实现移动化、智能化的人力资源管理。比如，搭建员工社区，实现人才互动圈子化，这不仅有助于发掘员工潜能，更有益于建立新型的企业文化。

（三）商业模式创新

人们越熟悉的领域竞争越激烈(如手机游戏)，生死存亡就在于是否有好的商业模式(比如微信直播演唱会的可行性)，而不是仅仅靠产品。最主要的是互联网文化产业，在互联网文化产业时代，商业模式更侧重于对未来的把握，不在于眼下是否赚钱，而在于未来是否有市场地位。眼下的赢利不代表一个公司的未来会有好的商业模式。

互联网思维在文化产业领域的主要表现是娱乐无边界，包括未来百万级的在线艺术品拍卖参与者、千万粉丝级的演唱会演出直播和互动点播、亿万级的视频收看、24

小时的营业、舰队式的企业集团结构、无限大的市值成长空间等。互联网文化产业需要线上、线下一体化，但需要注意几个问题：其一，以线下为主带动线上，就会出现双重成本；其二，线上为主，线下为辅，只有少数垂直性业态自主(别处没有)、自主经营线上线下的模式才是好的O2O；其三，线下受到冲击会越来越大，标准化产品的店铺，不管大小，都会受到很严重的冲击，难以找到真正的线下转换机会。

（四）并购后的整合

并购只是开始，整合才是关键。现阶段文化产业的并购规模很大，但是从交易的目的、估值水平和预期效果来看，目前文化产业的并购中，还未发现能够借助并购实现企业转型和价值链提升的优秀案例，企业被并购后的利润和经营状况普遍呈下坡趋势，更有一部分企业被并购后出现核心人才流失的现象，造成企业创新能力下滑。一般而言，企业并购后的商业效应释放需要一定时间，整合的真正难点随后会浮现出来。国内文化企业的并购后整合，包括人员整合、财务整合、资产整合、业务整合、资源整合以及管理方式整合等，均处于准备不足甚至相对薄弱的阶段。

同时，文化产业是内容产业，内容产业企业本质的特点不是一个爆发的行业，文化产品和创意需要前期很长时间的积淀，后期还要有积极有效的渠道推广，很多有优秀内容的文化企业，其爆发也要有一段酝酿期。文化产业的发展需要长期的沉潜运作和合适的外部市场运行环境，企业管理者要能够静下心来经营。

（五）治理结构的完善

股权结构明晰和摆脱过度依赖明星企业家的格局，是文化企业实现可持续发展的必然要求。2014年1月，小马奔腾创始人李明突然病逝，使这家令人艳羡的企业经历了许多震荡，特别是公司团队和编导迅速离散，导致"小马"从此很难"奔腾"。股权结构混乱以及治理结构的脆弱或许是很多文化企业经营管理长期以来的病灶。一旦意外发生，就会造成公司内部的动荡。在某种程度上可以说，股东之间的明枪暗战仅是小马奔腾治理结构脆弱的外部表现。

另一方面，文化企业若有垄断资源或关系资源等在手，无疑会事半功倍。不过从企业的长远发展来说，这可能是把双刃剑，尤其是在新一届政府执政和反腐力度空前的情况下。就此而言，小马奔腾、乐视以及其他一些传媒企业都是值得反思的例子。总之，唯改革者进，唯创新者强。只有注重企业发展战略并努力打造自己的核心竞争力和拥有良好的治理结构，然后再靠政府政策的企业，才可能有光明和长远的未来。

(撰稿人：张立波，中国海洋大学；陈少峰，北京大学)

第二章
产业政策变动及其影响

- 为了满足全面深化改革、经济转型升级和文化产业发展的需要，2014年国家密集出台了一系列与文化产业发展相关的政策。

- 相比过去年份，2014年的文化产业政策变动的主要特征包括：注重政策的组合效应、鼓励产业的跨界融合、突出企业的主体地位。

- 文化企业发展应该紧抓政策机遇，调整经营思路，提升竞争能力，优化人才战略，创新商业模式。

一、2014年文化产业政策概述

2014年是我国文化产业发展至关重要的一年。据不完全统计，除了中央财政50亿元支持本年度文化产业发展以外，从国家层面出台的相关政策文件多达16部，政策涵盖了产业融合、区域发展、人才扶持、文化贸易、文化金融、财税支持、文化企业、特色产业等方面。全国各省市区根据国家政策文件和当地实际情况，相继出台多部适用于本地区文化产业发展的扶持政策。政策环境的进一步优化为文化产业发展注入了强劲的动力。

（一）政策出台的背景

1. 全面深化改革

2月28日，习近平总书记主持召开中央全面深化改革领导小组会议，审议通过《深化文化体制改革实施方案》，新一轮文化体制改革开始进入全面实施阶段。在加强顶层设计和统筹协调的基础上，文化体制改革的年度重点工作实施台账式管理，针对涉及深层次矛盾和难点问题的重大任务，开列出25项、104条重要改革举措及工作项目，并按照2015年、2017年、2020年3个进度节点，力求做到具体化、项目化、责任化，确保各项改革任务能落地、见实效。2014年，文化体制改革的主要任务是完善文化管理体制、建立健全现代文化市场体系、构建现代公共文化服务体系、提高文化开放水平、抓住若干重点环节将文化改革发展推向深入。我国传统文化管理体制中，行政权力对文化资源的配置起主要作用。按照全面深化改革的总体要求，政府要改变传统的管理思维，厘清政府、市场和社会的边界，让文化产业的发展回归市场。政府的职责就是要进一步简政放权，建设一个高效服务型政府，营造开放自由、平等竞争、公平诚信的市场环境，强化对文化市场的有效监管，从传统文化管理走向现代文化治理。我国目前的文化领域还没有形成一个真正让各类市场主体公平参与竞争的市场环境，亟需通过完善政策制度来保障文化体制改革的全面深化。

2. 经济转型升级

在国家经济社会建设中，文化产业发展在推动经济转型升级方面所起的作用非常明显。文化产业具有较强的创造性，对新技术、新发明具有诱导性，甚至还能够推动国民经济结构的优化调整。以新技术、新知识为特点的文化产业，借助市场机制的作用，还能够产出大量的创意，能够有效地提高公民素质。另外，文化产业不仅仅自身为 GDP 带来重大影响，还可以拉动其他产业的发展。[①] "十二五"时期，国家经济发展的主线是经济转型和产业结构调整，2014年的政府工作报告就将文化产业首次写入"经济结构优化升级"这一部分。1月22日，在国务院常务会议上，李克强总理部署推进文化创意和设计服务与相关产业融合发展，进一步明确了文化产业对于经济转型升级的功能和作用。文化产业的发展事关整个国民经济发展的品质，文化因素、文化精神、文化品格应该贯穿整个经济社会发展的各个领域，推动文化产业快速和健康发展成为应然选择。

3. 文化产业发展

2014年密集出台的相关政策是文化产业发展到一定阶段的必然要求。自2004年国家统计局有文化产业数据统计以来，我国文化产业总量规模稳步增长，产业结构不断优化。2004年文化产业法人单位增加值为3 100亿元，占GDP的比重为1.94%；2013年这一数据更新为2.1万亿元，文化产业增加值占GDP的比重为3.77%[②]，文化产业在10年间稳步发展。从2009年《文化产业振兴规划》的出台，文化产业被提升到国家发展战略层面，到2012年10月，党的十七届六中全会明确了加快推动文化产业成为国民经济支柱性产业的战略目标，再至2014年国家经济发展目标转向和文化体制改革深化，文化产业呈现出蓬勃发展态势，人民群众文化消费日趋旺盛，社会力量投资文化产业的热情高涨，文化产品和服务丰富多样，新兴和特色文化产业呈现强劲发展势头，文化产业对国民经济增长的贡献率不断上升。在此背景下，文化产业发展政策体系的完善是大势所趋。

(二) 政策文件汇总

2014年是我国文化产业政策密集出台的年份，升级版的一系列支持政策既有整体战略性的部署，又有针对特定领域的专项指导和实施意见，尽管各项政策文件的目标和实施方案存在差别，但整体思路高度一致，即推动文化产业快速、高效、健康、持续发展。相关政策文件汇总如表2-1所示。

表2-1 2014年国家发布的文化产业政策文件汇总表

时间	政策文件	相关部委	内容亮点
2月	关于推进文化创意和设计服务与相关产业融合发展的若干意见(国发〔2014〕10号)	国务院	1.塑造制造业新优势；2.加快数字内容产业发展；3.提升人居环境质量；4.提升旅游发展文化内涵；5.挖掘特色农业发展潜力；6.拓展体育产业发展空间

时间	政策文件	相关部委	内容亮点
2月	文化产业创业创意人才扶持计划	文化部、财政部	1.加大对文化产业创意人才培养力度；2.加快文化创意与我国制造业、建筑业、信息产业、旅游业、体育产业、特色农业等相关领域融合发展
3月	关于加快发展对外文化贸易的意见(国发〔2014〕13号)	国务院	1.鼓励和支持国有、民营、外资等各种所有制文化企业从事国家法律法规允许经营的对外文化贸易业务，并享有同等待遇；2.鼓励和引导文化企业加大内容创新力度；3.支持文化企业拓展文化出口平台和渠道；4.支持文化和科技融合发展
3月	关于深入推进文化金融合作的意见(文产发〔2014〕14号)	文化部、央行、财政部	1.建立文化金融合作部际会商机制；2.完善文化金融中介服务体系；3.加大财政对文化金融的扶持力度；4.推进文化金融在重点领域的实施；5.重视金融支持小微文化企业发展；6.推动文化企业直接融资；7.创新文化金融服务组织形式；8.创建文化金融合作试验区
3月	藏羌彝文化产业走廊总体规划	文化部、财政部	1.核心区域位于四川省、贵州省、云南省、西藏自治区、陕西省、甘肃省、青海省等7省(区)交汇处，覆盖面积超过68万平方公里，涉及藏、羌、彝等少数民族人口超过760万；2.在与产业和市场的结合中实现民族文化的有效传承和保护，以改善民生为出发点，加快发展特色文化产业，推进文化与生态、旅游的融合发展，推动文化产业成为区域经济支柱性产业；3.发展重点领域：文化旅游、演艺娱乐、工艺美术、文化创意等新兴业态
4月	关于印发文化体制改革中经营性文化事业单位转制为企业和进一步支持文化企业发展两个规定的通知(文化体制改革中经营性文化事业单位转制为企业的规定、进一步支持文化企业发展的规定)(国办发〔2014〕15号)	国务院	1.确保转制规范到位的文化企业轻装上阵；2.建立党委和政府监管国有文化资产的管理机构；3.强调国有文化企业要健全协调运转、有效制衡的公司法人治理结构；4.探索实行特殊管理股试点和股权激励试点
4月	文化产业发展专项资金管理暂行办法(修订版)(财办文资〔2014〕4号)	财政部	1.巩固文化金融扶持计划；2.扩大实体书店扶持试点范围；3.实施环保印刷设备升级改造工程；4.开展新闻出版业数字化转型升级；5.推动电影产业发展；6.促进文化创意和设计服务与相关产业融合；7.加快特色文化产业发展；8.推动对外文化贸易发展

(续表)

时间	政策文件	相关部委	内容亮点
6月	关于支持电影发展若干经济政策的通知(财教〔2014〕56号)	财政部、发改委、国土资源部、住建部、央行、税务总局、新闻出版广电总局	1.加大电影精品专项资金支持力度；2.通过文化产业发展专项资金重点支持电影产业发展；3.实行税收优惠政策；4.实施中西部地区县级城市影院建设资金补贴；5.加强和完善电影发行放映的公共服务和监管体系建设；6.实行金融支持；7.支持影院建设的差别化用地
8月	关于大力支持小微文化企业发展的实施意见(文产发〔2014〕27号)	文化部、工信部、财政部	1.明确了小微文化企业的含义；2.加强对小微文化企业创新发展能力的培育；3.在文化市场审批与监管工作中支持小微文化企业发展；4.支持各种类型的小微文化企业创业载体建设；5.开展形式多样、方式灵活的人才培养；6.明确支持小微文化企业参与公共文化服务；7.明确小微文化企业金融服务的重点工作；8.明确提出加大财税支持；9.进一步创新和拓展公共服务
8月	关于推动特色文化产业发展的指导意见(文产发〔2014〕28号)	文化部、财政部	1.发展重点领域；2.发展区域性特色文化产业带；3.建设特色文化产业示范区；4.打造特色文化城镇和乡村；5.健全各类特色文化市场主体；6.培育特色文化品牌
8月	关于促进旅游业改革发展的若干意见(国发〔2014〕31号)	国务院	1.树立科学旅游观；2.推动区域旅游一体化；3.积极发展休闲度假旅游、乡村旅游、文化旅游、研学旅行、老年旅游、购物消费旅游；4.注重文化传承，创新文化旅游产业
9月	关于推动传统媒体和新兴媒体融合发展的指导意见	中央全面深化改革领导小组第四次会议审议通过	1.推动传统媒体和新兴媒体在内容、渠道、平台、经营、管理等方面深度融合；2.着力打造一批形态多样、手段先进、具有竞争力的新型主流媒体；3.建成几家拥有强大实力和传播力公信力影响力的新型媒体集团；4.形成立体多样、融合发展的现代传播体系
10月	关于加快发展体育产业促进体育消费的若干意见(国发〔2014〕46号)	国务院	1.通过市场机制积极引入社会资本承办赛事；2.进一步优化体育服务业、体育用品业及相关产业结构，着力提升体育服务业比重；3.推动体育与养老服务、文化创意和设计服务、教育培训等融合；4.完善健身消费、税费价格、规划布局与土地、人才培养和就业、无形资产开发保护和创新驱动政策
10月	关于知识产权支持小微企业发展的若干意见(国知发管字〔2014〕57号)	国家知识产权局	1.加大小微企业专利申请资助力度；2.鼓励小微企业以质押融资、许可转让、出资入股等方式拓展知识产权价值实现渠道；3.支持科技型小微企业申报国家级知识产权优势企业；4.扶持知识产权服务业小微企业发展

(续表)

时间	政策文件	相关部委	内容亮点
12月	关于取消、停征和免征一批行政事业性收费的通知(财税〔2014〕101号)	财政部	自2015年1月1日起,取消或暂停征收12项中央级设立的行政事业性收费,同时对小微企业免征42项中央级设立的行政事业性收费
12月	私募股权众筹融资管理办法(试行)(征求意见稿)(中证协发〔2014〕236号)	中国证券业协会	1.将股权众筹平台界定为"通过互联网平台(互联网网站或其他类似电子媒介)为股权众筹投融资双方提供信息发布、需求对接、协助资金划转等相关服务的中介机构";2.主要定位服务于中小微企业,众筹项目不限定投融资额度,实行事后备案管理

■二、文化产业政策变动特征

自从2000年"文化产业"的概念首次出现在中央正式文件里,国家对于文化产业发展的关注和支持力度逐年递增,产业政策陆续出台。相比过去年份,2014年的文化产业政策出台的密度、频度和力度明显加强,变动的主要特征如下。

(一)注重政策的组合效应

近10年来,尽管我国文化产业始终保持着两位数的增长速度,但是由党委宣传部门主抓,文化部门、新闻出版和广电总局等政府文化部门分业管理的文化产业管理体制,已经明显不适应文化产业发展的现实需求。无论在国家层面还是在地方,文化产业发展规划与经济社会发展规划往往是"两张皮":在有关文化建设的政府文件中,文化产业被放在突出位置予以强调,但在国家经济社会发展规划的盘子中,文化产业的位置或被弱化或被虚化,文化建设的有关文件要求难以真正落实到位,无法形成具有长远性、整体性的发展规划与产业政策。[①]文化产业涉及的内容广泛、业态丰富,而且从近年来的发展实践中可以发现,产业边界日益模糊,新兴文化产业形态不断涌现、发展势头迅猛。国家统计局经过修订发布的《文化及相关产业分类(2012)》将文化及相关产业定义为社会公众提供文化产品和文化相关产品的生产活动的集合,将文化产业共分为10大类,这其中就没有包括文化产业中最具成长性(如互联网和移动互联网行业)和最具广泛性与地域特色的行业(如特色文化产业)。这也反映出相对于产业发展实际状况,文化产业管理体制明显滞后。文化产业涉及发改、财政、规划、国土、工信、科技等多个政府部门,依靠主管意识形态的宣传文化系统很难协调这么多的政府部门,不利于统筹文化产业发展的相关事务,因此在一些地方出现了宣传文化系统和其他政

[①] 祁述裕. 我国文化产业健康发展需要完成七个转变[EB/OL]. [2014-03-14]. http://www.bjcs.edu.cn/cn/index.php/Info/content/boardid/300/detail/1005/contentid/1461.

府部门各抓一摊，文化产业推而不动的现象，制约了文化产业的细分、融合和转型。

2014年密集出台的文化政策具有一个显著特征，就是除了国务院签署发布的政策文件之外，绝大多数政策均由多个部委共同签发，这体现了国家发展文化产业的整体思路向统筹协调各种行政力量、形成政策合力的转变，这对各地方政府调整文化产业发展思路具有指导意义。另外，国家发布的政策惠及范围基本上涵盖了已有的文化产业领域，既包括宏观指导意见，又有微观实施方案；既有普惠政策，又有突出的重点；既涉及专门领域，又涵盖特定行业，基本形成了较为完整的文化产业政策体系。我国31个省、自治区和直辖市纷纷出台相应政策，以落实这些文件，由上而下的文化产业政策体系也已初步形成。在国家经济转型的重要时间点，文化产业政策出台的层次之高、频度之大、力度之强，足以见得国家对文化产业在经济社会发展中的倚重。这一系列的政策形成的组合效应，必然会奠定我国文化产业未来发展的新格局。

（二）鼓励产业的跨界融合

文化产业本身就是一个多种要素融合形成的产业形式，不仅自己能够创造直接价值，还能够通过为相关产业提供创意赋予其他产业、产品以文化内涵而创造间接价值，并且成为多种产业跨越边界实现融合发展的黏合剂，在整个国民经济的大循环中发挥牵引作用，推动生产方式发生根本性的变化。近年来，文化生产与旅游、休闲、餐饮、信息、制造、建筑、商贸等相关领域的结合日渐紧密，文化业态日趋丰富，产业边界日益模糊，尤其是创意元素和科技应用在各个产业领域融合中起到重要的纽带作用，加快传统文化产业向新兴文化产业的调整、重组和转型。

李克强总理在2014年政府工作报告中提出，要"促进文化创意和设计服务与相关产业的融合发展"，把它作为"支撑和引领经济结构优化升级"的重要抓手。《关于推进文化创意和设计服务与相关产业融合发展的若干意见》明确了将相关产业跨界融合发展作为转方式、调结构、实现由"中国制造"向"中国创造"转变的重大举措，体现了中央在新形势、新背景下对文化产业战略地位和重大作用的准确把握，既对推动国民经济转型升级具有重要指导意义，也给文化产业带来了新的重要发展机遇，提供了更广阔的发展空间。

另外，《关于深入推进文化金融合作的意见》吸纳了近年来文化金融合作的经验与成果，结合当前金融改革和文化产业发展的新趋势，突出改革创新精神，发挥市场配置资源的决定性作用，从认识推进文化金融合作重要意义、创新文化金融体制机制、创新文化金融产品及服务、加强组织实施与配套保障这4个方面提出了深入推进文化金融合作的15条具体要求。《藏羌彝文化产业走廊总体规划》立足少数民族地区文化特色，对区域文化及文化产业融合发展作出了整体战略和具体实施的部署。《关于推动特色文化产业发展的指导意见》将区域特色文化资源形成的空间形态定义为文化生态圈或文化功能区，将这种文化生态圈作为一个区域获得文化生态平衡、有效传承文化、形成地方特色和增强经济竞争力的重要保障因素，突破了传统行政区域限制，建立了跨区域融合发展的合作平台。《关于促进旅游业改革发展的若干意见》《关于加快发展体育产业促进体育消费的若干意见》等政策文件中，也将产业融合发展作为重要的主导思路，《关于推动传统媒体和新兴媒体融合发展的指导意见》更是将融合发展作为主题词。可以预见，未来的文化产业发展在政策引领下将呈现出深度、多种形式的融合发展趋势，单纯的产业形式将逐渐构建为一种文化经济生态系统。

（三）突出企业的主体地位

一直以来，我国文化产业发展的主导力量来自政府，行政干预过多，公有和非公有制文化经济不能一视同仁，造成不公平竞争。随着经济体制改革的全面深化，市场在资源配置中的决定性作用将得到充分发挥，这也必然成为文化产业发展主流趋势，文化企业作为文化产业发展的主体地位将得到进一步确立。《关于印发文化体制改革中经营性文化事业单位转制为企业和进一步支持文化企业发展两个规定的通知》中，在财政税收、投资融资、资产管理、土地处置、收入分配、社会保障、人员安置、工商管理等多方面出台了文化企业支持政策，延续并丰富已执行10年的改革配套措施，加大转制院团改革发展支持力度，推动保留事业体制的文艺院团实行企业化管理，继续推进生活、科普等非时政类报刊出版单位转企改制，推动已转制的国有文化事业单位加快公司制、股份制改造，完善法人治理结构，并对按规定转制的重要国有传媒企业开展特殊管理股制度试点，推动文化企业跨地区、跨行业、跨所有制兼并重组，全方位支持文化体制改革和文化企业发展。

文化产业的显著特征就是小微文化企业多。我国小微文化企业的数量占文化企业总数的80%以上，从业人员约占文化产业从业人员总数的77%，实现增加值约占文化产业增加值的60%，这还不包括200多万个体文化从业者所作出的贡献。文化体制改革以来，我国一直把做大做强国有文化企业、培育文化航母企业作为主要目标，忽略了更富市场活力和创造力的民营小微文化企业。部分国有文化企业得到了政策扶持，但市场竞争力、创造力和企业治理能力却并没有得到提升，文化资源在一个封闭的系统内运作，压制了市场竞争，进一步造成资源垄断。反观小微文化企业，市场敏感度高，经营机制灵活，能够根据环境变化及时调整战略和对策，容易获得市场消费需求的响应。但是小微文化企业发展普遍面临财税、融资、用人等多重困难，市场和生存空间遭受大型国有文化企业挤压，在市场竞争中明显处于劣势。《关于大力支持小微文化企业发展的实施意见》的出台对解决这一问题起到了关键性作用，为小微文化企业创造了良好的发展环境和更加完善的发展条件。《关于知识产权支持小微企业发展的若干意见》以知识产权公共服务的形式支持小微企业创新发展，有助于缓解企业发展压力，激发大众创业潜力，释放社会创新活力。《关于取消、停征和免征一批行政事业性收费的通知》规定，自2015年1月1日起，取消或暂停征收12项中央级设立的行政事业性收费，同时对小微企业免征42项中央级设立的行政事业性收费。以文化企业为扶持对象的系列政策文件，表明了国家对于文化产业发展主体的认识发生了变化，对于文化产业通过挖掘内生动力来提升竞争力和可持续发展能力都具有深远意义。

■ 三、文化企业发展策略

2014年是我国提出发展文化产业以来，国家政策出台密集度最高的一年，这些政策在发挥市场作用、调整产业结构等方面起到了风向标的作用。作为市场和产业发展的重要主体，文化企业应该紧抓政策机遇，在企业战略、经营思路、能力塑造、商业模式等方面作出适应性调整，在文化产业转型升级和经济社会发展中担当起应尽的义务与使命。

（一）紧抓政策机遇

面对2014年国家释放的高额政策红利，文化企业首先要做到的是抓住机遇，按照国家政策导向制定或调整企业发展战略目标。从产业形态方面，文化企业应该注重通过产业跨界融合实现产业升级，尤其是从事传统文化产业的企业更需要主动向国家政策重点扶持的文化创意和设计服务、新兴媒体、特色文化产业、旅游产业、体育产业、电影等相关产业转移。在地域选择上，有条件的企业可以将发展战略重心转向国家政策给予更多关照的地区，比如《关于加快发展对外文化贸易的意见》提出的北京、上海、深圳等对外文化贸易基地，《藏羌彝文化产业走廊总体规划》涉及的区域，以及筹划中的丝绸之路文化产业带、京杭大运河文化产业带、长江经济带等所覆盖的地区，并将企业所从事的优势产业与地域特征相结合，作出与之相适应的发展战略决策。另外，国家政策加大了对外文化贸易的扶持力度，国际化资源和能力强的文化企业，可以通过对外文化交流互联互通及国际文化贸易合作，迅速进入海外市场，寻求企业规模和业务国际化的战略性扩张。《21世纪经济报道》提供的数据显示，2014年前10个月，互联网文化传媒公司的产业营业收入和净利润均超过60%，政策上备受重视和旺盛的需求推动，使得以互联网平台技术为业务载体的文化企业持续受到资本追逐。文化企业应把握政策机遇，制定行之有效的企业发展和资本战略，力争步入上市公司的行列。

（二）调整经营思路

在企业经营方面，文化企业应该将一味追求市场占有率和利润指标的经营思路转向产品的特色化、品牌化发展。国家推动特色文化产业发展，有很多理由和多方面的依据。首先，无论是2009年国务院发布的《文化产业振兴规划》，还是十七届六中全会的《决定》、党的十八大报告，都要求各地区在发展过程中充分发展基于特色文化资源而形成特色文化产业。我国各地区文化产业发展思路雷同、产品同质化严重、创新能力缺失等现象造成了文化产品供给过剩但文化消费需求远远没有得到满足，这无疑加大了文化消费市场供给与需求之间的矛盾，影响文化产业的健康和长期发展。《关于推动特色文化产业发展的指导意见》出台的主要目的，就是要更好地利用各地区特色鲜明的文化资源，鼓励因地制宜的文化产品开发和脚踏实地的文化创新，遏制文化产业的同质化发展趋势，形成一批具有影响力和市场号召力的文化品牌，提升文化产业发展质量和区域经济发展潜力。文化企业应该领会国家政策意图，有效利用政策红利，借助国家艺术基金、文化产业发展专项资金、政府购买服务、创新项目补贴、以奖代补等多种财政扶持政策，致力于产品和技术的研发创新，开发特色文化产品，培育文化品牌，由内涵式发展实现企业经营业绩的提升。

（三）提升竞争能力

全面深化文化体制改革使得文化企业面临的市场竞争进一步加剧，文化企业在不断优化的政策环境中，应该坚持基于市场逻辑来思考企业发展问题，并在市场考验中提高企业竞争能力。创新能力是文化企业竞争力的主要来源，自主知识产权既是企业创新能力的体现，又能够为企业创新能力注入新的动力。据统计，我国小微企业完成了65%的发明专利以及80%以上的新产品开发，其发展对知识产权高度依赖。《关于知识产权支持小微企业发展的若干意见》的主旨就是通过实施知识产权战略推进工程、推进知识产权金融服务、创新工作模式来增强企业自身创新发展能力。《关于推进文化创意和设计服务与相关产业融合发展的若干意见》也提出了通过相关产业全方位、深层次、宽领域的融合发展格局，培育一批具有核心竞争力的企业，形成一批拥有自主知识产权的产品，打造一批具有国际影响力的品牌。这为文化企业提升竞争力指明了路径方向，减轻了机制阻碍，增添了发展信心，文化企业应该在自主知识产权的开发方面探索发展之道。

（四）优化人才战略

文化企业的自主创新能力需要优质的文化创意人才资源作为保障，但人才资源的稀缺性制约了企业竞争力的提升，这就需要文化企业合理地利用文化产业政策优化企业人才战略。《文化产业创业创意人才扶持计划》搭建了一个人才扶持、培训交流和创业创意项目推介的平台，文化企业可以通过这一计划，借助补充养老保险、补充医疗保险等社会保障体系完善政策，招揽企业需要的人才。另外，人才战略不是只有

"引进"这一种思路,如何有效开发企业内部文化人才和经营管理人才资源的潜能是企业领导者必须解决的重要课题。通过探索有效的人才培养模式,改善人力资源结构,提高人才储备、素质结构和实务技能,实现企业自身创新能力的挖掘,既有利于企业人才资源效用最大化,又能够建立一支稳定的人才队伍。再者,以"引人"与"引智"相结合的思路,通过创立跨越企业边界的协同创新联盟,实现多种形式、不同层次的产品和项目合作,共享智力成果,也可为企业创新带来实际的收益。

(五)创新商业模式

文化企业因其经营的文化产品具有双重属性,其商业模式不同于一般企业,在企业发展中更需要注重商业模式创新。奇虎的360杀毒软件、新浪的微博、腾讯的微信,都是以公共文化产品的形态免费让用户体验,运用一种双边市场的商业逻辑,发挥平台经济的规模效益和多重赢利手段。文化企业经营的是文化,文化本身是一个累积的过程,不能一蹴而就。文化企业的口碑、消费者的素养和忠诚度,对商品和知名度的影响以及后续的拉动效应特别敏感。Collins和Porras(1994)通过对18个具有百年历史优秀公司与其对手公司的对比,揭示了公司基业长青的秘诀,其中最为重要的一条是:他们追求利润,可是他们也同样追求更广泛、更有意义的理想,扩大利润的目标并不主导一切。这对于以精神内容生产为主要业务的文化企业更具有启示意义。日本对文化产业的市场化运作方式就体现在其大力推崇的企业与企业之间要进行自由竞争的主导思想上,对文化企业的培育重点落在提升企业竞争意识,引导其建立独立的营销体系,鼓励其通过市场化模式来谋求长足发展。处于经营初期的很多文化企业更像是非营利组织,追求公共效益和用户分享,到知名度或用户量达到一定程度后才会有显著的经济利益回报。[①]因此,文化企业的赢利周期及其价值链相比其他企业更长,应该注重短期利益和长期利益的平行兼顾,这就要求文化企业必须在商业模式上寻求创新。

(撰稿人:张振鹏,济南大学)

---

① 张振鹏,陈志军.文化商品市场垄断与文化企业规制[J].社会科学研究,2014(2):25-33.

第三章
出版传媒企业 >

- 2014年被称为我国的"媒体融合改革元年",这一年传统媒体企业依旧冰火两重天:一方面,在新媒体冲击下,传统新闻出版媒体所面临的形势依然严峻;另一方面,网络媒体和移动媒体不断参与到文化产业和新闻出版行业中来,也给新闻出版行业发展带来新的生机和活力。

- 新闻出版产业目前处于从传统出版向传统出版与新兴出版融合发展的转型升级阶段,产业发展速度趋于平稳,进入理性发展期,5%以下的中低速增长将成为传统出版领域的发展新常态。

- 传统媒体与新媒体的融合是一个双向互动、双向选择的过程,传统媒体探讨如何用新媒体来表达内容,新媒体和其他行业的网络企业也在尝试与传统媒体合作或渗入传媒行业。

- 将核心的内容资源多元开发,依托品牌及影响力开展多元化经营,延伸价值链,探索多重赢利模式,是出版企业实现赢利模式多元化,应对数字出版冲击,在新形势下求得生存发展的重要路径。

▍一、2014年新闻出版企业发展概况

2014年，国家经济发展进入新常态，新闻出版行业面临着新的发展局势，纸质出版物市场增长平稳、趋于理性，数字出版和互联网销售继续快速发展，新闻出版企业总体发展态势良好。

（一）新闻出版产业处于转型升级阶段

新闻出版产业目前处于从传统出版向传统出版与新兴出版融合发展的转型升级阶段，产业发展速度趋于平稳，进入理性发展期，5%以下的中低速增长将成为传统出版领域的发展新常态。2011年，国家"十二五"发展规划对"新五年"新闻出版业总的判断是产业将进入跨越式发展阶段，并制定了年增长率20%的发展目标。2014年上半年，国家发改委对新闻出版业完成规划指标的情况进行调查，发现年增长20%的目标难以实现，于是将指标下降到11.5%。并且在这可能实现的11.5%中，贡献最大的并不是新闻和出版，而是包装印刷和网络游戏。此外，在经历了2002—2011年的"黄金十年"后，少儿出版领域的增速也趋于平缓，少儿出版行业内存在的内容同质化、出版物质量不高等现象正逐步受到遏制，从粗放型增长向质量效益型增长转变，一些专业少儿出版社持续发力原创出版物，致力于打造精品童书。

（二）传统新闻出版企业依旧式微

1. 读者数量减少

从新闻企业来看，相较于传统纸质出版，新兴媒体能够为读者提供更加即时、更加丰富的内容，各种界面精致的手机、平板电脑App为越来越多的读者获取一手资讯提供了极大便利。在互联网时代，部分报纸媒体在刊登消息的时候，甚至将互联网作为信息来源，从网络媒体和移动媒体渠道寻找消息，简单核实和修改后就制成了"本报消息"，这也在一定程度上加剧了传统报业的同质化。读者的大量流失引发一系列连锁反应，一些传统报纸近来相继休刊。2013年底，创刊14年之久的《新闻晚报》刊出休刊公告，正式宣布将于2014年1月1日起休刊，这是上海报业集团成立后首张休刊的报纸。究其原因，激烈的市场竞争下远不够醒目的同质化内容、读者数量减少、广告收入迟迟不见起色，都使得《新闻晚报》长期深陷亏损的困境，最终不得不走向休刊。

从出版企业来看，文化消费者的消遣方式日趋多元化，平板电脑和电子书越来越普及，有声图书、点读笔等新的阅读方式给传统出版企业带来极大的冲击。单纯的纸质书和老套的选题已经不再能满足读者的需求，层出不穷的高科技产品在提供丰富内容体裁的同时，也提供了碎片化的阅读内容，很好地迎合了当下人们移动阅读的需求。如亚马逊中国推出的电子书阅读器Kindle，依托亚马逊自身强大的图书资源，逐渐加快进军数字出版的步伐，取得了不俗的成绩。传统出版企业想要求得生存，必须探索出新的道路。

2. 市场化程度不足

近年来，虽然新闻出版企业兼并重组不断，并且传媒股份随着国家利好消息一路看涨，但总体来看，不少新闻出版企业仍活力不足，在新媒体的冲击下，报纸、图书类型和内容的同质化、恶性竞争等诸多问题更加突出。浙江省报业协会秘书长曲宝库认为：“有些报纸甚至连印刷纸张费都不能及时支付了，但还在继续艰难维持，市场的资源配置功能在报业起不了作用，良莠不齐地一起‘混着’，这对中国报业而言无疑是雪上加霜。”

3. 实体书店萎缩

书店曾是许多人的精神家园和儿时的美好回忆，如今面临房租等成本的不断上涨、客户的逐年减少等境况，不少实体书店纷纷歇业。特别是电子商务对实体书店客户的分流给传统实体书店带来了前所未有的窘境。一般情况下，新华书店和大多数民营书店的图书均是按原价销售，而当当网、亚马逊中国等网上图书销售平台不仅拥有实体书店无可比拟的丰富的图书品种，而且能给出不低的折扣，此外还可提供送货上门的服务，若读者购买达到一定数额还能免去邮费。网络书店将读者的各项购书成本降到了最低，读者只要能够接入互联网，就能坐在家中浏览各类图书，还可以直接进行在线试读和价格比较，然后通过互联网支付之后直接等待图书上门即可。这种购书方式极大地便利了当下繁忙生活着的人们。网络书店的欣欣向荣从侧面反映了实体书店的萎缩。

实体书店的萎缩体现在书店数量、种类的减少，以及其销售量的减少上。据《瑞安日报》报道，20世纪八九十年代，图书市场鼎盛时期，瑞安市登记在册的书店超过200家，而截至2014年4月瑞安实体书店仅剩90家。剩余的这些书店里面，还有不少是“半开门”状态，或靠销售教辅用书“维持生计”。例如瑞安广场路小小新苇书店，90%以上都是各种教辅书籍，如《5年高考3年模拟》《公务员考试用书》等。在位于瑞安万松路的玉海世纪购物中心，教辅书籍和课外读物也占到了80%以上。上海外滩的“富文图书”过去生意好的时候平均一天能卖出100多本，销售额达到1 000多元，但现在平均一天只能卖出30本。“富文图书”的老板丁继光说，17年前外滩租金每年才1万元，后来租金涨到十五六万，只好搬走。

（三）新闻出版企业探索新业态

1. 出版集团涉足文化地产领域

随着"文化+地产"模式的兴起，各大出版集团或是通过自己设置地产公司，或是同地产集团合作，纷纷涉足文化地产领域，践行文化地产商业模式。文化地产模式，是指打破地产开发中的单一理念，以地产项目为载体，整合各种艺术元素，以期活跃社区文化，增强社区居民的交往和交流，提升社区产品的综合价值，从而创造一种全新的地产开发、经营模式。[①] 如凤凰传媒旗下的江苏凤凰置业投资股份有限公司，其每一个项目从拿地、设计、配套、服务、环境营造都围绕"文化核心"展开，深植于城市历史发展及区域人文内涵，开发项目主要位于南京、苏州、南通等长三角城市。安徽出版集团在2012年成立了安徽普兰德置业发展有限公司，成立以来先后开发了"新华文景苑""书香苑"和商业综合体"新天地广场"等项目，特别是"新天地广场"已经成为合肥北门的商业副中心。

2014年3月，万科与中信出版社签订了合作协议，宣布将在万科的大中小3级商业中全部引进中信书店，以丰富万科商业的形态。据称这些中信书店将采取"混合"经营形式，不仅仅是卖书，可能还会融合书店、咖啡、上网、银行、4∶30学校、图书循环等多种功能。万科此举，旨在在社区文化中进一步引进读书生活，从而将学习和思考打造成为一种生活方式。

2. 学前市场抢先发展

教育行业一直是一个巨大的文化市场。在我国，人口基数大，独生或双孩子女多，父母对学前教育越来越重视，学前教育市场有着坚实的客户基础。一些出版集团、出版社依托高科技环境下逐渐丰富的载体形式，开发出个性化高、互动性强、儿童及父母体验性佳的新型出版物，教育市场开始逐步探索创建系统化的出版模式。强调互动性一直是新型学前教育出版的一大特点。北师大出版社打造了"小孩爱学"京师幼儿园交互式数字课程包，包括"小孩爱听"听书客户端和"小孩爱看"阅读客户端。其中"京师幼儿园交互式数字课程包"兼容iOS、Windows、安卓等主流操作系统，U盘版已经累计销售1 600余套，数字版自从2014年9月上线以来，已经在全国近百家幼儿园试用。

此外，借鉴国外学前教育出版成熟经验，加强学前交流，积极进行中外合作也不失为一个好的途径。江苏教育出版社就与英国BBC联手，共同打造了社交型早教机构"天线宝宝幼教中心"，以英国国家早期教育纲要为参照，以动画《天线宝宝》为主题，为0~6岁儿童及家庭提供专业、安全、系统的娱乐与教育综合服务。

3. 多元化开发

对于传统出版社来说，内容资源一直是手中的王牌。将核心的内容资源多元开

---

① 郭岸卿. 现代化的地产经营模式之文化地产[J]. 现代商业，2011(17).

发，依托品牌及影响力开展多元化经营，延伸价值链，探索多重赢利模式，是出版企业实现赢利模式多元化，应对数字出版冲击，在新形势下求得生存发展的重要路径。如上海世纪出版集团依托《理财周刊》的品牌，每年在上海及周边城市举办理财博览会，收入颇丰。2014年的上海理财博览会，吸引了近300家各类金融机构入场，甚至出现了金融机构排队要求进场设摊的情况。集团还在企业发展的"十三五"规划当中，制定了依托现有的出版资源，通过艺术品经营、会展业务、医疗服务、商业服务、按需印刷、第三方物流等相关业务来拓展价值链的重要战略。再如上海科技出版社依托《大众医学》的品牌和医学读物数据库，利用上海各大医院的网络空间向病患提供医学知识和就诊服务，在医疗服务领域大显身手。

（四）传统媒体和新兴媒体融合速度加快

2014年是我国的"媒体融合改革元年"，习近平总书记在中央全面深化改革领导小组第四次会议上将推动传统媒体和新兴媒体融合作为国家发展的重大战略。传统媒体与新媒体的融合是一个双向互动、双向选择的过程，传统媒体在探讨如何用新媒体来表达内容，新媒体和其他行业的网络企业也在尝试与传统媒体合作或渗入传媒行业。在新时代，各大新闻出版企业纷纷从理念和体制机制上创新，推动传统出版企业与新媒体的融合，以降低成本，增强竞争力。

表现最突出的是数字出版的迅猛发展。北京大学文化产业研究院副院长陈少峰教授预测指出，到2017年我国数字文化产业的市场价值，将会达到文化产业总额的70%左右。表现在出版领域，是数字出版的全球发展趋势。根据尼尔森的调查数据，在美国，以销售册数计算，电子书占整个图书市场的21%，以销售额计算，电子书占整个图书市场的16%；在英国，以销售册数计算，电子书占整个图书市场的33%，以销售额计算，则占整个图书市场的20%。相比英美，虽然我国电子图书销售和其他数字出版仍有极大的差距，但近年来得到了迅猛的发展，2013年我国数字出版的营业收入达到2 540亿元，较2012年增长近30%，2014年，这一数字达到新的高度。

各大新闻出版集团还纷纷发展新媒体业务，开发新媒体平台，实现媒体信息的多渠道接入。如人民日报社的全媒体布局，2014年《人民日报》已实现报纸、杂志、网站、客户端、微博、微信、手机网、手机报、网络电视、电子阅报栏等全媒体覆盖。人民网经过10年以上的发展，日均访问量在全球网站中的排名稳定在前60名左右。《人民日报》法人微博创办两年，在人民网、新浪网、腾讯网3大平台上的粉丝总量达到4 600万。2014年6月12日，经过整合后的《人民日报》移动客户端上线，一个月时间里用户自主下载量超过410万，活跃用户超过40万。

再如民营企业"青苹果数据中心"，它成立于1992年，是国内成立最早的数字化企业，主要从事电子出版物、数字化产品的开发、出品、销售，现有员工1 000余人，在湖南、北京、山东、新疆、香港、美国拥有8家独资和合资机构，生产场地超过32 000平方米，年生产能力250亿汉字，拥有发行权的产品包括《人民日报》《光明日报》《申报》等重要媒体电子版，《毛泽东文献》《邓小平文献》《江泽民著作》等经典理论著作，客户包括中共中央办公厅、人民日报社、清华大学、哈佛大学图书馆、微软、Amazon等。新的出版数字化企业蒸蒸日上，说明新闻出版行业已经在悄然发生着变化。

（五）新闻出版体制改革进一步深化

2014年，国家文化体制改革进入新阶段，2月份《深化文化体制改革实施方案》的通过，标志着新一轮文化体制改革开始进入全面实施阶段。

1. 文化部：以更大的勇气和智慧推进文化体制改革

2014年10月13日，文化部文化体制改革工作领导小组会议在北京召开。文化部党组书记、部长、部文化体制改革工作领导小组组长蔡武出席会议并讲话。他强调，要进一步解放思想、实事求是，以更大的勇气和智慧、更有力的举措和办法推进改革；积极主动地在文化体制改革过程中全面贯彻法治精神，加强文化立法建设，以法治思维推进各项改革工作；时刻牢记文化意识形态属性和政治敏感性，坚持文化体制改革的正确导向。

2.《深化新闻出版体制改革实施方案》解读

2014年10月，国家新闻出版广电总局正式出台《深化新闻出版体制改革实施方案》，针对完善新闻出版管理体制、增强新闻出版单位发展活力、建立健全多层次出版产品和要素市场、推进出版公共服务体系标准化均等化、提高新闻出版开放水平5个重点方面的改革任务提出政策措施，并制定了23项具体措施。方案亮点颇多，一是允许有条件的国有控股上市出版企业开展股权激励试点，鼓励与新兴出版传媒融合发展，推动行业兼并重组；二是开展实行特殊管理股制度试点，以有资质的国有出版单位拥有特殊管理股为前提，允许符合条件的非公有制企业参与网络原创出版业务，给予非公有制文化企业对外专项出版权。该方案的出台是此前促进媒体融合纲领性文件的深化和具体落实，也表明国有出版公司将有望扛起改革大旗，走在传统媒体队伍前列。

▌二、典型新闻出版企业案例

（一）南方报业传媒集团

南方报业传媒集团由《南方日报》及其创办的系列报刊发展而来。今天的南方报业已经成为享誉海内外的中国最著名的媒体集团之一。集团旗下拥有12报、9刊、5

网、1社，并曾在2001、2006、2009、2012、2013年5次荣获"中国最受尊敬企业"称号。在2013年公布的"中国500最具价值品牌"排行榜上，南方报业传媒集团旗下《南方日报》(127.15亿)、《南方周末》(96.67亿)、《南方都市报》(126.58亿)及《21世纪经济报道》(58.86亿)等4份报纸品牌价值合计409.26亿元，蝉联全国平面媒体集团之首。2011年，南方报业传媒集团当选"2001—2010中国报业(报业集团)领军品牌"。

随着新技术的快速发展带来新媒体崛起，平板电脑、手机移动客户端等凭借其内容的海量性、强交互性、信息更新的及时性等对传统报业造成了强有力的冲击。越来越多的报纸开始在困境中思考，探索新环境下新的出路。南方报业传媒集团作为中国报业集团发展的风向标与领头羊，积极利用新的媒介环境，开展全新业务，布局全媒体格局。南方报业传媒开发的移动新媒体有南周阅读器、21世纪阅读器、南都周刊阅读器、南都娱乐周刊阅读器、南方人物周刊App、南方分级阅读App、南都阅读器、南方周末App等。

例如，南周阅读器是南方周末新媒体专为Windows Phone用户打造的新闻资讯应用，汇聚了南方周末的优质内容，传递时政、经济、文化等方面最具价值的报道，辅以南方周末网独立采编，实现当下热点新闻实时更新。

南方日报手机报依托南方日报及其官方网站南方报网(www.nfdaily.cn)的优质新闻资源，由资深编辑根据手机媒介内容传播特性进行梳理、整合和浓缩，每天早上和下午各发送一次。按照发送时间及新闻内容，南方日报手机报分为《新闻早报》《午间快报》及《突发新闻》等3个板块。《新闻早报》于早上8:00左右发送，主要内容为当天南方日报纸质报纸的精华浓缩；《午间快报》于15:30左右发送，主要内容为当天国内外及广东的最新新闻、当天的股市财经资讯，还设有IT、健康、汽车、旅游、投资等实用服务资讯栏目；《突发新闻》不定期发送，随时报道国内外最新发生的重大事件。

移动端App也是当下大多数人进行媒介接触的主要方式，在这一方面，南方周末App做得相当出彩。依托深刻、清新文雅的内容和独树一帜的设计理念，南方周末App最大程度上满足了用户的需求，如在版式的设计方面，不像其他大多数客户端以各类广告、推广作为欢迎界面，而是始终坚持以其独具特色的新年献辞作为"卷首语"，在一定程度上使自己的产品有了较强的区分度，同时也再一次强化了品牌理念。在内容的编排上，南方周末App将其分成"深度""经济""文化"等不同的竖向板块，配以高清晰度的图片，整个界面简洁明快，让人耳目一新，且每篇文章都配有评论和分享功能，让用户的反馈能够及时到达，使得新媒介效应达到最大化体现。

(二) 外语教学与研究出版社

外语教学与研究出版社是一家典型的大学出版社，于1979年由北京外国语大学创办。经过20多年的发展，外研社现拥有16个信息中心，年出版图书3 000种左右，销售码洋增长到现在的11个亿，利润2个多亿。外研社的主要出书范围是外语教材、外语辞典、读物、学术著作、对外汉语教学等5大类外语教育图书。在发行方面，外研社采取在全国设立网点，在内部实行分片包干和责任制，其发行人员直接面对读者销售产品，深入各大中小学、成人教育机构、社会办学机构，挖掘各层面的读者群，并且"大投入，大产出"地进行广告宣传。此外，外研社还积极开展国际合作，作为外语专业出版社，该社的国际合作业务占整个出版业务的25%，并与英国朗文出版集团、牛津大学社、剑桥大学社、美国西蒙舒斯特、兰登书屋保持着良好合作关系。

1. 外研社的成功改制

外研社的原社长李朋义先生有句座右铭："发展才是硬道理。"对于文化体制改革和出版社由事业单位转企改制，外研社有不少经验值得吸取。

(1) 外研社始终坚持正确的出版方向，牢固树立政治意识、责任意识、大局意识，树立为人民服务、为社会主义服务的出版思想。在改制过程中，外研社建立了一套适应社会主义市场经济的管理体制。干部能上能下，职工能进能出，收入能高能低，机构能设能撤。实行干部聘任制，考核只讲结果，不讲过程。职工能进能出，即每年职工都有10%的淘汰率。收入能高能低，是指全社设立了12级36个档，每个工作岗位套级别定薪资，每个人的收入只有自己知道。

(2) 外研社建立了一套适应市场经济的选题策划体制。选题策划要与出版社的整体发展方向相结合，在1998年之前，外研社以出版专业英语图书为主，市场竞争很激烈，恰逢国家提出"科教兴国"战略，教育部开始教材改革，外研社计划以教育出版为中心，出版大中小学英语教材。1998年以后外研社的发展方向以教育出版为中心进行战略转移，到2004年图书销售码洋达到13个亿。

此外，除了出版方向策划、各事业部的策划以外，编辑个人的选题策划也是一种有益的补充。有一位外研社的编辑做了一个月的调研，发放上万张调查问卷，到中学、大学、书店门口摆摊，最后写了上万字的调查报告，提出要做世界文学名著英文系列丛书。面对其他编辑的疑问，这位新编辑指出，英语原版读物过去只在外文书店销售，而且读者的阅读水平已经提高，却无法在新华书店买到。最后外研社先出了10种英语系列名著，每种1万册，3个月即销售一空，最后这套书出了100多种，每种印量都在七八万册。

(3) 建立了一套适应市场经济的营销体制。首先是观念的转变。传统意义上的发行与营销是不同的，是distribution和marketing的区别。其次是营销主体的转变。主体就是由谁来做营销，过去是发行人员，现在是全员营销，既包括发行人员、策划编辑，也包括各事业部领导和社领导。第三是营销客体的转变，营销客体就是对谁营销，过去是只对书店，现在是对书店的同时也对直接用户进行营销，特别是针对大中小学校。第四是由推广一种产品向推广一种观念转变。如果说过去出版业的竞争是产品的竞争，现在已慢慢走向品牌的竞争。外研社的品牌建设包括：第一，每年投资1 500万～2 000万元培训全国的大学英语教师；第二，每年投资免费培养中小学英语老师；第三，每年投资300万元以上跟中央电视台合办"CCTV杯全国英语演讲大赛"；第四，每年投资100万元以上举办"外研社杯全国英语辩论大赛"。

2. 外研社的数字化发展

作为一家成功的外语教育出版社，外研社除了图书、期刊之外还有数字产品等。其数字产品包括电子产品、移动应用、网络产品等；电子产品包括点读笔和电子词典；移动应用包括手机词典、行学一族、苹果应用等；网络产品包括《英语学习》mini版、基础英语自主学习平台、中小学英语教师培训平台、定制测试与学习报告项目、希望之星英语风采大赛在线培训平台、基础英语教育试题库(初中版)、有氧英语课堂研究课题、外研社外语资源库等。

其实，外研社最成功的数字产品就是点读笔系列。外研通点读笔(Viaton)的优势在于依托外研社本社图书资源，可点读的图书有65个系列，近1 000种书，涵盖了幼儿用书、中小学教材、教辅、读物、教程、词典、多语种图书等种类。而且，全国中小学的(新标准)点读版外语教材已全部可以使用外研通点读笔点读。在外研社官网可以看到，其点读笔可分为6种，有教师用和学生用2种。

外研社除了官网(www.fltrp.com)以外还有"悠游网"(www.2u4u.com.cn)和点读笔官网(www.viaton.com.cn)。悠游网有外研社图书配套的大量试听资源。例如，其中的"迪士尼英语"系列图书包含《小熊维尼双语故事》《迪士尼乐动英语》《迪士尼公主永恒珍藏》等23个种类，每本书的英语资源都可以在网站收听。

2014年，外研社继续发力数字化发展，于10月18日发布了全新的数字化教学共同校园Unipus。Unipus源于创新教育理念，基于先进信息技术，是以外语教育为特色，集学习、教学、测评、科研、合作交流于一体的线上"共同校园"(Universal Campus)。Unipus依据科学能力测评体系，汇聚国内外优势资源，优化在线互动教学环境，提升个体学习体验与效果，也是师生创新发展的智慧校园(Unique Campus)。Unipus同时为高校创新教学模式、开展课题研究、推进跨校合作提供支持保障，是共建资源、共享成果、共赢未来的共创校园(United Campus)。

(三) 海豚传媒股份有限公司

海豚传媒于1999年成立，前身是海豚卡通有限公司，是国内最大的少儿图书策划、制作、发行企业之一。2005年12月，海豚卡通与长江出版集团正式签约成立新公司海豚传媒，并于2008年4月正式更名为海豚传媒股份有限公司。"青少年版世界文学名著"系列是公司发展的奠基性产品，已从最初的10个品种发展到目前的128个品种，在许多书店都设立了专架，通过在内容和形式上不断研发，保证在品种、装帧、纸张、插图、工艺、定价等方面的持续优势，加之公司深厚的原画实力和灵活的渠道策略，这套拳头产品的累计销售码洋已经超过4亿，销量超过4 000万册。

1. 海豚传媒图书品牌塑造

当前商品经济繁荣发展，市场上各类商品琳琅满目，图书作为一种特殊的商品，其竞争也日益激烈，任何出版社想要在市场上站稳脚跟，就必须拥有自己的图书品牌。海豚传媒致力于打造多个图书品牌，如"豪门童书""芭比""海豚绘本花园""什么是什么""玛蒂娜"系列等。

(1)"豪门童书"系列：是海豚传媒从2007年开始打造的品牌图书，分为格林童话、经典中国童话、一千零一夜、伊索寓言等，选取的都是最优秀的儿童故事，同时坚持精装全铜版纸印刷，带给读者不一般的阅读体验。

(2)"芭比"系列：从2008年到2011年，海豚传媒出版了400多册芭比图书，包含手工、故事、游戏及学前启蒙等，适合3～12岁女孩所需的各个品类。从2011年开始，海豚传媒针对年龄层较高的读者，开发了《完美造星计划》和《跟着芭比游世界》等青春阅读图书，一经投入市场即取得了不错的销售成绩。

海豚传媒芭比编辑部部长朱霞介绍说："其实芭比图书2008年刚登陆中国市场时一度不被接受，销售业绩远低于我们的期望。后来，我们及时调整了芭比图书的产品策略，紧扣中国市场的需求，开发了一系列性价比较高的图书，让每一本芭比品牌图书都像一本精美的画册。当然，我们不仅力求芭比图书外观精美，而且力求每本图书都向女孩传递芭比的精神内涵，让每位阅读芭比的女孩都可以像芭比一样自信、快乐、时尚、满怀梦想并去实现自己的梦想。"从2011年起，海豚传媒更丰富了芭比图书的产品线，并在2011年下半年推出了《芭比益智手工书》《芭比粉红拼图书》《我的职业梦想系列》。

据海豚传媒渠道推广部黄雯介绍，从2009年到2011年，芭比从未缺席过海豚传媒畅销榜单前3名的位置，单册销量都达20万以上。2011年，海豚传媒旗下众多品牌图书在民营渠道全面实行城市品牌代理制，芭比图书正是经销商竞争的焦点。最终在全国100多家芭比图书经销商里，甄选了43家作为芭比在各个城市的品牌独家代理商。这意味着海豚将集中渠道优势资源，全力打造芭比图书品牌，而授权经销商将在销售、宣传、推广等方面得到海豚传媒更多的支持。

2. 海豚传媒的产业链延伸

在继续坚持出版主营业务的同时，海豚传媒也在不断寻找新的经济增长点和种子行业。动画发展被海豚传媒视作启动产业升级的第一步。在"坚持为孩子做好动画"这一核心理念的引导下，海豚动画已经完成原创三维动画片《小鼠乒乓之成语大典》和《小鼠乒乓之欢乐无限》，以及多部图书配套的二维动画。其中《小鼠乒乓》系列动画凭借精良的画面效果及蕴涵中华成语智慧的故事内容，获得国家广电总局颁发的

"2012动画精品三等奖"，并且在全国近200家电视台及媒体机构播出。海豚传媒希望以自主知识产权的卡通品牌和形象，带动玩具和服装等新的产业，构造少儿教育产业价值链体系。

海豚传媒还拥有专门的海豚数字出版中心，该部门拥有多名一线资深幼儿教师资源，众多资深幼儿园园长和高校幼教专家资源，及国内外知名幼教专家顾问作为策划团队，保障从前期策划上达到教育的专业性、内容的丰富性和系统的完整性，再经过自有团队的分工制作，严格标准化流程，致力于打造最优质、最高端的数字教育产品。目前，海豚传媒数字出版已拥有《Time for English美语时光》《海豚绘本主题活动》等多款数字产品。

据了解，海豚传媒投资兴建的海豚大厦也正在孕育之中，这座紧邻湖北出版文化城的62 000平方米写字楼也将成为海豚传媒发展历史上一座新的里程碑。

(撰稿人：郭楠，青岛科技大学)

第四章
影视(电影)企业

- 2014年的中国电影产业，票房收入接近200亿元，在中国经济新常态下，连续4年保持了30%的高速增长。这一年上有政策阳光雨露，下有资本市场鼎力扶持，可谓是中国电影最好的时代。

- 这一年，电影进入"网生代"，互联网更深入地影响电影产业，加速了电影产业格局洗牌，催生了弹幕电影、网络售票等众多新业态，使得这一年成为不折不扣的变革之年。业界大佬一句"传统电影为BAT(Baidu、Alibaba、Tencent)打工"，让人不禁替未来的电影企业发展捏一把汗。

- 在这样的大背景下，电影市场新现象层出不穷，跨界资本扎堆进入电影行业，传统电影企业向舰队式企业发展，新兴电影企业集中发力，互联网电影企业表现亮眼，万达和金逸院线争抢"院线第一股"，互联网催生了电影产业一系列新的商业模式，为中国电影产业带来了机遇与挑战。

▌一、电影产品与市场状况

2014年5月底，包括财政部、国家发改委、国土资源部、住房和城乡建设部、中国人民银行、国家税务总局、新闻出版广电总局在内的七部委发布了《关于支持电影发展若干经济政策的通知》，政策涵盖领域之广、扶持力度之大，在新中国电影史上尚属首次，充分体现了党和政府对电影事业的重视。10月底，国家主席习近平主持全国文艺工作座谈会，提出"文艺不能当市场的奴隶，不要沾满了铜臭气。优秀的文艺作品，最好是既能在思想上、艺术上取得成功，又能在市场上受到欢迎"等观点，为新形势下特别是市场经济条件下的文艺工作指出了发展方向，为我国电影产业的发展定下了基调。

在政策的支持下，2014年全国电影票房收入达到296.39亿元，较2013年票房增幅为36.15%，连续4年保持30%左右的增速。其中，国产电影票房为161.55亿元，占总票房的54.51%，力压进口大片。国庆黄金档上映的喜剧电影《心花路放》成为2014年国产电影票房冠军，斩获票房11.7亿元，成为历史上国产电影票房排行榜第3名。好莱坞大片《变形金刚4》票房收入19.79亿元，位列榜首，刷新了中国电影票房纪录。

2014年，喜剧、古装、青春/爱情主题电影依旧受到观众欢迎，电影产品类型更趋多样，以《爸爸去哪儿》为代表的纪录片、《京城81号》惊悚片首次出现在票房榜单前列，《熊出没之夺宝雄兵》收获票房2.47亿元，刷新国产动画电影票房纪录。更有一大批中小成本电影集体发力，新兴导演表现出色，韩寒《后会无期》、邓超《分手大师》、张一白《匆匆那年》等中小成本的电影，从国内外大片的夹击中成功突围，票房成绩亮眼，甚至超过众多大片。

▌二、电影企业投融资围城

2014年的电影市场如同"围城"，国内电影票房市场高速增长推动了企业投资热潮，旅游、制造、餐饮等公司纷纷涉足影视业，互联网企业强势进军电影行业。与此同时，传统电影企业却纷纷投资手游、互联网、演艺等行业，进军全产业链，形成了城外之企业扎堆涌入，城内之企业却"去电影化"的景象。

（一）跨界资本投资热潮

据数据统计，截至12月23日，2014年国内公司共发生169起文化传媒行业并购案，包括影视、游戏、广告、出版、有线和卫星电视等子行业，涉及资本约1 605亿元，其中，影视行业共有61起。而2013年，A股涉及影视行业的并购事件仅有7起。这意味着，几乎每隔6天就发生一起文化传媒公司并购案。按月度来看，8月份、12月份并购尤为活跃，月度并购案分别达到22起、19起。①

在众多的融资并购案中近6成为跨界并购，参与影视并购的企业来自各行各业，包括恒大、万达、苏宁环球等地产商；做旅游的山水文化、北京旅游；做餐饮起家的湘鄂情；号称"烟花第一股"的熊猫烟花；以肉类食品闻名的双汇公司……2014年以来，传统行业市场普遍疲软无力，而电影市场却保持连续3年30%的稳定增长，无疑会吸引投资者的目光。

传统行业上市公司将进军电影作为重要的成长转型计划，2014年最成功的跨界影视公司代表为北京旅游集团公司，拟通过旅游和影视文化两大业务协同发展，实现旅游景区资源与影视文化的有机结合。2014年1月份，北京旅游出资1.5亿元收购了光景瑞星，并更名为北京摩天轮文化传媒有限公司，正式进军影视文化行业。其分别用2 000万、1.25亿投资的两部电影《同桌的你》《心花路放》票房收入之和超过15亿元，利润分成将超1亿元，单靠电影投资则超过2013年全年总营收。随着旅游产业的不景气，影视业务未来将可能成为北京旅游的主营业务。②

传统企业影视并购的一部分目的为业务转型，真正想在影视行业大干一场。但也有部分公司，原有行业亏损严重，希望通过注入影视资产以增加利润，甚至将影视并购作为一种营销手段，能在极短时间内带来股价的抬升。如熊猫烟花通过定向增发股份的方式收购东阳华海时代影业传媒有限公司60%股权，进军影视传媒业务领域，随后熊猫烟花便"一"字涨停。

（二）互联网与影视企业融合并购

2014年6月中旬，在上海国际电影节召开的主题论坛上，于冬一句"未来的电影公司都将为BAT打工"引起巨大争论。前一年只有乐视一家标榜自己为"互联网影视企业"，一年后电影市场却掀起一股互联网跨界之风，互联网与影视产业融合并购成为热潮。互联网企业的强势涌入，为2014电影业带来了颠覆、变革、机遇和挑战。

2014年，互联网企业强势进军影视。6月底，阿里巴巴成立数字娱乐事业群，收购

① 陈妍妍. 2014年文化产业持续高增长影视业并购案6天一起[EB/OL]. 证券日报，[2014-12-24]. http://www.ccstock.cn/gscy/qiyexinxi/2014-12-24/A1419358048233.html

② 徐凤. 《心花路放》：一部电影背后的资本故事 券商预计投资方北京旅游将获利8 000万元[J]. 中国经济周刊，2014, (41).

文化中国60%股份，8月正式更名为阿里影业；7月，爱奇艺宣布成立影业公司，成为乐视之后第二家涉足电影市场的视频网站；8月，优酷土豆成立"合一影业"；9月，腾讯成立互娱内容与版权业务部，创立"腾讯电影+"，打造电影、游戏、动漫、文学4驾马车；2015年1月，有消息称百度将成立电影业务部"百度影业"。

　　与此同时，影视企业与互联网企业融合并购已成趋势。百度爱奇艺与华策影视共同出资成立"华策爱奇艺影视公司"；腾讯与华谊兄弟搭建O2O粉丝互动平台星影联盟。除此之外，2014年11月下旬，华谊兄弟宣布由马云(阿里)、马化腾(腾讯)、马明哲(中国平安)组成的"三马"定增36亿元，经此一役的华谊兄弟足可谓"中国首届一指的娱乐传媒集团"；12月下旬，奇虎360与光线传媒签署合资协议，双方将共同成立一家新公司，从事互联网视频业务。如表4-1所示。

表4-1　互联网影视公司投资布局

互联网公司	网络平台	影视公司	在线票务
百度	爱奇艺	爱奇艺影业	—
		百度影业	百度糯米
腾讯	腾讯视频	腾讯电影+	大众点评(投资)
	—	华谊兄弟(投资) 星影联盟	卖座网 (华谊收购)
	微信	—	微信电影票
阿里巴巴	—	阿里影业(文化中国) (控股)	美团猫眼电影 (投资)
	淘宝	—	淘宝电影票
	新浪微博(投资)	—	微博电影票
	优酷土豆(投资)	合一影业	—
乐视网	—	乐视影业	—
盛大网络	—	盛视影业(合资)	格瓦拉(投资)

数据来源：根据公开信息整理

(三) 传统影视企业打造全产业链

　　2014年，以华谊、光线、万达为代表的影视企业，纷纷以迪士尼为效仿对象，打通影视全产业链，追求除电影业务以外的全面发展，致力于IP内容的价值最大化和流转最大化。未来，影视企业将着力打造舰队式的文化传媒集团。

　　2014年，华谊兄弟全面转型，追求"去电影化"，改变影视娱乐对利润或收益贡献的权重，寻求业务板块和赢利模式的多元化，将旗下业务整合为以影视娱乐业务为核心，发展品牌授权与实景娱乐、互联网娱乐3大板块。华谊在2014年前3季度的电影业务表现平淡，后两者成为支撑起公司前3季度财报表现的主要动因：其中2013年收购的手游公司广州银汉科技，游戏业务成为2014新上榜的主营业务，前3季度收入金额约2.89亿，占总收入的30.14%；品牌授权与实景娱乐方面，冯小刚电影公社于2014年6月正式开业，首日纳客过万，另有华谊兄弟文化城、华谊兄弟电影世界也分别落地上海嘉定、深圳坪山、苏州。华谊欲打造"中国迪士尼"，目标4年占领20个城市，计划到2016年主题公园达到20个。

除华谊兄弟以外，光线传媒也在谋求全产业链的突围。2014年以来，光线传媒以1.6亿元和2.3亿元参股游戏公司妙趣横生和仙海科技，收购手游公司热锋网络51%股权，斥资2.08亿元控股动画制作公司蓝弧文化，启动总投资达100亿元的实景娱乐项目"中国电影世界"。高举"影视+动漫+游戏+实景娱乐"的大旗，打造IP运营的全产业链。6月17日，光线传媒一口气宣布了3笔投资方案，但这只是开启收购大幕的第一步。

"后起之秀"万达集团，近年来一直围绕其拳头产品万达院线，在文化产业领域谋求多元化发展。12月20日，号称"武汉双娇"的汉秀与万达电影乐园同期盛大开幕。电影乐园和汉秀两个项目总投资70亿元，是世界文化产业投资最大的项目之一，预计2015年收入超过15亿元，将创造中国文化产业项目收入纪录。另外，举世瞩目的青岛万达东方影都将于2016年正式开园。

▌三、影视(电影)企业

2014年这一年，电影市场新现象层出不穷，传统电影企业向舰队式企业发展，新兴电影企业发力，互联网电影企业表现亮眼，万达和金逸院线争抢"院线第一股"，互联网催生了一系列电影产业新的商业模式。

(一) 电影制作、发行公司

国营电影公司方面，作为国有最大规模的影视公司，中影股份依靠政策红利仍然保持行业龙头的地位，从制作、发行、营销到产业链最为健全、强大的资源实力使民营公司无法望其项背。但近年来随着民营公司的市场化发展和跨行业投资，使得中影的优势有所下滑。2014年国内电影市场共有66部电影票房过亿，其中包括国产电影30部，其中中影集团参与发行的电影占过亿电影的2/3，占过亿国产电影的1/3，大部分进口电影由中影主导发行。2014年，中影参与电影投资发行的高票房电影包括《心花路放》《西游记之大闹天宫》《一步之遥》《太平轮》等。

民营电影公司方面，华谊兄弟、光线传媒、乐视影业、万达影视、博纳影业5大民营电影公司依旧表现抢眼，其发行的影片为国产片市场贡献了58%的票房，依旧是国内影市的中流砥柱。2012年以来5大公司全年整体市场份额均超50%，在竞争日渐激烈的国产影片市场中持续领跑市场。同时，随着老字号民营电影制作企业华谊兄弟电影收入比重大幅下降,电影制作市场从一定程度上打破往年格局,呈现百花齐放、百家争鸣的情景,其中,光线传媒上映电影获得最高总票房收入。

光线影业2014年共上映3部动画电影、10部故事片电影,累计获得超过31亿的票房,占国产片总票房的19.2%,在国内各大民营电影公司中排名第一。但根据光线上半年财报中的数据,其投资比例过于保守,如《爸爸去哪儿》投资比例较低,所以即便屡创高票房,却没能实现高赢利。另外,光线影业出品的电影普遍为叫座不叫好,提升电影口碑是未来的突破点。2014年度国产/进口影片票房TOP 10,如表4-2所示。

表4-2　2014年度国产/进口影片票房TOP 10

国产影片	年度票房/万元	首周占比	发行公司	排名	进口影片	年度票房/万元	首周占比	主类型
心花路放	116 971	52	聚合影联	1	变形金刚4:绝迹重生	197 895	32	科幻
西游记之大闹天宫	104 344	30	万达影视/英石英纳	2	星际穿越	75 355	35	科幻
爸爸去哪儿	69 514	36	光线影业	3	X战警:逆转未来	72 306	34	科幻
分手大师	66 555	23	光线影业	4	美国队长2:冬日战士	72 019	33	科幻
后会无期	62 888	47	博纳影业	5	猩球崛起:黎明之战	70 958	41	科幻
匆匆那年	57 736	4	小马奔腾/光线传媒/引力传媒	6	银河护卫队	59 636	32	动作
澳门风云	52 397	14	博纳影业	7	超凡蜘蛛侠2	58 533	10	科幻
小时代3:刺金时代	52 164	60	华策影业/乐视影业	8	哥斯拉	48 118	48	科幻
一步之遥	48 412	75	万达影视/五洲电影/不亦乐乎影业	9	霍比特人:史茅革之战	46 221	44	魔幻
同桌的你	45 545	24	聚合影联/光线影业	10	敢死队3	45 315	56	科幻

数据来源:艺恩咨询(票房统计截至2014年12月31日)

2014年是华谊兄弟电影小年,上映影片共8部,缺少大片作支撑,全年电影累计票房10亿。根据年报,前3季度电影及衍生的收入比去年同期大幅减少74.76%。第4季度其电影业务有所发力,《撒娇女人最好命》《微爱之渐入佳境》两部爱情喜剧成为票房黑马,但并没有挽救“去电影化”业务整合所造成的电影收入下降的情况。

博纳影业投资韩寒导演电影《后会无期》票房达到6.28亿,贺岁档电影《澳门风云》《智取威虎山3D》均获票房佳绩,总票房突破24亿;万达影视共投资制作了8部电影,总票房亦超24亿。据其公开数据,2014年度万达影视收入为4.3亿,完成计划的

121%；电视剧龙头企业华策影视于2010年起发展电影业务，2014年电影业务稳步发展，还有《小时代3》《归来》《一生一世》等，总票房过10亿。

除此之外，高票房电影背后的制作名单中还出现了许多新面孔，如上文提到的北京旅游旗下子公司北京摩天轮影视传媒，成立第一年投资《同桌的你》《心花路放》两部热门电影，获得总票房超15亿的耀眼成绩。福建恒业作为一个名不见经传的影视公司，效仿好莱坞狮门影业，专注于中小成本的惊悚、爱情两大类型电影，将类型片做出品牌效应。继2013年电影《被偷走的那五年》内地票房过亿后，2014年《京城81号》一举将惊悚片票房天花板推高至4.11亿元，《闺蜜》以超过2亿元的票房续写爱情喜剧佳绩。另外值得注意的是，明星、导演工作室也有突出表现。如宁浩的坏猴子工作室投资自导电影《心花路放》，黄渤工作室投资自演电影《心花路放》《亲爱的》，陈坤参投《钟馗伏魔》等，未来他们将成为电影投资和票房分成的新力量。

（二）互联网电影公司

2014年，互联网全面颠覆了电影产业，为电影市场注入新鲜血液。这一年互联网电影公司如雨后春笋，且长势迅猛。互联网电影公司利用自身强大的资金优势，整合用户资源、平台资源、数据资源，竞相开发和运营优质IP，给传统电影企业带来了巨大的冲击。

乐视影业作为传统5大民营电影公司之一，率先将自己定位为"互联网电影"公司。2014年，其投资电影《老男孩之猛龙过江》被称为一部典型的"网生电影作品"，获得超过2亿票房。另外，乐视影业继续与郭敬明合作，利用大数据收集粉丝反馈，进行精确营销，将《小时代3》打造为一个粉丝电影产品，获得5.2亿元票房。此外，乐视影业还投资《归来》《熊出没之夺宝熊兵》、好莱坞大片《敢死队3》等卖座影片，总票房超20亿。

阿里影业于2014年6月成立，投资电影《亲爱的》获得3.42亿票房。阿里影业已向周星驰、陈可辛、柴智屏、王家卫主导或与合作的5部影片投资人民币5 000万元。2015年1月11日，阿里影业发布首部电影《摆渡人》，由微博走红的小说作者张嘉佳跨界担当导演、王家卫监制、梁朝伟主演，豪华班底、具有粉丝基础的内容，票房令人期待。此外，阿里影业还将触角伸向了好莱坞市场，探索与索尼影业等公司的合作，其投资的中法合拍电影《狼图腾》于2015年初上映，票房预期高。然而阿里影业2014年半年报显示，阿里影业亏损净额4.435亿港元，其中影视业务板块内出现了约2.289亿港元的亏损额，这使得阿里影业的起步较为艰难。

爱奇艺影业公司于7月成立，首推"爱7.1电影大计划"，计划2015年将与国内外电影公司联合出品7部国产电影加1部好莱坞电影。其参与制作的首部电影《一步之遥》，通过爱奇艺网站将预售、选座业务链接至乐影网，获得近2亿元的预售票房；优酷土豆集团出品包括《老男孩之猛龙过江》《窃听风云3》《后会无期》在内的8部影片，合一影业成立后主要投资了《匆匆那年》《智取威虎山3D》电影，分获5.7亿、2.4亿的票房佳绩；腾讯影视成立较晚，暂时没有作品，但希望以"技术+内容+平台"打造互动娱乐服务，投身于经典的游戏、文学、动漫及电影IP的产业化运营与开发；百度电影业务部与"百度影业"成立的消息尚未明确，但目前其联合投资的电影《重返20岁》票房已超2亿。

在2014年岁末的贺岁档期，互联网电影企业遭遇正面竞争，乐视影业《太平轮》、爱奇艺《一步之遥》与合一影业《智取威虎山3D》展开激烈的角逐。在影片背后3大导演吴宇森、姜文、徐克暗中较劲的同时，一场集结了国内3大互联网影业的暗战也悄然打响。3个互联网电影企业纷纷充分发挥平台优势为电影提供最便捷、深入、针对性的营销，利用自身影票O2O平台或与之合作展开电影预售，争取市场。

(三) 电影院(线)公司

1. 院线、影院情况

2014年，影院建设继续保持快速增长，全年新增影院1 015家，新增银幕5 397块，日均增长15块银幕。目前，我国电影院总量约为5 598家①，银幕数达到2.36万块，同比分别增长22.1%、29.7%。影院投资规模仍然较大，甚至远超内容投资。相关数据排名，如表4-3、4-4所示。未来，电影票房收入的增长主要在于提升上座率以及扩大三四线城市的市场容量。

表4-3　2014年1—9月票房收入前10名电影院线公司(单位：万元)

序号	院线名称	票房
1	万达电影院线股份有限公司	310 982
2	广东大地电影院线有限公司	178 818
3	中影星美电影院线有限公司	177 060
4	上海联和电影院线有限责任公司	166 971
5	广州金逸珠江电影院线有限公司	154 225
6	深圳中影南方新干线有限责任公司	146 957
7	浙江时代电影大世界有限公司	90 850
8	中影数字院线(北京)有限公司	79 815
9	浙江横店电影院线公司	77 123
10	北京新影联影业有限责任公司	73 184

数据来源：国家新闻出版广电总局网站

---

① 注：2012年起国家广电总局没有公布全国影院的总数量，据可查官方数据显示，2013年全国新增影院900座、2014年新增影院1 015座；文中影院数目数据为艺恩咨询提供数据与新增影院数据相加所得。特此说明。

表4-4　2014年全国院线TOP 10

排名	院线	票房/万	上年同期	场次	上年同期	人次/万	上年同期
1	万达院线	421 226.38	↑33%	2 820 570	↑28%	10 182.53	↑31%
2	中影星美	244 670.39	↑34%	2 739 736	↑33%	6 761.69	↑33%
3	大地院线	235 030.64	↑48%	3 513 155	↑27%	7 622.64	↑46%
4	上海联和院线	222 105.71	↑21%	2 054 837	↑10%	6 086.81	↑20%
5	广州金逸珠江	208 754.75	↑35%	2 388 296	↑16%	5 481.96	↑33%
6	中影南方新干线	198 253.65	↑28%	2 439 904	↑24%	5 576.68	↑29%
7	浙江时代	118 567.25	↑32%	1 658 766	↑33%	3 362.98	↑31%
8	中影数字院线	110 206.87	↑47%	2 116 012	↑38%	3 301.88	↑46%
9	横店院线	105 775.59	↑37%	1 711 993	↑31%	3 327.15	↑38%
10	北京新影联	101 405.37	↑16%	953 048	↑2%	2 590.99	↑14%

数据来源：艺恩咨询

　　国营院线中影股份凭借历史红利，继续占据电影院线的主导地位。中影的招股书中表明，目前其控股的院线有中影星美、中影数字、中影南方、海南蓝海等4条，参股的有北京新影联、辽宁北方、江苏东方、四川太平洋等4条，其他控股影院有70余家、参股影院有10余家。其中有3条院线进入全国1—9月院线票房前10位。影院方面，其旗下共拥有73家控股影院和13家参股影院。[①]除去已经开始建设的项目，中影股份在2015、2016两年计划投资3.9亿元，建设57家影院。

　　民营院线中万达院线继续领跑。自2009年起，万达院线的票房收入、市场份额和观影人次连续6年位居全国首位。根据万达院线招股书，截至2014年上半年，万达院线旗下99家全资子公司，已开业影院共有150家。虽然该影院数目不及上海联合和中影星美，但万达公布的业绩信息表明，万达院线2011至2014年公司票房收入年复合增长率为33%，2014年票房市场份额为14%左右，市占率第一，观影人次增长率为35%，经营优势突出。

　　2014年，大地电影院线以最高增速48%首次出现在院线票房榜前3位。从2012年的第6名、2013年第4名，2014年超过了长期占据第二位的中影星美院线，跃居第二名。大地院线以第一票仓广东省为大本营，率先抢占院线二三线蓝海市场，并向仍具发展空间的一线城市及具有潜质的市、镇进军，以低廉的票价吸引观众，并凭借连续几年内良好的运营、精准的定位实现其战略布局，取得耀眼成绩。2014年上半年，大地影院新增影院25家，新增银幕137块，已建成并投入运营的影院有240家、银幕1 170块、座位166 726个，较去年同期分别增长约42%、49%及38%。[②]大地院线的成功证明了中

① 参见《中国电影股份有限公司首次公开发行股票招股说明书》(申报稿2014年6月16日报送)。

② 参见《大地影院母公司上市公司南海控股有限公司2014年中期报告》。

国二三线城市的市场潜力，二三线城市的观众已成为中国电影的主流观众。

此外，同样着眼于二线城市发展的浙江横店院线发展迅猛。大地电影院线、浙江横店和广州金逸珠江同处于高速增长期，市场份额在急速扩张中，为将来院线兼并、收购上添加了不少砝码。

2. 院线上市热潮

2014年是国内电影院线上市元年，包括万达院线、上影股份等以院线为主要业务的公司掀起了上市高潮。

4月21日，万达院线在中国证监会网站上预先披露招股书，冲刺IPO，但却在7月被中国证监会"审核中止"。10月16日，万达院线再次发布招股书重启上市路。11月28日，万达院线终于通过证监会审核，2015年1月22日正式登陆A股成为"院线第一股"。根据万达公布的业绩信息，2014年其非地产收入增速超过房地产，万达影视与万达院线形成"制作—发行—放映"产业链，与于2014年底上市的商业地产相辅相成，加上2012年并购美国院线AMC股份而成为全球规模最大的电影院线运营商，万达集团未来将发展为一家航母级的文化企业。

除万达院线外，老牌国有院线上影集团于4月18日预先披露招股书，拟在上交所上市，而中国电影股份有限公司也紧随其后，在6月16日公布了招股书，且大部分募集资金的用途均为影院投资项目。与万达院线同日接受中国证监会审核的广州金逸影视传媒股份有限公司，因招股书存在失实情况而被取消审核资格，没能同时撞线，正深陷与武汉国资委的纠纷中不能自拔。

北京工业大学文化产业研究所所长王国华认为，院线公司上市后，不仅能拥有便于融资、接收社会各界资本的有利渠道，用资本的力量吸取更多企业运作所需的要素，还能通过上市帮助院线传播品牌，成为提高自身竞争力以及同行内知名度的有效方式。

▎四、电影市场新型商业模式

2014年，在电影产业保持30%让世人吃惊的速度持续增长的同时，电影产业呈现鲜明的"网生代"特征，互联网使电影行业全产业链产生了巨大变化，颠覆了包括电影内容、制片、营销、发行、放映等环节，形成了电影发行的互联网化、电影营销的电商化等众多商业模式新业态。

根据清华大学尹鸿教授对热门的"网生代"概念的解释，与过去电影以第5代导演、第6代导演的时间划代方式不同，"网生代"是根据空间划代。而"网生代"的现象分成4个层面：网生电影产品、网生电影观众、网生电影导演、网生电影企业，其对电影产业的改变可归纳为6点，分别是产品的网民化、青少年的娱乐偏好、电影生产的网络化、电影文化的部落化以及电影市场的多屏化。①

（一）网生代电影内容革新与产品思维

"互联网思维"带来的媒介融合，使电影在创作和内容题材上有更大的突破与改变。传统影视公司在转型过程中，必须用产品思维来替代作品思维，从项目驱动转向用户驱动，并用大数据的调研来取代管理者的主观判断，做用户喜欢的"内容产品"。

2014年，《心花路放》《老男孩之猛龙过江》等电影被认为具有互联网基因，而《小时代3》《后会无期》等电影都被冠以"粉丝电影"头衔。这些电影从根本上而言，是一种植根于互联网文化内容的电影产品，能够吸引大批网络粉丝到电影院观看电影。把握这种粉丝经济的趋势，华策影视收购《小时代3》《小时代4》的电影版权，以1.8亿元入股郭敬明的公司最世文化，还将拍摄郭敬明成名作《幻城》，博纳影视则签约知名"80后"作家韩寒，拍摄电影《后会无期》。实际上，BAT等互联网公司有着庞大的用户资源，可以有效盘活影视公司沉淀的用户价值，全面撬开互联网"粉丝经济"市场，形成强大势能，真正打通影视业和互联网的边界，将"粉丝经济"推进到一个新的高度。

越来越多的网络文学作为热门的IP被改编为电影并获得高票房，也成为新兴导演拍摄电影提供捷径。小成本、高票房代表作《失恋33天》使网络小说改编电影成为潮流。2013年，网络小说《致我们终将逝去的青春》被赵薇改编为电影，创造了7.26亿元的票房神话。2014年，九夜茴青春小说《匆匆那年》改编的电影，以5.6亿的票房成为贺岁档中一匹黑马。青春校园主题受到热捧，2015年还将有苏有朋执导的《左耳》、何炅执导的《栀子花开》等电影，将依靠强大的年轻粉丝积累，从线上向线下引流。

在互联网时代下，观众的地位和需求被放大，通过大数据的方式精确定位观众信息，收集用户数据、反哺于电影内容、形式的创作中，甚至形成定制电影、粉丝电影的模式，使得电影的风险性大大下降。电影《小时代3》发行方乐视影业在乐视平台上收取粉丝建议，并通过大数据分析发现，粉丝们需要《小时代》更像"小时代"。因此，在前两部电影上映后，制作团队将意见和批评汇总，在第3部中进行删减，在小说语言向电影语言转变的过程中做得更加极致。

影视企业与互联网企业嫁接之后，拓展了平台与渠道，可以延伸内容的价值链，实现效益最大化。由此，争夺具有吸引力的版权(Intellectual Property)成为影视企业的目标。围绕这些内容IP进行的游戏、电商等衍生品开发工作，电影只是产业链条中的

---

① 2014年10月25日，由中国电影博物馆和北师大艺术与传媒学院联合主办的"中国电影产业发展趋势研讨"学术活动举办。本次活动以"'网生代'与中国电影产业发展"为主题，探讨互联网时代下中国电影产业发展的特征与思路。引自清华大学影视传播研究中心主任尹鸿的发言。

一部分，大力发展在线购票模式，通过网络院线、视频点播实现商业价值的延伸，甚至还可以向游戏、新媒体等领域延伸，形成以"粉丝经济"为核心的全产业链互联网娱乐业务。

(二)人人都能当投资人：众筹模式

2014年3月，阿里巴巴发布了"娱乐宝"的平台。承诺普通网民出资100元即可投资热门影视剧作品，预期年化收益7%，并有机会享受剧组探班、明星见面会等娱乐权益。目前已经推出4期，热门项目包括《小时代3》《小时代4》《老男孩之猛龙过江》《狼图腾》《魁拔》《爸爸的假期》等电影；百度紧随其后，推出"百发有戏"业务，与中信信托、中影集团合作，首批产品为电影《黄金时代》，随后还包括2015年上映的赵薇、黄晓明、佟大为主演电影《横冲直撞好莱坞》等影片；"三马"参与华谊股份定增，中国平安在入股华谊的同时宣布推出一个名为"平安好戏"的娱乐金融产品平台，推出的首个项目是《匆匆那年》3款专属理财产品，开展联合营销。

小米联合创始人黎万强曾经将消费理念的变化描述为：功能式→品牌式→体验式→参与式，他认为如今已经进入参与式消费的时代，而参与感是小米理念中品牌的灵魂。众筹的模式让电影观众成为电影投资人，以鼓励观众对电影"投资"为名，提升对电影的参与感实际上更是一种电影营销，电影还未开拍，就有海量的电影投资人成为忠实粉丝观众，自发宣传电影并拉来家人、朋友一起观看自己投资的影片。同时，依靠粉丝的参与，能够助使众筹平台获取用户数据，关于一部电影的受众特征分析——观众性别比例、年龄分布、地域分布、其他爱好等第一次以可以测量的面目呈现出来，可以帮助选择电影项目的营销策略和确定广告投放的方向。

(三)社交+娱乐：弹幕电影

2014年，弹幕电影成为一种互联网社交向电影院延伸的观影新模式，这项技术将吐槽与电影内容嫁接，开启了崭新的观影体验。观众们一边观看电影，一边评论，发表的评论在屏幕实时滚动。评论从屏幕飘过时的效果，看上去像飞行射击游戏里的弹幕，提供观众和导演共同分享感受的平台，将观众即时互动观影体验发挥到极致。

2014年7月31日，《秦时明月之龙腾万里》在杭州传奇奢华影城5号厅举行了全世界范围内的第一次"弹幕"电影放映，在电影银幕两侧设置评论实时滚动屏。而随后《小时代3》的弹幕场电影则将弹幕覆盖在电影画面之上，与弹幕视频网站A站、B站中的弹幕效果如出一辙，被称为"首场真弹幕电影"。在此之后，《81号农场之疯狂的麦咭》《绣春刀》等电影，也积极迎合这一全新的观影体验方式。

弹幕电影起源于弹幕视频网站，更常见于"95后""00后"人群中，反映了年轻人追求社交娱乐、即时互动、不吐不快的特征，是亚文化的代表。弹幕电影将弹幕视频的收视习惯向影院进行延伸，为电影造势的同时，能够吸引观众进行二次观影，在即将下映前提升上座率，甚至能够为具有话题性的"烂片"吸引观众买票观影吐槽。

然而，弹幕电影暂时只能作为一种试验。弹幕电影引入电影院的设备、技术成本较高，对于更多人而言，弹幕在一定程度上会扰乱观影。弹幕电影的题材也需要斟酌，一般具有话题性的、轻松喜剧类型电影较适合设置弹幕，《一步之遥》《黄金时代》等文艺电影显然不适合这种方式。弹幕电影还面临着内容审核的问题，不受控制的内容将涉及言论安全隐患，但过度的内容过滤又将造成"吐槽"文化的缺失。

目前国内只有雪人电影在专注于为弹幕观影模式提供更好的技术解决方案，它具备"上千人的并发用户支持、1秒钟不到的发送延时、全方位的内容过滤、兼容各种放映设备、可定制的弹幕效果、免维护无二次成本"等特点。通过这套系统，影院可以轻松地开展弹幕观影服务。[①]

（四）线上购票介入电影发行

2014年，电影线上购票成为观众购票的主要趋势，电影票房中在线售票的比例达到了40%，这一比例在2013年仅为25%。在线票务平台作为互联网与电影产业全面融合的主要表现之一，从在线售票、选座、点映与预售，到成为影片联合发行方，引领了电影市场潮流，成为电影数据平台和营销平台，更介入了电影产业链上游，开启了互联网发行大潮。然而在线票务平台如火如荼的投资热潮背后，也面临着许多亟待解决的问题。

1. 线上选座渐成趋势，票务网站竞争激烈

目前，电影线上售票主要分为团购和在线选座售票两种模式。电影票团购让用户享受了低价的电影体验，在线选座电影票价稍高，但直接与影院的电影场次、座位挂钩，对用户而言实现了一站式购票，省时省力，几乎不需排队。

2014年，在线选座业务已成为一种趋势，逐渐被用户接受。根据艺恩统计数据显示，2013年国内在线选座市场规模突破12亿元，约占年票房总收入的5.5%。预计2015年将占到票房收入的15%以上，而开通在线选座功能的影院数量预计将在2015年达到国内总影院数量的60%以上。[②]

2014年，在互联网企业的攻势下，线上售票市场竞争激烈。目前第三方在线电影票务市场划分为3种类型，分别是以美团猫眼为代表的团购电商派系，以格瓦拉、卖座网为代表的线上销售票务派系，以时光豆瓣网为代表的电影社区派系。美团猫眼电

① 新华网. 请给电影加个"弹" 雪人电影引爆社交观影新模式[EB/OL]. [2014-08-17]. http://news.xinhuanet. com/ent/2014-08/17/c_126880546.htm.

② 艺恩网. 中国电影O2O市场观众的消费趋势分析：线上线下消费行为[EB/OL]. [2014-09-06]. http://www. entgroup.cn/news/Exclusive/21892.shtml.

影为国内最大的电影票分销商，占整个在线票务市场份额的70%。2014年，猫眼电影全年实现50亿票房交易额，较2013年增长233%，占全国年度票房近17%的份额，超过了占全年票房销售额约14%的万达院线[1]；截至14年11月底，格瓦拉票房收入达到13亿元，拥有2 000个合作影院，成为仅次于美团猫眼的第二大电影售票平台[2]；2014年6月，华谊兄弟斥资2.66亿元收购卖座网，成为华谊互联网布局的一大入口；百度旗下的爱奇艺、百度糯米，腾讯旗下的微信电影票，阿里巴巴旗下的淘宝电影票等，纷纷依靠平台规模和流量优势抢占市场；而时光网的影讯和影院覆盖面号称位居行业第一，豆瓣网为业内最早开始在线选座业务者……在线选座市场的竞争白热化，电影在线选座、售票、预售票的市场蓝海被渐渐染红。

2.电影预售开启互联网发行大潮

除了在线选座业务，线上售票企业更以影票预售、成为联合发行方的形式深度介入电影发行，开启了互联网发行大潮，其标志性节点为美团猫眼电影与《心花路放》的成功合作。

2014国庆节前夕，美团猫眼作为《心花路放》唯一在线预售平台、联合出品方，提前两周预售电影票，超前点映场售价40元，上座率达到74%，电影预售票卖出100万张，预售票房达到1亿元，这在中国电影史上是前所未有的。预售的火暴场景为影院排片增加信心，《心花路放》首日排片量53 242场，排片率达44.9%，创造了排片率纪录。最终，猫眼电影协助《心花路放》成为目前国内票房收入第一的国产影片，总票房11.65亿元，其中通过猫眼售出的票房占50%。

自此，电影预售、抢票、选座的方式受到了越来越多制片方的青睐，《单身男女2》《我的早更女友》《太平轮》《微爱》《智取威虎山》等电影均与各大票务平台合作进行电影预售、点映。《一步之遥》在微信、格瓦拉、爱奇艺3大平台掀起不同形式的预售，总预售票房达到3亿，继《心花路放》后再次打破票房预售纪录，推高首日排片率达72.54%。

除此以外，票务平台更进一步升级为联合出品方，猫眼电影先后成为《单身男女2》《我的早更女友》《智取威虎山》等电影票房预售方和联合出品方，格瓦拉成为电影《十万个冷笑话》6大联合出品方之一，除了销售电影票务以外还参与电影分账，深度介入电影上游。

3.线上售票的影响

线上售票的O2O方式，除了提供观众购票的入口，更成为数据和营销平台，为片方宣传、营销提供优质平台和精确数据支持。这也意味着电影的营销战在上映前一两

---

① 虎嗅网. 美团王兴：已获7亿美元新融资，电影票房占比近17%[EB/OL]. [2015-01-18]. http://www.huxiu. com/article/106540/1.html.

② 喻若然. 2014年度成长企业：格瓦拉——在线选座"革命家"[N]. 综艺报，2014-12-10.

个月就已经打响。

电影发行的互联网化，对于传统的电影院线具有强大冲击，电影院线公司的定价权和排片权受到影响。线上售票平台阻断了院线与观众的直接接触，能够明确了解观众数量、构成、分布等信息，直接影响电影排片情况，电影院线需要改变对票房的过分依赖，拓展收入方式，依赖互联网获得更多变现渠道。

在线售票大打低价战，9.9元、19.9元等低价观影活动充斥网络，这意味着互联网售票企业和电影片方需要对影票价格进行巨额补贴。对于互联网企业而言，这是一种扩展市场、培养黏性用户的行为，是为长远战略的布局举措，短期内不考虑是否赢利的问题。但高额的补贴能持续多久？未来，中国电影市场票价是否将会持续走低？

（五）电影放映渠道趋向多样化

目前在中国电影市场，传统电影院线收入占80%，而在北美电影的院线收入只有30%，剩下的70%来自院线之外的DVD、单片点播、包月观看和电视频道播出以及衍生品。伴随着媒介融合与互联网对电影产业的影响，电影市场不止专注于票房收入，电影是一种内容版权，而电影院则是内容的其中一种渠道。我国"电影后产品"市场被盗版所霸占，因此这一市场还有很大需求。

电影放映渠道趋向多元化，未来将实现电影院线、网络院线、电视院线3大渠道。2014年乐视网、优酷土豆、爱奇艺等多家视频网站进军影视行业，光线影业与奇虎360融合并购，将网络作为正版电影付费观看的一种渠道。爱奇艺影业拓展了"网络发行"机制，为无法进入院线上映的电影提供市场，电影《一步之遥》更实现了院线及网络上映无缝衔接。据爱奇艺提供的数据，其票房分账机制一年吸引进300多部网络大电影，总量超过400部，全年票房已达5 000万元，仅通过网络发行分账收回成本的作品占总量25%以上。[①]除此之外，未来电视也将成为电影放映的主要渠道之一。2014年12月23日，由北京歌华有线牵头，上海东方有线、天津有线、重庆有线、江苏广电网络等全国30余家省市有线电视网络公司共同发起成立"中国电视院线联盟"，探索以电视为载体作为电影付费观看的媒介之一，开拓传统影院市场之外的"后电影市场"。

未来，票房收入的作用将会渐被弱化，更多样的版权利用途径将走入人们的视野。其中，电影衍生品的开发占据重要作用。电影衍生品业务开发，包括：作品游戏授权、音乐版权数字化、付费阅读、实物衍生品、艺人经纪等。国外的很多电影衍生品可以创造巨大价值，甚至反哺电影行业，比电影票房本身收入还高。电影、电视综艺节目《爸爸去哪儿》开发同名手机游戏、图书、玩具等，电影《疯狂的麦咭》还打造了手机游戏、限量珍藏版麦咭魔幻陀螺等拓展IP运营。华谊兄弟、万达、光线都将

---

① 第一发行网. 爱奇艺开启网络电影赢利新模式[EB/OL]. [2014-12-20]. http://www.01faxing.com/html/?9562.html.

电影IP拓展至主题公园、演艺产业，均在影视产业链上添砖加瓦，助力打造航母级别的文化产业集团。

五、电影企业面临的挑战

2014年，与房地产等传统产业的低迷形成鲜明对比，中国电影保持了持续30%的高速增长，电影市场仍然具有较大的发展空间。在互联网全面进入电影产业的背景下，传统电影企业面临转型。在2017年进口电影份额进一步扩大引进份额之前，国产电影需要更优质的内容以巩固市场，寻求长远的发展。这一把电影市场的"虚火"，使得电影企业浮躁而又焦虑，电影企业面临十足的挑战。

(一) 互联网加速行业洗牌，寻求多方合作

2014年，互联网企业全面进入电影产业，对电影的制作、投资、发行、营销、放映都产生了巨大的颠覆，加速了行业的洗牌，传统影视公司受到了巨大的挑战。博纳影业集团的董事长于冬在"2014搜狐财经变革力峰会"上表示，未来10年，电影公司将会面临互联网公司强大的资本裹挟、并购、重组，并曾放话，"未来电影公司将为BAT打工"，一石激起千层浪。

在带来威胁的同时，BAT等互联网巨头所带来的技术革命、思维方式和金融资本都将为电影产业注入新的动力。传统电影公司想要长远发展，必须全面拥抱互联网，形成互联网思维。而与此同时，优质的内容仍然是电影企业的核心竞争力。优秀的电影版权成为竞相争抢的对象，也催生了电影龙头之间的合作。电影《鬼吹灯之寻龙诀》同时吸引了万达影业、华谊兄弟和光线传媒3大电影巨头的注意，目前该电影已经开始拍摄，3位大佬强强联手，使得这部电影让人充满期待，更有业界预估将有望冲击20亿票房。

(二) 影视投资繁荣，避免投资泡沫

2014年跨界并购的盛况具有明显的冷热交替性。从全年趋势来看，1到9月是资本并购的激进期，进入10月以后，并购脚步明显放缓，而年底则又掀起一股新的并购高峰。然而这部分并购案纷纷中途搁浅，且并购之后业绩存在两极分化。

2014年wind数据显示，截至11月5日，A股市场发生的50起电影与娱乐行业并购案中，已完成24起，未完成26起；涉及交易总价值合计约224.57亿元，其中已完成134.92亿元，未完成89.65亿元。熊猫烟花吵得沸沸扬扬的收购计划因故流产，与此类似，餐饮龙头企业湘鄂情收购重庆笛女影视、泰亚股份收购欢瑞世纪等案例也以失败告终。业内人士表示，并购要价过高、财务问题频发、影视行业空间不足为影视公司上市接

连受阻的主要原因。另一方面，并购之后真正有业绩表现的实属少数，大部分公司或暂时止步于资本收购层面，阿里影业、北京旅游的成功案例难以轻易复制。

事实上，影视行业具有管理和财务上不规范、不明晰的缺点，且影视作品一般周期较长，业绩产生也需要时间，尤其电影行业前期投入大、风险高，从剧本创作、制作到宣发各个环节多为无形投资，对于收购方无疑存在较大风险，尤其对于跨界企业而言难度更甚。2014年以来，一些企业被电影市场的高速增长吸引，大量的资本盲目激进，一窝蜂地涌入影视行业，尽管可以扩大影视行业规模，增加社会影响力，但电影市场需求与容量有限，国内电影消费习惯还未培养成熟，极易形成"虚假繁荣"的状况，催生大量的经济泡沫，这显然有悖于投资者、电影市场的发展愿望。

为了更好地适应电影市场的发展，对于正在计划并购影视公司的企业来说，为了降低并购失败的概率，在选择影视公司时要考虑双方业务的互补性，如北京旅游将影视业务与旅游业务相结合，并购前作好足够的市场调研，谨慎投资；对于已进入影视行业、尚无品牌作品的公司而言，则需要加速整合资源，开拓更优质、更符合市场需求的内容，适应市场发展的趋势。[①]

总之，2014年是中国电影市场的变革之年。电影票房持续保持30%的高速发展，超越美国成为世界第一大电影市场指日可待。中国电影步入网生代，互联网与电影市场的融合方兴未艾，未来将摩擦出更多火花，给电影企业商业模式带来更大的颠覆。与此同时，中国基层电影消费需求仍有大量空间。随着《黄金时代》《太平轮》《一步之遥》等电影走下神坛，盲目追求大导演、大制作的时代已经过去，中小成本、新兴导演的电影受到越来越多观众的认可，观众仍需要大量更优质的电影内容。随着电影网生代的到来，电影企业如何更好地服务观众、满足观众的需求，如何寻求更优质的内容，如何将互联网与电影市场更好地融合，是电影企业亟需思考的问题。

(撰稿人：高颖、赵雅兰，中国海洋大学)

---

① 卢杨. 影视行业 资本新宠[N/OL]. 北京商报，[2014-12-11]. http://www.bjbusiness.com.cn/site1/bjsb/html/2014-12/11/content_280185.htm?div=-1.

第五章
广播电视企业

- 新媒体的迅速成长，从渠道、内容、受众、市场等多方面持续对传统广播电视媒体造成压力。与此同时，广电媒体的转型发展也催生了许多新的广播电视业态和模式，广播电视企业发展格局和产业生态环境都发生了极大变化。

- 2014年以央视、省级上星卫视、省级地方频道和城市台为主要版图的电视台行业总体稳健；广电媒体在战略层面、运营层面和内容层面进行改革创新；社会制作公司蓬勃兴起，成为电视节目制作的主要生力军；互联网电视企业发展跌宕起伏，2014年受到前所未有的政策调控；传统电视机市场竞争激烈，企业发展面临市场饱和和基础革新的新局面；期待已久的国网成立，将推动全国网络互联互通。

- 探索新的商业模式和发展空间是广播电视企业面临的首要问题。广播企业要聚焦平台与渠道的探索，关注节目输出平台的打造，增加广播节目与受众的互动，创造同听众"亲密接触"的机会；以电视为代表的视频行业，则是内容为王，只有立足于精品的节目内容，才有后续IP产业链的打造开发。

2014年，国家宏观经济发展从促增长向调结构转变，国民经济增速放缓，社会进入发展新常态的战略时期，国家文化产业相关政策密集出台，互联网产业蓬勃发展，传统媒体行业进入变革、融合、转型发展的元年。新媒体的迅速成长，从渠道、内容、受众、市场等多方面持续对传统广播电视媒体造成压力。与此同时，广电媒体的转型发展也催生了许多新的广播电视业态，广电企业发展格局和产业生态环境都发生了极大变化。

一、广播电视企业发展政策环境分析

广播电视媒体作为我国的主流媒体，是党、政府和人民的喉舌，也是国家文化宣传的阵地，具有高度的权威性和公信力，影响着社会文化发展主流和前进方向。事业和产业的双重属性，决定了广播电视媒体发展的高度敏感性，相关部门政策导向的变更对广播电视企业发展方向甚至起着决定作用。2014年为配合国内经济和文化产业发展形势、规范广播电视产业发展方向、促进产业繁荣，政府密集出台了一系列管理、规范、调控政策，对广播电视企业发展的生态环境产生了深刻影响。

（一）调整卫视节目编排

2013年底，广电总局下发了《关于做好2014年电视上星综合频道节目编排和备案工作的通知〔2013〕68号》文件，对2014年上星卫视节目编排及播出时间进行了规定，要求各卫视保证2014年播出的国产纪录片、国产动画片及少儿节目数量，控制境外版权模式节目和歌唱类选拔节目、电视晚会的数量。这份被业界称为加强版"限娱令"的文件，奠定了2014年上星卫视电视节目格局的整体基调。

4月，全国电视剧播出工作会议后，新闻广电出版总局发布了《总局对卫视综合频道黄金时段电视剧播出方式进行调整》文件，规定自2015年1月1日开始，正式实施"一剧两星""一晚两集"的政策：同一部电视剧每晚黄金时段联播的卫视综合频道不得超过2家，同一部电视剧在卫视综合频道每晚黄金时段播出不得超过2集。2015年，实行了10年的卫视"一剧四星"政策退出舞台，电视剧编播出现新变化。

"一剧两星""一晚两集"政策的出发点，是为了均衡各卫视综合频道节目构成，强化综合定位，优化频道资源，丰富电视剧荧屏。"一剧两星"政策实行后，电视台对电视剧数量和质量的要求进一步提升，各卫视独播剧、自制剧、定制剧等编播比重将会增大，卫视购剧成本增加催生的电视剧1.5轮跟播[①]大行其道，电视剧制作单位面临重新洗牌。"一晚两集"实施后，卫视晚间黄金档电视剧播出数量由3集变为2集，留出了"920节目带"的次黄金档时间带，这对卫视节目内容的精品化和多样性提出了更高的要求。

（二）规范广电节目内容

2014年国家新闻出版广电总局先后发文要求规范电视节目的语言文字使用规范。1月，广电总局发出通知，强调广播电视节目要规范使用通用语言文字，在推广普及普通话方面起到带头示范作用，播音员、主持人除特殊需要外，一律使用普通话，综艺节目主持人首当其冲成为被规范的对象，部分方言节目受到影响。11月，总局又发布了《关于广播电视节目和广告中规范使用国家通用语言文字的通知》，规定在广播电视节目和广告不得使用或介绍根据网络语言、仿照成语形式生造的词语，如"十动然拒""人艰不拆"等，要求各级广播电视行政管理部门要加大监管力度。

总局还针对电视节目内容中存在的乱象进行了宏观调控。6月，广电总局发文停播了"健康365"和"杏林好养生"等养生类节目；10月14日，又在官网挂出《关于做好养生类节目制作播出工作的通知》，对电视养生类节目的制作、内容、播出平台进行规范，加强养生类节目的审查把关，严禁以养生类节目的形式发布广告，建立养生节目备案管理制度，整治健康养生节目乱象。该通知还规定自2015年起，电视养生节目只能由电视台策划制作，不得由社会公司制作，社会节目内容制作公司将退出养生节目市场。

9月29日，《国家新闻出版广播电视总局办公厅关于加强有关广播电视节目、影视剧和网络视听节目制作传播管理的通知》发布，要求对劣迹艺人的影视作品进行播出限制，强调广播影视作品对社会风气的引导作用。新年之交《武媚娘传奇》的停播与删减后的复播，也成为政策对电视节目内容进行管理的热点话题，将中国的电视节目审查制度推到风口浪尖。

（三）扶持政策

国务院在2014年4月颁布的《关于印发文化体制改革中经营性文化事业单位转制为企业和进一步支持文化企业发展两个规定的通知》中决定，自 2014年1月1日至2016年12月31日，对广播电视运营服务企业收取的有线数字电视基本收视维护费和农村有线电视基本收视费，免征增值税。并且对行业内被认定为高新技术企业的文化企业，按15%的税率征收企业所得税，通过税收政策扶持广播电视运营服务企业发展。

2014年，为鼓励社会各界参与广播电视公益广告创作传播工作，提升广电公益广

[①] 1.5轮跟播：电视剧在首播电视台播出到一半左右时，其他电视台进行跟播，是一种高于一轮、低于二轮的播出方式。

告数量和质量，扩大公益广告影响，促进公益广告的健康持续发展，国家新闻出版广电总局制定了《广播电视公益广告扶持项目评审办法(试行)》，开展优秀作品等扶持项目评审工作。首次设立1 000余万元公益广告专项资金，用于扶持公益广告创作播出，并从超过500个报送项目中确定了132个项目获得专项资金扶持。同时，广电总局还举办了首届"星光电视公益广告大奖"，扶持鼓励公益广告的发展壮大。

(四) 鼓励媒体融合

"融合"是2014年广播电视产业发展最重要的关键词之一。8月18日，中央全面深化改革领导小组第四次会议审议通过了《关于推动传统媒体和新兴媒体融合发展的指导意见》，强调要着力打造一批形态多样、手段先进、具有竞争力的新型主流媒体，用互联网思维践行传统媒体与新兴媒体融合，建成几家拥有强大实力和传播力、公信力、影响力的新型媒体集团。这标志着媒体融合正式上升为国家战略。推动以广播电视为代表的传统媒体向新型主流媒体演进，实现内容、技术、平台、营销等各个层面的深度融合，是广播电视产业发展的当务之急。这一意见的出台，对各级电视台进行体制改革起到了推动作用，这将带动整个广电媒体产业的融合与格局演变。

(五) 整顿视听行业内容

随着互联网视听的蓬勃发展以及OTT TV(互联网电视)的普及，大量良莠不齐的视听内容进入市场。2014年，为了净化网络环境，国家针对线上、线下视听行业内容进行了全面整顿。从总局以"中国梦"为主题的文艺展播要求，到8月份北京文艺座谈会习近平主席"文艺不能当市场的奴隶，不要沾满了铜臭气"的讲话，从《关于进一步加强网络剧、微电影等网络视听节目管理的通知》重申完善备案制度、加强网络视听节目内容审核，到广电总局先后约谈牌照商、互联网视频企业，重拳出击整顿OTT行业，再到11月份国家互联网信息办公室、国家新闻出版广电总局联合首次专门针对网络视频有害信息开展清理整治的专项行动。政府展开一系列举措全面净化视听行业，以期达到规范产业市场和规范企业行为的效果。

一系列整顿视听行业内容的政府举措，对于广电行业的健康发展有着十分重要的意义。针对近年来视听内容行业出现的部分唯收听率、收视率、点播率至上，视听内容低俗的现象，重申"低俗不是通俗，欲望不代表希望，单纯感官娱乐不等于精神快乐"的文艺观，不仅有利于塑造社会主义核心价值观，也是视听行业可持续发展的必然。

(六) 支持小微企业发展

小微企业是小型企业、微型企业、家庭作坊式企业、个体工商户的统称，就文化产业来讲，我国小微文化企业的数量已占文化企业总数的80%以上。2014年8月，文化部、工业和信息化部、财政部下发了《关于支持小微文化企业发展的实施意见》，明确提出把小微文化企业作为文化产业发展市场的主体加以培育，鼓励小微文化企业参与公共文化服务的政府采购，强化和延伸财税和融资方面的相关政策。12月财政部又发布了《关于对小微企业免征有关政府性基金的通知》，规定针对小微企业免征多项政府性基金。同时，在随后的《关于取消、停征和免征一批行政事业性收费的通知》中规定针对小微企业免征42项中央级设立的行政事业性收费，以扶持小微企业的发展。2015年1月份，国务院常务会议又决定设立400亿的国家新兴产业创业投资引导基金，助力创业创新和产业升级投向新兴产业早中期、初创期创新型企业。这些利好政策，有利于激励文化市场中的创新创业、扩大社会就业、增加社会财富，也将进一步促进广电市场中社会化制作创业公司的繁荣。

■二、电视市场与相关企业

新媒体的崛起和互联网视听行业的渐趋成熟，给传统电视产业的发展造成了一定的冲击。随着电视媒体行业内部竞争的白热化，各电视台及相关文化企业纷纷进行创新改革，谋求长远发展。2014年电视市场中的相关企业在大盘稳定的前提下，呈现出新的行业发展态势，主要表现在以下几个方面。

（一）电视台格局总体稳定

中国是世界上电视台数量最多的国家，这源自20世纪80年代国家的"四级办台"政策。不同于欧美国家电视台的寡头垄断格局，在这种背景下，我国电视台格局最主要的特点就是群雄逐鹿，电视台之间竞争激烈。2014年以央视、省级上星卫视、省级地方频道和城市台为主要版图的电视台行业总体稳健，格局并没有发生大的变化。电视台仍然是传媒领域权威信息的发布平台，创收在依靠广告模式为主的模式下，探索多种可能。

1. 央视：输出优质内容，龙头地位依旧

2014年，央视依托优质稀缺资源、保持优质内容的输出，在电视台版图中依旧占据龙头地位。在新闻节目、综艺娱乐节目、纪录片、体育节目、电视剧等方面表现出彩。《新闻联播》等老牌新闻节目持续发力；《历史转折中的邓小平》《马向阳下乡记》等"中国梦"主旋律电视剧深受观众喜爱，受到市场肯定；纪录片《舌尖上的中国》第2季引发收视热潮，探索"电视+电商营销"新模式；体育节目也凭借世界杯等盛大赛事吸引大批观众。央视在2014还持续加大"开放办台"力度，实行外制播分离，同民营制作公司联合推出《中国好歌曲》《中国正在听》等大型季播节目，通过

《喜乐街》《谢天谢地你来了》等娱乐综艺节目呈现央视的年轻化改革。

2. 省级上星卫视竞争白热化

随着市场的集中和竞争门槛的日渐高筑，省级卫视之间在资金、人才、营收等多方面的差距持续拉大，彼此之间竞争激烈，马太效应明显。电视剧依然是卫视斩获收视率的利器，对卫视的受众及品牌积累起着基础性作用；随着"中国梦"展播活动的开展，一批弘扬社会主旋律的电视节目崭露头角，抗日雷剧逐渐淡出屏幕；省级卫视的综艺节目在2014年持续升温，实现了市场和内容的双繁荣。各大卫视试水制播分离，节目类型大大丰富，受《关于做好2014年电视上星综合频道节目编排和备案工作的通知》的影响，引进模式和唱歌选拔节目开始降温，节目形式呈现多样化发展，文化、喜剧、亲子等主题成为主流，从传统棚内综艺到户外亲子节目、旅游节目、游戏节目等，季播明星真人秀深受各大电视台的青睐。

在招商市场上，一线卫视凭借大综艺强势吸金，亿元冠名费频出。湖南卫视《爸爸去哪儿》第2季冠名以3.11亿元刷新冠名纪录，10月湖南招商会《爸爸去哪儿》第3季更是以5亿冠名费天价拉动中国综艺节目进阶广告费新高。二三线省级卫视在激烈的市场竞争中则通过节目联播、组队招商等方式加强合作，降低成本。如青海卫视同贵州卫视联播的《爸爸请回答》就采用了两台出资、同时播出、共同分享受益、分担风险的方式得到业界认可。各卫视还积极开展跨台合作，抱团招商。例如在2014年的贵阳国际广告节上，江西卫视、河南卫视、湖北卫视、云南卫视4台联手，共同举办"江河湖滇·汇天下"联合推介会，推出2015年核心资源及招商政策。河南卫视、重庆电视台、北京卫视、贵州卫视、东南卫视、安徽卫视、河北电视台、湖北卫视、陕西卫视组成九合组织，联合展开2015年招商。

3. 地面频道及城市台依托灵活性实现差异化发展

同央视和省级卫视相比，地面频道覆盖范围小、辐射区域窄、受众规模有限，在体量和质量上都无法同前者相比，在电视台格局中处于弱势地位。但地面频道本土化发展的特点加上灵活的节目编排，使其具有了更加贴近本地群众的地域接近优势。2014年，各省级地面频道、城市台在发展中受地区经济发展水平影响，依然保持较大差距，收视区域分布不均的特点突出。各省级地面频道配合上星卫视，基本形成了"新闻资讯+综艺娱乐+电视剧+生活服务"的节目体系，其中起源于新闻舆论监督的民生节目仍是省级地面频道创收的重要来源。而城市台在互联网视听冲击下，彼此之间深化合作，"省会城市台广告联盟""山东广告协作体""大东北城市台联盟"等地面频道合作联盟逐步成熟。

（二）体制内广电媒体深化改革

2014年，国家积极推动文化体制的全面深化改革。体制内广电媒体也进入转型

"大年"。2月，中央通过了《深化文化体制改革实施方案》国家新一轮文化体制改革开始进入全面实施阶段；4月，国办发布《文化体制改革中经营性文化事业单位转制为企业的规定》和《进一步支持文化企业发展的规定》，明确进一步深化文化体制改革，推进国有经营性文化事业单位转企改制，为推动广电机构体制机制改革转型提供了更坚实的政策保障。广电媒体纷纷通过整合资源等途径探求新的发展出口，将对机制体制的调整和改革作为各自发展的突破点，在战略层面、运营层面和内容层面都有所突破。

2014年，国内各大广播集团纷纷推行体制化改革，推动广电集团的市场化运作。3月，上海文化广播影视集团(SMEG)与上海东方传媒集团(SMG)进行资源重组，成立上海文化广播影视集团有限公司，组建东方卫视中心，实行扁平化的结构管理，并整合旗下两家上市公司进行重组，作为集团的产业平台和资本平台。此次改革成为上海文广系统新一轮改革扬帆起航的标志性事件，重组后的上海文广集团成为中国最大的省级广电媒体集团，这一动作被认为是2014年广电行业最大的变革。制播分离还成为各大媒体深化改革的一大突破口。4月，由原南方广播影视传媒集团、广东人民电台、广东电视台、南方电视台、广东广播电视技术中心整合成立的广东广播电视台正式挂牌成立，推动广东广电制播分离的进行。7月，北京卫视挂牌成立京视卫星传媒有限责任公司，宣告北京广电开始独立运营卫视广告，并推出《最美和声》等制播分离节目，迈出了机制改革破冰的一步。作为国内一线文化集团的湖南广电，2014年在深化台内制播分离、收回视频节目网络独播权的同时，还在政府的支持下大刀阔斧地推行管理体制的改革。12月湖南省印发《深化省管国有文化资产管理体制改革方案》，要求重新整合湖南广播电视台相关可剥离经营性资产和芒果传媒有限公司，组建湖南广播影视集团有限公司，作为企业单位进行产业经营。湖北电视台、浙江电视台、辽宁电视台、东南电视台、辽宁电视台等也纷纷推行独立制片人制度，激发创作活力，参与到改革大潮中。

(三) 内容制作公司蓬勃发展

根据国家新闻出版总局公布的数据，2014年全国持有《电视剧制作许可证(甲种)》的机构数量同2013年持平，共137家；持有《广播电视节目制作经营许可证》的机构达到7 248家，较2013年的6 175家增幅达17.4%。社会制作公司凭借在市场化运作方面的丰富经验和融资渠道的多样性，竞争力持续加强，已成为电视节目制作的主要生力军。这其中包括光线传媒、华录百纳等上市企业，有着国有资本背景且市场化运作程度极高的灿星制作、长江传媒、中广天择传媒等，以及唯众传媒、元纯传媒等以私人资本为主的企业。

随着电视内容运营市场化程度的加深，制播分离模式也渐趋成熟，制作公司同电视台的合作越来越多，合作模式也在不断突破。2012年，灿星制作同浙江卫视通过对赌分成的制播分离模式推出了《中国好声音》，节目在浙江卫视播出后一炮打响，第1季平均收视率就高达3.7%[1]，成为现象级音乐综艺节目，其广告利润分成的制播分离模式也随之走上舞台。同以往节目制作公司只赚制作费，电视台承担风险并垄断广告费的模式不同，这种模式下制作方同电视台签订协议，按照收视效果决定分成占比，参与节目后期广告分成。这种阶梯式广告利润分成的形式，能够最大限度地激励节目制作公司的制作热情，促进社会化内容制作公司的崛起。体制外内容制作公司的崛起，可以为广播电视产业引进竞争机制，对行业的变革发展产生积极的推动作用。

（四）OTT TV企业发展跌宕起伏

2014年是互联网电视(OTT TV)企业发展跌宕起伏的一年。总体来说，上半年国内互联网电视企业风生水起，下半年OTT TV产业受到政府前所未有的调控，政府针对互联网电视进行了"铁腕"整顿，打击牌照方、电视厂商及视频内容提供企业的违规操作，互联网电视产业进入暂时性的缩水期。

OTT TV的本质是三网融合，对OTT TV行业的管理并非始于2014年。2011年，广电总局就发布了《持有互联网电视牌照机构运营管理要求》(181号文件)，要求互联网电视播控平台上的所有内容都由牌照商负责，关闭互联网电视终端产品中违规视频软件的下载通道，未经批准的终端产品不允许推向市场，以对互联网电视发展进行引导规范。但181号文件在执行中并没有得到很好的贯彻。随后两年，互联网电视盒子因拥有海量的信息和较好的客户体验迅速扩张，一大批互联网盒子企业兴起。与此同时，没有获得相关授权的山寨OTT盒子开始充斥市场，互联网电视市场鱼龙混杂，甚至一度引发劣币驱逐良币的现象。

为规范互联网电视市场，净化客厅视听，2014年7、8月，广电总局先后两次约谈7大牌照商，重申181号文件及互联网电视相关规定，点名批评违规企业；9月，总局约谈优酷土豆、爱奇艺、PPTV等互联网视频企业，要求视频网站开发的电视端App下架，并先后下发文件要求整顿。政府对互联网电视行业的整顿和规范举措所产生的震荡，使得整个行业内的相关企业进入调整期。视频网站、牌照商及电视盒子厂商等企业发展OTT TV产业难免需要一段时间来适应，企业发展趋于理性。

政策出台后，乐视、爱奇艺、优酷土豆、腾讯视频、搜狐视频、PPTV等国内主要视频网站纷纷下架整改TV版App，视频网站角色转变为OTT产业链上单纯的内容提供商，寻求与牌照商的深度合作，重现探索商业模式；未来电视、央广银河、国广东方、百视通、芒果TV、华数、南方传媒7大内容集成播控牌照商有望充分享受政策红利带来的时间窗口，在产业链上的主导地位和话语权得到极大的提高，且牌照商之间

---

[1] 数据来源：央视索福瑞收视率调查csm44。

的合作发展态势进一步加强；位于互联网电视最下游的电视机盒子厂商，也受到政策调整的影响，创维电视、荣耀立方、天猫魔盒等分别进行了产品的升级改造，本着谁授权谁负责的原则，得到授权的盒子厂商，被牌照方要求进行系统升级和内容备案，山寨盒子的生产、销售受到了巨大冲击。可以说，2014年，互联网电视企业发展遇到了史上最强监管政策环境，这也符合OTT TV产业发展的长期战略。

（五）传统电视机企业竞争激烈

电视机制造企业的发展情况在2014年也备受关注，行业发展挑战与机遇并存。根据国家工业和信息化部发布的信息，2014年1—11月，国内全行业生产彩色电视机14 162.5万台，增长8%。其中液晶电视13 209.3万台，增长17.4%，占比93.3%；CRT电视下降42.1%；PDP电视下降68.9%。根据中国平板电视行业大会公布的数据，2014年国内彩电市场的销量大约为4 200万台，同比下降6.7%。传统电视机消费需求经过多年的高速发展，已经趋向顶峰，再加上家电补贴政策的退出，未来几年传统彩电市场的高增长态势难以再现。

在新技术、新媒体的冲击下，传统电视终端制造企业面临转型，生存压力巨大，价格低端化持续进行。奥维咨询2014年公布的《中国电视产业白皮书》显示，2014年1月彩电市场均价为3 405元，9月彩电市场均价为3 251元，均价降幅达到4.5%，传统电视制造市场上的"价格战"仍将持续。电视制造产业新技术逐渐成熟，互动化、智能化是未来电视制造业发展的重要方向，4K超高清、OLED、曲面、激光影院等技术发展势头强劲。

互联网电商平台对传统电视机销售市场的影响仍在升温。电视销售目前仍以线下为主，但线上电商不断完善网民购物消费体验，对传统销售渠道产生了分流，传统经销、线上销售和连锁卖场销售"三分天下"的格局基本形成。电视制造企业格局比较稳定，"国产五强"海信、TCL、创维、长虹、康佳仍然在消费者心目中拥有较高的认知度，而乐视电视、小米电视、联想电视等电视新军的销售渠道主要集中在线上。

（六）国网成立推动全国网络互联互通

中国广播电视网络有限公司(简称国网)的成立是2014年广电领域最受瞩目的新闻要事之一。早在2010年，国务院在《推进三网融合总体方案》(2010国发5号文)中就明确要求"加快培育市场主体，组建国家级有线电视网络公司"。经过长达4年的筹备和组建，2014年5月，国有独资企业中国广播电视网络有限公司正式挂牌成立，三网融合发展迈出了实质性的一步，全国有线运营商们终于有了一个统一的组织。

广电国网成立的最初目标是整合全国的有线网络，经营范围包括有线电视网络规划、建设、运营和维护；为开展上述业务所进行的技术研究、技术开发、信息咨询等业务。然而，随着形势的变化，国网整合各省有线运营商的阻力重重："国网成立后整合地方省网的可能性已经基本不存在，其业务核心将是全国有线网络的互联互通""有数据显示，全国有线网络的总体资产评估额约为1 500亿元、净资产700多亿元，若加上上市公司资产的评估数值，其有线网络的总资产约为1 800亿元。显然，45亿元根本无法完成对有线网络的全国整合"。[①]国网在全国范围内推行三网融合，困难并不仅仅是如上所述的资金缺乏，利益分配所带来的体制障碍和新技术的冲击也将使得国网的"推融"发展之路异常艰辛。

虽然国网成立以后并没有立即形成一呼百应撬动全局的局势，但还是在发展思路上给国内有线网络融合提供了导向。12月，国网与陕西广电网络签署《合作建设西咸新区中国广播电视网络数据中心框架协议》，合作建设内容交换中心(CDN)、IP交换中心的骨干节点与相关平台；在商业服务运营方面，双方将合作开展电视节目交换与数据交换的云服务商业化运营，首开上市公司加盟国网的先河，开启了国网的业务拓展之旅。

▌三、广播媒体市场及相关文化企业

2014年，广播市场的发展主题仍是"融合"。传统广播电视台不断变革，通过与新媒体融合发展求得生存，互联网广播日趋成熟，车载广播进一步发展。广播"伴随收听"的属性使其接收终端呈现多样化特征，国内已基本形成了传统收听终端、车载广播、移动端广播和PC端广播多种收听平台并存的局面。2014年，在传统传媒广告市场增速下降的情况下，广播广告产业保持了高速的增长，"2014年上半年，传统广告市场仅增长0.9%，为近年来新低，但广播广告上半年却实现了13.1%的增长"。[②]同电视台一样，中国拥有世界上最多的广播电台。随着网络技术和新媒体的快速发展，媒体生态和舆论环境发生了深刻变化，广播产业也面临着激烈的内外竞争，这势必会进一步推动广播市场的变革。广播电台及相关文化企业面临着前所未有的机遇和挑战。

（一）传统广播电视台寻求与新媒体融合

随着新时代媒介生态的演变，便携式收音机等传统收听设备逐渐没落，移动智能设备和互联网的发展使得传统广播的生存空间受到挤压，国内众多广播电台纷纷通过与新媒体融合寻求新的发展。主要体现在3个方面：一是建立网站，自1995年广东电视台率先"触网"以来，各大广播电台纷纷建立自己的网站，弥补传统广播传递信息转瞬即逝的时间缺陷和大部分传统广播覆盖面的空间限制，同时借助广播网站图片、视频等形式实现传播形式的多样化，近年来这一趋势更是得到进一步加强；二是改变

---

① 姚轩杰. 互联互通成广电国网业务核心，整合省网被搁置[N]. 中国证券报，2014-04-23.
② 周伟. 新时代广播媒体融合发展路径[J]. 声屏世界广告人，2014-11.

互动方式，开放微信公共账号、微博、博客等社交网络账号，通过与受众的实时互动改变传统广播仅仅依靠热线、短信的单一互动方式，借助第三方应用扩大广播影响；三是开发新的广播产品，如微电台、移动广播客户端。各大广播电视台还通过上线移动广播客户端(App)来吸引受众，如整合了北京广播电视台10多个频道的"北京广播在线"App，除了实时播放，还有回访等功能。"无线苏州"客户端除了可以收听广播节目，用户还可观看苏州新闻综合频道等电视台的节目，为移动人群提供图文、音频、视频信息服务。

（二）移动网络广播电台蓬勃发展

根据第34次《中国互联网络发展状况统计报告》，我国6.32亿网民中，移动网民用户达到5.27亿，移动生活使得的娱乐无边界和娱乐时间碎片化的特点更加突出。精准化定位和个性化推送的网络广播电台借助手机、Pad等移动设备的普及，呈现蓬勃发展的态势。移动网络广播电台主要包括纯音乐广播电台(如豆瓣听、虾米、酷狗FM、人人FM)、听书广播电台(如懒人听书、听书宝)、平台类广播电台(如喜马拉雅、蜻蜓FM、荔枝FM)等多种类型，用户可以根据自己的习惯进行应用的下载使用和内容的点播，彻底改变了传统广播"你播我听"的模式。

伴随着2008年手机App流行而崛起，移动网络广播电台兴起，其在内容提供、表现形式、使用方法等方面都同传统广播有着极大的差异。从生产者来看，网络广播所提供的内容除了传统的PGC (Professionally-Generated Content，专业生产内容)，许多电台还包括UGC(User-Generated Content，用户生产内容)，实现了两种形式的并存；从受众上来看，强调个性化和独特风格的网络广播同传统广播相比更能吸引年轻消费者的注意；从内容上来看，大部分网络广播应用都是基于云储存，拥有海量的广播信息，借助于云计算和大数据应用，网络广播还能够根据个人以往的收听内容进行个性化推动；从媒介上来说，网络广播诞生于互联网，发展于手机App客户端，繁荣于人们的"碎片化"时间。

网络广播电台虽然起步晚，但是发展速度惊人。2014年，多家网络广播公司获得了风险投资，得到市场的认可。2014年5月，上海证大喜马拉雅网络科技有限公司宣布公司获得1 150万美元的A轮风险投资，上线仅2年的喜马拉雅用户人数达到7 000万[①]；7月份，荔枝FM(2013年8月上线)官方称用户突破1 000万，11月份，广州荔支网络技术有限公司11月B轮获得晨兴创投、经纬中国1 000万美元投资[②]；而"多听 FM"也在11

[①] 王斌. 证大喜马拉雅：用科技重新定义媒体[EB/OL]. 东方文创网，[2014-04-10]. http://shcci.eastday.com/c/20140410/u1a8024992.html.

[②] 南方都市报. 荔枝FM：零门槛开放电台，寄望社区电商解赢利难题[J/OL]. [2014-11-17]. http://finance.chinanews.com/it/2014/11-17/6782675.shtml.

月宣布完成1 000万美金B轮融资。[1]

在新媒体的环境下，媒体边界逐渐模糊，跨媒体、跨行业的媒体经营形式成为主流，按照媒体的播出平台对媒体类型和属性进行界定并不准确。传统广播同移动网络广播并不是对立的，传统广播电台打造自己的移动App是其与新媒体融合的重要方式；而以新兴的蜻蜓FM、考拉FM等移动电台应用作为平台，也支持传统广播内容的收听。但两者又有明显的区别：传统广播是主流媒体的重要代表，背后是具有国资背景的广播电视台；新兴起的手机网络广播应用背后的文化企业往往规模不大，在经营过程中存在着整体规模小、赢利模式不明确等问题。

四、广播电视行业发展特点

政府政策频出、技术更新换代迅速、媒体寻求转型、受众需求多样、广播电视企业的生存发展环境日趋复杂，广播电视行业在逐渐探索中前行，主要呈现出如下特点。

(一) 互联网视听强势崛起

互联网视听产业迅速发展，从渠道、用户、市场等对传统广播电视进行分流，网络用户规模、市场规模等都保持了持续快速的增长态势，我国网络视听业呈现出蓬勃发展的良好局面。伴随着互联网视听业务的发展，国内广播电视产业出现多元主体并存的局势，政府主导的广电媒体与商业视听网站并行成为一种发展常态[2]，新媒体迅速崛起，传统广电集团纷纷进行机制改革与创新，产业格局发生了极大的变化。国家新闻出版广电总局发展研究中心主任庞井君曾总结说："社会资源就像一个蓄水池，哪里有吸引力哪里就变成吸金洼地，资源就会自动流向哪里。"以双向、互动、高清、随在为特征的互联网视听节目在用户、广告市场等方面的迅速增长，势必对中国传统广播影视用户量和广告市场形成挤压。

(二) 广电媒体与新媒体融合求发展

2014年，传统媒体与新媒体的融合发展是广播电视行业的重要特征，广播电视作为国家主流媒体的发展情况关系着国家的文化命脉，在新媒体强势崛起的环境下，传统广播电视媒体未来的发展路径应当如何选择？2014年8月，《关于推动传统媒体和新兴媒体融合发展的指导意见》为传统广播电视产业发展指明了融合发展的方向，也提

---

① 网络科技报道. 多听FM获B轮1 000万美元融资[J/OL]. [2014-11-04]. http://tech.163.com/14/1104/21/AA833BDM000915BF.html.

② 高广信. 广电总局董年初：融合新常态发展新机遇[EB/OL]. [2014-12-17]. http://www.sarft.net/a/173061.aspx.

出了新的要求。

国家新闻出版广电总局局长蔡赴朝在第二届中国网络视听大会上发表演讲时发布了一组数据：截至2014年12月，"全国共有29家省级以上(含省级)广播电视播出机构获准开办网络广播电视台，有24家城市电视台获准联合开办城市网络电视台，6家广电机构开办手机电视集成播控服务，24家广电机构开办手机电视内容服务，7家广电机构建设、管理和运营互联网电视集成播控平台，14家广电机构获批提供互联网电视内容服务。全国省级以上广电机构和部分市县广电机构都开办了微信、微博、客户端等业务"。传统广播电视机构正全面推动与新媒体的融合发展。在这一背景下，中央电视台提出要全台办新媒体，将电视屏作为全媒体传播生态中的一环；湖南广电开启了芒果TV的独播模式，培养自由新媒体平台；东方卫视也在2014年将所有综艺节目版权独家授予SMG旗下的风行网。一云多屏、多屏互动模式等不断涌现。

除了在机构上和战略层面寻求融合发展，电视产业与新媒体的融合发展还催生了新的节目模式。2014年电视媒体与电商开始寻求融合，并依此产生了T2O(TV to ONLINE)的商业模式，这一模式在2015年也将逐步升温，成为台网融合背景下电视媒体触网发展的新高地。从最初火暴网络的明星同款热销这一萌芽形态，到《舌尖上的中国》开通各大电商平台进行同步购买初步试水，到《女神的新衣》《鲁豫的礼物》等综艺节目通过手机应用有意识打造边看边买的模式，再到2015年东方卫视推出的电视剧《何以笙箫默》，采取通过手机天猫客户端扫描东方卫视台标进入电商互动页面，购买节目明星同款并参与活动的形式，电视与电商跨界合作逐渐成熟。电视媒体与电商平台合作的T2O模式是对电视内容制作和营销模式的颠覆，成为传统电视产业与互联网融合发展的新趋势之一。

(三) IP保护与开发意识觉醒，节目产业链打造持续升温

2014年，国内知识产权(IP)保护工作稳步向前推进，广播电视领域版权保护热潮持续，IP资源成为广播电视企业提升软实力的重要筹码。传统广电媒体的版权意识开始觉醒，电视台纷纷搭建自己的互联网平台，控制节目播映权：2014年，世界杯期间，中央电视台关闭了今年巴西世界杯的直播分享权，改由自家的CNTV及移动客户端央视影音播放；湖南卫视芒果TV实行独播战略，将湖南卫视多个王牌节目的网络播放权收回，不再分销其互联网版权；安徽卫视也发文称《我为歌狂2》未经书面授权，各视频网站不得擅自播出。

节目内容的IP产业链开发也是2014年广播电视产业IP意识觉醒的又一特点，产业链打造作为文化产业最典型的商业模式，得到了众广播电视企业的认可。在跨媒体融合的趋势下，越来越多的文化企业开始探索以内容为核心，打造广电生态圈，延长电视节目产业链的商业模式。如灿星文化有限公司在推出的《中国好声音》，在节目播

出的同时，还从导师到选手、从演唱会到线下演出、从选手签约到各类商业演出，甚至付费彩铃业务的各个环节入手，构建节目的全产业链模式，尽可能挖掘节目链条中每一个可赢利的元素，实现可持续的赢利方式。围绕节目IP的衍生产品的开发更是层出不穷，《爸爸去哪儿2》《花儿与少年》《女神的新衣》等电视节目纷纷推出同名手游，广播电视节目相关出版物领域也得到受众认可，《武媚娘传奇》《奔跑吧，兄弟》《8848》《王朝的女人·杨贵妃》等多部影视同期书集于2015年初集中亮相。

▍五、广播电视企业未来之路

未来以广播电视媒体为代表的传统媒体企业，在转型发展的过程中要注意以下两个问题。

（一）关注深层次的融合发展

传统媒体的与新媒体的融合发展代表着媒体转型发展的主要趋势，但由于目前发展周期较短，仍然有诸多问题。部分传统媒体在新媒体平台的打造中，往往过度强调物理、硬件上的贯通，简单地将媒体内容搬到互联网，依照传统媒体的经营方式进行宣传，僵化的思维使得传统媒体的融合发展得不到很好的发挥。如近年传统媒体的"两微一端"(微信、微博、手机客户端)在数量上呈现出一片繁荣的局面，但在具体的运营当中，却并不尽如人意，存在诸多问题。虽然大部分广播电视台主体均开通了各种社交平台账号，但据调查，很多微信、微博官方账号和客户端存在更新不及时、信息同质化的问题，部分还存在仅跟风转发各种段子、笑话，与所处的行业、公司和机构完全无关的现象。许多电台纷纷开办的网站，也只是将信息资源转移到网络上，用户体验和交互界面设计粗糙，尚不能真正实现用户转换，更不用谈用户黏性的增加。

在新型媒介的冲击下，传统媒体"式微"的只是原有传播形式的"壳"，以内容为核心、电视渠道为表象的广播电视并不会在这种形式下衰落，而是在融合中不断创新发展，探索出新的表现形式和商业模式，本质上是强调思维方式的转变，传统媒体企业要积极主动地把握媒体融合的脉搏和发展规律，探索各种融合路径的可行性。单纯将传统广播内容"平移"到新媒体平台上，并不能真正使传统广播电视台实现突破性发展，而是要根据新媒体特征二次创作出符合新媒体形式的广播电视内容。传统广播电视只有真正实现了从听众到用户、从内容到产品、从传播到服务、从大众到个体思维的转变，才能立于不败之地。

（二）寻找可持续的商业模式

探索新的商业模式和发展空间是广播电视企业在未来一段时间面临的首要问题。

现阶段，电视媒体在创新商业模式的探索上已经有了新成就，广告收入虽仍"一家独大"，但电视节目依靠版权交易、产业链打造、衍生产品开发的赢利模式也逐渐走向成熟。如东方卫视2014年加强同阿里巴巴的合作，探索电视电商化发展的可能性，并藉《女神的新衣》与上线电商合作的机会开通了天猫东方卫视旗舰店，迈出打造T2O模式的重要一步。虽然目前旗舰店由于产品内容上的定位失误经营萧条，但这是电视节目内容就地转化为产品的重要探索，也会是未来电视发展的重要方向之一。

在传统广播领域，新型商业模式的探索也迫在眉睫。现阶段，交通广播仍是大部分传统广播电台的支柱频道，出租车是交通广播的一个重要舞台。2014年初，滴滴打车和快的打车对移动支付平台的争夺之战，无意识地霸占了出租车广播的声音空间，给交通广播造成了跨领域的沉重打击。这也给传统媒体敲响了警钟，在新媒体和新技术迅速发展的今天，市场的竞争已经不仅局限在统一媒体领域展开，如果传统广播不能加快转型，实现融合发展，满足受众需求的多样性，增加用户黏性，那么传统广播的未来生存之路将十分艰辛。如果说传统广播依靠国家财政支持和广告市场的逆势上扬还可以在媒体逐鹿中占据一席之地，那么网络广播市场则可以说是"只赚吆喝不赚钱"。网络广播近两年来依托互联网和移动终端，迅速发展起来，懒人听书、蜻蜓FM、荔枝FM、听豆瓣、虾米音乐等多种电台应用迅速兴起，并在短时间内迅速聚集了人气，吸引了大量的受众，但目前并没有找到很好的商业模式，主要通过项目运营整体价值的最大化以及资本市场的运作来实现发展。在未来一段时间，传统广播和网络广播行业都应当将重点放在可持续赢利模式的探索上来。

由于表现形式的差异，广播企业与电视企业在未来需要关注的重点并不完全相同。广播企业要聚焦平台与渠道的探索，关注节目输出平台的打造，增加广播节目与受众的互动，创造同听众"亲密接触"的机会；以电视为代表的视频行业，则是内容为王，只有立足于精品的节目内容，才有后续IP产业链的打造开发。收听率和收视率仍是未来一段时间衡量广播电视节目的重要指标，但随着"大片式"电视节目的出现，冠名费、广告费用也成为市场对电视节目是否认同的重要标准。

(撰稿人：庞敏，中国海洋大学)

第六章
演艺企业

- 2014年的演艺企业受限奢令等诸多因素影响，进入阵痛转型期，发展增速放缓，市场格局重新洗牌。国有院团转企改制缓慢进行，变革为企业化管理的市场主体；民营演艺企业依靠较高的市场竞争力逐渐取代国有院团成为演艺市场的主力军团；旅游演艺在经历产业下滑之后回归理性。

- 政策方面，习近平总书记在文艺座谈会上的重要讲话为当前文艺工作者指明了方向，"限奢令"的持续发力刺破演艺市场泡沫，产业发展回归理性。中央和地方政府出台多项政策扶持发展演艺产业，2014年持续释放演艺企业发展的利好政策消息。

- 2014年，演艺节目的互联网直播、网络众筹以及互联网音乐备受关注，互联网颠覆了传统演艺企业的演艺作品创作、宣传营销、市场运营等各个方面，为演艺行业和演艺企业注入新的市场活力。

■一、演艺产业的政策引导

2014年是中央和地方文化政策密集出台的关键之年。习近平总书记在文艺座谈会上的重要讲话、文化管理部门的行政职能转变、"限奢令"的持续发力以及国家财政对演艺事业的重点资助扶持，对2014年演艺产业回归理性和发展转型起到了积极的引导作用。

（一）文艺座谈会指明发展方向

2014年10月15日，中央文艺座谈会在北京召开，习近平在会上特别强调："一部好的作品，应该是把社会效益放在首位，同时也应该是社会效益和经济效益相统一的作品。文艺不能当市场的奴隶，不要沾满了铜臭气。"文艺创作必须坚持"把社会效益放在首位、社会效益和经济效益相统一"，按照建设先进文化的要求，坚持为人民服务、为社会主义服务的方向，坚持百花齐放、百家争鸣的方针，把握好文化的精神引领作用，把握好文化作为精神内核的重大意义，推动社会主义精神文明和物质文明全面发展。[①]文化企业必须充分考虑文化作品的社会影响力，以创造优秀内容产品作为企业的核心竞争力。座谈会为当前处于市场环境下的文化企业指明了发展道路和发展方向。

现阶段，在我国文艺创作方面，存在着有数量缺质量、有"高原"缺"高峰"的现象，存在着抄袭模仿、千篇一律的问题和机械化生产、快餐式消费的问题。座谈会指出文艺不能在市场经济大潮中迷失方向，不能在为什么人的问题上发生偏差，否则文艺就没有生命力。精品之所以"精"就在于思想精深、艺术精湛、制作精良，单纯的感官娱乐不能等同于人的精神之快乐。[②]文化企业更应该在创新时代中明确自身定位，创作出新的文化精品。

（二）政府转变行政职能

政府职能转变是现阶段全面深化改革的核心议题之一，也是十八届三中全会的重要内容。2014年文化部认真贯彻落实国务院关于取消、下放行政审批项目有关部署，

---

① 王爽. 习近平：文艺不能在市场经济大潮中迷失方向[EB/OL]. 新华网，[2014-10-15]. http://news.xinhuanet.com/politics/2014-10/15/c_1112840544.htm.
② 新华社. 习近平：好作品应把社会效益放首位 与经济效益统一[EB/OL]. [2014-10-15]. http://www.chinanews.com/cul/2014/10-16/6685880.shtml.

对原有13项行政许可审批项目取消3项，下放6项，仅保留4项，取消和下放的项目比例占69%。为配合对取消和下放的行政审批事项所涉及的法律、行政法规进行修改，文化部先后两次修改《营业性演出管理条例》。取消文艺表演团体、演出经纪机构、演出场所经营单位变更名称、住所、法定代表人或主要负责人的审批，使延续了20多年的营业性演出审批制度得到进一步优化。文化部目前仅保留4个行政审批事项，分别是：中外合资经营、中外合作经营的演出经纪机构设立审批，中外合资经营、中外合作经营的演出场所经营单位设立审批，互联网文化单位进口互联网文化产品内容审查，境外组织或者个人在中华人民共和国境内两个以上省、自治区、直辖市行政区域进行非物质文化遗产调查审批。①

为加速文化企业的市场化运营，地方文化管理部门也开始逐渐取消和下放行政审批项目。如内蒙古自治区文化厅于2014年6月将中外合资、合作经营的娱乐场所审批，演出经纪机构审批，美术品进出口经营活动审批(含涉外商业性美术品展览的审批)，港、澳地区投资者在内地投资设立合资、合作、独资经营的演出经纪机构的审批等6项项目下放到盟市文化行政主管部门。②

(三) "限奢令"持续发力

我国演艺市场主要由商业性演出、节庆演出(政府资金为主)、企业包场演出(企业年会等)、公共文化服务演出(政府采购为主)等几部分组成。由于各文艺院团所属的类型各异，商业性演出和政府采购的演出比例各不相同。近年来，政府采购占国有院团演艺产品的绝大部分，国内演艺市场中追求大场面、大舞美、大制作，奢华浪费、竞相攀比等不良现象日渐常态化，行政事业单位采购和出资的演艺项目严重超支。2013年8月中央五部委联合发出了《关于制止豪华铺张、提倡节俭办晚会的通知》，各级政府管理部门紧随改革步伐纷纷出台相关规定规范各类节庆展会演出等相关活动，奢华浪费现象得以遏制和减少。中央电视台自2014年起减少播出56项晚会类节目，占以往播出量的60%左右。如2014年厦门市财政局按照中央"八项规定"对大型活动的举办和经费管理的新要求，组织修订的《厦门市大型活动财政性资金使用管理暂行办法》，就前期费用使用范围、活动后物料的使用处理、活动经费使用超标等问题作出明确规定。③青岛市商务局也出台了《青岛市省级以上开发区文明招商行为规范》，着重精简招商引资活动，严禁各种浪费公款行为，杜绝追求排场和铺张浪费；不得组织

① 中国文化报. 文化部仅保留4个行政审批事项[EB/OL]. [2014-02-19]. http://epaper.ccdy.cn/html/2014-02/19/content_118374.htm.

② 中国文化报. 内蒙古下放8项文化市场行政审批项目[EB/OL]. [2014-07-01]. http://www.chinanews.com/cul/2014/07-01/6339483.shtml.

③ 新浪网. 厦门商业演出不再享受财政补助[EB/OL]. [2014-01-26]. http://mn.sina.com.cn/news/finance/hot/2014-01-26/09323458.html.

文艺演出；不得以公款邀请明星、名人参加招商活动；不安排与招商活动主题无关或无实质性内容的活动；不组织与招商活动无关的地区、企业、人员参加招商活动。这些规定都有效地遏制了地方文艺活动的铺张浪费问题，对规范演艺市场、提高演艺企业的市场主体作用产生了积极影响。

（四）国家财政大力支持演艺发展

演艺产业作为文化产业重要门类之一，是高度市场化和高制度敏感性的行业。近些年来各级地方文化管理部门对演艺产业进行政策引导和规范的同时，加大了对演艺产业的财政支持。2014年，文化产业发展专项资金共计1 163项，其中"重大项目"又包括8个类别共计858项，约占全部项目的74%[①]，重点支持的项目中包括了大量对演艺企业和演艺项目的支持，可按照属性将这些演艺类项目划分为演艺项目类、平台建设类、设施建设类、海外推广类。如图6-1所示。

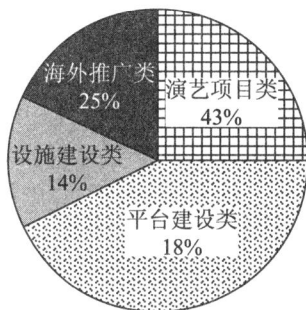

图6-1　2014年文化产业发展专项资金拟支持项目(演艺类)类型分布图[②]

2013年12月30日国家艺术基金正式成立。它是第一个由国家层面正式出台的和艺术直接相关的基金，代表了政府对于文化事业的长期扶持思路；到"十二五"末(2015年底)，国家艺术基金投入总额将达20亿元，直接面向社会，包括国有或民营、单位或个人，用于艺术生产、宣传推广、征集收藏、人才培养等方面。[③]2014年作为国家艺术基金正式开始运作的首个年度，在394个项目、4.29亿元的资金支持中，181个舞台艺术创作项目获得2.3亿元支持。如图6-2所示。

---

① 中国经济网. 财政部公示文产拟支持项目 重大项目占比62% [EB/OL]. [2014-09-12]. http://www.ce.cn/culture/gd/201409/12/t20140912_3523022.shtml.

② "微信公众号"演艺界那些事儿. 特别关注｜2014年度文化产业发展专项资金拟支持项目(演艺类)摘录 [2014-09-16]. http://mp.weixin.qq.com/s?__biz=MzA4MTM1NzkyOA==&mid=200921925&idx=1&sn=38460b364ff25d9fcbdf217b9eee014d&3rd=MzA3MDU4NTYzMw==&scene=6#rd.

③ 雅昌艺术网. 国家艺术基金考验执行力[EB/OL]. [2014-05-28]. http://news.artron.net/20140528/n609669.html.

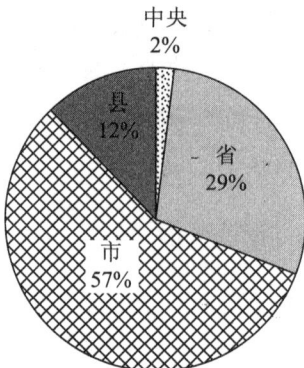

图6-2　2014年度文化产业发展专项资金拟支持项目(演艺类)申请单位所在行政区划分布图①

二、2014年演艺企业发展情况

2014年国内演艺市场的发展呈现了5大利好：一是演艺逐渐成为一种普通民众的生活娱乐方式，城市娱乐人群、"90后"年轻群体的演出消费需求逐步活跃。二是全国演出场馆体系基本形成。我国已建成1 000多座剧场，体系建设已经逐步完成；剧场对优质内容的强烈需求也为演艺市场发展提供了基础。三是产业机构逐渐改变。音乐剧和流行音乐演出增长迅猛，旅游演出逐步走向正轨。四是演艺产业链的上下游的分工服务更加细分。产业链细分的专业机构越来越多，各细分领域存在很大的市场空间，旅游演出、院线、剧院管理、策划营销、互联网票务、专业背景音乐、戏剧制作等领域市场越来越活跃。五是各产业之间加速融合所起到的带动作用突出，演艺与地产的融合提升了区域的文化内涵；演艺与旅游的融合，加快了酒店、餐饮等相关行业的推进；演艺与科技的融合促进演艺内容的创新和营销传播上的提升。②

(一) 演艺企业发展总体概况

从市场角度看，演艺经营者已成为演艺市场的真正主宰者，依靠市场、依靠观众的演出商逐渐成为市场主体，特别是拥有演出创意和演出质量的演艺企业将成为演艺票房的主力军团。曾经看似繁荣的市场浮肿与泡沫，正逐步回归理性。

从企业主体角度来看，大量演艺企业在阵痛中缓慢转型。随着多项宏观政策的调整落地，演出市场中大量不正常发展所导致的泡沫逐渐被市场打破，这必然导致演出

---

① "微信公众号"演艺界那些事儿. 特别关注 | 2014年度文化产业发展专项资金拟支持项目(演艺类)摘录 [2014-09-16]. http://mp.weixin.qq.com/s?__biz=MzA4MTM1NzkyOA==&mid=200921925&idx=1&sn=38460b36 4ff25d9fcbdf217b9eee014d&3rd=MzA3MDU4NTYzMw==&scene=6#rd.

② 道略演艺产业研究中心. 2014—2015中国演艺产业投融资报告[R/QL]. [2014-12-26]. http://culture.people. com.cn/n/2014/1226/c172318-26282646.html.

市场的阵痛和暂时的冷清。但随着市场由畸形慢慢过渡到正常，演出市场就会回归到正轨上来。比如团体订单在这一年度大幅减少，大量原先面向团单的演出公司不得不调整方向，开始经营面向普通观众的演出项目。

艺术创新也是2014年演艺企业发展的主要特点，尤其以民营演艺企业为典型。互联网创新渗透演艺企业的多个经营领域，网络众筹、弹幕戏剧、网络直播等名词频频出现在演艺市场中，互联网思维在演艺企业中的应用为演艺市场注入了新的活力，开辟了新的发展空间，赢得了更广泛的市场。

北京市是全国行业份额最大的演出市场，据北京市演出行业协会的最新统计显示，2014年北京市130家从事营业性演出场所，各类营业性演出场次共计24 595场，比去年同期(23 155场)增长6.2%；观众人数共计1 012万人次，与去年同期(1014万人次)基本持平；演出票房达到14.95亿元，比去年同期(14.42亿元)上升3.7%。国内艺术团体(含外省市)在京演出23 926场，占总演出场次的97%，比去年同期(21 164场)增长13%。外国艺术团体在京演出548场，占全年总场次的2.2%，比去年同期(1 415场)减少61.2%。港、台艺术团体及个人在京演出121场，占全年总场次的0.5%，比去年同期(82场)增加47%。[①]

（二）小微演艺企业的发展情况

国内演艺企业虽然数量众多，但能够称得上大型企业的少之又少，演艺企业仍以小微规模为主。这些小微演艺企业在运营核心上，以演艺剧目为中心，未形成完整产业链，在剧院、文艺团体、演艺经纪等环节中还没有达到一体化运营的阶段，在客户服务方面，仍然以一次性服务为主，保持着最原始的客户关系。

国内的小微演艺企业以民营演艺企业为主。这些民营演艺企业不论在数量还是演出场次上已经成为国内演艺市场的主力军，民营演艺在增加市场活力、活跃基层文化、传承传统艺术等方面发挥着积极的作用。以北京为例，北京开心麻花娱乐文化传媒有限公司于2003年提出了"贺岁舞台剧"的概念[②]，并在此后10年时间里，陆续推出了21部舞台剧，融汇了智慧与快乐，赢得了观众的口碑，让走进剧场成为普通观众一种生活娱乐方式。开心麻花系列舞台剧在全国中心城市上演超过2 000场，获得百万人次观众的热情欢迎。开心麻花将智慧盘点年度事件、精彩动人的艺术故事和幽默表演风格三者巧妙融合，目前已经成为演艺市场中极具号召力的民营演艺机构，受到了众多年轻群体的热烈追捧。

民营演艺企业以市场为基本导向，非常熟悉一定区域内观众群体的欣赏喜好，观

---

① 北京演出行业协会. 2014年北京市演出市场统计与分析报告[DB/OL]. [2014-01-19]. http://ent.ifeng.com/a/20150119/42204509_0.shtml.

② 张冰馨. 开心麻花拧出千万投资[J]. 市场观察，2013，(6).

众喜欢什么就演什么，市场需要什么就演什么。同时，这些民营演艺企业往往能够针对不同时期、不同地域观众的多样需求适时进行调整，不断创新演出内容与形式。江苏如皋市民营演艺企业在时刻变化的市场条件下有效整合文化资源，保持演艺市场的长久繁荣，这种"如皋现象"也被业内口口相传，成为当前民营演艺市场的成功案例：在20世纪80年代的如皋，当地群众兴起对通剧的欣赏热潮，于是当时大部分民营剧团都积极排演通剧来吸引观众。然而时间一长，群众对通剧失去了新鲜感，因此有部分剧团改为上演综艺节目和其他类型的地方戏曲剧目，这些表演同样收获了大量观众群体，获得不小的市场反响。如皋演艺企业尽管规模都属于小微型，但他们市场定位灵活，不断满足群众不同的文化需求，引起了全国各地对"如皋现象"的热烈关注。

小微民营演艺企业演出形式变化多样，经营方式注重创新，内容更贴近市场，贴近观众，将多种创新方式应用于演艺行业。以2014年炒得火热的"粉丝戏剧"为例，民营演艺企业锦辉传播制作演出的话剧版《盗墓笔记》成为典型案例。话剧版《盗墓笔记》将小说版《盗墓笔记》的粉丝经济延续至演艺作品中，进行最大限度的"粉丝营销"，比如在最初的演员筛选上，制作方的最大要求就是符合《盗墓笔记》小说的原型，整个演艺作品还原度达到了95%。大量《盗墓笔记》粉丝看完演出以后，感到十分满足，因为舞台中人物的再现非常符合粉丝的心理预期。自2013年至2014年，《盗墓笔记》在上海连续演出3轮，并在全国15个城市巡演了77场，最后2 000多万元的票房收入让所有演出商都感到惊讶。由于《盗墓笔记》的成功已打下了良好的市场基础，2014年耗资近千万的《盗墓笔记II》的华丽登场成为国内演艺界的舆论焦点，仅在上海的首轮45场演出就收回了2 000万票房，远高于1 000万元的投入成本。目前，锦辉传播已开启了企业未来的演艺扩疆计划，每年计划制作10部戏剧，保证有7部赢利、1部保本。对于赢利的演出，乘胜追击展开全国巡演，对于保本的，则展开大规模的论证修改，有待下一轮演出加以检验。[1]

尽管演艺企业已获得巨大的市场，但大量演艺企业的发展仍然受到资金和人才两大因素的制约。首先，资金缺陷直接表现在演艺制作上，大量民营演艺企业为了实现一个好的创意甚至需要卖掉个人房产来筹措创作资金，大多数企业单靠演出无法维持自身生存，必须依靠其他经营手段得以维持剧团的运作。[2]由国内现代舞领军人物金星与其丈夫汉斯共同创办的上海紫星文化交流公司主要进行金星和金星舞蹈团的推广项目，金星舞蹈团平均每年在国内外演出60～80场，其中国外演出保持在50～60场，

① 王悦阳. 粉丝戏剧的异军突起[EB/OL]. 新民周刊, [2014-12-30]. http://hlj.ifeng.com/culture/art/detail_2014_12/30/3356547_0.shtml.

② 中国演出行业协会. 2013中国演出市场年度报告[R/OL]. http://www.wzhzn.com/view.jsp?id0=z0g4rvapv8&id1=z0gilrbe5w&id=z0hwk46bs8.

其赢利收入成为舞蹈团日常运营的主要资金来源。而要创排新的作品时，就会面临资金问题，只能通过团长金星以当舞蹈节目评委、演话剧、外出讲课等方式来维持。其次，民营演艺企业的人才吸引难度高，人才流失量大。由于社会地位、待遇、福利等问题，民营演艺企业很难吸引优秀人才加盟，而民营演艺企业培养出来的人才也在不断流失。为解决这一问题，很多民营团体不得不采取了"以戏聘人"的方式，导致剧团缺乏相对稳定的制作班底，影响了民营团体的上升和发展。[①]再者，在项目推广中，民营演艺企业缺乏足够的渠道和资源，这直接制约了媒介宣传的推广效果。金星曾表示舞团一些演出的宣传推广只能靠微博、朋友圈的转发等业内个人的渠道宣传，与那些铺天盖地的高投入的广告宣传是无法相提并论的。她用"举步维艰"4个字来形容民营演艺企业的生存状态，也同时呼吁今后国家政府对民营文化企业的扶持能真正落到实处，让真正优秀的演艺作品普惠于广大民众。

（三）大中型演艺企业的发展情况

国内演艺行业仍处于发展上升期，表现出3个明显的问题：一是收入规模小，全国演出行业中年收入超过2亿以上的企业只有10家左右；二是市场影响力小，在众多演艺企业中没有一家极具观众吸引力的创作团体，缺乏大型剧院管理公司[②]；三是企业运营能力差，像宋城演艺、东方演艺集团等发展较为成熟的集团化运营企业少之又少，大部分企业在财务管理等方面不够规范，大多未建立起现代企业管理制度。基于现有的大型演艺企业集团的发展模式和运营管理，我们可总结出其共同特点：

1. 从剧目运营转向品牌运营

大型演艺企业由演艺项目发家，而最终必须在市场中培养起强大的品牌运营能力。在演艺产业链的构建中，要突出演艺产品和服务的品牌化、演艺明星化、演艺场馆的品牌化、衍生开发产品的品牌化。这种文化附加值将为集团赢得社会和市场的信任，并获得巨大的上升空间，进而吸纳社会资本进行再生产。

2. 从单一环节运营走向全产业链整合

大型演艺集团的产业链构建需要将制作和推广的全产业链进行整合，产业上游和下游的一体化运营形成自我闭合的联结，减少外部中间环节，如剧院建设和运营、项目制作、中介经纪、品牌推广等，实现品牌、策划、推广一体化。

3. 从以剧目为中心转向以客户为中心

大数据已经渗透当今每一个行业和业务领域，演艺行业也不例外。通过全方位、全

---

① 中国演出行业协会. 2013中国演出市场年度报告[R/OL]. http://www.wzhzn.com/view.jsp?id0=z0g4rvapv8&id1=z0gilrbe5w&id=z0hwk46bs8.

② 道略演艺产业研究中心. 2014—2015中国演艺产业投融资报告[DB/OL]. [2014-12-26]. http://culture.people.com.cn/n/2014/1226/c172318-26282646.html.

天候的客户关系管理平台与大数据分析，企业将给观众提供更为便捷精准的服务。①

4.特别针对大量国有转制院团，明确从传统事业单位向现代演艺集团的身份转变

除了政府层面需要转变管理扶持态度以外，演艺集团公司本身要实现真正的身份转变，避免表里不一，重新审视自身经营战略，探索符合艺术规律、符合市场规律的经营管理模式，在企业管理、人事改革、资本运作、市场营销等各个方面建立现代企业制度。

以国内著名旅游演艺集团宋城演艺集团为例，宋城以旅游演艺奠定成功基石，全面开启文化航母战略。自2013年延伸至影视、综艺和内容创意与营销领域。位于杭州、三亚、丽江等地线下主题公园和杭州乐园、烂苹果乐园将逐步成为O2O的线下载体。而线上影视、综艺、动漫等内容产品将与线下主题进行实景双向互动，以创意、技术和产业化来开发、营销版权，通过粉丝经济加强品牌化运营，塑造宋城多元的赢利模式。未来，宋城将由单一的旅游演出剧目向演艺集聚区和文化休闲目的地的方向转变，在内容和渠道上布局，打通旅游、演艺、娱乐的生态产业链。

■三、演艺企业发展的问题及对策建议

演艺企业作为传统艺术行业，自身的局限性为市场运营提出了较大的挑战，国有院团转企改制、旅游演艺的重新洗牌也成为2014年演艺企业中的热点问题。

（一）演艺企业的自身局限

演出艺术作为以舞台呈现出的表演艺术，最大的特点是艺术生产与艺术消费在舞台中同时进行。而艺术生产需要剧场、剧团等多方合作才能完成，生产主体具有多元性。由于其艺术形式本身的特性，在当今的市场经济条件下，演艺企业的经营也存在诸多发展局限。具体特点如下：

1.艺术生产方式的局限

产业化的关键在于规模化和可复制性，而这两点却戳中了传统演艺企业的软肋。近似于手工作坊式的传统演艺的生产方式使得每一部作品都刻着创作生产的风格印记，每场演出也不尽相同。同时，在演艺行业的服务中，人是最主要的产品要素，存在多重不可控的因素，这使得演艺产品和服务更难以复制和大规模生产。

2.作为精神产品的经营束缚

与物质产品相比，作为精神产品的演艺产品不是大众消费的必需品，演艺产品无法普惠于每一位民众。另一方面，当前演出市场的"高票价""赠票"等现象在某种程度上，使得普通民众欣赏一场演出成为遥不可及的奢侈行为，演艺消费甚至成为一

---

① 布和.国内剧场演出的特点与方向——以北京演出市场为例[J].文化月刊，2013，(17).

种小众的精神消费，成为精英阶层特有的精神消费符号。

3. 艺术经营方式的局限

我国演艺行业的经营公司大部分以演艺项目为主，这种特点本身拥有诸多风险：首先，企业的主要经营收入几乎依赖于演艺产品在市场中的表现，这种一次性无法给企业带来稳定的现金流；第二，演艺企业的人力资源只能按照演艺产品的制作需求来投入；第三，产品风险承载着整个企业的生存竞争的风险，演艺企业无法获得正常的风险抵御。以上问题直接关系到企业的生存发展和市场竞争能力，因而演艺企业本身的经营方式已存在很大的制约。

4. 演艺经营成本受到诸多因素影响

项目型演艺公司的经营成本涉及多方面内容，而这些方方面面的成本提高之后，经营者只能依靠提高票价来维持运营，而票价过高只会减少市场份额，逐渐失去市场竞争能力。演艺产品的利润被层层瓜分，演艺公司成为所有风险的承担者。以下列举出演艺经营成本提高的主要因素：

第一，基本运营成本提高，包括制作成本、场馆租金、舞美成本、资料印刷、交通费用等。

第二，艺术质量提高，军备竞赛一般的舞美大成本大制作，一场歌舞晚会花费动辄500万以上，项目高成本成为普遍现象。

第三，现金流变化较大，"先交钱，后办事"已经成为演艺市场中必须遵守的"潜规则"，这种经营方式必然导致项目前期的现金流陡然增大，几乎所有的演出费用都要在演出开始前支付。而一旦票房无法如期回收，企业的资金会出现致命问题。

第四，票务防伪成本，市场秩序混乱和规范不到位致使伪票和假票已经成为市场中必须提防的严重问题，演出公司、票务公司每年都投入大量人力财力提高防伪手段，这也必然提高了演艺制作成本。

第五，宣传成本提高，媒体的日益更新和文化消费的多样性直接增加了宣传成本。一般而言，大型演艺活动的宣传费用达到50万元以上。

受制于多方面因素，演艺制作成本高涨不下成为大量演出商的大难题。在此，文化管理部门应该制定实施相关规范政策、抑制相关成本上涨、提高演艺企业的优惠政策待遇、开展惠民演艺活动等举措，让演艺企业有更宽松的发展空间，让演艺作品可以和更多的观众见面。

（二）国有文艺院团转企改制

1. 国有院团转企改制基本情况

2014年上半年，全国承担改革任务的2 103家国有文艺表演团体已完成改制任务，其中转企文艺表演团体1 283家，占承担改革任务团体总数的61%，其余820家原国有文艺表演团体经改制后撤销或划转为其他机构。除此之外，未承担改革任务保留事业编制院团共139家。[1]

国有转制院团当前已实现了两个方面的转变：其一，大部分院团脱离了过去的事业体制身份，文化管理部门正在逐渐减少对国有院团的补贴。其二，院团经营的核心内容——艺术创作的主要方向正在逐渐转变，从原有的面向政府、面向评奖，向面向市场、面向观众的变化，这说明院团改制后必须摆正姿态，以有效对接市场、自我经营转制成为最主要的任务。未来的国有院团将最终实现自负盈亏、自主经营，收益自行分配。自2013年中央八项规定以后，大量依靠政府项目和企事业单位大型活动的国有文艺表演团体出台倍受冲击，一些国有文艺院团缺乏市场存活能力，甚至短期业绩下降90%之多。总体而言，经过转企改制之后，国有文艺院团发展迈上了新的台阶，已经进入转型过渡时期，必须尽可能与市场充分接轨，减少对政府资源的依赖。

2. 国有院团转制过程中的热点问题

(1) 人事体制行政化

国有文艺院团转企改制，并不是简单的称谓上的变化，而是从经营管理、商业模式、艺术创作等多领域顶层设计上重新布局规划。而当前国有转制院团首先在领导班子调整方面仍没有实质性的转变，大部分院团管理者仍沿袭行政化体制，国有院团的人事安排必须服从行政命令，内部职能、机构仍然延续了事业单位的发展制度，甚至出现了"仕而优则商、仕无途回企"的现象。

(2) 社会效益与经济效益无法平衡

艺术品质与商业化之间的矛盾一直困扰着演艺市场。排演精品即使一时取得很好的票房收入，但是否能够养活整个文艺团体？这是大部分国有文艺院团转制之后不得不面临的最大问题，最终陷入市场生存和追求艺术品质的困惑。然而作为国有院团要承担追求社会效益、艺术普及的任务，过度商业化不是院团发展改革的目的。国有院团必须寻求出一条可以平衡市场化和追求艺术品质的发展道路，达到社会效益和经济效益的双赢。不过值得注意的是，政府对国有改制院团的资金支持的投入方式、投入比例、使用效率在平衡两个效益中发挥着重要作用，政府和院团需要共同努力才能探索出一条适合国有院团发展的经营道路。

(3) 资源配置未得到优化

各地方转制院团成立演艺集团，其主要目的是运用现代企业制度，发挥平台具有的整合资源的功能优势将其做大做强。但当前大部分国有的演艺集团赢利能力不强，仍然以原有的承接项目的方式作为主营业务，真正实现现代企业经营机制的公司集团还是凤毛麟角，这样就偏离了组建演艺集团的战略初衷。当前演艺集团最迫切的任务

---

[1] 中国演出行业协会. 2013中国演出市场年度报告——分类报告[R/OL]. [2014-06-18]. http://www.wzhzn.com/view.jsp?id0=z0g4rvapv8&id1=z0gilrbe5w&id=z0hwk46bs8.

应是重新进行资源优化配置，形成可以长期赢利的主要业务，真正实现国有院团转企改制的深度发展。

3. 国有院团转制发展的根本路径

(1) 企业主体意识的转变

国有文艺院团必须从根本上转变事业主体意识，明确市场经济环境下的企业主体的战略定位：从经营管理、金融整合、核心业务等多个领域打造具有市场核心竞争力的国有文艺院团，体制机制创新和产业战略将会以提升院团的竞争力为主要目标。除了在艺术创作方面，市场定位、品牌推广、企业文化等都需要强调市场化因素的重要性，突出国有文艺院团的社会效益与经济效益相统一的主要任务。

(2) 推动传统艺术与新媒体的创新融合

在互联网的推动下，大量演艺企业创新艺术形式，拓宽演艺发展渠道，与互联网文化充分融合。2014年弹幕正式进入演艺领域，弹幕戏剧开始活跃在演艺市场。《疯狂电视台》作为国内首个弹幕话剧，演出方深度挖掘观演关系，剧场的观剧行为形成了现场的社交行为。现场观众通过弹幕来实现观剧时的内心表达并参与到全新的社交网络中。弹幕戏剧一出现就受到大量年轻群体的好评和热捧。对于国有院团来说，弹幕戏剧仍属于新鲜事物，考虑是否会加入类似弹幕这种新兴艺术生产元素仍然比较遥远。互联网的快速发展让大量演艺人认定其将成为演艺领域的新兴市场，国有文艺院团不能在新媒体环境下继续乏善可陈，缺乏自我更新能力，应该积极调整经营思路，加强与新媒体的创新融合，扩大市场阵地，实现整个业务和整个院团的转型发展。

(3) 创新人才激励机制

人才是转制后国有文艺院团的核心，激励人才创新更成为院团存活发展的关键问题。国有文艺院团应该在法人治理结构、人才激励机制、监督评价机制上得到有效转变，确立政府与文化企业的法人关系，明确市场化运作需要遵循的市场、竞争和人才激励的管理机制。

(三) 旅游演艺的重新洗牌

1. 旅游演艺的冷却反应

在旅行者的传统观念中，旅行的时间主要集中在白天，夜间的旅行项目一般都比较单一，而大型实景演出的出现满足了旅行者的夜间欣赏趣味，也更加完善了旅行目的地的消费体验产业链，为演艺市场开辟了新的增长空间。2004年3月，"刘三姐"在漓江上正式亮相。至2011年底，全国共有230多个旅游驻场演艺项目，大型实景演出成为旅游产业体系的重要支柱。

然而，爆发式增长的背后，种种问题开始显露出来，万达集团在海南三亚全力打造的《海棠·秀》耗资6 000万元，由来自7个国家和地区的国际班底参与制作，2011年高调进入旅游演艺市场，却在2014年8月正式停演，黯然退出历史舞台。2014年海南全省11个旅游驻场演出剧场中，已有5家企业亏损，2家企业停休业，真正赢利的仅有4家企业。曾入选文化部和国家旅游局联合推出的首批《国家文化旅游重点项目名录》的舞剧《孔子》，在山东曲阜维持了3年演出后，终于在2014年退出了市场。①

这些都给旅游演艺行业敲响了警钟，使其得以对旅游演出的真正价值和意义重新回归理性思考。近些年旅游演出市场从无到有，从发热到冷却，经历了过山车一般的起伏变化。旅游演出一度被视为宣传地方特色文化、提振地方旅游经济的"利器"，也成为不少地方政府面子工程的重要举措之一，一度成为地方经济文化对外展示的代表和形象。各地旅游演艺项目在政府和企业相互"帮扶"下纷纷上马，挤进了旅游市场，然而缺乏对当地文化的深度挖掘、不切实际的浮夸表演无法让演艺项目真正落地，上座情况惨淡。可以说，要使旅游演艺真正市场化，加强对地方特色文化风俗的深度解读，演绎真正实景演出的文化内涵，是当前旅游演艺行业的关键一步。

2. 红火的《三亚千古情》

与《海棠·秀》的停演相比，作为同一地域的同类产品《三亚千古情》却获得了巨大的市场。《三亚千古情》延续了杭州《宋城千古情》"主题公园+旅游演艺"的经营模式，印证了宋城演艺的发展轨迹和思路。②《三亚千古情》不是简单地异地复制原来的经营模式，而是与地方特色文化和旅游市场的深度融合。

一段时期以来，三亚旅游演艺市场的大环境低迷，三亚千古情景区挖掘三亚万年历史文化，打造一台历史文化大剧、一座崖州古城，辅以歌舞、杂技和声、光、电等高科技手段，借助市场的包装运营，打破了海南旅游演艺市场僵局。③据三亚市统计局数据显示，至2014年10月，该主题公园开园一年以来，累计接待游客近180万人次，大型歌舞《三亚千古情》累计演出695场，累计营业收入突破1.6亿元。根据宋城演艺于7月29日晚间披露的2014年半年度报告可知：2014年上半年，公司旗下景区共计接待游客543万人次，成为名副其实的中国第一；三亚、丽江、九寨项目的毛利率均超过70%；仅三亚项目2014年上半年收入就达7 700多万元，打破了大型旅游产品第一年难以赢利的魔咒。④作为千古情系列的延伸，继三亚之后，丽江、九寨沟的演艺项目成为当地旅游项目的市场典范。

---

① 光明网. 山水实景演出十年"印象" [EB/OL]. [2014-09-19]. http://tech.gmw.cn/newspaper/2014-09/19/content_100966982_2.htm.

② 乐祥海. 我国文化产业投资模式研究[D]. 长沙：中南大学，2013.

③ 人民网. 千古情这么火 火在三亚文化[EB/OL]. 2014-09-25. http://news.0898.net/n/2014/0925/c231190-22437165.html.

④ 三亚日报. 一年收入突破1.6亿《三亚千古情》为什么这么火[DB/OL]. [2014-09-25]. http://www.mcprc.gov.cn/sjzz/sjzz_zcfgs/whtzgg/201409/t20140930_436391.htm.

3. 旅游演艺发展的对策建议

实景演出内容同质化、编排无新意已成为当前旅游演艺市场最大的问题。尽管市场中各地剧目不断上演，投资规模越来越大，一些假大空的演艺产品仍然无法逃脱迅速被市场淘汰的命运。2013年至2014年连续两年观众人次的直线下降和票房收入的连续下跌，已经让旅游演艺的从业者不得不开始思考如何让市场回归正轨，重新在剧目质量、商业化运作、赢利模式等方方面面进行转型过渡。旅游演出在经过一番虚火后重新洗牌并非坏事，淘汰掉游客不喜欢、市场不认可的劣质旅游演出后，依然能够活下来的自然都是精品，而这也能够让业内进一步看清旅游演出的本质属性，从而能够理性投资、合理开发，为旅游市场注入新鲜血液，为文化繁荣带来新的机会。[①]

四、互联网时代下的演艺创新

如今"互联网思维"已渗透各行各业，它打破了原有的行业规则，以全新的形式为各行业开辟了新的市场空间。而在演艺市场中，互联网的大举进攻改变了原有的市场格局，在艺术表现形式、宣传推广、票务营销等方面，形成了新的演艺经营模式。

(一) 互联网直播

2014年演艺行业中不得不关注的，是现场音乐与互联网的结合，最典型案例——汪峰在"鸟巢"8月开唱，乐视网作为互联网企业触及现场演艺，推出演唱会直播并大获成功，赢得众多演艺人士的关注。此次演唱会的最大特点是开启了全新的商业模式，首次将O2O引入演唱会，将现场观看和网络直播结合起来。传统演唱会的营销模式主要是票务公司提前售票，观众到现场观看演出。对于演出商来说，收入主要依靠票房和广告赞助，票房收入更是被层层瓜分，可控性较低。对观众来说，每一次演唱会都只是一次性消费，无法达到体验黏性，且由于购票金额的限制，观演待遇大不同。此次网络直播和O2O的商业模式弥补了传统模式的弊端，保持用户体验的长期活跃度和紧密的用户体验黏性，持续不断地贡献购买力。营销上电商的加入，使得演唱会与互联网平台深度合作，网络购票、网络观演、网络话题讨论、网络周边等引导消费群体形成持续消费。

此次汪峰"鸟巢"演唱会，也许将成为中国音乐史上的一个里程碑事件。互联网对音乐的渗透打破了音乐产业原有的产业价值链，在互联网平台上形成全新的商业体系：让更多的音乐才华得以展现，让更多的听众获得更丰富的音乐体验。

2014年先锋戏剧人孟京辉也开始涉足互联网，与百度一起合作"48小时微戏

---

① 中国专业人才网. 扎破旅游演出的虚火泡沫[EB/OL]. [2014-08-07]. http://www.djob.com/news_A3A4BFDDB6B9A536.html.

剧"，即将戏剧创作团队封闭在一间房间，用48小时完成一部戏剧的即兴创作，团队中每人的吃喝睡、争吵、创作灵感都将一五一十地呈现在网友面前。可以说，这种新兴的话剧直播形式更加真实地拉近受众与创作者之间的距离，让观众与创作者共同体验一部戏剧演出的诞生，更重要的是更加牢固地抓住自己的粉丝人群，让戏剧与观众的关系更紧密。

（二）演艺众筹

"众筹"是指一种向群众募资，以支持发起的个人或组织的行为，具有低门槛、多样性、依靠大众力量、注重创意的特征。众筹方式区别于普通购买有两个特点：一是掏钱的是资助者而非消费者；二是得到的是"回报"而非"产品"——也可以理解为附加值。[①]光良在成都的演出拿出一部分门票通过众筹购票，点唱压轴曲目，而这样的附加值足以让粉丝疯狂。这种众筹票务方式更减轻了演出公司长久以来的票房压力，更让观演群体加入到演出编排队伍中，使得双方达到互赢。

近年来得益于互联网的快速发展，众筹模式表现了很强的生命力。随着2014年互联网金融的火暴，各类众筹平台也呈爆发式增长态势，演艺众筹也在这些众筹平台的扩张中得到井喷式发展。在众筹网平台中演艺众筹项目达到200多项，筹集资金少则1 000元，多达一二十万元。音乐剧《爱上邓丽君》新版半个月融资11.736万元，成为首部获得互联网众筹成功的演艺产品。在万事达中心举办的杨坤演唱会在24小时就成功募集到超百万的资金，成为迄今为止筹资金额最高且成功时间最短的众筹演唱会项目。

（三）音乐的互联网化

前几年音乐界流行着音乐大佬宋柯"唱片已死"的言论，而这两年在互联网的推动和扩张下，音乐发展开启了不一样的互联网道路。如前文论述的网络直播、演艺众筹等，我们都在音乐领域看到了前所未有的跨越，甚至成为互联网在演艺事业中的主要阵地，在此不再赘述。2014年，大量互联网公司开始在音乐领域延伸产业链，尤其以京东发布"东乐计划"和乐视打造音乐节互联网体验平台为主要典型，开启了最大规模的行业洗牌。

2014年4月，"东乐计划"由电商企业京东携手恒大音乐、索尼音乐、华谊音乐等十几家国内顶尖唱片公司及互联网公司奇虎360共同发起，实现线上、线下共同推动互联网音乐产业发展，主要从实体销售、实体发行、数字音乐、星平台、明星访谈、票务、MV植入、线下合作赞助、音乐人歌曲平台等项目中全方位地打造互联网音乐创

---

① 凤凰网. 新人开唱难？粉丝凑份子[EB/OL]. [2014-08-24]. http://news.ifeng.com/a/20140824/41703773_0. shtml.

新模式。同时，"东乐计划"还将关注音乐创作者的发掘和培养，通过线上和线下合作，打造原创音乐的互联网推广模式。

用户体验是互联网音乐从最初的策划创作到最终的反馈互动的核心要素，在整个音乐生态链中体验和价值被提至很高的位置，一切以用户为核心，任何形式或内容的变化和创新都根据用户体验进行改变。可以说拥有大量用户体验就拥有大量的市场发展空间。除此之外，互联网的加入让音乐生态链条重新活跃起来，不论线上抑或线下，不论上游抑或下游，互联网重新整合行业资源，为行业的每个要素注入了新的活力。

(撰稿人：黄鑫，北京大学)

第七章
动漫企业

- 2014年，距离国务院颁发促进文化产业相关的动漫产业政策，已经整整10个年头。从政府到企业，国内动漫产业扎扎实实地摸索了10年。在此期间，国内动漫企业类型在演变，国内动漫主流渠道、平台在转变。

- 了解行业动态，制定合理的动漫企业发展对策，仍然是我们不曾改变的研究方向。研究动漫企业，首先从动漫企业类型划分入手，能清晰地看出国内动漫产业的走向。

- 2014年，自上而下，国务院、文化部根据国内文化产业当前形势颁布、印发了若干意见。对于正在转型的国内动漫产业而言，指明了未来5～10年的发展方向。

一、动漫企业的类型划分

研究动漫企业，首先从动漫企业类型划分入手，似乎更能清晰地看出国内动漫产业的走向。2004年[①]以前的动漫企业类型主要可以分为两种：一是以上海美术电影制片厂、中央电视台动画部为主的国有原创动画机构；二是聚集在东部沿海地区，以深圳翡翠动画公司、杭州飞龙动画公司为代表，以及坐落在北京的写乐动画公司等为代表的动画加工企业。2004年前后，随着国内人力成本的增长、国际经济形势的影响、政府对各行业的企业转型的引导，国内动画加工企业因为熟悉动画制作环节，因此大部分转型为原创动漫制作企业。近些年，在互联网、数字化的新媒体大潮中，拥有大批量潜在受众的动漫产品也被互联网企业收入囊中。

（一）以"动漫作品"为核心的原创动漫企业

本类型的动画企业是以动画作品制作为核心，多为动画加工企业转型的原创动漫制作企业。前些年，国内动画产业环境还不够成熟，赢利模式不清晰。除少量诸如湖南宏梦出品的《虹猫蓝兔七侠传》系列，依靠衍生产品运营赢利，大部分原创动漫企业的经济回报都依赖于各级政府的播出奖励补贴。这种状态延续到2008年前后，直到诸如《麦兜响当当》《风云决》《喜羊羊与灰太狼》等票房千万元动画电影的涌现。各原创动漫企业终于在拥挤的、依附各级电视台播出的独木桥上撤下来，开始集体涌向动画电影的制作与上映。在"喜羊羊"电影模式的带动下，国家广电总局每年备案的动画电影制作数量，从几部到十几部，发展到如今的几十部。但这些动画电影没有电视动画、游戏、漫画作为长期铺垫，加之缺乏品牌造势、完整商业运作与品牌宣传的前提，以票房成绩很难收回成本。

以"动漫作品"为核心的原创动漫企业，说到底"作品"都是核心竞争力。目前国内能够将"动漫作品"转化为"动画产品"的原创动漫企业，数量不断增长。但如何将动漫产品经营为动漫品牌，才是目前原创动漫企业赢利模式真正的突破口。目前以原创动漫起家的动漫企业，中小型企业偏多，对于需要高成本的动漫品牌运营关的攻破还有一定难度。

[①] 以2004年为划分时间点的主要原因在于，2004年国务院颁布了第一份有关动漫产业发展内容的文件。随后国家各部委、全国各地市的动漫政策汹涌呈现。

（二）以"IP"为核心的动漫品牌运营企业

以品牌运营为核心的动漫企业，多为动漫相关行业转型过来的企业，例如，游戏企业、玩具企业、传媒集团等。动画电影主要通过长期的多样化品牌运营来维持作品热度。电影作为一种成本高、风险大的产品，只是该品牌整体产品链中相对后置的一环，票房能否取得成功的关键不在于作品品质，而取决于品牌的粉丝数量，可称之为"粉丝动画电影"，商业模式为"长期运营，以量取胜"。

1. 相关行业"转型"的动漫企业

动漫是科学、艺术的集合体，能够成功地从其他行业转型的动漫企业必然也需要与此相关，尤其是三维动画的创作。美国的皮克斯动画工作室就是这样的路数，出品《熊出没》动漫品牌的深圳华强数字动漫有限公司也遵循了同样的路径，其母公司为深圳华强集团有限公司。该集团以高科技产业为主导，最早属于电子制造企业，后转型到文化科技、电子信息等领域。对动漫领域的涉猎应该就是在这一转型中完成的。早在2008年之前，深圳华强就已经涉足主题公园与多维动漫技术的研发。直到2012年初，其作品在央视平台的播出，才使得具有强大资金支持、技术支持的深圳华强真正走入国内动漫行业的主流视野。

广东奥飞动漫文化股份有限公司，同样也是一家与动漫行业相关度较高、转型成功的动漫企业。奥飞动漫的前身是玩具制造企业，转型的动漫公司成立于2004年。该公司与美国的孩之宝、日本万代株式会社的发展轨迹有所类似。奥飞动漫以自主研发的玩具形象为依托，不断推出该玩具形象的动漫电视、电影作品。通过影视作品强化该动漫形象和品牌，而相关的影视作品也成为企业形象和动漫形象的大广告。例如，"铠甲勇士"诞生于2009年，2010年上映的《铠甲勇士之帝皇侠》，艺恩票房统计显示为357万人民币；2011年3月南都娱乐采访奥飞事业部总经理谢坤泽时，该款产品就已经为奥飞在玩具销售方面赢得了6个亿的成绩。2014年的《铠甲勇士之雅塔莱斯》，艺恩票房统计已经攀升到4 440万，玩具销售同比递增的程度可想而知。之后公司又创作了《巴拉拉小魔仙》，收购了《喜羊羊与灰太狼》，引进了韩国《贝肯熊》。奥飞在动漫角色品牌塑造方面采取原创、收购、引进等多渠道形式，在国内动漫产业领域疯狂寻找"赢利模式"时，寻找到了适合自己企业的全产业链的封闭式管理方法。

2. 将"动漫"作为板块的互联网企业

互联网企业纷纷进入动漫产业，具有两方面的优势：第一，互联网企业掌握大量用户，这些用户就是他们即将推出内容产品的潜在粉丝。同时，这些潜在的人群必将促进国内动漫产业下一轮的增长。第二，直接促进动漫链条与游戏链条的衔接，网游用户可以快速转换成动漫消费群。

目前，小米的估值已经在400亿～500亿美元，如此高的估值作为纯硬件企业难以驾控。在小米高预期的背后是即将进行的内容转型上给投资人的无限遐想。有消息称，小米与专门负责日本内容产品在亚洲进行推广、代理的创河集团和香港Dragon Entertainment达成合作，Dragon Entertainment负责向小米提供日漫内容。此举是否能协助小米企业成功转型，值得期待。

由优酷出品、北京互象动画联合出品的系列都市情感剧《泡芙小姐》，直接植入了韩国小熊产品链接。观众点击视频过程中，可直接跳转到该产品的购买页面，充分利用在线视频可与电商链接转化的优势，进行了创新性尝试。"泡芙小姐"形象作为剧中产品的代言人，授权给小熊品牌使用。

土豆网斥资1亿元，启动"土豆动漫创投计划"。该计划将面向海内外原创动画从业者、优秀动画院校、动漫制作机构以及商业动漫项目开展全面合作，扶持国产动画作品的制作、发行、播出以及衍生品开发销售，寻找属于自己的动漫IP。

如果说以上互联网性质的企业，将动漫纳入自己的经营板块还在尝试阶段，那么，腾讯可谓已经成功完成动漫业务的转型，并培育和掌控了较为成熟的动漫IP。腾讯充分利用了网络大数据，为自创动漫品牌《尸兄》提供了有助于内容创作的精准信息。同时，充分利用网络的交互性，将漫画读者评论与作者创作进行了强有力的结合，直接编入漫画作品之中。这种互动不但强化了粉丝的参与感，更提升了读者的黏合度，并触发了原创者的创作灵感，推进了网络创作与传统创作的差别。腾讯所掌握的互联网平台与技术、超强黏合度的受众人群，再加上自己亲手打造的动漫IP，为动漫产业的发展带来了新机遇。希望诸如此类的互联网企业能够带动国产动漫产业的变革与腾飞。

二、动漫企业整体趋势与问题

2014年，距离国务院颁发促进文化产业相关的动漫产业政策，已经整整10个年头。从政府到企业，国内动漫产业扎扎实实地摸索了10年。2014年，自上而下，国务院、文化部根据国内文化产业当前形势颁布、印发了若干意见。对正在转型的国内动漫产业而言，指明了未来5～10年的发展方向。

(一) "意见"对动漫企业的影响

2014年2月国务院印发了《关于推进文化创意和设计服务与相关产业融合发展的若干意见》。意见中明确了数字内容产业发展的重点任务，强调组织实施。文化部3月份跟进印发了《关于贯彻落实〈国务院关于推进文化创意和设计服务与相关产业融合发展的若干意见〉的实施意见》，文件中明确落实各相关文化行政部门、落实相关工作部署的具体措施。该《实施意见》中将动漫游戏列为与创意设计、演艺娱乐、工艺美术、艺术品并列的重点发展领域，并明确了各领域提升创意水平和原创能力的工作重点。强调要扶持内容健康向上，富有创意的优秀原创动漫产品的创作、生产、传播与消费。7月份文化部、工信部、财政部又联合下发了《关于大力支持小微文化企业发展的意见》。相关"意见"文件从宏观、中观、微观对动漫产业多方面进行了布局，这些内容无疑更加优化了产业发展的外部环境。

通过对几个文件内容的分析不难看出，政策制定者力图以外部环境的优化来促进产业内部动漫企业的创新能力和市场化能力。以下几方面意见有可能形成对动漫企业的影响：

1. "数字化"动漫发展走向势不可挡

文化产业的数字化转型已经在悄然进行，一时间消费者从纸媒阅读彻底转化成数字化阅读方式显然还需要一段时间过渡，因为书籍作为实物的存在感总归还有着一定的不可替代性。但动画消费对于观众来说，模拟时代与数字时代所呈现出的产品差异性不大，但企业生产的内容形式、发布推广的平台都不可避免地在从传统向数字方式转化。传播平台、传播方式、传播速度与传统媒体时代迥然不同。"意见"中特别指出的数字文化产业发展工程，正迎合了国内当前动漫产业的发展趋势，手机动漫行业标准颁布更加明确了政府鼓励促进新媒体渠道的数字动漫创作，为动漫企业指明了发展的方向。

2. "融合"成为数字化动漫发展趋势

"意见"中多次出现关键词"融合"，文化与科技的"融合"，文化产业与相关产业的"融合"，对国内动漫企业发展方向进行了定位。"融合"从动漫产业发展角度可以有两方面的考虑，一是动漫可以突破作为内容产品进行创新，强调动漫作为相关文化产业的表达工具与形式，如"意见"中提出的对传统文化产业的技术改造，加强多媒体、动漫、游戏等虚拟技术在更多产业领域的应用融合。另一方面，动漫作为内容产品更要与数字化的新媒体平台进行融合，在此方面国内新媒体、网络企业已经采取行动。动漫企业应着重思考如何建立自己的优势，与新媒体数字化的平台企业进行深度融合，而不是目前简单地被"融合"。

3. 动漫"市场化"速度将被数字化趋势提升

"意见"中多次强调了扩大市场需求，预示了政府将会着力于引导人民群众的文化消费，培育文化需求，扩大文化消费的规模，也更为突出强调了市场在文化产业、动漫产业中的作用。数字化动漫产业的发展，扩展了动漫产品推广的平台，弱化了强势媒体在动漫企业所产生的作用，更加预示了以市场为主导的动漫产业局面逐渐形成。

政府在研究文化消费现状和发展规律的同时，也在积极推进更多元化的文化消费。日本与美国的动漫消费市场同样是经过几十年的培育，消费者需求与动漫企业产品之间的对应，也在不断磨合与碰撞中得以完善。动漫企业在提升自身产品的同时，加紧融入快速变化的市场化环境中来。

（二）动漫企业品牌意识"大爆发"

动画产品与动画品牌最根本的区别在于，产品是动画电视、动画电影、动画栏目等类似于实物的概念；品牌是观众消费时的一种心理上的满足。不管什么类型的产品都可以被模仿，但独具风格的品牌是无法被模仿、复制的。动画产品在消费的过程中，随着时间的推移，关注度会逐渐下降，但品牌的生命周期会更为长久。市场经济环境下的动画产品，将面临越来越激烈的竞争。依靠单一、低品质、超强广告拉动动画产品市场的方法将逐渐隐退，动画市场的竞争将更集中于动画品牌之间的竞争。

1. 国产动漫品牌日益增多

目前国内动漫产品具有一定知名度，能够拥有自己动漫品牌的动漫企业数量日益增多。诸如广东原创动力的"喜羊羊"品牌，目前归于奥飞动漫公司的麾下。奥飞同时还培育了"巴拉拉小魔仙"、"盔甲勇士"、上海淘米的"赛尔号""摩尔庄园"、深圳腾讯的"洛克王国"、深圳华强动漫公司的"熊出没"、深圳环球数码的"潜水总动员"、广东咏声文化传播有限公司的"猪猪侠"等。从动画电影的票房统计①不难看出，各品牌都经历了3～5年的经营。如表7-1～表7-5所示。

表7-1　动画电影品牌《潜水总动员》的票房统计

影片名称	上映时间	票房收入
《潜水总动员》	2008年	300万
《潜水总动员2》	2012年	1 700万
《潜水总动员3——彩虹宝藏》	2013年	5 718万
《潜水总动员4——章鱼奇遇记》	2014年	4 759万

表7-2　动画电影品牌《魁拔》的票房统计

影片名称	上映时间	票房收入
《魁拔》	2011年	317万
《魁拔之大战元泱界》	2013年	2 520万
《魁拔之战神崛起》	2014年	2 426万

表7-3　动画电影品牌《洛克王国》的票房统计

影片名称	上映时间	票房收入
《洛克王国！圣龙骑士》	2011年	3 365万
《洛克王国！圣龙心愿》	2013年	6 943万
《洛克王国！圣龙的守护》	2014年	4 773万

表7-4　动画电影品牌《赛尔号》的票房统计

影片名称	上映时间	票房收入
《赛尔号之寻找凤凰神兽》	2011年	3 365万
《赛尔号2：雷伊与迈尔斯》	2012年	6 943万
《赛尔号3：战神联盟》	2013年	4 773万
《赛尔号4：圣魔之战》	2014年	6 236万

---

① 本文中出现的动画电影票房统计数据，均出自艺恩数据。

表7-5　动画电影品牌《喜羊羊与灰太狼》的票房统计

影片名称	上映时间	票房收入
《喜羊羊与灰太狼之牛气冲天》	2009年	1亿
《喜羊羊与灰太狼之虎虎生威》	2010年	1.266 5亿
《喜羊羊与灰太狼之兔年顶呱呱》	2011年	1.489 5亿
《喜羊羊与灰太狼之开心闯龙年》	2012年	1.633 31亿
《喜羊羊与灰太狼之喜气羊羊过蛇年》	2013年	1.249 10亿
《喜羊羊与灰太狼之飞马奇遇记》	2014年	0.860 3亿

2. 系统化的品牌战略缺失

据不完全统计，2014年下半年，6个月期间，3个档期密集上映了20部国产动画电影。如表7-6～表7-8所示。这足以佐证国内动漫企业对动漫品牌意识的增强。除《我是狼之火龙山大冒险》《太空熊猫总动员》《喵星少年漂流记》《兔子镇的火狐狸》少数作品为原创首部动画电影，其余大部分上映的动画电影都是已具有一定知名度动漫品牌的延伸产品，国内动漫企业的品牌意识真可谓"大爆发"。

但正如中国文化报记者程丽仙在《中国动漫产业在"报告"》中所述，"九成的动画电影企业有品牌意识，无品牌知识"，更多的国产动漫企业对于动漫品牌的重要性早已深知，但在具体操作层面没有清晰的战略步骤，盲目看重动漫品牌的高附加值，没有计划和节奏地进行无限制的品牌授权延伸活动。

表7-6　2014年儿童节上映国产动画片(6月份)

序号	影片名称	上映日期	票房
1	《辛巴达历险记2》	2014-05-30	2 595万
2	《我是狼之火龙山大冒险》	2014-05-31	206万
3	《潜艇总动员4——章鱼奇遇记》	2014-05-30	4 759万
4	《太空熊猫总动员》	2014-05-31	358万
5	《猪猪侠之勇闯巨人岛》	2014-05-31	4 359万

表7-7　2014年暑期上映国产动画片(7—8月份)

序号	影片名称	上映日期	票房
1	《赛尔号4：圣魔之战》	2014-07-10	6 236万
2	《洛克王国！圣龙的守护》	2014-07-10	4 773万
3	《开心超人》	2014-07-18	2 806万
4	《神笔马良》	2014-07-25	5 859万
5	《龙之谷：破晓奇兵》	2014-07-31	5 749万
6	《秦时明月之龙腾万里》	2014-08-08	6 004万
7	《神秘世界历险记2》	2014-08-08	6 215万

表7-8　2014年国庆档上映国产动画片(10月份)

序号	影片名称	上映日期	票房
1	《喵星少年漂流记》	2014-09-26	170万
2	《新大头儿子和小头爸爸之秘密计划》	2014-09-26	4 229万

（续表）

序号	影片名称	上映日期	票房
3	《兔子镇的火狐狸》	2014-09-30	—
4	《麦兜我和我妈妈》	2014-10-01	4 397万
5	《81号农场之疯狂的麦咭》	2014-10-01	1 878万
6	《铠甲勇士之雅塔莱斯》	2014-10-01	4 440万
7	《魁拔之战神崛起》	2014-10-01	2 426万

动画产品一旦形成动画品牌，辐射面积会越来越大，品牌延伸授权所带来的品牌价值的提升也会成倍数增长。但任何一个品牌经营都需要系统的规划，例如，美国21世纪福克斯的蓝天工作室打造的"冰河世纪"品牌，可谓是从产品到品牌运作的典型代表。纵观国内动画品牌，无论从动画企业、动画作品到动画作者角度，都没有形成领导性品牌，大部分国产动画电影的票房都还在千万人民币徘徊。"冰河世纪"品牌的电影从2002年第1部到2012年的第4部用了整整10年的时间，平均3到4年生产一部。票房成绩从第1部全球票房3.833亿美元(2002年)，到第2部全球票房6.554亿美元(2006年)，再到第3部全球票房8.848亿美元，一部一个台阶。《冰河世纪4：大陆漂移》在中国内地取得的4.5亿票房的成绩，远远超过当年中国动画电影全年票房总量。从2002年第1部开始仅在北美少数国家上映，到《冰河世纪3：恐龙的黎明》进入中国等亚洲国家，再到《冰河世纪4：大陆漂移》在70多个国家上映，品牌得到大幅度提升。

（三）平台连接下呈现整合趋势

国内原创动画企业在没有资本支持、没有平台的基础条件下生存艰难。与其他IP产业相比较，动画制作的前期投入资金需求量较大，即便制作出具有品牌价值的动画作品，也没有很强的议价能力，这是目前国内大多数动画原创制作企业面临的共同问题。

经过政府10年间对国内动漫强有力的支持，目前产业局面日益好转，能够关注到动漫、愿意投资动漫的传统媒体平台、新媒体平台数量逐渐增长，甚至高于市场内能够具有强大制作能力的动漫企业的数量，由此卖方市场的局面逐渐形成。

在电影市场成熟度较高的美国，70%的电影、动画电影都来自于几个主要的传媒集团。因为单一的动画制作公司面临着过高的运营风险，没有传媒渠道的有力支持，动画制作商难以生存。美国动画电影的高投入、高利润的经营模式，基础就是传媒集团与动画电影深入的合作关系。目前，国内动画电影票房过亿的影片，基本上都是多领域企业品牌的融合，如深圳华强、乐视影业、悠扬传媒、卡通先生、恒美广告公司等。2013年以来国内动漫业收购事件不完全统计，如表7-9所示。

表7-9　2013年以来国内动漫业收购事件不完全统计

企业名称	被收购企业名称
奥飞	讯港、原创动力、方寸科技、爱乐游、叶游、魔屏和壹沙等
光线传媒	仙海网络、蓝弧文化、热锋网络、天神互动等
互动娱乐	畅娱天下、谷果、天佑科技等
美盛文化	缔顺、荷兰Agenturen en HandelsmijScheepers B.V.
中青宝	苏摩科技、美峰数码
掌趣科技	玩蟹、上游信息，拟收购艺动创新
浙报传媒	边锋、浩方
爱使股份	游久时代
华闻传媒	拟收购漫友

数据来源：《羊城晚报》2014年08月09日

三、动漫企业发展对策研究

国内动漫企业从发展到赢利，必须解决的是企业品牌塑造的主要问题。

（一）力求差异化

品牌定位是动画品牌构建整体框架的火车头、方向盘。成功的品牌定位，将成就强势动画品牌。动画企业品牌的定位，需要分析企业自身特点与优势，看清本企业在国内动漫产业中所处的位置，进行有的放矢的品牌定位。

1. 发挥转型前的企业传统优势

目前国内原创型动画企业主要分成4种类型。除上海美术电影制片厂、中央电视台国企性质的动画机构之外，大部分都是由其他文化相关企业转型过来的。其中，由动画加工企业转型过来的占多数，还有少量由漫画、玩具、电子、广告等相关行业转型过来。

2. 形成取长补短、强强联合

动画品牌的差异化定位主要可以从两个方面进行：动画产品品牌类型的差异；动画企业的差异。动画产业的主体以产业链条方式出现，不同类型的动画企业以不同的角色出现，或是创作者、或是生产者、或是传播者、或是销售者，最终将动画创意价值套现为动画品牌的利润。

目前，国内短时间内还很难出现类似于迪士尼的大型动画传媒类型的动画企业。迪士尼最初也是动画制片厂起家，后期是通过不断的收购整合才完成的动画传媒集团的架构。特殊的时代孕育特殊的文化企业，迪士尼的模式可能根本无法复制，哪怕是在动画创作上，后来居上的皮克斯动画工作室也如此。从1995年第一部动画电影《玩具总动员》到现在，也已经积攒了众多知名动画形象品牌，融知名度、美誉度于一身的企业品牌也达到了相当的高度，但皮克斯并没有机会成为第二个迪士尼，或许第二个迪士尼的出现也是没有意义的。所以梦工厂、吉卜力都没有按照迪士尼的方向发展。在国内动画产业市场内，出现第二个迪士尼也许有一定可能，但肯定不是现在。

国内还没有能彻底突破动画产品质量层面的动画企业，分布在动画产业链条上的参与者必须要通力合作。认清自己企业的竞争优势，确定区别于其他动画企业的定位，这也是保证国内动画生态平衡的基础。国内动画企业试图进入国际市场，就更要扎实地从动画产品品牌做好，并要区别于美国、日本的动画产品。日本动画产品在市场竞争如此激烈的美国市场，开辟一席之地，就依赖着与美国动画完全不同的动画产品定位。也许"喜羊羊""熊出没"在国内能够被称为强势动画品牌，但对于走出国门的动画品牌来说，质量与品牌差异化定位还需明确和提升。

3. 满足动漫消费群细分需求

国产动画产品目前面临着投入大、产出低的尴尬局面。盲目进行产业链延伸、急于求成的心态充斥着中国动画领域的所有环节。事实上，能够将观众的感受放在第一位的动画企业，应该抵御眼前利益的诱惑，从动画电视、电影产品的品质基础做起，研究消费者内心的需求。

粉丝经济在动画领域的真正开启，需要动画企业认真分析自己能驾控的受众群到底是哪个部分的人群。目前，国内更多的动画企业主攻低年龄段的动画观众，原因一是长久以来国内动画的儿童受众定位；原因二是低年龄的观众对于动画制作品质没有过高要求。同时，由《喜羊羊》引发的"喜羊羊模式"蜂拥而至。但复制永远无法超越，直到"熊出没"的出现，《喜羊羊》的受众群被分流了。因为《喜羊羊》甜美的绘画风格，与人物角色可爱的性格定位，更取悦于小小孩，尤其是小小孩中的女孩。而"熊出没"的熊大、熊二的性格设定显然更吸引小小孩中的男孩。再者，《熊出没》的三维精细效果，也不同于《喜羊羊》的二维Flash效果，国内低年龄动画粉丝由此被"细分为二"。在此基础上还可以继续细分，因为孩子们的性格各自不同。

动画企业首先要对动漫受众人群进行定位和市场的细分，才能找到企业生存和发展的空间，控制和缓解动画行业内、企业之间的内耗。

（二）提高品牌延伸

品牌的核心价值是品牌资产的重要来源，是消费者形成品牌认知、品牌形象和保持品牌忠诚的前提和基础。目前，国内动漫品牌尚处于起步阶段，大多数动漫品牌的知名度、辨识度还不够高。寻找与母品牌核心价值相符的品牌延伸，能提高母品牌的知名度和辨识度，提升该品牌的品牌资产。

国内最能说明此问题的例证是深圳华强的电视动画《熊出没》品牌延伸的动画电影《熊出没之夺宝熊兵》。此案例的母品牌是深圳华强电视动画《熊出没》，原本就是在国内同一时段收视率较高的电视动画，但因内容涉及暴力被新闻联播点名批评，所以该品牌可谓是知名度高，但美誉度不足。2014年初上映的该品牌动画电影《熊出没之夺宝熊兵》，在保留电视动画搞笑特点的基础上，将内容进行充实，力求改变情节暴力的负面品牌形象，得到了大多数人的认可，互联网的点击率突增，带动了新一轮的电视动画收视率。预计在2015年初，该品牌的第二部动画电影《熊出没之雪岭熊风》配合同名的手游将会持续带动该IP的品牌效应。

《秦时明月》原本是中国台湾作家温世仁2005年出版的武侠小说，同名的动漫电视剧在2007年春节期间首播于北京电视台。因为制作精良，该作品在动画行业内广受好评，但品牌知名度的迅速攀升，源自于2014年，同名2D手游和该系列的动画电影《秦时明月之龙腾万里》的发布。

与西方高度商业化的市场环境不同，国内动画品牌的创建是否可以平衡以上的诸多问题，值得探讨，因为西方的品牌理论研究是基于西方的品牌环境而言，迪士尼品牌已经有将近100年的历史，而在市场环境下国内还没有超过10年的动画品牌。我们是否应该将眼光放得更长远一些，来谋划国内动画品牌延伸的蓝图呢？

（三）多品牌策略

动漫企业应该开展多品牌策略，避免"株连"效应。经过十几年的积累，国内动漫品牌基本已经集中在奥飞、华强等几个龙头企业。动漫品牌的授权、延伸不断进行着，但是品牌延伸过多，一旦母品牌或延伸品牌中有一个品牌出现经营危机，都容易"株连"到与其联系密切的品牌，造成全线品牌的危机，"喜羊羊"电影票房的下滑就是对业内的警醒。任何产品与品牌都需要有节奏控制地进行建设与延伸，动漫产品、品牌的交替推出可以避免某一品牌在短时间内频繁出现所导致的消费者审美疲劳，以及品牌产品透支所带来的品牌危害。不恰当的品牌延伸，已经摧毁当年几乎统治了电视动画屏幕的"蓝猫"品牌。而"喜羊羊"品牌价值在两次转手的过程中，也从10.4亿港元，缩水到了5.4亿人民币。

品牌延伸的基础是母品牌所具有的积极、持久、独特的品牌联想所形成的消费者的品牌忠诚。而消费者这种对于品牌的感受来自于母品牌多年经营的准确定位。如前文所述，成功的品牌延伸可以帮助新产品降低进入市场的门槛，协助新产品形成"棘轮效应"；可以帮助母品牌提升信誉，丰富内涵。这种积极的作用在于通过品牌延伸将原本没有联系的两个品牌产品交织在一起。根据矛盾论，矛盾双方的作用是相互的，A能对B产生作用，B也能对A产生反作用。因此，如果操作不当，品牌延伸会对母品牌造成致命的伤害。尤其在国内，动画品牌建立与品牌延伸的理论研究和实践操作的经验还不够丰富，一个强势动画品牌的建设需要3～5年，或许更长的时间。

动画品牌延伸的风险，并非绝对地意指品牌延伸的失败，有时部分品牌延伸对品牌形象没有损坏，但是淡化了品牌的核心价值理念。所以在将动漫品牌延伸为动画电影产品时，应掌握节奏，在过短时间内过于频繁地进行同一类型延伸，会致使观众审美疲劳，增加后期品牌管理成本。从长远的角度上看，这样的品牌延伸对品牌发展的长期战略有一定的影响。犹如前文所述，品牌延伸都按照品牌提升的思路进行，品牌延伸的风险就会降低，反之亦然。

（四）与新媒体融合

科技发展促进国内动画产业转型，新媒体带给动画品牌发展的新机遇，不仅仅表现在动画宣传渠道的改变，对于动画内容制作及表现形式，以及动画政策的影响也将翻天覆地。如何利用互联网和新媒体平台为动画品牌战略服务，是值得深入思考的问题。动画品牌战略同样需要互联网思维。大数据时代有利于企业修正自己的品牌战略走向。

互联网为动画品牌战略提供了新的阵地。围绕微信、微博和客户端等平台，动画企业可以随时随地推广自己的品牌，实施自己的品牌战略。可以通过微信的阅读转发次数、微博的点击量和转发量等数据，清晰地看到受众对自己推出的动画形象和动画故事的喜爱程度，从而指导企业有的放矢地调整自己的品牌战略。

互联网给更多受众接触动画产品的机会，扩大了消费者的数量和质量。让更多的成年人走入影院观看动画影片，似乎并不容易。而网络提供了这样的机会。每个消费者内心深处都充满了对美好的向往，都充满了对童年的回忆。动画企业在制定品牌发展战略时，应考虑到这部分消费者的心理需求，并通过网络将这部分网民转化为自己的消费者。基于此，动画品牌战略应该作相应调整。品牌战略中最主要的一点是要对消费者的思想进行有效管理。动画企业应该对消费者的心态进行深入研究，了解消费者的心理需求与购买驱动力，了解行业特征和竞争对手的品牌战略规划，对自己的核心竞争力和核心价值进行准确评估与定位，设置自己的品牌识别系统，并以此统领企业的发展。

互联网为动画投资者降低了风险，中小动画企业调整品牌战略步骤，有利于获得更多投资机会。互联网思维应该融入动画品牌战略的血液之中，围绕互联网制定营销策略和品牌战略，将是未来动画企业的发展方向，同时也是动画企业获得融资的必然步骤。

以国产影院片《熊出没》为例：该片在传统媒体进行宣传的同时，还进行了大量的互联网传播，各种网络投放最后取得了超过5亿的点击量。这种宣传效果是传统媒体无法获得的，而相对于传统媒体的推广，网络传播的特点是投入小、产出高。国内动画品牌战略面对互联网时代的潮流，也仅仅迈出了尝试性的第一步，但显然获得了出人意料的效果。用互联网思维制定品牌发展战略，将为我国动画产业迎来新的战略发展期。

（五）数字化时代的动漫企业

数字时代的动漫传播使得传统意义上的地理位置概念渐渐被弱化，扁平化的网络环境带给更多地区以机会，这种机会的前提是能否网罗动漫创意的人才。数字时代能够降低宣传成本，由美国《连线》杂志特约撰稿人杰夫·豪(Jeff Hawe)提出的"众包"概念，讨论了动漫企业到底应该如何借助用户的力量、集体的智慧进行动漫产品的生产、宣传与发行的营销环节。数字时代产生的影响不仅体现在营销环节。面对新媒体时代，受众的碎片式阅读方式的改变，动漫产品的内容与形式也需要进行相应的调整。无论是内在的故事、叙事节奏，还是更适合小屏幕阅读浏览的外在画面形式，都要发生深刻变革。

数字时代为中小型动漫企业提供了更为均等的机会，因为垄断的传统媒体平台逐步被大众化的新媒体平台所瓦解，平台进入的门槛降低了，但对于产品是否受浏览群体所喜爱的要求提高了。原本一部动漫作品可能制作水平处于中等，但在过去的10年里，只要有渠道能够登上传统媒体的核心平台，就意味着动漫产品的传播范围不会太差，因为传统媒体时代的阅读是被动的，可选择的备选项较少。但对于新媒体时代，只有动漫产品对应了消费者的口味，产品的点击率才会上去。

由中国社会文献出版社出版的《动漫蓝皮书：中国动漫产业发展报告(2014)》显示，2013年中国移动的手机动漫业务收入已经超过10个亿，带动产业收入200亿。由北京炫果壳信息技术有限公司提供的《斗罗大陆》、由上海全土豆网络科技有限公司提供的《喜羊羊之羊羊快乐的一年》分别完成了3 098 257和309 537次点击付费浏览，分别成为年度手机动漫销售排行榜中漫画类和动画类的冠军。

(撰稿人：张宏，北京印刷学院)

第八章
游戏企业

- 2014年游戏产业领域的开发、并购与平台整合依旧非常活跃，互联网平台巨头们加速在移动游戏市场的布局，逐渐形成了"BAT360"格局。

- 2014年将是手机游戏的版权元年，游戏企业的版权保护意识在加强，这种趋势体现了对游戏作品本身的尊重，也有利于改善整个游戏产业的生态环境。

- 阿里巴巴进军手机游戏市场，改变了平台方和开发方之间的传统利益分成模式，与腾讯的竞争已经深入游戏领域，二者形成了全业态竞争格局。

一、2014年游戏行业的总体进展

继2013年的中国移动游戏爆发元年，2014年又是游戏出版高速发展的一年。据人民网报道，2014年中国整个游戏行业(包括网络游戏、手机游戏、网页游戏、单机游戏等各个种类游戏)的生产经营总收入约为1 520亿元人民币。网络游戏2014年的经营收入约为620亿元人民币，约占整个游戏产业产值的41%。网页游戏包括社交类游戏在内，2014年的经营收入约为244亿元人民币以上，约占整个游戏产业产值的16%。手机游戏2014年经营收入约为265亿元人民币以上，约占整个游戏产业产值的17%以上。[①]

可以预见的是，在未来的几年内，中国游戏都将会保持这种高速增长的速度；与此同时，在游戏类别的多元化和游戏质量的提升上也将会有很大改观；尤其是移动游戏，更是进入了红火发展时期。在过去的一年里，各大游戏公司在移动游戏方面都有比较大的动作。最初的动向见诸年初。在2014年初的中国移动游戏产业年度峰会上，继腾讯和百度之后，互联网的第3大巨头阿里巴巴也开始涉足游戏，首次披露了其手游平台战略。这标志着除了百度和腾讯的中国互联网最后一个巨头也开始拥有了自己的游戏平台。

(一) 移动游戏进入快速发展时期

乘着2013年移动游戏爆发元年的浪潮，新一年的游戏开发、并购和平台整合依旧非常活跃。[②]2014年，中国移动游戏市场规模进入高速增长阶段，移动游戏销售收入成绩喜人，这反映了移动游戏产品营收能力的进一步增强；同时，大量的移动游戏产品上市，加速了整个市场的多元化竞争格局，也在一定程度上实现了优胜劣汰的丛林法则的高效运作；许多端游企业纷纷拓展其业务领域至移动游戏，还有一些网页游戏企业凭借做"轻游戏"的经验积累，迅速作出调整转向移动游戏的研发。[③]

移动游戏领域的红火发展加速了其资源整合和规则建立的步伐。2014年，很多大型网络游戏公司、资金优势传统企业和中小创业团队不断地涌入移动游戏市场。随

---

① 人民网. 2014年度中国游戏行业年会在京召开. [EB/OL]. [2014-12-29]. http://game.people.com.cn/n/2014/1229/c40130-26290735.html.

② 任晓宁. 2013，游戏的梦想照进现实[N]. 中国新闻出版网. [2014-01-10]. http://www.chinaxwcb.com/2014-01/10/content_284580.htm.

③ 说明以上趋势的最佳例证，就是近几年盛大手机游戏收入在其总收入中的比重逐步上升。

着大量公司和团队的进入，就会有大量的资本、研发、发行渠道等资源投入到产业链上，这将有益于整个领域的产品数量、游戏品质乃至于用户规模的提升，也将有助于完善移动游戏市场的环境和机制。同时，移动游戏分发渠道也已经显示出了整合态势，渠道整合意味着资源的集中，同时也意味着规则将被建立并开始逐步完善。①在这一过程中，激烈的竞争是必然的，局部领域的洗牌也将难以避免。而在整合之后，移动游戏领域的机制将会得以明晰，游戏规则将会得以确立，精品游戏也将进一步浮出水面。

从整体来看，游戏产业的这一发展趋势，几乎折射了其他互联网服务领域的共同发展轨迹，即从PC端向移动互联网端的过渡。在网络游戏领域，同样经历了从PC端到移动互联网端的迁徙，并因这一迁徙而明确了移动游戏具有更加清晰的赢利模式。移动游戏近两年的飞速发展，或将是进一步厘清网络游戏的赢利模式的路标。②然而，仅就2013年和2014年这两年来看，虽然移动游戏正处于一个高速发展和升级的阶段，但是若就此判断移动互联网形成了较为成熟的商业模式则还显得为时过早。仍然有许多新的不确定因素和状况，比如4G互联网时代刚刚起步，作为新的游戏阵地的电视游戏的发展前景也尚不明朗。移动游戏行业的发展逻辑和方向并不如一些人料想的那么真切，只要有变数在，格局的调整乃至于变局就仍有可能出现，并且这一切都将最直接地映射在移动游戏的商业模式上来。

（二）巨头企业加速布局移动游戏市场

2014年1月8日，阿里巴巴集团宣布将推出自己的手机游戏平台，并同时公布了其相关产品形态、分成机制和技术支持等规划方案。就此，中国互联网除百度和腾讯的最后一个巨头也开始进军游戏产业。紧接着在1月20日，360手机助手就首发上线了迪士尼动画大片改编的手游《冰雪奇缘》，360与迪士尼移动合作启动仪式也于同期举办。2014年初的这些动向预示着，与2013年相比，2014年移动互联网的游戏战火只会更加猛烈。③

移动游戏市场是目前最被看好的一块蛋糕红利。目前，移动游戏是移动互联网行业中最先具备成熟的商业模式的领域，它的最显著特点是通过短期投入就可以达到高利润乃至收入峰值，这也是该领域吸引各大互联网巨头纷纷进驻和加速布局的原因之一。而伴随着阿里巴巴进军移动游戏领域，在短期内形成了这一领域的互联网巨头

---

① 任晓宁. 2013，游戏的梦想照进现实[EB/OL]. 中国新闻出版网，[2014-01-10]. http://www.chinaxwcb.com/2014-01/10/content_284580.htm.

② 陈静. 网络游戏"掘金"移动市场[N/OL]. 经济日报，[2014-04-15]. http://paper.ce.cn/jjrb/html/2014-04/15/content_196669.htm.

③ 任晓宁. 互联网巨头"蚕食"移动游戏市场[EB/OL]. 中国新闻出版报，[2014-01-15]. http://www.chinaxwcb.com/2014-01/30/content_285831.htm.

"BAT360"(即百度、阿里巴巴、腾讯和360)的格局。在某种意义上，这一格局的定型是可以预见的，因为互联网巨头企业本身就占据着移动互联网的入口，年初巨头的各种动作无非是为了进一步加强其在移动游戏领域的话语权而已。

除了获得移动游戏的高收益，巨头们的根本目的是共同的，即争夺移动互联网入口。[1]未来两年内，移动游戏(尤其是手机游戏)用户端口都将成为移动互联网最重要的入口，可以说，抢占了这一用户入口，也就相当于抢占了移动互联网的未来。

(三) 游戏企业与其他文化企业跨界合作

游戏产业在飞速发展的同时，也带动了跨界合作和投融资的趋势。跨界合作的趋势在2013年就已经初露端倪。早在2013年底，游久时代(北京)科技有限公司与合润麟(北京)食品有限公司正式建立了战略合作伙伴关系，标志了手机游戏《刀塔女神》和茶饮料品牌开始展开合作。这是继知名网游《魔兽世界》与可口可乐合作后，业内又一具备影响力的跨行业合作案例。2014年初，苏州蜗牛数字科技股份有限公司与TCL合作，推出了其第一款游戏手机"Snail手机"。[2]可见，游戏企业吸引跨界投资能力在日益增强。

游戏企业的这种跨界合作现象最早体现在"影游互动"的关系中，其基础就在于游戏业与影视动漫业的受众群体的重合。[3]佐证这一趋势的知名案例就是2014年初360与迪士尼合作打造手机游戏《冰雪奇缘》。然而这种最早由一方带动另一方发展的关系，在今天来看则更多地体现为一种"双向互动"的关系。从产业链的延伸上看，这种双向互动的关系将会弱化被衍生品与衍生品之间的关系。从被衍生品到衍生品的产业链延伸中，被衍生品通过衍生品而获得了更多的收入渠道和持续性收入，衍生品反过来也通过对被衍生品的持续开发而更具知名度和影响力。

从更加宏观的视角来看，近几年，游戏产业与其他服务产业(尤其是文娱产业)加速了互动和融合的速度和步伐。游戏与影视、动漫、音乐、文学等作品乃至其他文本的跨媒介互动，成为推动游戏产业发展的新气象。[4]

① 任晓宁. 互联网巨头"蚕食"移动游戏市场[EB/OL]. 中国新闻出版报，[2014-01-15]. http://www.chinaxwcb.com/2014-01/30/content_285831.htm.

② 李苑. 中国游戏产业高速发展：为"游戏毒品论"正名[EB/OL]. 光明日报，[2014-02-18]. http://news.gmw.cn/2014-02/18/content_10401719.htm.

③ 沈浩卿. 游戏与影视：双向互动，相互借力[N/OL]. 中国文化报，[2014-01-20]. http://news.idoican.com.cn/zgwenhuab/html/2014/01/20/content_5078888.htm?div=-1.

④ CNG中新游戏研究(伽马数据). 娱乐方式多样化带来游戏新商机[J]. 文化月刊，2014，Z1:132-135.

二、2014年游戏企业的发展趋势

(一) 游戏开发者弱势地位的改善

互联网巨头对平台资源的垄断造成的一个最直接的后果，就是置游戏产业始端的游戏开发者于最不利的地位。不同于传统的单机游戏，无论是网络游戏还是移动游戏，它们都高度依赖一个社交平台。可以说，没有一个好的平台推广，即便是一款精品游戏也将很难实现有效的赢利，这就导致了在中国是社交平台决定一款游戏产品能否成功推广，而不是游戏开发者。内容完全让位于平台或渠道，是中国游戏产业在相当长的一段时期内不得不面对的一个事实。这种局面更为严重的后果是，一些巨头渠道商长期实行不合理的收益分成模式，导致游戏开发者研发精品的动力不足；没有充足的研发经费就难有优质游戏产品问世；而一款山寨游戏的成本要远小于自主研发新游戏的成本，从而也在相当程度上造成了山寨游戏现象的风行；山寨风行又导致许多游戏开发者无法保证利润，就只好依附于平台商和渠道商，继续山寨游戏。整个游戏产业陷入恶性循环的怪圈。

说到游戏产业的利益分成模式，过去的分层局面基本上是一边倒，平台方占大头，研发方只分得一小杯羹。在2014年之前的手游市场，游戏开发商的流水分成为20%~30%，规模企业的净利润率为40%~60%，换言之，一款手机游戏的销售收入只有10%~15%能够流入游戏开放商的利润口袋。[①]长此以往，就造成了平台方强者越强和研发方积贫积弱的马太效应局面。但如果游戏开发商和发行商能获得至少50%的流水分成，游戏开发商的净利润亦将有成倍的增长，平台运营商的利润将会有较大幅度的下降。

好在上述状况在2014年有所改善。阿里巴巴在进军手游市场的同时，宣布在游戏运营和分成模式上会有所突破。阿里对外宣布的手游平台分成比例是2∶7∶1，即阿里分成20%，开发者70%，10%用于慈善事业；[②]与此同时，360也公布了平台新政策，表示从2014年1月1日起，360平台上单款游戏月流水50万元以下，3个月内平台不分成；[③]随着阿里集团宣布手游平台战略，小米、游戏蜗牛等手游渠道公司几乎同时宣布让利游戏开发商的7∶3(即游戏开发商拿7，渠道商拿3)的分成比例。[④]这一系列连锁式的新平台政策，对研发方而言是好事，对整个手游产业而言也是好事，从长远来看，对平台方也是一件好事。

① 穆龚.阿里高调让利闯荡手游领域，游戏开发商憧憬赢利翻番[N].上海证券报，2014-01，(10)：A06.

② 程橙.阿里进入手游，血拼时代或将到来[N].企业家日报，2014，01(13)：007.

③ 任晓宁.互联网巨头"蚕食"移动游戏市场[EB/OL].中国新闻出版报，[2014-01-15]. http://www.chinaxwcb.com/2014-01/30/content_285831.htm.

④ 张书乐.高烧365°，手游大乱之后必大治[J].计算机与网络，2014，09：20-21.

阿里此次介入手游推动了游戏产业收入的重新划分，从中短期来看，必然有利于游戏研发商及发行商提高分成的话语权，并对平台运营商的分成形成强有力的压制。① 在渠道政策上给出各种优惠，将有利于游戏平台在激烈的竞争环境中争取更多的开发者，也将有利于有野心的开发者摆脱研发无路的恶性循环。总的来说，这种局面是难能可贵的，值得界内肯定；当下这种分成局面也来之不易，因而也值得各方珍惜和共同维护。从长远来看，它是改善游戏产业利益分成的畸形形态的起点，对游戏产业的生态环境有着深远的意义。

（二）游戏行业对版权的逐渐重视

2014年，手机游戏的品类和数量在不断增加，游戏平台也在增加，这是目前手机游戏产业的发展趋势。持续的并购、淘汰和局部的洗牌也将是手游产业未来几年的一个发展趋势。除此之外，2014年一年最显著的一个趋势就是对优质版权的争夺。2014年，手机游戏产业迎来版权元年。

随着国内移动游戏研发商、发行商、渠道商市场格局的明晰化，相关企业纷纷涌向版权领域布局。早在2013年初，腾讯游戏就与日本动漫出版社集英社展开了版权合作，获得了包括《火影忍者》在内的11部经典漫画的电子版发行权。而2014年年初，360手机助手获得了迪士尼移动旗下的游戏版权授权，开发同名电影《冰雪奇缘》的手机游戏。这两年，在游戏产业领域陆续发生了许多类似版权合作与项目收购的事件。对此，360手游中心总监姜祖望给出了很好的前瞻："未来手游行业发展有几个关键点，一个是游戏的内容，一个是渠道，一个是优质的版权。"②要看到这种趋势。

可以标记2014年为游戏版权元年的事件之一是，2014年7月25日在北京举行的"移动游戏版权保护倡议暨培训活动"。UC、腾讯、畅游等近百家移动游戏企业在现场联合签署了《保护移动游戏版权自律倡议书》。《保护移动游戏版权自律倡议书》中第二条说道："加强行业自律，恪守行业规范，履行社会责任，尊重他人版权，坚决抵制侵权盗版行为，不侵害他人的移动游戏版权，不为违法盗版行为提供便利与平台，自觉接受社会监督，主动配合政府管理部门对移动游戏版权违法行为的打击和查处工作，提升移动游戏行业的公信力。"③如果有更多的移动游戏企业就此达成共识，将能够有效打击和遏制当前的山寨游戏等侵犯版权的行为。这次移动游戏的保护活动的意义即在于，它体现了版权意识的抬头和行业内部自律的兴起。

版权运动的兴起是一件好事，它将会改善山寨盛行所造成的手游产品同质化问

---

① 穆龚. 阿里高调让利闯荡手游领域，游戏开发商憧憬赢利翻番[N]. 上海证券报，2014，01(10)：A06.

② 任晓宁. 互联网巨头"蚕食"移动游戏市场[EB/OL]. 中国新闻出版报，[2014-01-15]. http://www.chinaxwcb.com/2014-01/30/content_285831.htm.

③ "2014移动游戏版权保护倡议暨培训活动"在京举行[J]. 互联网天地，2014，07：95.

题。近几年，游戏产业的飞速发展始终伴随着严重的侵权抄袭现象；但是自从2013年下半年开始至今，人们对这种抄袭现象开始逐渐失去了以往的容忍态度。自2013年开始，手游领域就接连上演了数起版权纠纷风波，其中有代表性的就是持有金庸十部小说手游改编正版授权的搜狐畅游和完美世界对武侠题材手游的"整风"运动。①在搜狐畅游的维权运动的带动下，一系列"维权事件"在游戏产业领域逐渐兴起，这种逐渐表达出对抄袭的零容忍态度的事件，从长远来看将会利好整个游戏产业的发展。更重要的是，随着智能终端的普及和4G网络的建设，移动游戏的用户规模和市场份额都呈现爆发式增长，移动游戏成为移动互联网行业最先具备成熟商业模式的领域。移动游戏平台不仅涵盖了游戏，而且和动漫、文学、影视等多种业务关联，实现了多平台的版权开发与利用，建立了多个娱乐领域的版权产业链。②多家移动游戏企业能够就保护移动游戏版权达成一致，对于改善移动游戏产业的生态环境和促进游戏版权行业健康发展具有重要意义。它体现了对企业创作的劳动成果的尊重，企业自身版权保护意识的加强，同时也有利于加强企业自主研发和打造精品移动游戏，进而提升企业自身的核心竞争力。

（三）手机游戏市场格局或再生变

从手机游戏产业的异军突起到现在，手游产业一直在飞速发展着。手游的市场前景一片光明，这从互联网几大巨头纷纷涉足这个行业的行动中就能够看出来。近两年手游产业的大好发展，既实现了几家互联网巨头的巨额收益，也实现了许多游戏开发者的发财梦。③总的发展趋势是，手游产业的规模在未来几年内仍将不断地扩大。

4G的兴起，可能会引发手游市场的格局生变。从国内4G发牌开始，主要运营商就加紧了4G网络推广普及的步伐。4G网络具有容量大、速度快、多功能的优势，许多厂商已在4G领域布局。尽管普及4G网络仍有许多困难，比如4G从商用到普及仍有待时日，且流量资费的降低也需要一定时间。④普及4G网络将意味着，手游行业很可能会迎来新的市场格局。

休闲游戏也可能成为引发手机游戏市场格局的变数。在国外，休闲游戏的市场非常庞大；但在国内，目前的休闲游戏尚未形成气候。⑤从大方向上看，休闲游戏是很有

① 曲忠芳. 揭开手机游戏领域猫儿腻，侵权抄袭成风，研发商话语权弱，排名榜单有蹊跷[N]. 北京商报，2014，04(16)：B02.

② "2014移动游戏版权保护倡议暨培训活动"在京举行[J]. 互联网天地，2014，07：95.

③ 程橙. 阿里进入手游，血拼时代或将到来[N]. 企业家日报，2014，01(13)：007.

④ 曲忠芳. 4G引手机游戏市场格局生变，中重度产品份额有望增长[N]. 北京商报，2014，01(29)：B03.

⑤ "据国内安卓手机游戏数据报告显示，休闲手游类用户数占整体游戏用户的27.4%，虽然只占到国内游戏市场整体收入的8.6%，但用户量已经达到1.73亿。而在美国、荷兰、加拿大等地区，67%以上的智能手机用户都热衷于休闲游戏。"参见：任晓宁. 互联网巨头"蚕食"移动游戏市场[EB/OL]. 中国新闻出版报，[2014-01-15]. http://www.chinaxwcb.com/2014-01/30/content_285831.htm.

前景的。相对于其他品类的游戏，休闲游戏覆盖人群更广，且随着智能终端的普及，将会激活大量潜在的游戏人群。①除此之外，随着人们的生活方式的日益碎片化，人们将更愿意选择休闲类的游戏来打发时间。因而可以预见的是，休闲手机游戏将是未来游戏市场中发展前景最广的门类之一。

三、2014年游戏企业的发展现状

（一）中小游戏企业发展困难重重

从2013年到2014年，中国互联网的巨头们就开始在移动游戏产业布局。在2014年初的中国移动游戏产业年度峰会上，阿里巴巴首次披露其手游平台战略，宣布将推出自己的手机游戏平台。同一个月里，360手机助手和迪士尼移动也举办了启动仪式，旨在达成全方位的合作。②

平台争霸赛已经开启，这意味着中小游戏企业的发展将更加困难。一方面，互联网巨头们的优势在于，它们雄霸着移动互联网的入口，现在它们又开始攫取优质作品及其版权，限制了其他渠道或入口的通路；客观上，这在一定程度上限制了中小游戏企业的发展。另一方面，随着这两年游戏产业的快速发展，游戏产业的分工将比以往更加专业，用户对优质平台和优质游戏产品的选择也将会越加慎重；如何有效地提升用户的游戏体验而不是简单地提供海量的粗制滥造的游戏，已经是摆在每个游戏企业面前的课题。用户对游戏体验的要求在不断提升，这种局面虽然也会对巨头企业造成一定程度的压力和影响，但它将更直接地冲击很多中小游戏企业的发展。

（二）手机游戏领域的山寨问题

前面已经提到，移动游戏领域山寨现象十分严重。伴随着国内安卓系统的流行，基于社交网络的手机游戏产品推陈出新极为迅速，追求"短平快"的投机行为开始盛行，山寨成为快速推出手游产品实现短期利润的捷径。有些手机游戏产品都是在以往单机游戏中简单加入一些社交元素，或直接将PC端的网页游戏简化成手机游戏。③不同于网络游戏市场，在短时间内用少量资金即可在手机游戏市场复制出相似的内容并快速捞金。正因为此，手游领域的同质化现象更为严重。这种短视心理，正如上海巨人网络科技有限公司总裁纪学峰所言："几个人，凑点钱，租个房子，就可以开发游

---

① 具体来说，对于单机版游戏合作者，阿里巴巴在第一年将完全免费；联合运营的游戏则采用7：2：1的分成模式，游戏开发者获得70%的收益，20%用以覆盖阿里的相关成本以及用户激励等，另外还剩10%将用于支持农村教育。参见：晓雪.未来手机游戏主战场[N].中国出版传媒商报，2014，04(04)：013.

② 陈静.网络游戏"掘金"移动市场[N].经济日报，2014，04(25)：008.

③ 赵欢，禹欣，崔北庆.基于社交网络的手机游戏发展策略的研究[J].城市经济，2014，12(775)：18-20.

戏。所谓开发，就是找款游戏稍加修改，再想办法卖掉、变现。这种短视心理，不断被重复。"①因而，为了赚到更多的钱，降低研发成本和研发周期，山寨成为众多团队乃至许多资本雄厚的实力公司快速上市捞金的首选。

造成山寨流行的另外的原因，是业界对知识产权观念的淡漠。几乎很少有公司愿意诉诸法律解决侵权行为；究其原因，在于诉讼侵权往往旷日持久，即便诉讼成功，所得赔偿金额也不高，等官司了结时游戏也早已过了生命周期，自然也就失去依法关停之必要；而且山寨游戏产品数不胜数，难以一一诉讼；更为关键的是，一些在国内鼎鼎有名的所谓正版的手机游戏，往往也是山寨国外同行的作品。②

概观整个游戏产业领域，无论是客户端游戏和网页游戏，还是手机游戏，都依旧面临山寨问题；唯一的差别可能是手机游戏的山寨问题特别严峻和突出。从短期来看，山寨现象很难被杜绝，行业内部也缺乏避免山寨的有效途径，从山寨走向自主创新的道路则更需要时日。但是不可否认的是，手机游戏领域未来的一个趋势将会从山寨走向借鉴和创新之路。借鉴不同于山寨，创新更不同于借鉴；山寨是低劣的模仿和粗制滥造，借鉴是手段高明的模仿，创新是发明创造。未来谁还坚持走在山寨的老路上，谁就是在走向必然的失败之路上，失败的回头路是借鉴之路和创新之路。但实际上，回头路也是网页游戏和客户端游戏正在走的路。③

（三）手机游戏平台的数量问题

随着手机游戏的蓬勃发展，反映出的另一个具有本土特色的问题就是手机游戏网络供应的平台数量过多。本来平台数量多一点，对内而言是一件好事，一家独大总是不好的，因为我们很难保证它不独裁垄断，造成界内研发创新的动力不足和对研发者的欺压。

然而问题是，平台数量多一点或许并不那么困扰玩家和国内游戏企业团队，但它困扰了海外游戏企业。因为多平台就意味着多投入，大大提高了海外游戏企业在中国投入游戏所需的成本费用。韩国文化产业振兴院的一份报告就曾指出，中国提供手机游戏下载的商店数量太多，这增加了相关企业发布游戏时所需投入的费用；国外媒体指出，虽然苹果应用商店是iOS系统游戏发布的唯一平台，但安卓系统在中国的发布平台却有将近20个之多。这种局面为国外游戏厂商在选择平台推出游戏时制造了很大的麻烦和困惑，同时也降低了相关游戏被玩家知晓的几率。④

---

① 李苑. 为"游戏毒品论"正名，中国游戏产业十年从13亿到800亿[N]. 光明日报，2014，02(18)：006.

② 张书乐. 高烧365°，手游大乱之后必大治[J]. 计算机与网络，2014，09：20-21.

③ "只不过客户端游戏用了十年，网页游戏用了三年，或许手机游戏只要一两年"。参见：张书乐. 高烧365°，手游大乱之后必大治[J]. 计算机与网络，2014，09：20-21.

④ 宋佳恒. 中国游戏产业"38%增幅"令世界侧目[N]. 中国文化报，2014，01(23)：009.

笔者认为，对这种局面的改善有赖于知识产权的保护和游戏收益分成模式的进一步改善。游戏产业结构是以其承载的游戏内容来体现的，游戏内容的创意生产才是游戏产业的最主要价值源泉，平台或渠道只是内容的载体，缺乏对游戏产品知识产权的保护，同时又受限于某些垄断性经营平台的挟制，才导致了今天的这种局面；问题的关键其实还是如何理解内容方和平台方的依存关系。如果在游戏领域造成内容方过度依存平台方的局面，那么该领域的产业结构必然就有问题，因为平台垄断的格局限制了内容方的产品研发和市场投放，并造成了其收益的有限性。实际上，只要众多平台运营商从市场需求出发，努力追求平台差异化，那么平台的数量多一些少一些，都不是根本问题。文化产业的本质是对内容的依赖，这是需要平台方和研发方共同认清的，因而与平台方相比，内容提供方才是文化产业的根本和"源头活水"，而好的内容必然会获得很高的知识产权回报。

四、未来移动游戏企业的发展方向

从2013年到2014年，有大量的公司和团队进入游戏领域，也有大量的公司和团队倒闭。游戏产业的快速发展既会造成市场"虚热"的现象，也会造成炒家和山寨的陆续离场，并沉淀下那些经历过市场试金石考验的企业和团队。从山寨走向借鉴，再到自主研发的创新之路，将会是未来几年的主流趋势。然而在今天，中小游戏企业的倒闭之风依旧在上演，尤其是对中小手游企业来说，游戏产业未来几年的前景仍不明朗。

(一) 人才与创新

2014年12月末召开的2014年度(第十一届)中国游戏行业年会，除了对过去的一年中国游戏行业的发展作了总结和未来展望外，行业年会的一个最为显著的特点就是本次大会以"开拓创新、提质增效"为主题。这样的主题非常恰当地反映出了当前行业发展存在的问题和行业从业人员下一步的努力方向。

在当下的手游市场，最需企业用心去做的事情是，提高游戏产业从业人员的创新意识，加快手游产品推陈出新。尽管目前手机游戏已经涵盖了动作、角色、益智、体育竞技、策略等各种内容，但是由于中国游戏产业研发人员创新意识不足，降低了游戏产品的吸引力、可玩性和用户体验；更为严重的是，许多类型游戏同质化问题严重，甚至有的游戏作品在产品设计上就有许多缺陷。

对于新兴起的创业者，如果想取得长远的发展，最关键的要素是人才；其次才是财力、创意、品牌宣传、研发能力等因素。然而就目前而言，国内游戏培训和教育机构良莠不齐，课程设置也并不很规范，很难在短期内培养大批合适的人才。①对于游戏产业的从业人员，可以做的是，一方面借鉴韩国、日本等国的更为成熟与先进的游戏产品设计理念；另一方面，也应该多在生活中寻找灵感，寻求创意，通过深入了解用户群体的需求和行为特征，注重人机交互和用户体验，让设计迎合最新的潮流，符合大众的喜好。②

在网络游戏产业的产业链中，游戏研发是第一个增值环节，也是后面一切产业活动的基础。开发一款游戏作品涉及创意、编程、美工、音乐、网络安全测试等诸多环节，因而开发一款相对较为成熟的游戏作品需要较大的资金和人力投入，对资金和专门人才的要求也更强烈。但是要想突破当前同质化竞争的局面，游戏产品开发商就必须创新，注重细分市场和精品开发。③只有注重培育人才才能实现创新，也只有创新才能使得企业获得长足发展的动力。

(二) 丰富赢利模式

在做好游戏产品的同时，也需要考虑一个适当的赢利模式，手游赢利模式的设定尤其需要平台方和研发方共同注意。中国玩家习惯了免费游戏和服务，因而想要在短时间内让习惯于免费模式的玩家形成付费下载的习惯是很难的，但是这并不代表没有较好的商业模式可循。无论是手游还是其他品类的游戏，都必须平衡好免费和收费之间的关系。

处理好游戏免费与收费之间的关系在其商业模式的形成中至关重要。以手机游戏为例。在整体的应用商店下载中，70%以上都来自游戏，同时在收入中，80%～90%也是来自游戏付费，可见在应用商店这个平台上，手机游戏的收费模式相对比较成熟。目前手机游戏的赢利模式主要有两种收费模式：网络收费和单机下载收费。我们可以借鉴游戏作品《愤怒的小鸟》在Android平台上所采取的广告支持模式，在不影响用户体验和游戏品质的前提下适当植入广告，以此收取费用。这种赢利模式对中国游戏产业很有借鉴意义，因为中国的消费者早已习惯了免费模式，短时间内难以让他们养成付费下载的思维模式；而过多地在游戏产品中植入广告，不仅不会赢利，反而会影响用户体验，降低用户满意度，直接削弱游戏产品的推广及运营效益。而手机游戏植入式广告的优点即在于其特点鲜明，可在玩家娱乐的同时在其潜意识里留下一个印象，这样不但可以提高广告信息的有效性，还可以保证游戏开发者的收益。④

手机游戏开发商还可以推出具有附加额外收费功能的免费游戏，或者在一些社交

---

① 王晓莉. 网络游戏产业竞争力探究[J]. 致富时代, 2014, 02(02): 105.
② 赵欢, 禹欣, 崔北庆. 基于社交网络的手机游戏发展策略的研究[J]. 城市经济, 2014, 12(775): 18-20.
③ 王晓莉. 网络游戏产业竞争力探究[J]. 文化, 2014, 02(02): 105.
④ 赵欢, 禹欣, 崔北庆. 基于社交网络的手机游戏发展策略的研究[J]. 城市经济, 2014, 12(775): 18-20.

游戏中植入广告，采取一种灵活的收费方式，以实现变向收费的方式来平衡好收费和免费之间的关系。如前所述，与国外用户相比，中国的消费者习惯了玩免费游戏，这种长期积习的消费习惯很难在短时间内扭转，而这些关于成功的商业模式的借鉴和吸收都将为在中国本土找寻合适的手游赢利模式提供宝贵的实践经验。[①]

（三）走借鉴和创新之路

从目前国内的研发与创新水准来看，选择接近但有别于山寨的运营模式，成为一条较为容易实现的突围之路。在这一点上，最为典型的成功案例是以山寨闻名的腾讯公司。[②]但实际上，腾讯自身并不太能提供一个很好的借鉴样本，因为众多中小企业既没有腾讯那样得天独厚的优质平台，往往也缺乏自主研发精品游戏的雄厚经费。无奈之下，许多中小游戏企业选择依附于大的平台。

尽管在2014年以前腾讯游戏的收入分成模式对研发方相当不利，但仍有许多中小游戏研发企业选择依附腾讯平台，借助其平台的社交元素和渠道优势，求得暂时生存。然而，选择依附强势平台毕竟只是权宜之计。近两年，随着移动游戏市场大行其道，中小手游公司也如雨后春笋般兴起，然而也有许多中小手游公司在持续亏损，有许多企业也在陆陆续续倒闭，退出了历史舞台。自身没有好的内容和产品，依附于一个优质平台并不必然保证持久的收益。因而对中小企业而言，除了暂时性地依附于平台，更为关键的是如何开发好自己的游戏产品，让自己的手机游戏在借鉴优质游戏作品的同时，加入特定的元素来激发玩家的游戏欲望。关键是走借鉴之路，走创新之路。

随着游戏市场的不断成熟和用户体验要求的不断提高，复制和模仿已经成型的作品已经很难满足当下国内市场的需求，创新是中国游戏产业的必经之路。伴随着经验的积累和技术的进步，中小企业也应该把游戏开发的重点放在努力提升游戏的体验和相关的设计创意方面，只有这样才能实现游戏产品内容的差异化，满足不同游戏用户的细分市场需求。

▌五、企业案例

随着巨头游戏企业在2014年的加速布局，游戏产业领域的大格局已经渐渐清晰起来。实际上，互联网发展的趋势已经趋于全面发展，因而我们才看到2014年互联网巨头"BAT360"在移动互联网领域频繁地布局。以阿里巴巴和腾讯为例，同样作为巨头平台商，二者的业务竞争已经深入游戏领域，逐渐形成了全业态竞争格局。

① 付玉辉. 4G时代的手游裂变[J]. 热点聚焦，广告大观综合版，2014，1：046-047.
② 张书乐. 高烧365°，手游大乱之后必大治[J]. 计算机与网络，2014，09：20-21.

(一) 阿里巴巴建立手游平台

阿里巴巴在2014年初宣布进军手游市场的随后不久，即在其手游平台连发3款游戏，在其主营的两款淘宝客户端中亮相。[①]在目前的手机游戏市场，平台依旧是游戏发行的关键，用户选择则是平台的关键。阿里在这两方面都有着非常大的优势，既有可观的用户数量的支持，又有配套成熟的支付和技术的基础，同时再加上其分成模式的吸引力，其手游发展的前景将非常可观。

公开数据显示，阿里拥有接近7亿的淘宝注册活跃用户，接近9亿的支付宝注册用户，在移动端手机淘宝的用户数据已经突破4亿，接近微信的规模，阿里游戏平台完全有能力成为移动互联网分发的重要玩家，成为腾讯、百度之后的第3大平台。[②]

阿里巴巴在进军手游市场的同时，制定了极有利于研发方的分成模式。对于单机版游戏合作者，阿里巴巴在第一年将完全免费；联合运营的游戏则采用7∶2∶1的分成模式，游戏开发者获得70%的收益，20%用以覆盖阿里的相关成本以及用户激励等，另外还剩10%将用于支持农村教育。[③]这样的分成模式将十分有利于阿里吸引开发者，同时10%的收益用于农村教育，也体现了阿里的企业形象和社会责任。阿里巴巴还针对合作的游戏企业开放包括阿里云、淘宝、支付宝等在内的众多体系。阿里巴巴的一位相关负责人表示："阿里巴巴将会用全平台的自有流量和投资的流量去支持精品游戏的营销推广和分发，同时支付宝也将为手游提供更加方便的支付渠道。"[④]

阿里进入手游，不但开始改变了长久以来不利于研发者的游戏收入分成模式，同时也宣告了其与腾讯的全业态竞争的开始。阿里排兵布阵手游战略，旨在补全业态，涉足腾讯的核心赢利领域并与其竞争，这也是回应2013年腾讯推出微信支付和微信卖场的举措。

(二) 腾讯游戏的布局与战略

腾讯游戏已经成为腾讯公司的核心利润来源。在2013年初，腾讯游戏已经实现了与日本集英社的大规模版权合作，获得了《火影忍者》等11部经典漫画的电子版发行权。在实现了页面游戏的改编和布局之后，腾讯游戏在2014年的重点是手机游戏。[⑤]

腾讯依托其得天独厚的平台优势和社交网络，一直以来几乎都是游戏市场的最大赢家。腾讯常常借助经典之力来拉动市场，同时自行研发游戏产品，比如像《天天爱

① 任晓宁. 互联网巨头"蚕食"移动游戏市场[EB/OL]. 中国新闻出版报，[2014-01-15]. http://www.chinaxwcb.com/2014-01/30/content_285831.htm.

② 穆龚. 阿里高调让利闯荡手游领域，游戏开发商憧憬赢利翻番[N]. 上海证券报，2014，01(10)：A06.

③ 程橙. 阿里进入手游，血拼时代或将到来[N]. 企业家日报，2014，01(13)：007.

④ 王鑫. 手游行业引发"疯潮"，成都游戏企业冰火两重天[N]. 成都日报，2014，01(09)：009.

⑤ 张书乐. 高烧365°，手游大乱之后必大治[J]. 计算机与网络，2014，09：20-21.

消除》《天天连萌》《天天酷跑》《节奏大师》等几款经典手机游戏，均具有大量的用户群。[①]2014年1月初，阿里巴巴公布了其游戏分成模式。不久后的3月初，腾讯就在北京举行了移动游戏2014商务合作大会，首度公布了其平台详细的合作策略、合作模式和接入签约流程，一改以往的1∶9(即研发者拿1成，腾讯拿9成)分成模式，推出游戏研发者最高可拿到7成比例的收入分成的新模式。[②]分成政策的调整在业界被看作是针对阿里进军手游所进行的策略调整，以加速巩固自己的手游王国地位。不管怎样，相比之前的分成模式，新调整的政策显然是更加合理的。

自2013年开始，腾讯游戏的收入就已占据腾讯营收的半壁江山。根据2013年第三季度的业绩报告，腾讯总收入155亿元，游戏收入高达84亿元，占总营收的52%；另据《2013年中国游戏产业报告》显示，2013年中国游戏市场销售收入达到831.7亿元，较2012年增长38%。其中手游表现最为抢眼，全年收入112.4亿元，比2012年增长246.9%[③]；根据NewZoo的最新调查报告，全球最大的游戏企业(上市公司)为中国腾讯，其在2014年上半年的业绩比2013年同期增长了40%。[④]

腾讯游戏成长的道路也并不总是一帆风顺。腾讯最初进入网游市场首战失利，后来才开始探寻自己的成功之道。从2012年展开"泛娱乐"合作，到2013年使得"腾讯互动娱乐"概念不断清晰和充实，腾讯游戏除了依托一个强大的即时通讯平台，其最容易被人们忽略的关键成功要素就是坚持自主研发、合作开发和代理运营等多元化的发展模式，坚持精品思路，坚持制定详实可靠的细分市场战略。创新和细分，始终是腾讯坚持打造精品游戏的必不可少的两步工作。

总的来说，阿里巴巴和腾讯的全平台竞争局面已经开始。就目前而言，腾讯游戏的优势首先在于，其在个人电脑和智能手机方面都占据着大量市场份额；其次的优势体现在运营能力方面，腾讯有着丰富的经验，而阿里才刚刚起步。据国外媒体报道，阿里或将打造属于中国的新型游戏机，并最早将于2015年初发布一款游戏主机。[⑤]2014年初，随着我国长达13年的游戏机禁售规定的正式解除，[⑥]这或许为阿里开拓全新领域的游戏市场带来机遇。然而机遇与挑战始终是并存的。对阿里而言，至少有两个方向上的问题值得考量。首先，中国是否存在一个游戏机市场仍是个未知数，而要想清楚这一点，可能并不只是一个调查论证工程那么简单；其次，即便存在一个游戏机市

① 张书乐. 高烧365°，手游大乱之后必大治[J]. 计算机与网络，2014，09：20-21.

② 张继. 手游持续升温，腾讯强势出击[N]. 企业家日报，2014，03(10)：012.

③ 肖伟. 阿里进军手游平台引发同行跟进[N]. 辽宁日报，2014，01(14)：007.

④ 天极网. 腾讯第一，2014年上半年游戏公司排名出炉[EB/OL]. [2014-10-05]. http://gameonline.yesky.com/263/39356763.shtml.

⑤ 凤凰网游戏. 阿里巴巴将发布游戏主机，最早2015年初亮相[EB/OL]. [2014-12-31]. http://games.ifeng.com/yejiehangqing/detail_2014_12/31/40069304_0.shtml.

⑥ 张晓峰，黄作金. 游戏机禁售令解除，三条主线掘金受益股[N]. 证券日报，2014，01(08)：D02.

场，禁令解除同时也意味着，阿里的游戏机可能要同时面对来自老本行的微软和索尼的游戏主机的竞争。[1]但不管怎样，阿里手机游戏平台给了所有游戏开发者一个新的选择，对开发者而言是极大的好事。

(撰稿人：王帅，北京大学)

① 太平洋游戏网. 外媒：阿里巴巴涉足游戏机，一个糟糕的布局[EB/OL]. [2015-01-04]. http://news.pcgames. com.cn/471/4719041.html.

第九章
网络新媒体企业

- 顶层设计的正名、行业规范的加强、资本市场的青睐、移动互联的迁移、网络空间的清朗，2014年新媒体企业发展环境利好之中有变革。
- BAT投资、并购，从生活服务O2O市场到文化娱乐产业，挟资本、技术、数据及互联网思维渗透影视、医疗、教育等诸多传统产业；中间企业或站队谋合作，或垂直领域深耕细作；基于技术进步或生活变革而产生的新模式不断涌现，创业公司此起彼伏。
- 在技术变革、模式创新、市场欣欣向荣之外，新媒体企业的未来发展还面临诸多挑战，但中国式创新和精细化发展正成为未来发展的总趋势。

一、新媒体企业发展环境

历经20年的发展，无论是规模还是增速，互联网经济都已成为中国GDP的重要驱动力，随着产业地位的提升，新媒体企业的发展环境也不断利好。

(一) 政策环境

2014年8月18日，中央全面深化改革领导小组第四次会议审议通过了《关于推动传统媒体和新兴媒体融合发展的指导意见》，习近平总书记在会上提出要建成几家拥有强大实力和传播力、公信力、影响力的新型媒体集团，为新媒体企业发展定调。

其次，政策松动为新媒体企业谋求多元发展提供了契机。11月19日，李克强总理在国务院常务会议上提出了开展股权众筹融资试点，鼓励互联网金融等更好地向"小微""三农"提供规范服务。随后，12月18日，证券业协会颁布了《私募股权众筹融资管理办法(试行)》(征求意见稿)，对股权众筹的备案登记和确认、平台准入、发行方式及范围、投资者范围等内容作了明确；在医药电商领域，2014年5月，国家食品药品监督管理总局发布了《互联网食品药品经管监督管理办法(征求意见稿)》，提出将解禁处方药网上销售，允许第三方物流配送要求，非连锁药店企业或可网上售药。

文化市场的一系列整顿措施也为文化企业的良性发展保驾护航。在电子商务领域，国家工商总局发布了《网络交易管理办法》、海关总署发布了《关于跨境贸易电子商务进出境货物、物品有关监管事宜的广告》以及国家食品药品监督管理总局公布了《化妆品监督管理条例(征求意见稿)》等文件。在互联网电视领域，国家新闻出版广电总局发布了《关于进一步落实网上境外影视剧管理有关规定的通知》以及《关于大力开展智能电视操作系统TVOS1.0规模应用试验，加快推动广播电视终端标准化智能化的通知》等多项政策新规。

(二) 经济环境

2014年中国宏观经济沿新常态轨迹持续发展，消费不断升级、经济结构渐获良性调整。尼尔森公司数据显示，截止到2014年第3季度，中国消费者信心指数已经持续4个季度达到111的高点，高于全球98的平均水平。

世界银行在年初发布的《全球经济展望》报告称，世界经济有望在2014年出现回升，进入3月份后，欧美公布的经济数据明显转暖；自2013年11月《中国证监会关于进一步推动新股发行体制改革的意见》发布以来，境内IPO正常化，新股发行开闸，此外2014年BAT等互联网巨头斥巨资对初创公司的并购加速，为资本高额退出提供更为丰富的渠道；5月9日，国务院印发的《关于进一步促进资本市场健康发展的若干意见》，VC/PE被力捧。诸多因素刺激了市场投资热潮，而互联网因其高速发展的势头获资本市场青睐。此外，根据北京大学法学院互联网法律中心和中国科学技术法学会联合发布的《中国互联网技术创新观察报告(2014)》显示，最近3年国内企业的专利申请量呈现较快增长，知识产权意识增强。

（三）社会及技术环境

2014年我国网络应用环境继续改善，2014年1月工信部颁布《关于设立新增国家级互联网骨干直联点的指导意见》，为改善互联网性能提供政策支撑；自工信部正式发布4G牌照以来，3大电信基础运营商便积极开展大规模4G网络建设，4G普及速度远高于3G，为高清视频、移动游戏等需要大宽带移动网络环境下的应用提供了良好的发展环境。

CNNIC数据显示截止到2014年6月，我国网民规模达6.32亿，互联网普及率为46.9%，较2013年底提升了1.1个百分点；其中网民中使用手机上网的人群占比进一步提升，由2013年的81%提升至83.4%，手机网民规模首次超越传统PC网民规模，这是我国新媒体企业近几年发展最重要的背景之一。如图9-1所示。

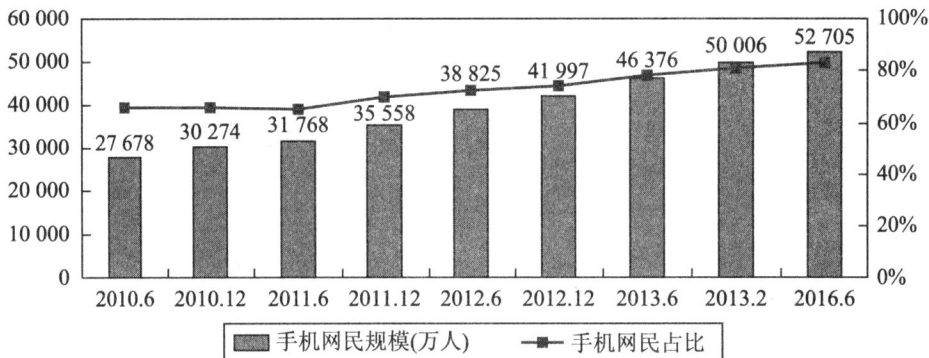

图9-1　2010.6—2014.6中国手机网民规模及其占网民比例

数据来源：CNNIC 中国互联网络信息中心

中国传媒大学互联网信息研究院发布的《2014中国网络舆论生态环境分析报告》显示，2014年正能量网络生态正式形成，"待用快餐""冰桶挑战"和"微笑挑战"等一系列活动传递了正能量。同时，随着"净网2014""剑网2014"以及"打击新闻敲诈和假新闻"等专项行动的开展，网络治理逐渐开展，依法治国理念得到弘扬，网络空间日渐晴朗。

▌二、新媒体企业发展态势

2014年是新媒体企业马太效应持续显现的一年，BAT强势企业投资、并购，积极应对移动互联网转型，中间企业或站队谋合作、或垂直领域深耕细作，同时海量创业公司此起彼伏。

（一）BAT巨头激战正酣

百度、腾讯和阿里巴巴3家公司分别在搜索、社交和电商领域确立了主导之势。在互联网用户数量和活力增长放缓、移动互联网迁移完成的双重背景下，3家公司融合交叉愈加明显。

1. 逐鹿于文化娱乐产业

BAT在PC端用户增长和市场扩大方面的势头均放缓，平台能量需要释放，而文化娱乐产业市场前景广阔；移动互联网时代宣告依托强势入口的流量经济结束，而娱乐内容可增加平台黏性、丰富生态活力，再加上出于在对手前抢滩布局的战略考虑，2014年BAT都瞄准了文化娱乐产业，各有章法之下是文化内容和渠道平台有效整合的殊途同归。

阿里巴巴长于生态，起步晚但动作快。从2013年初收购虾米网开始，投资优酷土豆、与华数传媒达成战略合作、入股21世纪传媒、斥资收购游戏公司Kabam股权、完成对文化中国的认购、联合腾讯与华谊兄弟建立联盟，通过大手笔投资在短时间内完成从上游文化内容到中游媒介渠道再到下游智能终端的全产业链布局。推出数字娱乐平台"娱乐宝"、与优酷土豆联合试水视频电商业务，其金融、电商两大强势业务也正尝试与文化娱乐产业良性互动。如何整合互联网电视、天猫盒子、华数牌照、优酷土豆、电子商务等诸多渠道，以及如何与音乐、影视、游戏等娱乐内容良性互动，特别是补齐创意、管理等方面专业团队短板，最后借助云计算平台提高各产业环节的生产效率，阿里巴巴尚有很长的路要走。

百度长于版权，动作少但稳扎稳打。2012年左右，百度文库一度陷入版权旋涡中，此后在内容储备方面下足工夫。目前在正版内容购买方面的投入已超过40亿元，2014年第1季度，其版权内容相关点击量超千亿次。这意味着，百度已发展为全球最大的中文出版发行与传播平台。[①]平台运营方面，自媒体平台百度百家正在崛起，数字出版平台百度文学，旗下子公司百度多酷在音乐、游戏、阅读领域与版权方和内容提供方展开版权运营合作，而爱奇艺&PPS也是百度渠道方面的重心，此外还发布路由器、百度影棒等布局客厅端。爱奇艺成立影业公司，通过自制剧、自制综艺节目介入上游

---

① 新京报电子版. 百度成最大中文版权平台[EB/OL]. [2014-04-25]. http://epaper.bjnews.com.cn/html/2014-04-25/content_508455.htm?div=-1.

内容制作领域；另一方面以10亿入股华策影视，百度旗下的文学、游戏的IP将由华策改编以实现内容产业的全链条布局。百度在文化娱乐产业的布局才刚刚开始，将手中的海量版权多次开发、内容和渠道的整合最终有效变现是未来布局的重点。

腾讯长于社交，起步早且基于业务内生增长。腾讯是BAT三家之中文化娱乐产业基础最好的，单个优势业务方面，腾讯平台在网络游戏市场一家独大；腾讯视频通过引进优质版权和发力原创自制两条路径扩大市场份额。业务整合方面，腾讯提出以明星IP为核心的泛娱乐战略，推出网络文学作家星计划、与韩国YG Entertainment达成中国大陆地区独家战略合作、联手华纳音乐推独家分销模式等诸多策略培育、网罗优质版权，同时腾讯互动娱乐推出游戏、动漫、文学、电影4个实体业务平台，注重有大量粉丝、强势影响力、能在各个产业形态"穿梭变幻"优质IP的多次开发，此外腾讯与华谊兄弟合作推出的星影联盟，做好粉丝与明星的连接服务。长远来看，腾讯是BAT三家之中潜力最大的。

2. 聚焦于传统服务行业

移动互联网时代密切了人与媒介的关系，也使得线上线下的界限越来越模糊而融合逐渐加强，人作为信息的载体变得越来越重要，因此必须用户在场消费的服务业也成为互联网企业与传统企业相融合的最新繁盛领域。

2014年BAT三家在本地生活服务市场的战火从年初的打车软件大战开始到百度直达号发布最盛。就吃喝玩乐领域而言，阿里巴巴则形成了"支付宝服务窗+高德地图+美团网+支付宝"为主的战略布局；百度形成了"百度直达号+百度地图+百度糯米+百度钱包"为主的战略布局；腾讯形成了"微信公众号+四维图新+大众点评+财付通"为主的战略布局。

iMedia research数据显示，未来几年中国在线教育市场将保持每年30%以上的增速，到2015年市场规模成果将达1 600亿元。2014年，在线教育领域也是BAT分抢的蛋糕之一。BAT路径一致，均是内外两条路线同时进行。百度和阿里巴巴早在2013年就推出了百度教育和"淘宝同学"，腾讯的在线教育更是由来已久，依托于QQ的网络课堂直播、以精品课为资源平台做录播，而腾讯课堂则将二者有效整合。2014年BAT也加大了对优势教育企业的投资以最大限度地补充师资、学员等资源，腾讯与传统教育巨头新东方达成战略合作，百度投资万学教育，阿里巴巴有在线教育机构Tutor Group。

在线医疗领域，阿里巴巴推出"未来医院"计划，腾讯微信推出"全流程就诊平台"，百度推出"北京健康云"计划；在互联网金融领域的角逐早在2013年就开始了，而2014年初微信红包的火暴一度威胁到支付宝的霸主地位；百度正式推出"百度钱包"则加剧这场恶战……变革传统服务业，BAT拥有资本、技术和互联网思维等诸多优势，但如何应对如美团网、YY教育等该领域已经积累用户等资源的早进入者，如何应对新东方、学大教育等该领域已经储备行业资源的传统企业，也是BAT需要面对的问题。

3. 移动端布局新态势

搭建电商平台，通过在线推广和佣金收入实现流量变现是阿里巴巴的商业模式。在强推来往失败之后，阿里巴巴通过大举并购开展入口争夺战以应对移动互联网流量分散的特点，完成对UC优视的并购，投资陌陌、高德地图，把握浏览器、社交以及地图等多个入口，再加上支付宝、一淘、手机淘宝等自家业务，所有的碎片化入口最终聚合流量到电商业务平台。

腾讯2014年移动端业务可谓冰火两重天。年初腾讯强推红包功能引爆微信支付，一度触及阿里巴巴移动电商大本营——支付宝；以"2.417亿美元+拍拍网+QQ网购+易迅物流"换取京东新发行的3.517亿股股票，占股15%，后增持至17.9%，并在微信及手机QQ两大移动端向京东提供一级流量入口，微信强大入口与京东电商优势的结合给予人无限遐想。腾讯上半年的火热之势因京东"618"战绩不佳而破碎，微信的"入口"神话也一再被破。

百度的移动端布局在2014年最大的点即上半年推出的百度钱包和下半年发布的直达号。作为一个注重技术革新的互联网公司，百度的移动端产品也是BAT三家之中最精致、最有优势的，从PC端延伸而来的搜索、轻应用等移动产品，收购而来的糯米、去哪儿、爱奇艺、PPS，特别是重金买入的91助手等，百度在明星App入口绝对占据优势，这也很好地应对了移动互联网流量分散的特点。百度钱包的发布弥补了支付环节的短板，直达号的发布则实现了移动生态的蓄势而发。从趋势而言，百度移动营收[1]稳步上升，增速也最快。[2]如图9-2所示。

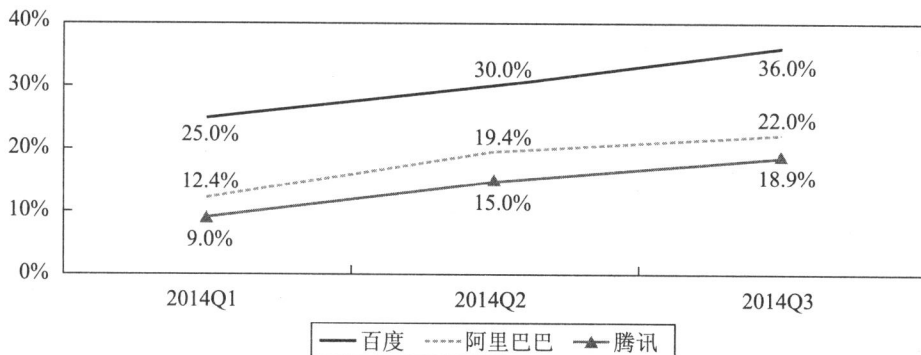

图9-2 BAT 2014年移动营收占比

数据来源：公司财报

阿里巴巴移动电商发展迅速，易观咨询数据显示2014年第3季度天猫+淘宝的移动

---

[1] 百度数据是全部移动营收，而腾讯和阿里巴巴则是根据核心业务估算。

[2] 新浪科技. 你真的读懂BAT三家Q3财报了么[EB/OL]. [2014-11-15]. http://tech.sina.com.cn/i/2014-11-15/07459793418.shtml.

端交易总额占移动电商83.6%的市场份额，远高于其在PC端的80%，这说明阿里巴巴在移动电商领域的优势已然建立，这也反映在其移动端营收和变现能力的快速增长。如图9-3所示。

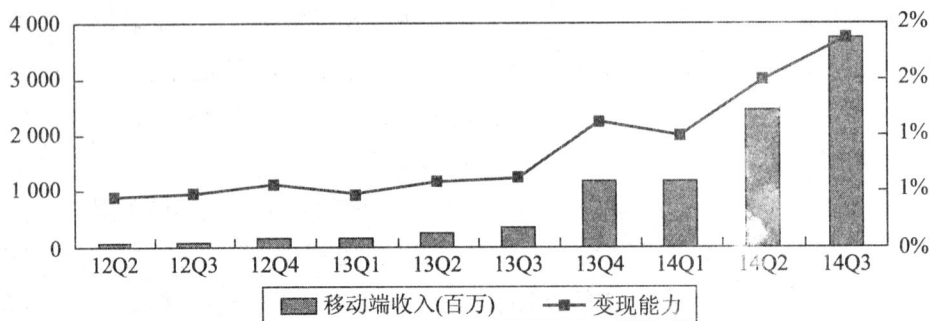

图9-3 阿里巴巴集团2012Q2—2014Q3移动端营收及变现能力(移动端营收/移动端交易额)

数据来源：易观智库 阿里巴巴招股说明书 阿里巴巴第3季度财报

相对而言，腾讯虽拥有微信、手机QQ两大利器，并且营收规模略胜一筹，但其移动端商业化尚处于初级阶段。易观国际数据显示QQ浏览器正在侵蚀UC浏览器的市场份额，此外腾讯新闻正以绝对优势领跑客户端市场，维护生态或许是腾讯在2014年的选择。如表9-1所示。

表9-1 BAT 2014年第3季度财报对比(亿美元)

公司	营收规模	年增长	净利润	年增长	移动端营收
腾讯	32.20	28%	9.23	46%	18.9%
阿里巴巴	27.42	53.7%	4.94	-38.6%	22.0%
百度	22.03	52%	6.315	28.7%	36.0%

数据来源：公司财报

4. 发力国际化战略

随着市场空间的压缩、经济全球化的加深，国际化已经成为BAT真正着手的主要战略。2014年1月份，阿里巴巴的国际化战略围绕电商业务展开，先是以1 500万美元投资美国高端奢侈品网站1stdibs，再上线天猫国际，随后以2.15亿美元投资美国著名的语音和视频通话应用、在美国上线电商网站11main，再到以1.2亿美元投资美国手机游戏开发商kabam，进行了Fanatics、Shop Runner、新加坡邮政等丰富电商业务多项海外投资，双十一狂欢节更是有包括美国在内的217个国家和地区的参与，阿里巴巴在海外市场可谓春风得意。

百度的投资重技术，完成了对芬兰的Indoor Atlas和以色列的Pixellot等拥有核心技术的海外创业公司的前期投资。通过与联合国开发计划署达成战略合作，共建大数据联合实验室、成立百度研究院并在硅谷设立实验室、正式建成百度巴西办事处、成功收购巴西团购网站Peixe Urbano的控股权等步伐来推动国际化战略。

腾讯的海外战略主要表现在游戏领域，加紧引入《怪物弹珠》等海外优质游戏、参与移动游戏视频录制及分享平台Kamcord的投资、邀请数位国外游戏人加入制作班底的《刀锋铁骑》以注重产品的国际化研发、《天涯明月刀》在中国台湾成功举办路演发布会，未来融合以武侠为代表的中国文化、借助国际化制作技术的游戏产品将成为腾讯游戏的着力点。

较之于此前大多停留在印度、越南、埃及、土耳其等欠发达的第三世界的国际化战略，此时的BAT实力更强、开始走向美国等主流互联网市场，当然国际化战略是一个漫长的过程，应对国际化中政策、制度、社会文化、商业环境的差异，特别是该领域的国际本土企业是BAT需要解决的问题，但无论如何，此次的国际化大潮更值得期待。

（二）中间企业搅局不断

在BAT用资本、技术、用户等多重资源布局完整生态的背景之下，中间企业垂直领域有诸多优势，但又无力布局完整产业链，因此投靠BAT成最佳选择。

1. 垂直领域优势明显

PC互联网20年的发展造就了BAT一级互联网企业，但三家公司主导的稳定格局正因为互联网的瞬息万变、特别是移动互联网时代的到来增加变数。

以今日头条、蘑菇街、美团网、陌陌等为代表的新锐互联网公司是今年不断搅局的重要力量。这些企业发展的共同点就是占据一个细分的垂直领域、本着为用户创造价值的标准、借助移动互联网的风口深耕，最终形成一定的优势地位。例如作为本地生活服务市场的赶集网、大众点评网在PC端的发展不温不火，但是近两年抓住互联网线下延伸、O2O爆发式发展的利好背景，分别在服务类信息和服务类点评两个细分领域发力获得好成绩，其中赶集网于2014年8月获超2亿美元的融资，创生活服务类电商最大投资纪录引人瞩目。

此外，还有以新浪、网易、京东、搜狐为代表的老牌互联网公司。"偏执"地自建仓储物流的京东已经将渠道下沉到三四线城市，"十节甘蔗"理论正在被验证。2014年上半年上市，跻身全球互联网市值排行榜前列。刘强东在京东年会上宣布，2014年交易额实现100%增长，是行业增速的2倍。

2. 站队合作谋求发展

在互联网业务跨界整合发展和BAT巨头主打生态为王的时代，单一垂直领域的优势已不足以应对产业生态系统竞争的互联网新境遇，因此即使是已经在垂直领域占据一定优势地位的诸多企业也多是在巨头夹缝求生存，一旦自身造血不足，再加上资本市场的冷淡，与巨头单打独斗则不如积极站队，最终免不了投靠资本、流量均更有保障的互联网巨头。

京东投靠腾讯，接入微信一级入口；大众点评网接受腾讯的战略投资；UC和高德地图被阿里巴巴收购；优酷土豆结缘糯米被百度全资收购，互联网领域的竞争已经越来越成为BAT三家公司的派系之争。

除投靠BAT之外，一些互联网公司也正加紧自建生态。未上市的小米已经完成了对世纪互联、金山、迅雷、九安医疗等多家上市公司的投资，与美的达成合作，you+公寓住宅横空出世……多个出人意料之举总让小米围绕手机布局的大生态圈充满想象。

（三）海量创业公司此起彼伏

较之于传统产业，互联网是瞬息万变的，基于技术进步或生活变革而产生的新模式不断涌现，创业公司也此起彼伏。

1. 创业环境分析

移动互联网的碎片、瞬时正在瓦解PC端百度、QQ、淘宝强入口对流量的主导，移动互联网的流量则天生被众多App们分流，有流量就有生意，这也给海量创业公司以新的发展机遇。除此之外，互联网的普及、经济的发展、城镇化的推动等诸多因素也将催生市场扩大。

较之于2012年之前互联网强势公司抄袭、打压政策不同，平台、生态以及"将自己不擅长做的事情交给别人做"的概念正在影响着BAT们，构建各类平台级产品为创业公司提供孵化器成为联想、百度、腾讯、阿里巴巴等知名企业的共识。以腾讯公司为例，不仅提供了诸如应用宝、腾讯云和广点通3大产品为创业者在赢利、运营、开发等方面的支持，其包括"创业公开课""创业训练营""开发者沙龙"等也为不同阶段的创业者提供了智力支撑。

与市场环境、竞争环境相配套的是利好的政策环境，简政放权、鼓励创新已然成为文化治理体系现代化的重要内容。当然在创业形势大好的背景之下仍然是数不清的创业公司因为产品开发、运营、资金等诸多短板而消失，特别是草根创业者还要面临着人脉、融资等方面的诸多不公平的待遇。

2. 发展特点分析

2014年互联网创业公司的发展特点之一是更贴地气、更贴国情；由互联网创业服务提供商36氪发布的《2014年创业生态报告》显示，在线教育、互联网金融、O2O成为创业的热点，最受VC和PE的欢迎。

创业团队年轻化早已是互联网创业者的一个趋势，而2014年以颇具争议的马佳佳和放言要拿一个亿利润分给员工的余佳文为首的"90后"创业者逐渐走向台前，成为一个新热点，脸萌的创始人郭列、大象科技创始人刘克楠、话梅护肤吴幽等创业者及其火暴的产品正在引起互联网界对"90后"群体的讨论。这些创业者的共同点就是作为原住民更懂互联网，无论是产品设计还是营销手动都更加灵活。互联网崭新、变动的特点让接受能力更强大的年青一代更有优势，更何况"90后"本身就是移动互联网市场最大的消费群体。

三、新媒体企业的投融资及商业模式

2014年是互联网行业并购井喷年；IPO企业数量多，但股市表现多不佳；平台化商业模式的优势正在凸显。

（一）风起云涌投融资

从PC互联网到移动互联网，从消费互联网到产业互联网，产业形态变动助长了投融资的增加。

1. 投资并购潮再起

互联网产业的发展会随技术、文化及传播等多种因素而瞬息万变，再加上移动互联网时代的到来，传统互联网企业转型过河迫在眉睫；特别是以BAT为代表的领头企业在原属业务强势地位确立而增长放缓，出于补齐短板、战略投资或者寻找新的增长点等多种原因需要加速投资并购力度。另一方面，10月24日证监会正式发布了修订版的《上市公司重大资产重组管理办法》和《上市公司收购管理办法》，取消了对不构成借壳上市的重大购买等行为的审批，也进一步为并购重组提供了便利。就并购特点而言，文化娱乐产业和本地生活服务是并购热点，此外拥有海外核心技术的成长型公司也成为投资的重点。表9-2列出了2014年BAT三家公司的重要投资并购情况。

表9-2　2014年百度、腾讯、阿里巴巴三家公司重要投资并购一览表

序号	投资方	时间	被投资方	行业	金额
1	阿里巴巴	2014年1月	1stdibs	奢侈品网站	0.15亿美元
2		2014年1月	中信21世纪	医疗监管	1.7亿美元
3		2014年2月	高德地图	地图	13.9亿美元
4		2014年2月	Tutor Group	在线教育	1亿美元
5		2014年3月	佰程旅行网	在线旅游	上千万元
6		2014年3月	银泰集团	线下商业	53.7亿港币
7		2014年3月	tango	移动社交	2.15亿美元
8		2014年4月	Lyft	拼车应用	不详
9		2014年4月	恒生电子	金融软件	32.99亿美元
10		2014年4月	华数传媒	文化传媒	65.36亿元
11		2014年4月	优酷土豆	视频网站	不详
12		2014年5月	新加坡邮政	物流	2.49亿美元
13		2014年6月	UC Web	移动浏览器	超19亿美元
14		2014年6月	文化中国	文化内容	62.44亿港币
15		2014年6月	恒大足球	足球娱乐	12亿元
16		2014年8月	Kabam	手机游戏	1.2亿美元
17		2014年10月	Peel	智能遥控	5 000万美元
18		2014年11月	华谊兄弟	影视	15.33亿元

（续表）

序号	投资方	时间	被投资方	行业	金额
19	百度	2014年1月	糯米网	团购	不详
20		2014年4月	携程旅行网	在线旅游	不详
21		2014年4月	猎豹移动	移动安全	2 000万美元
22		2014年9月	Indoor Atlas	室内导航	1 000万美元
23		2014年12月	Pixellot	视频捕捉	300万美元
24		2014年12月	Uber	打车软件	不详
25	腾讯	2014年1月	科菱航睿	地图测绘	6 000万元
26		2014年1月	华南城	综合商贸	14.97亿港币
27		2014年2月	大众点评网	生活服务	4亿美元
28		2014年3月	京东商城	电子商务	2.15亿美元
29		2014年3月	乐居	房产信息	1.80亿美元
30		2014年3月	CJ Games	游戏公司	5亿美元
31		2014年3月	优酷土豆	在线视频	3亿美元
32		2014年3月	Key east	娱乐传媒	不详
33		2014年3月	小米科技	手机制造商	40亿元
34		2014年6月	华彩控股	公益彩票	不详
35		2014年5月	58同城	服务信息	7.36亿美元
36		2014年11月	World View	太空旅游	不详

根据公开资料整理

2. IPO及风险融资再热

因全球经济复苏、欧美国家经济转暖和我国新股发行开闸等诸多原因，全球IPO活跃度超过去年的90.7%，截止到11月，2014年我国境内外上市企业共186家，无论是IPO活跃度还是融资规模，互联网行业是2014年最大的赢家。[①]细分领域方面，电子商务和生活服务类最盛，以乐逗游戏和天鸽互动为代表的泛娱乐文化产业也正逐渐崛起。2014年主要新媒体上市公司如表9-3所示。

与互联网公司IPO热潮相对应的是股市整体表现差异化明显且难如人意。2014年赴美上市的多个互联网企业赶在上市前寻找靠山或者投资并购讲述新故事，例如京东引腾讯入股、迅雷拿到小米及金山投资。上市之后的表现，除了阿里巴巴和京东表现优异之外，聚美优品被爆知假售假，后又因涉嫌证券欺诈被起诉，第3季度总营收增长率、毛利率均显现降落，从8月到12月，4个月内股价缩水6成有余；迅雷上市之后股价表现不佳，于12月宣布规模不超过2 000万美元的股票回购计划；此外，新浪微博和陌陌等股价表现也不佳，陌陌上市一周之后即跌破发行价。这与阿里巴巴这艘大船吸走了诸多海外投资、投资人对中国经济增长存疑等诸多因素有关，也与互联网企业自身业务、赢利能力等存在短板有关。

① 陈斐. 清科数据：2014年前11个月186家中企上市，互联网企业成最大赢家[EB/OL]. 投资界，[2014-12-05]. http://research.pedaily.cn/201412/20141205374757.shtml.

表9-3　2014年主要新媒体上市公司一览表

序号	上市时间	上市企业	交易所	募资金额	主营业务
1	2014-4-17	新浪微博	纳斯达克	3.28亿美元	社交
2	2014-4-17	乐居	纽交所	1亿美元	房地产信息
3	2014-5-8	猎豹	纽交所	1.68亿美元	安全
4	2014-5-9	途牛网	纳斯达克	1.01亿美元	在线旅游
5	2014-5-16	聚美优品	纽交所	4.3亿美元	化妆品电商
6	2014-5-22	京东	纳斯达克	17.8亿美元	电商
7	2014-6-12	智联招聘	纽交所	7573万美元	招聘
8	2014-6-24	迅雷	纳斯达克	9250万美元	下载软件
9	2014-6-30	联众国际	港交所	7.8亿港币	网络游戏
10	2014-7-9	天鸽互动	港交所	16亿港币	社交视频
11	2014-8-7	乐逗	纳斯达克	1.155亿美元	游戏
12	2014-9-19	阿里巴巴	纽交所	218亿美元	电商平台
13	2014-12-12	陌陌科技	纳斯达克	2.32亿美元	社交

数据来源：根据公开资料整理

IPO开闸丰富退出渠道刺激了VC/PE的投资热情，再加上新媒体领域背靠国家利好的政策背景、新兴技术的快速迭代、传统行业转轨线上等诸多原因，VC/PE对新媒体行业的投资已重回巅峰。多个投资机构争抢在技术、创意等方面占优势地位的初创公司的现象屡见不鲜。2014年前11月，互联网行业披露投资案例457起，投资金额为52.11亿美元，[①]从细分领域分布来看，本地生活服务和智能硬件是投资热点。表9-4列出了排行前10位的2014年中国新媒体领域投资案例。

表9-4　2014年中国新媒体领域投资案例TOP10[②]

排名	企业名称	融资时间	轮次	阶段	融资金额	机构
1	滴滴打车	2014-12	D	初创期	7亿美元	淡马锡等
	美团网	2014-12	D	扩张期	7亿美元	红杉资本等
2	口袋购物	2014-10	C	扩张期	3.5亿美元	腾讯产业基金等
3	优信拍	2014-9	B	扩张期	2.6亿美元	华平投资等
4	陌陌	2014-5	D	初创期	2.12亿美元	老虎基金等
5	蘑菇街	2014-6	D	扩张期	2亿美元	厚朴投资等
	美丽说	2014-8	E	扩张期	2亿美元	高瓴资本
	赶集网	2014-8	F	扩张期	2亿美元	老虎基金等
6	翼龙贷	2014-11	A	初创期	1.6亿美元	联想控股直投部
7	聚美优品	2014-5	C	扩张期	1.3亿美元	泛大西洋投资
8	人人贷	2014-1	A	扩张期	1.3亿美元	腾讯产业基金等
9	豌豆荚	2014-9	B	扩张期	1.2亿美元	软银股份等
10	邮乐网	2014-2	A	种子期	1.1亿美元	不详

数据来源：清科私募通

① 刘翔. VC逐鹿互联网：前11月457例涉资52亿美元PE逊色[N]. 经济导报，2014-12-05.
② 李红双. 2014中国TMT十大投资案例：阿里腾讯系难分高下 百度系颗粒无收[EB/OL]. 投资界，[2014-12-24]. http://pe.pedaily.cn/201412/20141224375770_all.shtml.

（二）商业模式再思考

新媒体产业立足于数字技术、扎根于生活方式、依托媒介传播，商业模式创新更为复杂。

1. 移动互联网新背景

移动互联网时代的到来是2014年新媒体企业商业模式再思考最主要的背景。媒介传播形态等深层次的变化促使了处于互联网经济表层的赢利模式等商业领域发生变化。

首先，传统的通过单一、强大的入口收紧流量的模式遭到挑战，而依托大数据的精准化、个性化服务成为黏着用户、获取流量的新模式；另一方面，社交对提高用户对平台的黏着作用也突现出来，社交电商等概念再次出现在视域之中；此外，文化娱乐内容对平台的黏着和用户数据的抓取也很重要，阿里巴巴、百度等渠道平台方涉足音乐、影视等文化内容的现象越发凸显，以天鸽互动为代表的文化娱乐平台企业逐渐茁壮成长。

其次，移动互联网瞬时、碎片和移动的特性导致无效流量增加，简单的流量变现的商业模式遭到挑战，在PC端最简单的流量变现方式，即广告模式，因此变得难度加大，百度也停止了"躺着赚钱"的好日子而发布直达号等产品布局移动端，移动广告业经历了从被唱衰到众巨头纷纷出手布局，移动广告业务平台谋求移动广告新模式的转变。

再次，移动互联网时代，用户与手机等移动终端的密切关系致使线上(手机)与线下(用户)的融合愈发密切，再加上LBS服务的完善，O2O(Online to Offline)模式逐渐火暴，特别是需要用户在场消费的本地生活服务尤为最盛。

最后以今日头条、拉勾网、汽车之家、滴滴打车为代表的移动互联网新贵的崛起也昭示着移动垂直领域的精细化运营正成为商业模式的新蓝海。

2. 平台战略制胜

平台模式古已有之，古代欧洲"集市"或者中国的"农贸市场"，入驻的商家越多则提供的物品越丰富而吸引越多人前来，不断膨胀的人数又会吸引更多的商家入驻，这不但促进了商品的多样化，也在竞争中提升了商家的质量。[①]

商业层面的平台思维与互联网开放、共享、共赢的本质相呼应，更是契合于互联网经济的网络倍增效应和信息产品复制边际成本几乎为零的经济规律。互联网的兴起则加速了这种平台聚合进而聚变的模式，信息产品固有的高固定成本、低边际成本的特性在摩尔定律的推动之下，为平台战略的实施提供了可能性。

平台战略的本质是网络倍增效益。网络都具有一个基本的经济特征：连接到一个网络的价值取决于已经连接到该网络的其他人的数量。[②]具体而言则是将需求方和供应方等诸多利益相关者集结，平台提供良性互动机制使得双方需求能得到更好的满足，

① 陈威如，余卓轩. 平台斩落：正在席卷全球的商业模式革命[M]. 北京：中信出版社，2013.

② [美]卡尔·夏皮罗，哈尔·瓦里安. 信息规则：网络经济的策略指导[M]. 张帆，译. 北京：中国人民大学出版社，2000.

缓解信息不对称、减低交易成本最终产生1+1>2的价值增值效果，若能有效引爆网络效应则可以达到赢者通吃。例如，米聊发布早于微信，但其单一的熟人社交较之于微信打通腾讯微博、QQ邮箱、QQ、手机通讯录以及附近的人等多个节点构建的平台或者说生态劣势尽显，后期又因用户少而恶性循环最终败阵。

事实上谷歌、苹果、Facebook以及阿里巴巴、百度、腾讯等强势互联网企业都是平台战略的受益者，而平台战略的优势在2014年以阿里巴巴风光上市而尤为凸显。此外，从2014年第3季度开始，百度移动化转型成功也是其在移动端发布十几个用户过亿的App，涵盖浏览器、安全、地图、输入法等多个领域，并通过后方强大的大数据和云计算进行技术支撑，最终形成一个完善的平台，积累的势能井喷的结果。

其他的互联网企业，例如小米进军内容产业真正实现软硬件一体化，亚马逊通过AWS(Amazon Web Services)、FBA(Fulfillment by Amazon)和KDP(Kindle Direct Publishing)提供存储、物流等基础设施吸引中小客户的入驻，腾讯在微信这一强势应用嫁接游戏、电商、广告等多种业态，大众点评发布上接流量、下接服务战略实现传统行业与互联网跨界融合，无一不是贯彻平台思维。

四、展望新媒体企业的未来

在技术变革、模式创新、市场生长的欣欣向荣势头之外，新媒体企业的未来发展还面临诸多挑战，但中国式创新和精细化运营将正成为未来发展总体趋势。

(一) 新背景下的挑战及出路

如何平衡用户价值和商业价值、如何应对产业的绝对变化、如何立足长远做好技术储备等诸多问题是新媒体企业正在面临的挑战。

1. 用户价值与商业价值

大部分的互联网企业的赢利模式都遵循这样的模式，即通过免费或者收取少量的费用向用户提供包括信息、视听、游戏、购物等在内的内容或者服务以获取大量的用户，再通过广告、导流等方式实现赢利。在免费模式盛行的互联网经济中，用户并不是直接产生收入来源的客户方(除少量的增值服务外)，但如果用户流失则又会撼动这种三方市场的赢利模式，毕竟广告商看中的是用户的注意力资源，广告等商业行为则又会在一定程度上影响用户体验，因此如何平衡用户价值和商业价值成为互联网企业面临的挑战之一，特别是在移动互联网时代到来之后，用户接触媒介的时间短、碎片化且处于移动状态，获取并黏着用户的难度加大，在这样的背景下置入商业化行为的挑战力度加大。

用户价值和商业价值并不总是背道而驰的，例如在购物成为一种生活方式的当下，如果能提供好看、有用又不会令人产生厌烦情绪的购物广告，不仅不会损害用户体验甚至还会创造用户价值增加黏着性，依托大数据的精准营销则可以找到用户价值外部性，可惜目前由于技术等诸多原因，这种广告的精准度还有待加强。

2. 繁荣之下或藏危机

技术发展与市场需求的瞬息万变，移动互联网转型和传动企业互联网化大潮，这样一个变革的时代注定也是危与机并存。阿里巴巴和京东的风光上市引发诸多狂欢，互联网思维的无孔不入，BAT裹挟资本袭入影视、教育、医疗等诸多传统领域，总之，互联网企业扬眉吐气、一派繁荣。互联网繁荣是客观存在的，但居安思危才是应对变革、保持良性发展的绝对路径。

首先是模式创新大热之下的技术黯淡，特别是以商业模式制胜的阿里巴巴在2014年大放光彩，在一定程度上消解了业界对技术创新的重视程度。App们的千篇一律、微信微博的愈加同质再加上智能手机的千机一面，相对而言补贴、价格、并购等商业层面的竞争则大热。商业模式的创新固然重要，但对于互联网产业来说，技术的深度创新不会到达临界点，是商业发展的强大助推力，是构建深层护城河的重要力量。较之于谷歌收购Magic Leap (虚拟现实技术公司)、Lift Labs(健康技术公司)、Zync(视频和特效创业公司)等诸多技术公司不同，除百度之外的中国大部分互联网公司现有的发展模式多停留在布局产品、扩大地盘的商业层面，长久陷入模式之争不仅会导致恶性竞争愈发激烈，而且开创性技术的滞后给未来的格局带来长久的影响。

其次是互联网热的冷思考。2014年创投圈融资数量激增，清科数据显示2014年上半年大陆新募集资金额达67.62亿美元，是2012年后的新高；此外融资额屡创新高，几千万甚至上亿美金的融资已经变得极其平常，初创公司估值过十亿的现象也比比皆是，甚至Uber、Drop box等企业在上市之前就已经达到了百亿美金的市值。BAT们的密集、高额行业并购也为资本获利退出提供新渠道，激发了资本的势头。继9月22日，老虎基金创始人Julian Robertson在公开场合称他"不知道泡沫何时会破裂，但一定会是以'非常糟糕的'方式破裂"之后，经纬创投合伙人张颖以《泡沫就在那里——致经纬系CEO们的公开信》的方式预言资本市场的"凛冬降至"。无论泡沫是否真的存在，看好现金流、脚踏实地修炼内功对于互联网企业来说总是个不错的选择。

此外，互联网强势企业如何应对创新的迟钝性，能否做好大规模并购之后的有效整合，下沉中如何补齐线下诸如工厂、渠道商等不足的短板以及如何更好地承担起应对网络信息安全危机中的社会责任，都是互联网企业需要应对的挑战。

(二) 新媒体企业发展趋势

产业主体的不断努力和政策监管的逐渐完善，使新媒体企业朝着一个创新、精细化的方向发展。

1. 硅谷崇拜与中国式创新

硅谷，几乎是互联网领域新技术和新模式的代名词，而与中国互联网势力在世界范围内强势崛起、由边缘趋向中心地带相对应的是中国的互联网企业正在逐步消解硅谷崇拜，立足本土的中国式创新正在凸显，这表现在以BAT和京东为代表的中国互联网企业市值排名进入前10，依托了中国庞大的消费市场、经济转型和政策支持的利好背景，也是腾讯等互联网巨头发展日渐成熟停止复制、乐意给创业者更多空间的结果，更是中国人创新力充分释放的必然。

2014年这一点最明显的表现是互联网商业模式的创新越来越贴近中国国情。如，从年初因为中国大城市交通和打车难出现的打车软件；到因为国内金融机构理财产品存在着诸如信息化程度低、沟通烦琐等诸多弊病，娱乐宝等产品横空出世。开创实时社交视频的9158.com的母公司天鸽互动上市，集结上亿草根表演者在LIVE的视频平台表演才艺，鼓励观众购买虚拟礼物实时互动从而获利，这些在习惯了通过广告模式变现的西方商业世界来说，简直是不可思议。阿里巴巴、百度、腾讯等主要互联网公司斥巨资投资Tango、Kabam等海外初创公司并入自身系统之内，也是一种中国式思维的胜利。此外，2014年，个性、偏执、自我但正在逐渐崛起的"90后"创业者，也是硅谷模式的重要推动者。

不再单纯地把成熟的硅谷模式Copy to China，中国式本土思维正在逐渐强化，相信在下一个10年的物联网时代，中国式创新将表现愈加明显。

2. 粗放生长与精细化发展

与互联网产业从量变到质变、从边缘到中心、从模仿到创新、从新生到成熟相对应的是互联网企业也即将告别依赖无谓价格战、单纯的人口红利、浮躁产品炒作甚至是游走法律边缘的踩线行为来求得市场份额的简单粗放生长。

从粗放的流量式发展到精细的精准化发展是移动互联网时代的新要求，也契合于产业发展的生命周期。工信部电信研究所公布的国产手机数据显示：2014年1—10月，中国手机市场出货量同比降幅10%，国产手机厂商正式告别惨烈价格战，集体走向更创新的设计、更精准的服务、更丰富的内容的发展模式。在网购领域，随着一二线城市渗透率区域饱和，人口红利衰退，价格战逐渐冷却，用户对品牌和品质的追求渐盛而消费逐渐升级，如何通过技术优化物流、预测需求以提供更为便捷、安全的用户消费服务成为电商企业发展的新规则。这种精细化发展反映在团购领域就是经历了千团大战的野蛮生长之后，行业格局逐步形成，市场发展也逐渐趋向理性，更加注重技术开发、品牌运营以及模式创新，用户体验更佳的O2O模式正成为新热点。

2014年，快播获2.6亿元罚单，CEO王欣被抓捕归案，快播终因色情和盗版两大原罪而倒下。与产业自身发展逐渐成熟相匹配的是监管的日渐规范，也在一定程度上促使了粗放发展、野蛮生长时代的结束。

（撰稿人：吴倩，中国海洋大学）

第十章
广告传媒企业

- 2014年，中国广告传媒整体呈现出高速发展的态势，传统媒体广告企业不断转型升级，本土广告公司通过并购、整合不断提高内在竞争力。广告企业在大数据的背景下继续以更加多元和包容的状态扩张市场，发挥文化创意的市场带动作用，更多文化资源、文化产品和服务通过广告的媒介传播得到有力的发展，各类媒体在与广告产业的交互合作中实现共赢。

- 我国广告传媒行业的准入机制不健全，门槛低，且没有良好的调控措施，广告相关的企业数量增速快，质量得不到保证，造成资源的浪费以及同行业之间的恶性竞争。

- 随着消费者对个性化要求的逐渐增强，广告活动也呈现出不同的发展态势。广告主为了最大限度地减少对用户的干扰，越来越倾向通过数据分析来传递有用的信息，技术成为未来广告公司赢利的新筹码。智能手机的迅速普及使得以手机媒体为代表的移动媒体的广告形式新奇而多样，并且更加有利于与用户互动。

作为文化产业的重要组成部分，广告不仅是一种产业形态，更是一种社会现象的表达。随着互联网的发展，多种媒介形式的普及，广告的表达样式也更加丰富多样。不论是互动性广告还是视频、游戏广告都在新媒体环境下探索广告公司的新型赢利模式，消费者获取信息的方式和对待广告的态度发生了极大变化。2014年中国广告传媒整体呈现出高速发展的态势，传统媒体广告企业不断转型升级，本土广告公司通过并购、整合不断提高内在竞争力。广告企业在大数据的背景下继续以更加多元和包容的状态扩张市场，发挥文化创意的市场带动作用，更多文化资源、文化产品和服务通过广告的媒介传播得到有力的发展，各类媒体在与广告产业的交互合作中实现共赢。

一、广告传媒企业发展环境

得益于广告市场的繁荣、政策的规范支持以及媒介的蓬勃发展，2014年我国广告传媒行业发展态势良好，为广告企业的发展创造了有利条件。首先，我国广告营业额继续增长，国家对文化产业发展下达专项资金，促进广告企业的发展；其次，国家对广告行业及相关行业发布了鼓励性的政策，并重新修订《广告法(修订草案)》，为广告行业的健康发展保驾护航；最后，大数据和互联网带来的巨大变革，给广告传媒企业的发展带来新的机遇与挑战。

(一) 经济环境

2013年，我国广告经营额达到5 019亿元，广告经营单位44.5万户，从业人员262万，中国已发展成为世界第二大广告市场。[①]伴随着中国宏观经济和传媒环境的变化，中国广告市场依旧呈现积极发展态势。从2013年开始，我国广告市场增长率为9.7%，超过了GDP增长率，并且2014年涨幅相比2013年略有上升。据昌荣传媒发布信息，2014年中国广告市场持续增长，市场规模达到了5 505.84亿元左右[②]，国民经济的平稳发展和广告市场的繁荣为广告企业的迅速成长提供了良好的经济环境。

11月，财政部下达2014年度文化产业发展专项资金50亿元，比2013年增加4.2%，

① 郑北鹰. 我国已成全球第二大广告市场，经营额破5 000亿[EB/OL]. 中国新闻出版网，[2014-05-07]. http://www.chinaxwcb.com/2014-05/07/content_292636.htm.
② 中信证券. 传媒行业未来五年广告市场规模将超万亿[EB/OL]. [2014-10-14]. http://chuangyi.cctv.com/2014/10/14/ARTI1413273194159695.shtml.

共支持项目800个(其中：中央191个，地方609个)[1]，广告作为文化产业的重要组成部分，得到了国家财政的大力支持。

(二) 政策环境

现阶段，我国广告产业正处于发展上升期，国家先后出台了多种政策规范广告行业健康发展，促进广告市场的繁荣。

1. 广告行业自身政策调整

2014年8月18日，中央全面深化改革领导小组第四次会议审议通过了《关于推动传统媒体和新兴媒体融合发展的指导意见》。《关于推动传统媒体和新兴媒体融合发展的指导意见》中鼓励传统媒体和新兴媒体融合发展，坚持传统媒体和新兴媒体优势互补，对广告行业媒体融合的多样化发展起了极大的推动作用。在媒体融合发展的趋势下，同一广告的多平台传播成为可能，有效地促成了品牌在不同空间和时间上的传播与延续，满足了不同需求的消费者对产品的体验。

2014年8月、12月，第十二届全国人大常委会分别两次审议了《中华人民共和国广告法(修订草案)》。这是自1995年广告法实施以来的首次大修。针对当前广告媒介环境的变化，修订案对现行广告法进行了进一步的修改和完善。对虚假广告、互联网弹出广告、垃圾广告等进行了限制，对烟草广告、医疗广告、明星以及儿童代言广告行为等进行了规范。这些调整一方面为广告行业的健康发展保驾护航，另一方面对新兴的广告形式进行了规范制约，督促广告企业在技术创新过程中遵守行业准则。

2. 相关行业政策变动

2014年3月，国务院发布《关于进一步优化企业兼并重组市场环境的意见》，提出发挥市场机制作用，优化企业重组业务。在国家政策的引导下，2014年广告企业并购现象频发，不仅壮大了一些广告公司的规模和业务板块，而且活跃了广告市场，有利于广告行业实现规模化发展。

2014年6月，国家财政部、国家发展改革委、国土资源部、住房和城乡建设部、中国人民银行、国家税务总局和新闻出版广电总局联合发布了支持电影发展的若干经济政策，以丰富人民群众文化生活，促进中国电影繁荣发展。随着电影商品化和电影投资渠道多元化趋势的加剧，越来越多的电影制作方选择植入式广告营销，以推动电影赢利模式多样性，降低电影制作的成本风险，这一模式间接促进了广告业的发展。

2014年6月，随着巴西世界杯的火热来袭，中国围绕这一体育赛事掀起了一场硝烟四起的广告战。央视的独播战略使其在一个月内营收15亿元的广告费，比4年前高

---

[1] 财政部网站. 财政部下达50亿元文化产业发展专项资金[EB/OL]. [2014-11-1]. http://www.gov.cn/xinwen/2014-11/13/content_2778002.htm.

50%，各大网站通过PC、移动端的整合，整体收入也达到了7亿元人民币①，展示出重大体育赛事在广告领域的惊人潜力。9月，国务院发布《国务院关于加快发展体育产业促进体育消费的若干意见》，鼓励发展体育事业和产业，并提出若干支持体育广告发展的政策：提出积极拓展业态，促进体育旅游、体育传媒、体育会展、体育广告等相关业态的发展；完善税费价格政策，对经认定为高新技术企业的体育企业，减按15%的税率征收企业所得税，体育企业发生的符合条件的广告费支出，符合税法规定的可在税前扣除，落实符合条件的体育企业创意和设计费用税前加计扣除政策；通过冠名、合作、赞助、广告、特许经营等形式，加强对体育组织、体育场馆、体育赛事和活动名称、标志等无形资产的开发，提升无形资产创造、运用、保护和管理水平。这一文件将进一步激发体育广告业态活力。

（三）媒介环境

国民经济持续稳定发展，传媒产业在稳步向前的同时产生了新的发展业态，改变了广告媒体的生态环境。传统媒体与新媒体激烈争夺市场份额的同时，融合发展成为主要趋势，杂志、广播、电视等传统媒体与各种新媒体平台融合发展趋势进一步加强。大数据时代的到来，使得利基市场聚合效应得到充分发挥，广告变成对用户有用的信息，广告形式更加多样化，广告内容更加灵活，广告正悄无声息地进入消费者的生活。

首先，媒介融合为广告企业的发展带来新机遇。随着传播技术、流媒体技术的发展以及传播平台的不断出现，受众媒体接触情况越来越复杂，接触习惯也向多屏转化。2014年新媒体进入快速发展期，智能手机的普及使个人用户由PC端向移动端加速迁移。新闻、阅读、音乐等移动服务和应用于微博、微信、视频等平台互联互通，构成全媒体业务战略，并加快商业化步伐；基于媒体环境的变化，传统媒体广告投放刊例额的急速下降与新媒体广告投放额的快速上升形成了鲜明的对比，广告公司开始积极拓展业务，力求通过多媒体组合传递品牌信息，各媒体之间也取长补短谋求融合发展，广告市场进入快速增长通道。华通明略&媒介360针对中国领先企业CMO调研发现：超过80%的广告主会在一次典型营销互动中同时使用4种以上的媒体。②

其次，大数据时代的到来为文化产业的各行各业发展都创造了新的发展式样。我国2012年大数据市场规模大约为4.7亿元，2013年增速达到138%，达到11.2亿元，2014

---

① 新浪财经. 央视能从2014世界杯赚15亿元广告费，比4年前高50%[EB/OL]. [2014-06-12]. http://finance.sina.com.cn/chanjing/cyxw/20140612/162919394329.shtml.

② 人民网. 广告市场总结及下半年趋势预测[EB/OL]. [2014-08-12]. http://media.people.com.cn/n/2014/0813/c14677-25458645.html.

年达到15亿元左右。①大数据的爆发式增长为广告主带来产业福利，随着数据处理技术的不断进步，广告主可以通过数据分析精准地找到目标受众群体，不仅可以有效传递产品信息，还可以节约广告成本。

最后，互联网的普及为网络广告、移动广告等形式创造条件。根据《第34次中国互联网络发展状况统计报告》显示，截至2014年6月，我国网民规模达6.32亿，其中手机网民规模达5.27亿，互联网普及率为46.9%。我国网民上网设备中，手机使用率达83.4%，首次超越传统PC整体使用率(80.9%)，手机作为第一大上网终端设备的地位更加巩固。同时网民在手机电子商务类、休闲娱乐类、信息获取类、交通沟流类等应用的使用率都在快速增长，移动互联网带动整体互联网各类应用发展。此外，2013年末工信部正式向中国移动、中国联通和中国电信3大国内运营商发放4G牌照，2014年高速的移动通信技术带动了整个移动互联网产业的发展，4G在中国的普及为移动广告扫清了障碍。

■二、广告传媒企业发展特点

2014年我国广告传媒企业总体发展态势良好，不论是传统媒体广告企业还是依托新媒体的广告企业都积极应对市场环境和消费者需求的变化。本土广告公司和国际跨国公司的差距越来越大，马太效应进一步加剧。为顺应文化产业发展潮流，2014年国内广告传媒企业的并购现象呈井喷之势，通过并购积极探寻多元发展的道路。

(一) 传统广告公司受到冲击

伴随着大数据的兴起和网络技术的不断进步，广告主对数据的积累和分析在技术层面要求越来越高，通告式广告逐渐消亡，而追求精准、及时的投放方式倍受青睐。随着媒体环境的变化，报纸、电视等媒体的受众老龄化进一步加剧，广告主投放的品牌逐渐向年轻的消费群体倾斜，传统媒体的市场份额进一步下滑。在这种背景下，那些原本依托传统媒体的广告公司面临着巨大的挑战，传统媒体广告公司面临着重重压力，广告收入也逐渐下降。

报纸受众接触率的持续下降，使报纸集团失去了靠广告收入为主要途径的渠道，2014年《新闻晚报》《南方都市报》旗下的《风尚周报》《竞报》《天天新报》陆续宣布休刊或停刊，就连靠房地产广告为主要收入来源的上海《房地产时报》也宣布休刊。此外，由于互联网化的不断发展，电视开机率不断下降，占据整个市场份额近一半的电视广告也被互联网数字化广告抢去大量市场份额。

---

① 前瞻产业研究院. 2014—2018年中国大数据产业发展前景与投资战略规划分析报告[R/OL]. [2014-11-09].
http://www.dwway.com/article-9227-1.html.

（二）互联网企业"广告独大"

据艾瑞咨询发布的《2014年中国网络广告行业年度检测报告》显示，2014年中国网络广告市场规模达到1 483亿元左右，并且依旧保持了30%以上的增长率，如图10-1所示。

2014年，BAT通过源源不断的投资、并购以及业务扩张展开激烈的市场争夺，在广告市场上，三大巨头也以不同的形式介入广告行业，企图分得一杯羹。3月，阿里入股文化中国，涉足手机视频广告，并与纸媒合作通过二维码扫描推出"码上淘"；5月，腾讯发布了腾讯移动广告联盟，正式进军移动广告领域，主要是为移动应用开发者提供流量变现平台；9月，在百度世界大会上，百度推出直达号，基于移动搜索为广告主服务，同时满足消费者随时随地的个性化需要。

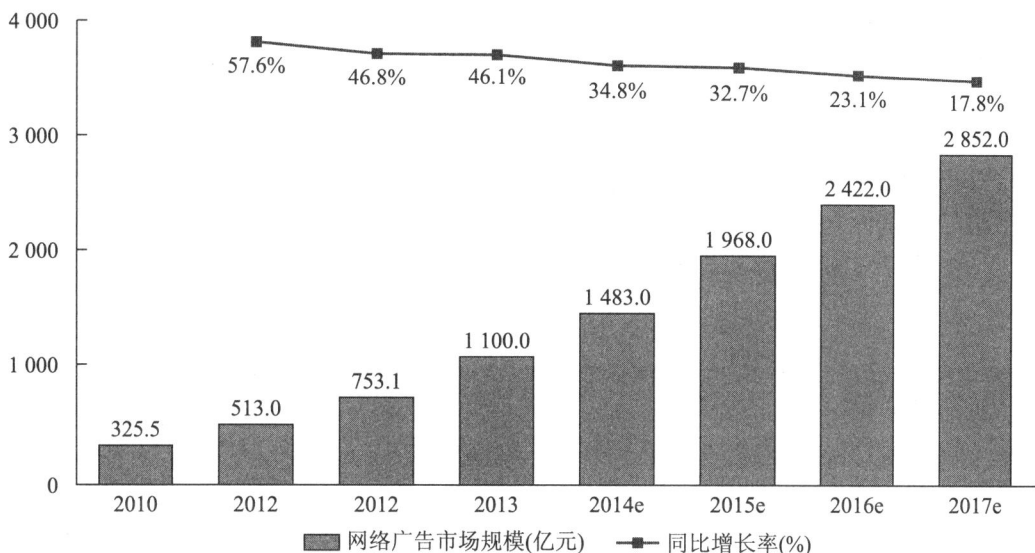

图10-1　2010—2017年中国网络广告市场规模及预测①

（三）两极分化现象严重

截至2013年底，我国广告企业达到44.5万家、广告从业人员262.2万，全年广告经营额5 019.7万元。②2014年广告企业发展规模有小幅度增长，基本与2013年保持一致。大部分中小广告公司分布在三四线城市，运营的时间相对较短。以奥美、李奥贝纳、盛世长城等为代表的跨国广告公司，有着雄厚的经济基础，还广泛涉猎广告、营销、品牌、策划等诸多领域。2014年及未来2年将被使用的程序化技术如图10-2所示。

① 艾瑞咨询集团. 2014年中国网络广告行业年度监测报告[R/OL]. [2014-04-01]. http://report.iresearch.cn/2130.html.

② 郑北鹰. 我国已成全球第二大广告市场，经营额破5 000亿[EB/OL]. 中国新闻出版网，[2014-05-07]. http://www.chinaxwcb.com/2014-05/07/content_292636.htm.

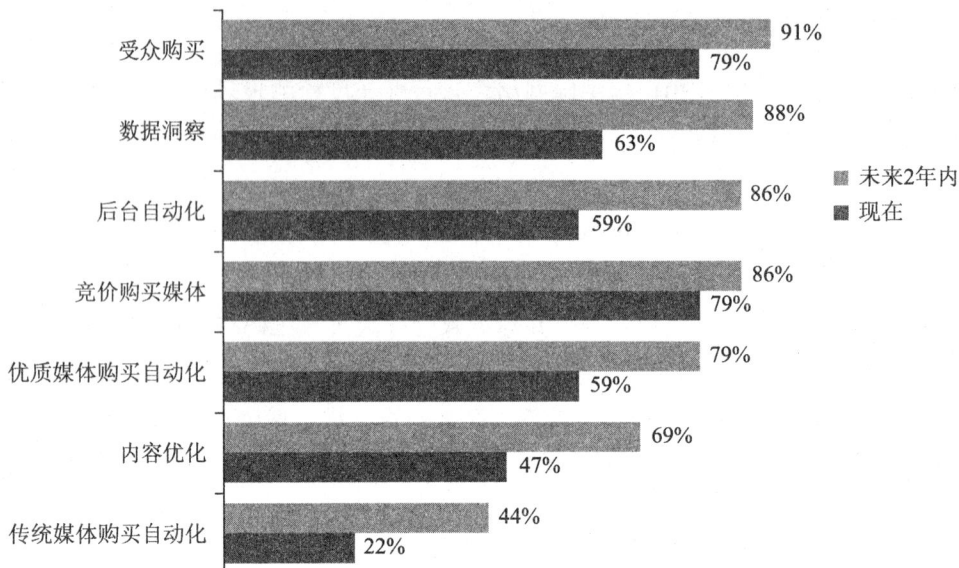

图10-2　2014年及未来2年将被使用的程序化技术[①]

1. 国内本土公司"小"

国内本土小公司普遍具有以下特点：首先规模偏小，员工人数一般在10～50人，而且因为成立时间短，没有核心企业文化，所以人员流动也比较频繁；其次，资金短缺。小公司本身固定资产就不多，再加上公司流动资金少，抵抗风险能力较弱，难以应对突发事件，在资金规模上难以大幅度提高；小企业由于数量众多，竞争压力大，业务模式一般都比较单一，这就决定了这类企业发展受地域、业务的限制，最后导致公司主营业务利润率逐年下降，占据的市场份额较小。

2. 国际跨国公司"大"

以奥姆尼康、Interpublic、WPP、阳狮集团、电通为代表的国家5代广告集团都有历史，均位于2014年福布斯全球企业2 000强之列(表10-1)，进入中国市场时间较早，集团旗下的广告公司，例如奥美、智威汤逊、盛世长城、李奥贝纳等都在中国占有了很大的市场份额。这些国际跨国公司为客户提供的不仅是广告业务，还有战略媒体规划和购买、直销、促销、公共关系等其他传播咨询服务。这5大广告集团拥有雄厚的经济基础，通过合资、独资、并购等形式迅速抢占市场先机，对中国的广告主而言，它们有先进的理念和业务模式。加上成熟的赢利模式使得这5大广告集团在中国广告市场获取了丰厚的利润。而表10-2显示2014年中国10大广告公司的排名中有一半都是国际广告行业中处于领导地位的广告集团在中国设立的子公司。在广告行业迅速发展的时代，国际、国内广告公司却出现如此大的差距，这无疑对我国本土广告公司的发展带

[①] 易传媒. 2015中国数字媒体广告展望[EB/OL]. [2014-12-18]. http://www.madisonboom.com/2014/12/18/ad-china-release-report-of-china-digital-media-advertising-sence/.

来巨大的挑战。

表10-1　2014福布斯全球企业2000强^①

排名	公司名	销售额(亿美元)	利润(亿美元)
346	WPP	172	15
525	奥姆尼康集团	146	10
589	阳狮集团	92	11
730	电通广告	224	4
1 477	Interpublic Group	71	3

表10-2　2014年中国10大广告公司排名^②

排名	公司名	排名	公司名
1	奥美广告公司	6	阳狮广告(上海)有限公司
2	分众传媒控股有限公司	7	安吉斯媒体(上海)
3	盛世长城国际广告有限公司	8	华扬联众数字技术股份有限公司
4	广东省广告股份有限公司	9	广东英扬传奇广告有限公司
5	广州喜马拉雅广告有限公司	10	麦肯·光明广告有限公司

(四) 广告公司并购呈井喷之势

2014年3月24日，国务院发布《关于进一步优化企业兼并重组市场环境的意见》；10月23日，《上市公司重大资产重组管理办法》以及《关于修改〈上市公司收购管理办法〉的决定》正式施行，取消关于上市公司重大购买、出售、重组行为的约束，撤消了购买资产净利润指标的要求并且明确提出鼓励依法设立的并购基金参与上市公司并购重组。^③

在政策的支持下，2014年中国广告市场进入以资本并购和联合为主要特征的新一轮产业扩张期。大型广告公司通过并购，运用充裕资金进行业务扩张，并不断转变广告公司的经营理念和赢利方式。2014年广告业的十大资本并购事件，涉及领域有媒介、互动、户外、公关、设计等方面(表10-3)。而这一融合态势也代表了广告业发展的未来趋势。广告企业必须运用新的观念、新的模式来发展新的广告业务，通过资本并购，提升广告企业的综合能力。

---

① 福布斯中文网. 福布斯全球企业2000强[EB/OL]. [2014-12-18]. http://member.forbeschina.com/list/show_list. php?id=2179.

② 陈菲菲. 2014中国十大广告公司排名[EB/OL]. 前瞻网，[2014-09-15]. http://www.qianzhan.com/guide/ detail/250/140915-52dee227.html.

③ 中国广告协会网. 2014年中国并购市场十大事件[EB/OL]. [2014-12-10]. http://www.cnadtop.com/ focusNews/2014/12/10/3b5ecd0a-64be-419c-ab15-e52e9c41d9b4.htm.

表10-3 2014年度中国广告营销业十大资本并购事件①

	收购方	被收购方	交易额	股份比	领域
1	华录百纳	蓝色火焰	25亿	100%	媒介
2	联建光电	分时传媒	8.6亿	100%	户外
3	华谊嘉信	好耶(代理)	6.7亿	100%	互动
4	百事通	艾德思齐	9 588万美元	51%	互动
5	联建光电	友拓公关	4.6亿	100%	公关
6	华谊嘉信	迪思传媒	4.6亿	100%	公关
7	利欧股份	氩氪互动琥珀传播	<4亿	100%	互动
8	利欧股份	漫酷广告	3.4亿	75%	互动
9	蓝色光标	Fuseproject	2.9亿	75%	设计
10	省广股份	安瑞索思	2.52亿	85%	互动

除此之外，2014年蓝色光标收购英国知名公关集团Huntsworth，以及全球最大的社会化媒体传播公司We Are Social也颇具代表性。蓝色光标国际化的发展战略代表了国内当前一批大型广告集团和营销传播集团的整体实力。

三、广告传媒企业新模式探索

随着消费者对个性化要求的逐渐增强，广告活动也呈现出不同的发展态势。广告主为了最大限度地减少对用户的干扰，越来越倾向通过数据分析来传递有用的信息，技术成为未来广告公司赢利的新筹码。智能手机的迅速普及使得以手机媒体为代表的移动媒体的广告形式新奇而多样，并且更加有利于与用户互动。

(一) 技术应用的持续性开发

1. 程序化购买迅猛发展

互联网的快速发展使广告主对于数字广告的投放越来越大，以RTB(实时竞价)为代表的程序化购买正在成为主流模式。这种模式基于对数据的整合及分析，可直接代表广告主自动执行广告媒体购买。尽管在中国，RTB技术起步较晚，但RTB巨大的吸金潜力在国内已经得到显现。根据艾瑞咨询的研究报告，2013年RTB广告投放量约为9.1亿元，预计2016年，市场规模将达到245.7亿元。②程序化技术将会被越来越多地使用，不仅仅是当前关于受众购买、数据洞察、竞价购买媒体等方面，后台自动化、内容优

---

① 麦迪逊邦. 中国广告营销业"2014年度十大资本并购" [EB/OL]. [2014-12-01]. http://www.madisonboom.com/2014/12/01/madisonboom-2014-china-top-10-merger-and-acquisition/.

② 邢庆亮. 聚集RTB产业链[EB/OL]. 广告主，[2013-06-08]. http://news.hexun.com/2013-06-08/154999300.html.

化等技术也成为广告公司后期效果追踪的重要途径。预计未来会有更多的广告公司直接从事程序化购买的后台运作、后期反馈的业务，而这也是当前我国程序化购买市场上所欠缺的。

对于BAT三大互联网巨头来说，广告是其必不可缺的赢利模式，所以自2011年起，阿里巴巴、腾讯和百度先后推出了基于RTB模式的实时竞价平台TANX、TAE(Tencent Ad Exchange)和BES(Baidu Exchange Service)。截至目前，在中国RTB市场，BAT凭借在互联网流量的规模和质量、大数据融合以及营销推广能力已处于领先地位。

我国RTB市场中正在崛起一些专注广告技术的公司，以WiseMedia(新数网络)为例，这家成立于2011年的DSP公司，用了不到3年的时间，就已经将海外版图从亚太扩展到欧美，形成了全球流量每天355亿、对接网站数达110万家、全球人口覆盖超过86%的傲人优势。[1]品友互动专注做独立DSP，自主研发人群分析模型与广告优化算法，代表了中国程序化购买行业的最高科研水准。相对于品友互动的独立DSP，易传媒是中国最大的多屏整合数字广告平台。易传媒建立并运营着国际领先的4大广告平台：需求方平台DSP、供应方平台SSP、数据管理平台DMP、高端优质媒体资源平台MegaMedia，是中国数字广告技术的重要推动力量。

无论是互联网3大巨头加入RTB，还是RTB产业链中的技术公司，都将在程序化购买中继续发力，这些公司所拥有的庞大用户信息决定了市场格局将率先向领先者集中。程序化的高品质来源于资源结合精准的受众购买，所以适合品牌传播。与此同时也可以看出我国的程序化购买已经不是单纯的技术尝试，而是在这种技术的便利中进行品牌化。据易传媒发布的《2015中国数字媒体展望》中显示，我国2014年程序化购买的市场份额为12%，其中品牌方向的占4%，预计到2017年，程序化广告购买将占49%，而品牌方向的程序化购买将达到28%[2]。

2. 可穿戴设备强势来袭

2014年，可穿戴设备随着苹果公司9月发布的一款智能手表——iWatch的问世而再次成为人们的热门话题。消费者带上此类便携式设备，就可以获取富有价值的独特数据，例如健康、活动、位置等信息，而这一强大的功能让营销者有了新的方式来将广告推到消费者面前。IDC预估2018年可穿戴设备的年出货量可达1.12亿支。[3]鉴于此，广告公司将挖掘其用户体验的价值而试图将其作为广告平台，放上客户的产品直接传递营销信息。

① 艾瑞网. 页游平台网盟渠道投放数据报告[EB/OL]. [2014-02-10]. http://a.iresearch.cn/new/20140210/226410.shtml.

② 易传媒. 2015中国数字媒体展望[EB/OL]. [2014-12-25]. http://www.199it.com/archives/316447.html.

③ 梅花网. 可穿戴设备为广告筑梦[EB/OL]. [2014-08-21]. http://www.meihua.info/today/post/post_dd849615-609b-475a-a630-106e6565911f.aspx.

举例来说，可穿戴广告试验可能会位于一些符合用户口味的餐厅周边，以便向他们推送相关的电子优惠券；又或者广告主在收集到来自可穿戴设备的慢跑数据后向消费者推销一款新上市的跑鞋。总之，随着人们生活水平的不断提高，消费者越来越重视健康问题，而可穿戴设备最宝贵的资源就是消费者自身记录的数据，这些宝贵的资源必将引发广告主之间更加激烈的竞争。

3. AR增强现实小心试水

早些年就有医疗、军事、房地产等领域使用AR(增强现实技术)，通过计算机生成的虚拟空间与真实场景的叠加，达到体验、互动的目的。2014年，增强现实技术再次被广告公司重视，因为它传递的不仅仅是广告产品，更多的是让消费者在这一过程中感受到快乐，也就是体验最大值。目前国内较为成熟的AR广告主要是在服装、家具、房地产等行业，例如"试衣镜"可以满足消费者线下试穿的体验需求，通过自动识别的试穿效果反馈从而确定是否需要该商品；宜家也通过AR技术为其新产品做广告，消费者只需要扫描备注的页面，就可以看到所选的家具在虚拟空间的呈现，为消费者提供新奇的体验时也节省他们的时间成本。近两年来，AR技术不仅为商家提供图像识别的增强现实，还包括了基于地理位置的项目。举例来说，参与活动的商家将活动优惠券做成各式各样的蝴蝶图案，用户通过定位、查找并捕捉这些"蝴蝶"就可以获得该商家的优惠活动。AR技术的出现为互动营销行业发展带来了巨大契机，"新奇的创意+高度的关注+消费者互动"，使品牌信息在轻松的环境中与消费者接触，这无疑将成为Web 3.0时代全新的互动广告解决方案。

(二) 移动媒体热点不断

移动终端已经取代传统PC成为中国网民的第一大上网终端，碎片化、移动化、便捷化等特征为移动营销的创新提供了更多的有利条件。在如此快速增长的市场环境下，移动广告的价值也会越来越凸显。

1. 视频广告占统治地位

克莱·舍基曾在其著作《认知盈余》中提到人们有大量碎片的时间没有被充分利用，如果将这些时间全部利用起来将会产生巨大的能量。然而在信息爆炸的时代，人们时刻处于各种信息狂轰乱炸的状态中，即使是闲暇时间也被占用，所以只有新奇、有创意的信息才能被关注。视频广告就是通过对图像、声音、动作等元素的集合，以多重感官的效果赢得消费者的注意力。再加上硬件条件的改善，消费者收看视频的体验越来越好，也愿意主动接收轻松而有用的广告表达方式。根据艾瑞发布的《2014年中国网络广告行业年度检测报告》显示(如图10-3所示)，在线视频广告收入近年来一直逐年递增，2014年达到135.2亿元。

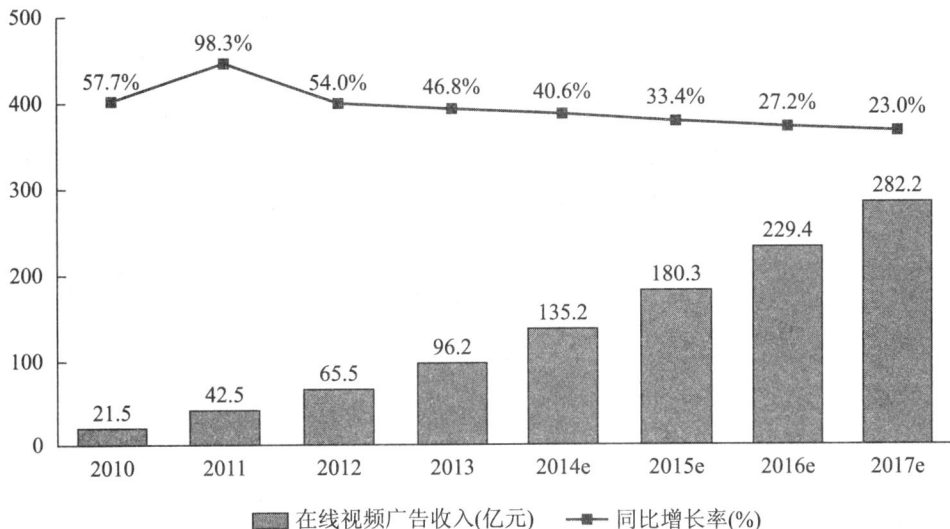

图10-3 2010—2017年中国在线视频行业广告市场规模①

2. 社交媒体迎二次高潮

社交媒体对广告企业来说最大的价值就是"圈子"的黏性，无论是新浪微博的"陌生互粉"，还是微信朋友圈的"熟人社交"，都可以让品牌实现"牵一人而动全圈"的传播效果，所以即使新浪微博插入横幅广告、橱窗广告遭遇猛烈攻击，微信依旧大胆试水社交广告。2013年阿里投资5.86亿美元给新浪，2014年阿里给新浪微博带来了1.45亿美元的广告收入，预计2015年将达到近2亿美元。②除了广告主通过"粉丝通"和"淘宝橱窗"的形式展示广告之外，越来越多的企业在新浪微博上开通官方微博，申请进入新浪微博广场"名人堂"的"品牌馆"，从而获得更醒目的展示位置及更高的曝光率。

伴随着微营销的迅速发展，微信中出现了各种成熟的广告形式，无论是滴滴打车的红包还是被刷屏关于"出售面膜"的信息，早已让微信用户对广告不再陌生。2015年1月21日微信开始测试朋友圈广告的功能，标志着微信广告业务的正式起航。2014年第3季度的时候，腾讯就对朋友圈广告收入进行评估，结果是年收入为100亿元左右。

微信朋友圈广告的试水基于3个有利条件：一是庞大的用户基础。微信月活跃用户为4.68亿，每天朋友圈内仅分享链接内容的次数已经超过30亿次，76.4%的用户会使用朋友圈来查看朋友动态或者自主分享。③二是高黏性的用户关系。微信首先通过数据分析找到高度活跃的用户，以他们为第一批广告曝光对象，引导这些有"可信度"的

---

① 艾瑞咨询. 2014年中国网络广告行业年度检测报告[EB/OL]. [2014-04-01]. http://www.iresearch.com.cn/Report/2130.html.

② 第一财经日报. 新浪微博实现赢利背后：33%收入来自阿里[EB/OL]. [2014-02-26]. http://tech.ifeng.com/internet/detail_2014_02/26/34185799_0.shtml.

③ 腾讯科技. 微信广告系统介绍[EB/OL]. [2015-01-24]. http://vdisk.weibo.com/s/pzt4fAUVTlC/1422176679.

用户成为广告主的"代言人"。与其他社交网站不同的是，微信广告除了附有广告链接之外，还在推广界面设有"推广""我不感兴趣"的按钮。这也是最大限度地为用户提供自由选择而作出的尝试。三是超精准的数据算法，结合广点通与微信广告的专业智能推荐算法，给广告主提供高效抵达用户的移动社交广告，是广告主移动营销的优质选择之一。为了避免用户的不适，微信朋友圈广告对持续停留时间和数量都有限制，从而将对用户体验习惯的影响程度降到最低。在朋友圈广告试水2天后，腾讯"企鹅智酷"又发布了《微信朋友圈广告用户研究报告》，调查结果显示，用户对高质量的、和自己相关或者是有互动性、福利性的广告完全可以接受，所以朋友圈广告上线之后广告推送的数量、频率和质量是直接决定用户体验价值的因素。[1]

3. 积分墙成应用新贵

广告积分墙通常是指在一个应用内展示各种积分任务(例如，下载安装推荐的优质应用、注册、填表等)，以供用户完成任务获得积分的页面。用户在嵌入积分墙的应用内完成任务，该应用的开发者就能得到相应的应用积分回报，用户则获得应用的积分奖励。[2]例如"捕鱼之海底捞"是一款根据海底捞火锅开发而来的捕鱼游戏，玩家通过完成游戏任务可换取积分或实物大奖。积分墙在手机应用里实行虚拟积分的系统，给手机用户和开发者带来新鲜的应用体验。不仅能引导、激励手机用户更加积极活跃地使用并参与互动，还能让更多优秀的应用软件得到更好的展示与推广，也为开发者创造了新的赢利模式。墙内接入广告主的微信、微博等内容，用户可将内容分享到自己的朋友圈、个人微博，实现精准、互动的圈子传播效果。因此积分墙作为移动广告的新贵，名副其实。

（三）App+LBS+SNS三足鼎立

智能手机在市场上的火暴销售，使App应用呈现出爆炸式的增长。这种增速不仅给用户带来了丰富的体验，也为众多广告企业开辟出全新的传播途径。LBS随时随地定位的特征大大提升了品牌推广的精确性。艾媒咨询(iMedia Research)发布的《2014年上半年中国手机地图市场监测报告》显示，2014Q1中国手机地图用户规模为4.48亿，2014Q2用户规模达4.72亿，到2014年末手机地图用户规模在5亿左右。用户使用地点查找、路线导航和地图定位的比例分别是72.9%、66.2%和45.8%。手机地图在提供基础地图服务的基础上，提供了大量实用的生活服务信息，促使手机地图用户保持快速增长。[3]广告主向地图服务商付费，在地图上将自己的门店相关信息加以标注。随着社群

---

① 王鑫. 朋友圈广告首份用户研究报告[EB/OL]. [2015-01-23]. http://tech.qq.com/original/archives/a063.html.
② 吴建江. 移动互联网广告积分墙产品模式[J]. 企业运营，2013，(7).
③ 艾瑞咨询. 2014年上半年中国手机地图市场监测报告[EB/OL]. [2014-07-21]. http://www.dview.com.cn/xwzx_zz_853.html.

经济的不断成熟，企业和产品直达用户的通道将越来越壮大、越来越顺畅，企业通过自己和用户的社会化网络直接传播，这其实是一种去媒介化的过程，这种形式中的传播就不再需要广告。

"App+LBS+SNS"三合一的移动广告模式汇集了App客户端营销、LBS定位服务营销和SNS深度社交关系，这种模式正是并且将来也是移动广告的主流组合模式。2014年9月百度推出直达号，其性质就"App+LBS+SNS"的百度移动平台官方服务账号。直达号基于移动搜索、@账号、地图、个性化推荐等多种方式，让亿万客户随时随地直达商家服务。

■四、广告传媒企业所面临的挑战及解决对策

每个行业在发展的过程中都要经历发展瓶颈期，目前我国广告行业整体上呈现出良好的发展态势，但是一些传统的广告公司在转型升级方面依旧存有障碍。部分新的广告形式正处于发展初期，因发展速度过快而导致了粗放经营的存在，例如移动广告的"繁荣怪象"，面对复杂的市场环境，广告公司也要有积极应变的态度，根据自身情况特点，寻找新的发展路径。

（一）问题

广告传媒企业作为文化创意产业的重要组成部分，是关联性较高的产业形态，所以其发展也呈现出复杂多变的特征。2014年，我国广告产业发展迅速，但是依旧存在一些问题，需要改正。

1. 移动广告的"繁荣怪象"

根据艾瑞咨询发布《2014年中国移动行业年报》数据显示，2014年中国移动广告市场规模高达273.1亿元，并且2015年还将保持78%的增长率。[①]然而就在移动广告市场一片繁荣的时候却出现了一个"繁荣怪象"：虽然市场规模数据高速增长，但是大部分企业品牌和广告主对移动广告都持有观望态度，对"财富五百强"中的大品牌广告主而言，他们大多尚未尝试过移动广告，甚至并未开始转移广告预算。原因是大量的移动广告开支来自于移动应用软件开发商和开发者，而不是传统的企业品牌。[②]这些开发应用的团队通过前期大量的资本补贴广告投放成本，目的在于推广应用，增加活跃用户，然后利用庞大的用户基础再去吸引广告主，形成循环。但是这样的风险投资一

---

① 艾瑞咨询. 2014年中国移动广告行业年报[EB/OL]. [2014-09-16]. http://doc.mbalib.com/view/4924caf6d8514c00a9ebee22447b1e48.html.

② 晨曦. 移动广告现状：企业品牌慢热，APP广告泛滥[EB/OL]. 腾讯科技，[2015-01-09]. http://a.iresearch.cn/onm/20150109/245024.shtml.

且出现问题就会陷入资金链的危机。

2. 本土广告公司动力不足

中国广告公司数量庞大，但发展规模相对较小，整体来说缺乏一批能量强且有领导实力的本土公司。据前瞻产业研究院发布的《2014—2018年中国广告行业市场前瞻与投资战略规划分析报告》显示，中国2014年前10名广告公司排名显示有5家本土公司列入其中：分众传媒控股有限公司、广东省广告股份有限公司、广州喜马拉雅广告有限公司、华扬联众数字技术股份有限公司和广东英扬传奇广告有限公司。[①]尽管国内本土企业占据半壁江山，但这并不代表国内广告公司的整体水平，而且大部分位于广州，这也表明我国本土广告公司发展的严重不均衡性，且国内本土规模较小的广告公司仍然占绝大多数。而这些企业又不能与国际广告公司相抗衡，再加上国内媒体环境的多变性和复杂性导致国内本土广告公司处于交锋中求生存的状态。

3. 传统媒体"转型"任重道远

大数据时代来临，广告主对广告投放的精准性要求越来越高。媒体之间的竞争已经不仅仅是内容层面的竞争，而且是内容、渠道、营销和运营的系统层面的竞争。传统媒体的转型依旧受到诸多因素的制约。

首先，人才结构缺陷。传统媒体和新媒体广告运作方式的差异性导致传统的专业采编人才无法满足新媒体对综合性人才的要求。传统媒体的从业人员习惯了线性思维的工作，很难及时地转变到网状性的工作中来。其次，技术水平欠佳。随着互联网技术的飞速发展，特别是近年来云计算、物联网、社交网络等新兴服务给数据存储、管理以及数据分析带来了极大的挑战，而传统媒体对此束手无策。除此之外，程序化购买在中国呈现出爆炸式的增长态势，与之相对应的DSP(需求方平台)、DMP(数据管理平台)、PDB(私人程序化购买)等技术要求也越来越高，而传统广告公司如何在新的环境下进行转型无疑是件困难的事情。最后，内容制作。传统媒体公司有很多是事业单位，广告发布的流程比较繁琐，一般要经历策划、设计、审核、修改、再审、校对、终审发行整个流程，最终才会传到消费者那里，而新媒体最讲究及时性，甚至可以发布UGC内容，不用经历繁杂的程序。

4. 行业标准不规范

随着媒体环境的不断变化，大量新兴广告公司不断涌入市场。而我国广告传媒行业的准入机制不健全，门槛太低，没有良好的调控措施，广告相关的企业数量增速快，质量又得不到保证，造成资源的浪费以及同行业之间的恶性竞争。甚至越来越多的虚假恶俗广告充斥荧屏、网络，形成"广告污染"。在大众传播媒介日益发达的今天，广告以独特的社会文化形式与强大的冲击力影响着大众的消费习惯和日常生活。

---

① 陈菲菲. 2014中国十大广告公司排名[EB/OL]. 前瞻网，[2014-09-15]. http://www.qianzhan.com/guide/detail/250/140915-52dee227.html.

健康、文明的广告不仅可以促进产品销售，而且可以帮助人们树立正确的价值导向，营造积极进取的文化氛围。相反，低俗、不文明的广告会给社会造成危害。因此，广告企业的社会责任已经越来越受到人们的重视。应该说广告不仅是一种经济行为，更是一种文化行为。

（二）对策

1. 移动广告

移动广告现阶段并没有得到大多数广告主的认可，一个重要的原因是广告投放效果反馈机制不健全，广告主无法辨别目标客户是否真正接收到了有用的信息，例如按点击收费中可能存在误点或者被迫点击的情况，而这些误差却没有加以反馈和分析。针对这一问题，可以引入第三方机制，如中国数字营销广告联盟。通过完善、制度收费标准从而形成客观公正的评估体系，为广告主创造公平的环境。其次，要鼓励移动广告公司不断地创新，深入挖掘消费者的心理，从而创造出更多与消费者互动的广告模式，在轻松愉悦的用户环境中传递品牌价值。

2. 培植龙头企业，坚持内容创新

伴随着广告代理服务企业化的发展，广告公司、客户与媒体3者呈现出日趋明显的博弈关系，而行业发展的最优状态是3方相互依存、相互制约，同时获得共同发展。总结各大国际广告公司之所以在中国市场收获累累战果，最重要的原因就是这些广告公司不只是媒体广告公司，他们坚持以内容创新为核心，将广告主的品牌文化、媒体的融合发展有效地整合。由此看来，要想培植国内龙头广告公司，提高内在竞争力、加强外部融合的双驱动才是关键。

中国社会发展正处于转型期，广告企业所面临的内外部条件都比较复杂，而并购是一种较好的方式，可以突破中国广告企业当前的一种瓶颈状态。以蓝色光标为例，它以整合数字营销、公共关系、广告创意策划及媒体代理的综合品牌服务管理公司，发展20多年，拥有众多品牌业务。2014年3月，蓝色光标收购Matta100%股权，2014年7月收购Fuse公司75%股权。蓝色光标3季报显示，2014年前3季度实现营业收入40.98亿元，较2013年同期增长92.55%；实现归属于上市公司股东的净利润为5.07亿元，较2013年同期增长91.75%。[①]蓝色光标通过并购进一步扩大了企业规模。与此同时，企业也通过不断地创新迎合广告市场的不断变化，数字化是广告营销的发展趋势，基于大数据分析的RTB展示类广告有望引领数字营销的潮流。蓝色光标将加速"数字化"扩张，公司将继续并购技术型数字营销公司。

---

① 王锦. 蓝色光标：拟赴港上市募资境外并购[EB/OL]. 中国建设报，[2014-11-03]. http://www.cs.com.cn/ssgs/ggjjd/20141103/201411/t20141103_4553053.html.

3. 多媒体融合

在全球化媒体融合形势的催逼下，大规模的媒体融合已经成为一种必然趋势，而网络媒体的兴起则直接促成了国内多媒体融合的步伐。如表10-4所示，各大报纸媒体采取不同的形式积极转型升级，通过互联网平台、微信公众号、App等形式进一步发挥其内容创新的优势，新媒体也通过互动性和及时性与消费者及时沟通，可见媒体融合是广告形式的最佳表达方式。

表10-4　2014年部分报纸与其他媒体融合动态

时间	名称	形式	功能及特点
2014/1/1	上海报业	上海观察上线	高品质深度阅读
2014/1/6	人民日报	发布微信公众号	话题征稿
2014/3/28	成都商报	开创社区电商周刊	社区电子商务
2014/4/1	新京报、京华时报等12家报业	与阿里巴巴合作推出"码上淘"	扫二维码购物
2014/6/11	新华通讯社	新华社发布总客户端上线	权威、互动
2014/7/7	浙江报业	与浙江省商务厅合作拓展电子商务领域	电子商务
2014/7/22	上海报业	澎湃新闻(App、微博、微信)上线	问答、新闻追踪
2014/8/30	南方周末	与四川卫视联合出品《我知道》	填字竞技真人秀
2014/8/25	华西都市报	开创AR技术	连接到移动互联网
2014/9/1	齐鲁晚报	客户端"壹点"开始公测	投稿
2014/9/22	上海报业	新闻网站"界面"开始公测	用户参与、财经商业类

电视和新媒体融合的趋势也越来越强。2014年央视与新媒体的互动融合出现了良好的合作态势，尤其是2014年巴西世界杯期间，中央电视台获得独家转播权，搭建"全媒体"转播平台。2015央视广告顺应市场需求，为企业进行跨媒体、跨平台产品设计，将互联网媒体互动性、社交性、体验性嫁接到传统媒体上来，形成收视率—流量—销量的良性循环。2014年现场招标推出的"2015年央视新闻客户端合作伙伴""新闻《天气预报》二维码互动合作伙伴""2015年CCTV春晚独家新媒体互动合作伙伴"等新媒体项目受到广告主的欢迎。其中天气预报添加二维码广告，标底价高达7 900万元。①媒体服务类的广告公司多元之路将会持续走下去。

4. 规范行业标准，鼓励公益广告

近年来，随着我国广告业迅速发展和互联网广泛应用，广告发布的媒介和形式发生了较大变化，所以需要新的法律法规进行约束。2014年8月和12月第十二届全国人大常委会第十次会议两次审议了《中华人民共和国广告法(修订草案)》。这是《中华人民共和国广告法》自1995年施行以来首次调整，其中对网络广告、烟草广告、明星代言

---

① 新浪网. 央视天气预报将添加二维码广告，标底价7 900万元[EB/OL]. [2014-11-18]. http://finance.sina.com.cn/chanjing/cyxw/20141118/165120852083.shtml.

等问题进行约束和规范，在促进广告业健康发展和保护消费者权益方面发挥了重要作用。虽然在快节奏的社会中广告公司倡导一切以消费者为中心，但现在的中心化更多地是针对消费者的功能需求，而没有从意识层面深入挖掘或加以引导。所以最好的广告和消费者是平等的关系，互相了解，而不是卑微地迎合。这种模式也是需要整个广告行业共同合作来营造的理想状态。

2014年国家新闻出版广电总局制定并实施了《广播电视公益广告扶持项目》，广电总局设立1 000余万元专项资金，用于扶持公益广告创作播出，最终确定132项公益广告项目。广电总局还举办了首届"星光电视公益广告大奖"，这一计划将继续通过组织民族语宣传等形式来持续完善公益广告长效的发展，从而扩大了广播电视公益广告宣传影响。①广电总局在公益广告方面的引导从很大程度上促进了广告公司对公益事业的重视。

(撰稿人：石俊，中国海洋大学)

---

① 中华人民共和国国家新闻出版总局官网. 关于公布2013—2014年度广播电视公益广告专项资金扶持项目评审结果的通知[EB/OL]. [2014-11-18]. http://www.sarft.gov.cn/articles/2014/11/18/20141118102209790223.html.

第十一章
艺术品与工艺美术企业

- 2014年，我国艺术品市场调控态势明显，受国内经济增速放缓、八项规定反腐倡廉工作的推进、中国奢侈品消费者的日趋成熟理性以及股市和房地产等综合因素的影响，艺术品市场在弱市当中努力前行。
- 艺术收藏逐渐成为社会共识，艺术消费的扩张和艺术投资的趋热成为社会显性的标志；艺术品投资理念逐渐理性化；公众的审美要求提升，公众的投资收藏需求有待进一步引导，并营造良好的投资平台。

一、艺术品收藏与投资的市场环境分析

2014年10月15日，习近平总书记在文艺工作座谈会上的讲话指出："实现'两个一百年'奋斗目标、实现中华民族伟大复兴的中国梦，文艺的作用不可替代，文艺工作者大有可为。"习近平总书记强调："一部好的作品，应该是把社会效益放在首位，同时也应该是社会效益和经济效益相统一的作品。文艺不能当市场的奴隶，不要沾满了铜臭气。优秀的文艺作品，最好是既能在思想上、艺术上取得成功，又能在市场上受到欢迎。"为文艺市场指明了发展方向。

（一）关注政策层面对艺术品市场的影响

2014年2月26日，《国务院关于推进文化创意和设计服务与相关产业融合发展的若干意见》强调，要提升文化产业整体实力，坚持正确的文化产品创作生产方向，着力提升文化产业各门类创意和设计水平及文化内涵，推动文化产业快速发展。

政府对文化产业及文化市场的重要性是十分明显的。对企业来说，政府的重要性主要体现在两个方面，一是政府态度，即对某一个文化产业是鼓励还是禁止，是开放还是限制等。二是政府消费，例如政府购买文艺演出服务，定制文化礼品等。当然，政府的重要性还远不止这些，例如政府规范和监管文化市场也是十分重要的。[①]针对2013年以来开展的党的群众路线教育实践活动，陈少峰8月在重庆市文化产权交易中心揭牌仪式上发表演讲时说："八项规定直接影响艺术消费，礼品市场将高度萎缩。"

（二）宏观经济环境层面对艺术品市场的影响

2014年春，楼市明显量价齐跌、股市终迎"小牛"，同为国内高净值人群热门投资工具的艺术品市场，在2014年春拍中呈现平稳发展的趋势，市场成交总额为295亿元人民币，同比2013年春拍有11%的上升。但在总成交额与市场信心回暖的同时，市场又出现高端精品的流拍而显资金紧缺。雅昌市场监测中心的调查显示："2014年春季，宏观市场中资金紧缺，高端精品释出量减少，千万级别以上的数量减少。香港苏富比、香港佳士得、北京保利、中国嘉德千万级以上的作品共有116件，成交总额27.21

---

① 周文彰. 文化产业经营启示[N]. 内蒙古日报，2014-10-08，(11).

亿元人民币，占中国艺术品拍卖总额的9.20%，同比2013年春拍降低了1.23%。"①

同时，有消息显示，2014年春有来自金融、房地产、能源及大宗商品等领域新资金进入艺术品市场，但新资金具有很强的投资性，更多的是以价值为优先的谨慎的收藏者和注重长线投资收益的机构投资者，以及对新艺术或年轻艺术家有着明确收藏偏好的新兴群体。这使买家群体多样化的同时，也显示出买家更加理性化，下半年市场发展前景值得期待，但也更加不明朗、不确定。

2014年秋拍的统计数据显示，截至12月18日，国内艺术品拍卖市场的成交量较去年同期减少了18.26%，成交额下滑了17.3%。在秋拍业绩明显下滑的同时，高价成交的拍品数量也减少了。其中，在中国嘉德秋拍中成交额超千万元的书画作品有18件，而春拍是23件；北京保利秋拍成交价过千万的作品有19件，而春拍是24件；北京匡时秋拍有11件拍品的成交价过千万元，与春拍基本持平。②

■二、画廊市场分析

作为一级市场的画廊，笔者将在画廊市场总体格局介绍的基础上，透过青州模式的介绍，分析画廊经营中存在的问题及画廊市场的改善空间。

（一）画廊市场总体格局

我国画廊主要集中在北京、上海、广州、香港等大城市，并散布在这些城市的经济、文化较为兴旺的商业街区，依托商业地带人口活动频繁的区位优势发展生息；另一集中地是在城市的主要文化区内，并逐渐形成初具规模的艺术产业园区。我国画廊业正是以这些城市为中心向全国各地逐步延伸，从东部向中西部扩散。

画廊作为艺术市场交易的重要环节，是艺术家和艺术作品进入市场最重要的渠道。自20世纪90年代国内拍卖业发端以来，就呈现"拍卖强而画廊弱"的基本状况，这不仅是因为画廊业发展缓慢，分布呈散、小、乱的状况，而且我国画廊缺乏艺术家和稳定客户群体，以至画廊在艺术品市场结构中没有起到应有的作用，与其一级市场的地位不相匹配。2012年底入驻北京7年、号称韩国最大画廊的阿拉里奥画廊关闭了阿拉里奥北京空间，才引发画廊业如何进行市场经营的重新思考，而2014年艺术品市场的调整，是一级市场深度调整的信号。

当然，我国也存在一些真正成熟稳健、运营有方、有着稳定客户群体的画廊，并且越来越能够被艺术投资者所倚重；在经营上，能够把握市场的风向，即便经济大势

---

① 中国新闻网. 艺术品市场投资进入理性期，调整还需两三年[EB/OL]. 南方日报，[2014-12-29]. http://finance.chinanews.com/cj/2014/12-29/6919683.shtml.

② 同上。

不好，销售也能保持稳定。就如山东著名收藏家、画廊经营者、青州艺泉堂主人鲁清汶先生在接受《壹收藏周刊》记者马宁采访时说的一句话："其实，真正的艺术品，是没有市场好坏之分的。"①北京阿拉里奥画廊负责人金秀炫在撤离时，也向众多媒体表示，阿拉里奥离开的主要原因，不是租金的问题、人工成本及运营成本高，是经营策略的调整。可见，作为一级市场的画廊业，在当今时代条件下，如何把握行业特点，寻找适合自己的经营模式，以怎样的策略与态度来面对市场是关键。

（二）案例：中国艺术品市场的"青州模式"

青州画廊经营业户由最初的几十家发展到现在的765家，书画业人士纷纷在青州开办画廊，经营字画，书画市场的聚集效应初步显现，品牌效应正在形成。在文化部2014—2016年度中国民间文化艺术之乡的评选中，青州市再次被评为"中国民间文化艺术（书画）之乡"。青州书画市场的崛起是中国艺术品市场版图正在发生改变的一个缩影。

1. 成功经验②

(1) 政府高度重视。2014年青州通过出台书画产业发展优惠政策、成立书画行业党工委、编制发布书画指数、建立银企合作关系等一系列举措，发展壮大书画产业，打造"9653"书画产业集群，有力地保证和促进了青州书画市场健康可持续发展，使青州书画产业步入新常态。

(2) 强有力的政策支持。对书画产业实行免税等优惠政策，从投资、财税、金融、土地和价格政策方面，为书画产业项目实施提供宽松的发展环境和优质的服务。这其中就包括艺术品融资服务，加强书画交流活动和人才队伍建设等。

(3) 注重普及推广书画艺术，发展受众面广的农民画产业。为打响农民画品牌，成立了青州农民画研究院、青州农民画协会，建设了青州农民画市场。

(4) 开展形式多样的书画艺术交流活动。青州市依托文化行业协会、美协、书协、中国（青州）书画艺术城顾问团等特色团队，组织举办书画展览、交流、培训等活动。其中包括：举办"翰墨青州2014中国书画年会"、以"中国梦·青州梦·书画梦"为主题的书画展精品展、中国当代书画名家精品展、全国百家画廊藏品联展等，中国美术家协会、中国书法家协会先后在青州建立写生创作基地。

通过画廊协会，带动当地各画廊之间的合作交流，实现信息共享、资源共享、服务共享、诚信共享、平台共享，抱团出击，充分挖掘青州画廊团队实力，形成团结互助、共同发展的青州画廊新形象。

(5) 全力打造画廊优质服务平台。建立青州市画廊协会网站、微信平台、书画期刊

---

① 马宁. 鲁清汶回应"青州崩盘"[J]. 壹收藏周刊，2015-01-07.

② 张鹏，马爱娟. 2014年青州书画市场年度报告[EB/OL]. 人民网，[2014-12-31]. http://wf.people.com.cn/n/2014/1231/c70174-23404975.html.

等媒体，为画廊经营者提供强有力的支持。积极推进书画电子商务平台建设，打造了雅昌艺术网青州画廊、一诺收藏青州书画商城两个电子交易平台，参与画廊近300家，电子交易量不断增加。2014年，青州市画廊协会、青州书画艺术城、青州宋城等单位编制并发布了4期青州中国当代书画指数，反映了青州书画市场书画价格变化总趋势和60位销量较大书画家书画作品价格走向，为书画经营业户和收藏爱好者提供了参考。

(6) 行业自律，诚信经营。为加强行业自律，杜绝无序竞争，青州画廊行业协会与业主签订画廊经营自律行为声明，倡议书画经营业户建立慈善基金，定期对书画经营业户评定信用等级，大力表彰"诚信业户""保真画廊"等，发现赝品坚决打击，使画廊行业纳入有序的管理，提升了画廊品位，营造了良好的市场秩序。

2. 以创新的思路面对艺术市场的深度调整

2014年，全国书画市场进入调整段的萧条期和观望期，青州书画市场在逆境中求创新、求发展、求突破。针对全国艺术品形势的变化，为更好地推动青州书画市场的可持续发展，青州市又推出自己的创新思路：

(1) 打造全国当代书画交易中心。规范提升现有书画市场，丰富书画艺术门类形式，实现书画市场经营规范化、多样化，加强书画电子商务平台建设，增加电子交易画廊数量，逐步打造全国当代书画交易中心；并辅之以打造青州书画创作基地、培训基地，全面建设山东省美术创作基地，培育代表青州书画艺术特色的青州画派。同时，依托书画交易市场做长书画产业链条，培育书画融资、鉴定、拍卖市场。

(2) 以书画艺术品资产化金融融合为纽带，建立在全国有影响的交易平台，并以此为基础，进一步拓展探索建立书画艺术银行业务与全面推动艺术银行建设的工作。

(3) 以画廊的基本功能价值发现的集合力量为基础，以强大的市场消费能力为依托，以资产化、金融化发展为动力，建构青州在书画市场的话语权与定价权。整合市场资源，建立研究信息传播体系与平台，建设青州书画信息港。

(4) 以书画产业链为基础，大力发展书画产业。以书画艺术授权为核心，大力发展书画艺术衍生品产业；以书画展览业为核心，大力发展博览产业及书画旅游产业；以书画产业的聚合力为主线，整合高端人脉，发挥人才优势，大力发展美术教育与培训产业，为书画产业注入可持续发展活力。

3. 百姓看法

为亲历青州书画市场的"火"，笔者到青州市场听取当地百姓的说法。部分当地百姓认为，青州无资源，市政府将书画市场当作政绩的支柱产业，故不遗余力地推行。当地收购的书画家作品，主要以京、津、鲁为主，南方画家较少，选中画家要在全国美协、全国书协担任要职，如果在艺术院校里担任系主任以上的也可，签约后现金当场交易，且提前预付，价钱是书画家目前市场价的1/10。随后由他们完成办画展、出画册、上电台、编故事炒作等一系列环节。

4. 专家观点

对2012年以来，特别是2014年艺术品市场的调整，鲁清汶先生谈了他的看法："我们现在所看到的市场的情况，实际上是一个正常的调整阶段。青州书画市场的调整一定会出现，只是调整也是要分对象的。作为投机的、或者说仅仅是礼品的那些所谓好市场，我想今后是不会再有了。""随着市场更加成熟，不够优秀的、根基不稳的、靠投机或者所谓'雅贿'而生存的艺术品将面临被逐步冷落、直至被淘汰的命运。因此说，青州市场乃至全国的艺术品市场怎么样在大环境所带来的调整当中，明确自己所经营的艺术方向，才是关键中的关键。"

好多画家都在面临作品价格大幅缩水的问题。鲁清汶先生说："我认为画家作品价格的缩水也完全是正常的市场现象，不要大惊小怪。一方面，目前青州市场上所存在的这种状况会随着整个书画市场的不断成熟、发展而得到改善，该保留的保留，该淘汰的淘汰。价格波动非常正常，不要以一种异样的、过分挑剔的眼光来看待。我想接下来，在艺术品市场的整个发展的过程当中，会规范一些市场的游戏规则，包括恶意炒作的、人为抬升价格的，甚至一些以官场名头行事的这样一些艺术家，他的作品价格肯定在市场上会大打折扣。"[①]

（三）画廊经营状况问题分析

画廊是艺术家和艺术作品进入市场最重要的渠道，是联系艺术家和收藏者之间的桥梁，也体现着艺术家和收藏者的利益与需求，承载着净化和规范艺术品市场的重任。画廊业经营是否制度化与规范化，将影响艺术市场的发展。

作为一级市场的画廊业，2014年的经营状况不容乐观，"大多数当代艺术家的作品价格都会下降20%～80%，接下来将会有一个画廊的倒闭潮，最多可能倒闭2/3，因为它缺少现金流"。北京大学文化产业研究院副院长陈少峰指出，未来画廊要明确自己的功能定位才能生存发展。2014年，我国画廊经营存在诸多突出问题：

1. 定位不清，且缺乏规范性

正如有的艺术家所说的，画廊往往被认为是"画店"。具体地说，我国艺术品行业长期以来，"没有形成完善的定价机制和行业规则，艺术品价格没有评价体系，遵从的是'有名头看名头，没名头看笔头'，而名头只认官方体制，主席、副主席、理事等，且过于虚化，使价格不能很好地反映价值。"同时，"也常见青年艺术家，未经过一级市场画廊的检测与培育，作品直接出现在二级的拍卖市场上，扰乱了一级市场上的行情。"798感叹号艺术空间的张宝华告诉笔者。此外，"江湖画家"、画廊运营成本上涨等，严重威胁画廊生存。

艺术品的价值主要由人物价值、艺术价值和市场价值3部分构成，其中艺术价值是

① 马宁. 鲁清汶回应"青州崩盘"[J]. 壹收藏周刊，2015-01-07.

核心。但目前很多藏家和艺术投资人对艺术品缺乏基本的鉴赏能力，他们对艺术品的投资，仅从艺术家的名气乃至职位来衡量艺术品，而忽略了对本应最为关键的作品艺术核心价值的关注，并日渐成为风气。

早在2012年6月，于洋就曾撰文："忽略了对本应最为关键的作品艺术本体价值的关注。这种现状直接导致的后果是，一方面艺术品的定价因素游离于艺术本体价值之外，使艺术品市场逐渐与艺术创作与鉴赏等本体问题脱离了应有的密切关系；另一方面，从作为艺术品生产者的艺术家方面，一些画家索性直接迎合这种趋向，不从艺术本体价值下工夫，而是另辟蹊径从价格炒作和商业运作上投入更大精力。"[①] 这对当下艺术品市场、对艺术创作最为直接的影响是艺术的功利性导向，这是艺术的悲哀。

2. 就经营模式来看，可从以下几个问题思考

(1) 画廊业经营的战略方向和价值取向问题。中国画廊起步晚，学习西方画廊的运营模式，要切合中国的实际，否则势必产生效果与整体环境不相符的错位。由于中国的特殊性国情，画廊在价值运作时，不仅要讲求商业模式，同时还要有公益性的引导，如果把它纯商业化，势必脱离中国的国情。

(2) 画廊的坚守服务不到位问题。就像球赛需要球迷一样，中国的艺术市场要有懂艺术的客户群，否则容易产生艺术品价格高就是好的迷失，错把拍卖、炒作的金融现象当成艺术价值。画廊如果没有忠实的客户群，就无法有稳定而长足的发展，而艺术客户群的形成，不仅要有长期对客户群的坚守，更要依赖于画廊长时间的策展、宣传、培养，而我国的很多画廊在这些方面做得很不够。刘洪涛说："开心麻花作为一家喜剧舞台剧机构，近年来获得越来越多朋友的关注，最重要的是我们11年来的坚守和创新。坚守，第一坚守的是喜剧舞台剧，第二坚守的是商业模式，第三坚守的是观众至上的理念，第四坚守的是在经营上尊重市场，第五坚守的是我们企业的文化内涵。"[②] 虽然喜剧舞台剧机构不同于画廊，但成功的坚守服务精神值得借鉴。

(3) 画廊没有处理好与二级市场的互利共赢关系。从营销角度讲，拍卖与画廊是对立的，二级市场争夺一级市场的生意，但一、二级市场又是一个整体，拍卖虽挤压画廊生存空间，同时也宣传画廊，一、二级市场功能相异、各具特色、互不取代，是统一的艺术品市场的两种业态或载体。同时，画廊要发挥近年活跃起来的画廊周和画廊协会的整体优势和规模效益，要更好地发挥画廊亲近客户群的优势，建立自己稳定、忠实、可信的客户群体。山东青州市场的主体是画廊，但同时也举办书画拍卖会。2014年以来，它先后与河南中原拍卖有限公司、金帝拍卖有限公司、云海拍卖有限公司以及济南、吉林等地的拍卖公司合作，共举办10余场书画拍卖会，通过举办书画拍

① 博宝艺术网. 解读艺术品天价拍卖的背后[N/OL]. 中国文化报，[2012-06-18]. http://news.artxun.com/youhua-1717-8583497.shtml.

② 参见：开心麻花公司总经理刘洪涛在第五届中国文化产业前沿论坛上的演讲，2014年7月13日。

卖会，进一步提升了青州书画市场在全国的知名度，拉长了产业发展链。

(四) 画廊市场改善空间

中国画廊业的发展虽然走过30多年，但与西方国家相比尚未成熟，需要政府在培育、政策与振兴市场上发挥积极作用。但发挥艺术品价值的功能，打造民族艺术品牌，关健是要画廊强身健体，完善发展经营状况、改善空间，就此提出几点建议：

1. 画廊在确立自己的学术地位时，要讲求社会责任，赢得藏家信任

艺术源自生活又高于生活，艺术的价值是朴实的价值。艺术家从创作到建立起忠实的客户群，需要一定的时间演化，艺术家本身的学术探索与社会认同的磨合期，往往要有相当长的时间，成熟的藏家就是从观察艺术家而成长的，他们彼此产生、建立信任感，这主要是一级市场的职责，这也是一种社会责任。画廊也要讲求售后服务。

798感叹号艺术空间的张宝华告诉笔者："画廊的定位应站在收藏家、艺术商人的角度，画廊不仅要宣传、培养艺术家，而且要做好售后服务，站在投机商人的角度是做不好画廊的。"798怡韵斋画廊自家推出"无风险回购"，对自家画廊卖出的书画作品(出具出售时签约合同)作出无条件回购的承诺。

2. 画廊要精选艺术家，建立代理机制，实行分级培养

艺术家的综合素质中很大一部分是天赋，一级市场是艺术品市场的基础，画廊是艺术家开始进入市场的把关者，不应该以作品金额为价值取向，而是透过专业升级的方式对艺术家实行分级培养。"画廊要用艺术发展的眼光来看待艺术家，画廊在与艺术建立代理机制时，应精选艺术家，建立代理机制，对画家实行分级培养；通过代理使艺术家从艺术开发、生产、销售当中解脱出来，专心于艺术创作。"张宝华告诉笔者。

至于对艺术品风格的把握，张宝华继续说："艺术家的作品要有学术性和流行性，学术性占61.8%，流行性占38.2%，学术性是艺术的核心和生命力所在；同时，艺术也要讲求时代感和流行性，这样才有受众面，有市场。"

画廊不同于画店，画廊在发展中成为藏家艺术咨询的专业顾问，实现使产业链更加通达的作用。

3. 画廊要成为我国文化繁荣发展的桥头堡，服务艺术市场

当前艺术收藏逐渐成为社会共识，艺术消费的扩张和艺术投资的趋热也成为显性的标志，艺术品投资理念逐渐从盲目向理性转变。同时，公众的审美要求提升，公众的投资收藏有待进一步引导。房产、股市中有意转向艺术市场的持币待购者，苦于对艺术缺乏鉴别能力而不敢贸然出手；相反，艺术市场上艺术家创作的作品又找不到买主。

开发新资源，发掘、培养新艺术家是画廊义不容辞的；开发尚未有收藏习惯的群体，引导公众的投资收藏理念，培养未来的藏家资源，同样是画廊所义不容辞的。只有通过长期的服务宣传、推广艺术品，才能培养公众的艺术品味。画廊要成为我国文化繁荣发展的桥头堡，画廊要服务于艺术市场，成为艺术家的摇篮。

4.画廊需要扮演好中介的角色，提升自身的综合竞争力和多面性

一级市场的画廊，是艺术家和艺术品进入市场的重要渠道，如何满足不同国家和民族的不同风格定位、使自身深受来自不同地域的藏家的喜好，是十分重要的。同时，除参加商业展览外，画廊要通过进行艺术普及等公益活动，让普通民众走近艺术，去认知、欣赏、消费艺术。商业模式未必能够互相参照，唯有在了解自身的定位、经营方向与藏家结构后，作好长远规划，画廊才有更光鲜的未来。

■三、拍卖市场总体格局分析

我国艺术品市场2011年创下968亿元的拍卖新纪录，2012年全年成交缩为442亿元，2013年拍卖市场总成交额为607.21亿元。2014年春拍，实现成交总额295亿元人民币，同比2013年春有11%的上升；2014年秋拍，截至12月18日，国内艺术品拍卖市场的成交量较去年同期减少了18.26%，成交额下滑了17.3%。在秋拍业绩明显下滑的同时，高价成交的拍品数量也减少了。从2014年拍卖市场的总体情况来看，亿元拍品在春拍重新出现，春拍整体平稳，但秋拍回弱迹象明显，市场表现"先扬后抑"。这既与艺术品市场的经济环境相关联，也与国家的政策、法规相联系，同时，也是投资者更趋理性的表现。

（一）拍卖市场先扬后抑，资金短缺，投资者更理性

2014年的拍卖市场的整体情况正如"南方日报"在总结春拍时所说的"先扬后抑，行情不振"。"率先亮相的香港苏富比延续了2013年秋拍的强劲走势，以总成交额34.2亿港元的骄人业绩敲响了今年春拍第一槌，远超去年春拍的21.8亿港元，其中明成化斗彩鸡缸杯、卡地亚天然翡翠珠项链和北宋定窑划花八瓣花式大盌3件艺术品拍卖价过亿元。"但"随后登场的中国嘉德、北京保利、北京匡时和香港佳士得等几大拍卖行却没能延续香港苏富比的良好开端，这几家公司的春拍数据与去年相比均有所下降。以内地拍卖业巨头中国嘉德春拍行情为例：2013年春拍总成交额为26.48亿元，而2014年总成交额仅22.2亿元"。[①]

"2014年春拍行情中，在北京保利、中国嘉德等国内顶级拍卖行举槌的古代书画拍卖专场，像赵孟頫、八大山人、董其昌等一些历来在艺术市场上具有较高号召力的大家名作，拍前也曾被评估机构寄予厚望，有些甚至被视为有望突破亿元的拍品，但

---

① 中国财经网. 中国书画行情今年春拍不及去年[N/OL]. 南方日报，[2014-08-04]. http://finance.china.com.cn/roll/20140804/2585194.shtml.

最终结果均在举槌后遭遇流拍。"[1]拍卖的结果明确地反映出市场资金短缺，买家选择作品很谨慎，出价与场上的人气有一定的反差。

（二）拍卖市场"三假"严重，影响拍卖公司的形象和拍卖结果的权威性

在我国艺术品市场，受"赝品"问题的困扰十分严重。不仅造假之风盛行，而且造假手段层出不穷，造假呈现高科技、区域集团化、产销一体化的趋势。由于造假之风盛行，因此售假非常普遍，售假经营成为公开化、网络化现象。再就是由于受到利益的驱使，同时拍假处罚不到位，而且拍卖公司对于拍品的真伪不作担保，一些拍卖公司对赝品熟视无睹，甚至暗中与卖家相勾结，知假拍假，人为哄抬艺术品价格，催生了艺术市场的泡沫，也加大了市场风险。另外，也存在个别画家急功近利、不择手段，巧用各种包装手法，为个人制造拍卖纪录，借助拍卖市场"自卖自买"。而一些拍卖公司为了赚取佣金，提升成交率，也愿意配合这种"暗箱操作"，甚至主动降低"买家"办理号牌的押金。还有些艺术家"独辟蹊径"，将自己的微型小尺幅作品送拍，然后以高价竞拍，最终创造出单平方尺的价格纪录。[2]

由于拍卖行的艺术品鉴定大都由拍卖公司的鉴定师担任，对同一作品，鉴定专家往往会有不同的鉴定结果，而目前拍卖市场的"三假"严重。必然导致人们降低对拍卖结果的权威性和公信力的信任度，也有损于拍卖公司的形象，从而失去收藏者对拍卖公司的信任。赝品严重损害了投资人的利益和中国艺术品在国际市场的声誉，影响拍卖公司的公平、公正形象，严重危及艺术品市场的经营秩序建设，继而影响我国艺术品市场和国内文化产业的健康发展。

2014年11月20日，中华文化促进会艺术品鉴定与评估委员会在北京正式挂牌成立，我们希望通过中华文化促进会艺术品鉴定与评估委员会秉持公平、公开、公正、公信的原则，引入司法公正程序，加快推进传统艺术品鉴定与科技检测相结合的鉴定评估体系建设，净化国内艺术品市场。

（三）规范艺术品市场管理，加大政府监管力度

由于我国艺术品市场的法律法规不够健全、执行部门职责不够分明、有的处罚力度不够严厉，以致艺术品市场的经营交易无序运作，交易混乱。

如，实现科学、公平、公正的鉴定，国家应有权威的艺术品鉴定机构对有争议的

---

① 雅昌艺术网. 2014年中国艺术品春季拍卖行情[N/OL]. 苏州日报, [2014-08-04]. http://auction.artron.net/20140804/n637467.html.

② 顾颖，王欣. 近十年中国艺术品拍卖市场研究综述[J]. 南京艺术学院学报(美术与设计版)，2012-02：135-141.

作品进行鉴定以及确定一个鉴定证据程序。又如，青年艺术家未经过一级市场画廊的检测与培育，作品直接出现在二级拍卖市场上，确定这其中的程序应如何运作等。

同时，在我国艺术品拍卖企业还越来越受到买受人拖欠款项或根本性违约的困扰，严重制约了我国艺术品拍卖行业的健康发展。在目前中国的艺术品拍卖中，拍品低结算率的问题无疑最为突出，市场上往往过于关注艺术品拍了多高的价格，究竟买卖双方有没有成交，却往往被人所忽视，这给了一部分人借拍卖行来"炒作定价"的空间。2011年的报告中显示，当年的"标王"——3.7亿元(不包括佣金)齐白石《松柏高立图、篆书四言联》在未结算的榜单中，而许多突破亿元的拍品也没有结算。①

在文物艺术品拍卖业不断发展的背后，拍卖企业越来越受到买受人拖欠货款或根本性违约的困扰，现已成为拍卖行业发展的第一障碍。从整体情况来看，结算率低的现象还会在很长的一段时间内存在，由此产生的"三角债"现象，将成为影响我国艺术品市场的重要因素。

四、艺术品拍卖分类、区域市场分析

本章仅以2014年的春拍为例进行分析，并在原有3大区域的基础上，给大家介绍西部市场，并望引起人们的关注。

(一) 艺术品拍卖分类市场分析

1. 2014年艺术品拍卖分类市场总体情况(春拍)

据雅昌艺术市场监测中心(AMMA)统计显示，2014年春拍，书画板块继续领跑，从中国书画板块的内部结构上看，古代书画高价拍品有所减少，一些估价偏高的拍品遭遇流拍；近现代书画市场现疲软；当代书画成交额上升态势明显，名家纪录被刷新。瓷杂板块略有起伏，整体表现平稳，亮点频现，其中瓷器，明清瓷器风采依旧，高古瓷器潜力显现；杂项，量增价升，新品类价格走高；海外，现当代板块持续升温，经济回暖提振市场；奢侈品，市场份额上升，珠宝翡翠再创纪录。油画及当代艺术，早期油画支撑高价，当代艺术份额扩大。②

2. 2014年艺术品拍卖中国书画市场格局进一步调整

艺术品拍卖市场格局调整是当代文化艺术发展的必然，此番调整将以中国书画板块为例加以说明：中国书画可进一步细分为古代书画、近现代书画、当代书画3个板块，其中：

---

① 参见：2011、2012、2013中国拍卖行业协会发布的统计数据。

② 雅昌艺术网. 中国艺术品拍卖市场调查报告(2014春)[R/OL]. [2014-07-28]. http://auction.artron. net/20140728/n634033.html.

(1) 古代书画曾是拍卖市场中高价位拍品的主要贡献者，但在近两年的市场中，古代书画鲜有高价拍品出现，在2014年春拍拍品单价成交记录TOP10中，古代书画未在其中占得一席之地。

古代书画市场的"不给力"源于多方面的原因：首先，在市场行情整体低迷时，本身拍卖资源稀缺的古代书画难以释出市场，精品更是难得一见；另外，涉足古代书画收藏的门槛较高。一般来说，古代书画因为精品稀缺、不易流通且赝品较多，鉴定难，2013年9月19日，中国收藏家刘益谦以822.9万美元(约合5 036万元人民币)于纽约苏富比"中国古代书画精品"拍卖会上拍得苏轼墨迹《功甫帖》。此事当时受到业内的广泛关注。而后，《功甫帖》被质疑可能是伪作。对此，万达玥宝斋总经理郭庆祥认为，"万达"收藏有"两不碰"，其中之一是中国古代书画，万达不收古代书画是由于真假难以鉴定。[①]

(2) 近现代书画是中国书画近年来持续支撑中国艺术品市场的半壁江山，是最为成熟和稳定的板块。2014年春季上拍数量与去年春拍、秋拍相比有所增长，唯独高价成交作品以及亿元拍品缺席。如，北京保利2014年春拍在近现代书画板块推出15个专场，总成交额逾10亿元，共有14件拍品成交价超过千万元，500万元以上成交拍品共计46件。

其原因：近现代书画由于距离现在时间较近，市场中存货量较大且流通性相对较好，私人珍藏专场作品整体水平较齐整，往往成为为数不少的藏家和媒体持续追逐的热点。其市场价格的涨跌变化，往往被看成当季艺术品市场表现好坏的重要风向标。从近几年频繁创出最高价的齐白石、张大千，到李可染、傅抱石，再到今年春拍中凭借《南高峰小景》一跃成为市场焦点的黄宾虹，无一不出自这一板块。但值得一提的是，近现代书画往往被市场过度炒作。

(3) 当代书画精品成交较为活跃，在此轮拍卖市场调整行情中，当代书画在此轮调整期中却呈现逆势上扬的态势，表现颇为活跃。

究其原因，当代书画的真伪鉴定问题从某种程度上得到解决。有的卖家为了防伪，在购买时与原作者一起拍照。当代书画经历多年的市场运作后，集中了大批优秀艺术家，这一群体在年龄结构层次上趋于合理，在艺术创作风格已经逐渐步入成熟期，一级市场也拥有相对稳定的藏家群体。此外，尽管当代书画在今天已有过千万元级别的艺术家，但整体而言价位不高，这也让当代书画吸引了最广泛的市场参与人群。[②]

---

① 王瑾. 2014年书画市场，我们遭遇了什么？[EB/OL]. 艺术银行，[2014-10-21]. http://www.wallpost.cn/article-6425-1.html.

② 季晨. 全球艺术品市场：在弱市中努力前行[EB/OL]. 雅博新闻，[2013-11-11]. http://www.lybs.com.cn/gb/node2/node802/node327871/node327872/userobject15ai5708093.html.

（二）艺术品拍卖区域市场分析

仅以春拍为例进行说明。整体趋势稳中有升，其中各区域板块有不同的表现。

1. 区域分布情况

京津地区艺术品拍卖市场出现量增价跌、市场份额下降的尴尬局面。市场份额亦出现下降趋势，由去年的52.61%下降至本季度的45.42%。港澳台地区本季度市场规模同比大幅增加，市场份额由上年同期的28.58%增至30.85%。长三角和珠三角地区春拍出现量价齐升的可观局面，市场份额分别由去年春拍的5.65%上升至11.60%，4.20%提升至4.42%。成交总额也由去年春拍的15.03亿元增至34.32亿元，涨幅高达128.34%。

2. 原因分析

(1) 本季度京津地区市场份额下滑的主要原因在于，中国书画作为京津地区拍卖市场的优势未能显现，书画精品数量的减少导致拍卖总额下滑。

(2) 香港地区仍起到风向标作用，并成为中西方收藏文化交流的枢纽。从2014年春中国艺术品拍卖TOP 10榜单中可以看到，本季度所拍3件亿元拍品全部出自香港地区，这几件高价拍品的推出更加巩固了该地区的牢固地位。

(3) 本季度长三角和珠三角地区市场份额上涨的主要原因在于：一方面，该地区在拍场设置上进行了改进，推出私人收藏专场之"精品路线"，例如，上海朵云轩推出"朱昌言旧藏吴湖帆书画专场"，此场近百件吴湖帆的作品全部成交，创"白手套"佳绩，其中有3件作品拍出千万元高价；另一方面，长三角地区经济基础较好，艺术品资源丰厚、普及程度较广，这也是不可忽略的原因之一。[①]

3. 在西部，2014年8月18日，重庆市文化产权交易中心和30家文化、金融机构签订了服务商战略合作协议，中心签约的除了服务商外，还有来自北京、陕西、重庆、湖北等的11家文化机构

据文交中心董事长程锋介绍，文交中心业务规划有3个方面：第一是创新金融工具和产品、整合各类金融资源，开展文化产业资产(有形和无形)的交易；第二是开展各类文化物权、债权、股权、文化产品、艺术品在线交易；第三是结合重庆的"云端计划"，打造文化产权、产品的登记中心、灾备中心、结算中心。

文交中心授权拓展市场的汉昌文化产业集团总裁王小虎进一步举例说，以前普通市民交易艺术品渠道很少，现在可以通过文交中心官网参与到艺术品交易中来，实现投资大众化。"比如你家里有件艺术珍品，可以先在中心网站注册成为会员，然后拿到中心登记。经过我们授权的专业机构鉴定评估、上市审核委员会审核后，即可挂牌

---

① 雅昌艺术网. 中国艺术品拍卖市场调查报告(2014春)[R/OL]. [2014-07-28]. http://auction.artron.net/20140728/n634033.html.

上线寻找买家。"①

五、艺术品基金和艺术衍生品

艺术品基金有成功的经验，但更多面临的是兑现困境倒逼基金模式的创新，而艺术衍生品在我国广阔的市场正等待我们去开拓。

(一) 艺术品基金的市场情况分析

艺术品金融化是指艺术品的基金、信托、抵押、保险等艺术品市场与金融工具的结合。近年来，艺术品作为投资品种日渐得到我国社会更大范围的认可，越来越多的国内高净值人群在资产配置中增加或提高艺术品投资份额。对此，中国人民大学金融所所长黄隽说："从2008年到2011年，中国艺术品发展过程中艺术品金融产品的创新特别活跃，包括艺术品指数、艺术品基金、艺术品信托、艺术品金融私募都发了很多，而近几年中国的艺术品市场也因此有了一个巨大的变化。"艺术品逐渐退化成为资产和财富的投资工具。黄隽说："目前艺术品的主要买家实际上是企业家和艺术品基金，这样就使原来对于文化产品的喜爱，包括一种精神上的价值在这个过程中慢慢淡化，投资价值变得越来越突出。"②

1.2014年艺术品基金的一般情况

我国出现的艺术品基金可以追溯到2005年，而艺术品基金的快速发展是从2010年开始的，到2011年中国的艺术品基金数量达到了45家，规模达到了55亿元。从2010年到2011年，中国艺术品基金的规模增长了7倍有余。而从2011年下半年开始，我国艺术市场进入深度调整。按照我国艺术品基金普遍2～3年的周期，2013年至2014年是这批艺术品基金的集中兑付期。在市场最高峰时入手，恰恰在市场低迷的近两年迎来了兑付期，艺术品基金正处于最尴尬的阶段。

如2011年5月，深圳杏石投资管理有限公司发行了一只有限合伙的艺术品私募基金产品，一家股份制银行东莞东城区星河支行为该基金的资金托管渠道，基金期限为2+1年，预期收益率20%。但到2014年5月份到期后，投资人普遍只拿回10%的本金。对此，深圳杏石投资管理有限公司董事长徐永斌认为："整个艺术品基金在这两年不景气的环境下，通常都退不出来，但是大的趋势不会改变，艺术品投资需要中长期持有，经济不好的时候，要度过困难期，退出确实是最大的问题。"③

---

① 参见重庆文交中心揭牌现场王小虎讲话，2014年8月18日。

② 雅昌艺术网. 人大金融所所长黄隽：艺术品投资一定要强调文化属性[EB/OL]. 雅昌新闻，[2013-11-11]. http://www.kankanews.com/ICart/news/2013-11-08/3776986.shtml.

③ 中证网. 艺术品基金的明天喜忧参半[EB/OL]. 艺术热评，[2014-10-17]. http://www.cs.com.cn/sctz/ysrp/201410/t20141017_4537722.html.

2. 对艺术品基金市场情况的思考

(1) 艺术品基金的流动性、投资期限和退出机制问题

我们知道,艺术品市场讲求的是"以时间换空间",即以一个相对较长的时间来换取可观的升值空间。在国际市场中艺术品重复交易的时间往往在5年左右。流动性较弱是艺术品市场的基本属性,拍卖行与画廊是主要的退出渠道,而八九成的基金完全依靠拍卖行的渠道退出,退出的渠道单一,意味着流动性更为弱化。退出难,意味着国内艺术品基金要想在短期内实现高收益变得难上加难,所以退出成为艺术品基金目前最大的软肋。

我国现有艺术品基金的投资期限一般是2年,或者"2+1"模式,很少有5年或更长的。而就艺术品的属性使它却需要一个较长的投资周期,欧美艺术品基金的投资年限通常在5~10年,建仓完成后的第3年才开始分批出售获利。对此,北京外国语大学文化创意与金融研究中心首席专家蔺道军认为:"艺术品更应该被作为一种资产配置性中长期投资,而非投机性短期理财产品。艺术品具有审美的滞后性和价值实现的长期性,它带给人更多的是精神享受。社会的进步对于这种审美给予认可与褒奖时,艺术品的价值才能有好的体现,其特殊性不适合'短、平、快'的投机理念。"[1]

雅昌艺术市场监测中心2014春拍报告数据显示:对艺术品而言,中短期投资,尤其是短期投资(3年以下)具有很多的不确定因素,投资失败的概率相对较大。而在收益率相同的情况下,持有期越长风险性越小,持有期在6年以上的长线投资的风险收益比为0.63,而3~6年的中期投资的风险收益比为2.08,3年以下的短期投资的风险收益比最高为4.96。从风险收益比来看,艺术品更适合长期持有。持有期越长,其收益率区间更为稳定,风险相对更低。根据2014春拍监测数据显示,持有期在6.5年以上,就不存在亏损。而短期投资,艺术品虽有可能获得超高收益,但需承担高概率的损失可能。[2]

(2) 求变的艺术品基金模式

目前中国的艺术品基金可以分为有限合伙型和信托型两种模式,有限合伙型的艺术品基金都是投资型;信托型基金又可以分为融资型、投资型两类,其基本模式是以信托资金收购投资顾问指定的艺术品,到期后由投资顾问以约定的溢价回购。与前者相比,融资型信托的最大区别在于,其收益率取决于信托项目与所投公司的回购协议,为固定值,而非普通投资基金的浮动收益。在两种模式中,主导中国艺术品基金市场的是信托型,更确切地说是信托型基金的融资型,艺术品基金市场的信托产品更多是在以投资之表,行融资之实。

① 艺术中国. 艺术品如何金融化[EB/OL]. 中国证券报社, [2011-08-11]. http://art.china.cn/tslz/2011-08/11/content_4400156.htm.

② 雅昌艺术网. 中国艺术品拍卖市场调查报告(2014春)[R/OL]. [2014-07-28]. http://auction.artron.net/20140728/n634033.html.

一个很明显的表现就是在2011年政府开始调控房价、严控房地产贷款额度，银根紧缩。在银根紧缩的情况下，艺术品信托变相成为快速获取贷款的手段，于是艺术品信托开始大行其道。有业内人士声称，真正进入艺术品市场的基金金额相对有限，多数都是借艺术品基金之名而已，在利用一揽子艺术品成功抵押套现后，将资金转移到艺术品产业链的其他环节已是保守的行为，更有甚者，将圈来的资金直接投入房地产等与艺术完全不相干的领域。并且，其融资成本对比银行贷款利率有一定优势。

为了满足不同的投资需求，目前市场上出现了混合型的艺术品基金。如近期在上海刚成立的鼎艺基金，就是以私募和信托的集合体形式出现的一种创新模式，该基金的投资年限为"3+1"年，即3年投资期限另加1年的可选延长期限，而且该基金在理念和策略方面走了一条与众不同的路线。据上海鼎艺投资管理有限公司委员会主席陈波介绍："目前国内大多数艺术品基金以艺术品为投资标的，低吸高抛赚取差价。但鼎艺则以投资艺术家为主要手段，是一只真正给艺术家做实际工作的基金。通过我们的努力，挖掘艺术家的美学价值，体现真正的市场价值。也就是走一条挖掘价值，发现价值，最后实现价值的投资之道。"也就是通过各种渠道和方式让社会了解艺术家，并承认他的价值。[①]

(3) 艺术品基金的"第二春"

2014年7月中国证监会将艺术品作为私募基金纳入调整范围，发布《私募投资基金监督管理暂行办法(征求意见稿)》将以艺术品为投资对象的私募基金纳入监管范畴，并明确合伙制基金适用此监管办法。一旦中国的艺术品抵押贷款按照西方的经验发展起来，并填补短期融资的空白，融资型艺术品信托的存在意义就会大幅降低；同时，早于信托而存在于民间的艺术品私募基金，又获得了政策方在某种形式上的认可。此消彼长，未来私募基金可能取代公开发行的信托，成为中国艺术品基金市场的主流，艺术品基金也将逐渐演变成为名副其实的投资基金。沉寂已久的艺术品基金市场再度被激活。专家表示，新一轮艺术品基金的成败，最终考验的还是合作艺术机构的专业性，对艺术家和艺术市场的把控力，以及金融机构配套的完善的基金管理架构。

可见，如何打通金融和艺术品市场，发掘专业渠道和专业知识的人，将是艺术品市场发展的关键，艺术品基金市场任重道远。

(二) 艺术衍生品市场

2014年2月26日，《国务院关于推进文化创意和设计服务与相关产业融合发展的若干意见》强调指出："坚持保护传承和创新发展相结合，促进艺术衍生产品、艺术授权产品的开发生产，加快工艺美术产品、传统手工艺品与现代科技和时代元素融合。"

---

① 理财周刊. 艺术品基金成投资新选择[N/OL]. 中国文化报，[2013-12-13]. http://183read.com/magazine/article_24250.html.

艺术衍生品是指经过版权所有者授权后，对艺术品或艺术品中的某些元素进行提炼、重构或延伸设计，具有一定的艺术附加值的产品。艺术衍生品可以提升产品的附加值，将艺术品的审美价值延伸至日常生活的各个领域，让更多的人去感受艺术的魅力。郭弈承说，艺术授权是一个非原作市场，它是相对于原作市场而存在的，国际上通常非原作市场是原作市场的3倍价值，但是在国内非原作市场还不到原作的1/10，这是未来的一个蓝海，有几十倍的空间。①

针对我国艺术衍生品市场的开发发展情况作如下思考：

1. 艺术衍生品与国民的艺术版权意识问题

艺术衍生品企业的发展，其核心是解决原创艺术品的版权问题，厘清原创艺术品与艺术衍生品之间的利益关系，防止出现法律制度和监管制度问题，导致盗版泛滥、谋取私利等有违产业发展的乱象产生。这就需要加强艺术衍生品行业的行业监管，建立起保障艺术衍生品发展的良性外部环境，以及加强艺术普及和媒体舆论的宣传引导，转变市场消费群体的观念，支持、重视版权，以保证艺术衍生品健康有序的发展。

目前国家有关艺术版权的法律制度建设相对滞后，授权机制与版权管理也尚显混乱。比如，有很多人，甚至包括一些业内人士，都在从事盗版的古画复制工作。而中国是发展中国家，消费者在产品价格和艺术价值上还是以价格优先，因此，经过授权而开发出来的衍生品，成本相对较高，在竞争中天生地处于弱势。以致我们发现市场上很多热卖的艺术衍生品几乎都能找到相应的盗版，而且价格比原价低很多。

2. 艺术衍生品与艺术品品牌效应问题

由于艺术衍生品本身是面向不特定群体、最广泛受众的，它的生产和销售形成了一个对艺术家、艺术品的再推广过程；如果专做艺术衍生品的企业形成一定的品牌效应，就可以利用自己的销售渠道，对特定的艺术家进行专项推广，提高艺术家及其作品的知名度。而当下的中国企业，对艺术衍生品仅仅是将艺术家的作品作简单地移植，如印在T恤、杯子等上面，而不是设计在里面，从而导致衍生品的效果不好，有的产品不实用。因此如何将艺术与实用相结合是我们要认真考虑的问题，不考虑艺术衍生品现实的意义，是艺术衍生品打不开局面的重要原因。

此外，有的企业在与艺术家合作的初期拿出的样品都很精致典雅，而到后期衍生品则完全不再考虑质量和艺术感等问题，以至于与艺术家的合作最终以解约终止。国内艺术衍生品商店也就很难在此类模式之下真正形成其各自的品牌效应，充其量不过是画廊经营的另一种途径而已。

3. 艺术衍生品与艺术衍生品企业的产品开发

郭弈承说："艺术授权最重要的是要有内容，透过一个好的规划可以把好的文化

---

① 参见：国际艺术授权基金秘书长郭弈承于第五届中国文化产业前沿论坛的演讲，2014年7月13日。

内容更大地价值化。"①

这里强调的是艺术衍生品的有计划地开发问题。从开发环节来说，艺术衍生品的设计理念不能仅仅局限在简单地将艺术原作的视觉元素移植到实用产品上，还应该和艺术家充分沟通，和设计师、时尚品牌有所互动，以此提高创意理念，增加技术含量，丰富产品的品牌内涵。并且注意消费者人群调查和艺术品商店销售情况调查以把握市场定位和需求，及时调整产品设计，这样艺术衍生品才能引发消费者的兴趣。还要在对原创作品的二次加工设计上多下工夫，让更多的人看过后想买并且买得起，也才能长期与艺术家继续保持版权合作关系。

目前我国艺术衍生品企业所经营的产品往往比较单一，开发衍生品只停留在文物复仿制品、旅游纪念品的低端层面，缺少创意设计元素和实用类消费品的规划开发。比如上海博物馆的网上商店卖的商品只有16类，而且基本上都是复仿品和一些简单的小工艺品。相反，国外一些博物馆，在逐渐认识到博物馆衍生品的商机后，在经过长期探索和创新后，博物馆内的商品从文物复制品到茶杯，从丝巾到冰箱贴一应俱全。如尤伦斯商店，从雕塑家隋建国的作品元素提炼出来的恐龙系列，已经成为尤伦斯商店的标志性产品，限量版恐龙雕塑设计出9个不同的颜色，满足了大众的需求。同时，还针对尤伦斯很多学生比较喜欢购买明信片或者文具一类的东西，他们提炼出恐龙系列的马克杯和笔记本，笔记本每一页印有不同的造型，独具创意又很实用，比较受年轻上班族的追捧。

4. 艺术衍生品与艺术衍生品营销、运营模式

在艺术衍生品市场比较发达的国家，艺术衍生品从开发、生产、销售都是一个非常成熟的体系，形成相对完善的产业链。比如纽约的MOMA就是比较成功的，它的艺术商店在纽约已经以连锁的形式出现。在产品开发上更要学习国际化大品牌的一些产品，包括在行销和品质上的经验。目前，国内艺术衍生品的销售，大多采取实体店的方式，一般依附于各大博物馆、美术馆等而存在，而且以复制品为主，附加值较低，营销渠道较为单一，产品难以覆盖有需求的目标人群，制约了艺术衍生品企业的快速发展。如798艺术区内的白盒子艺术商店、Hi小店以及今日美术馆礼品中心等都是该模式下的经营者。

随着中国经济和市场环境不断发展与变化，艺术衍生品企业作为新兴的产业形态也在不断地适应变化，单一的实体店营销渠道似乎已经不能满足市场需求，独立的艺术衍生品企业将不断出现，交易平台将电商化，未来的趋势可能是以艺术商店+电商的模式或直接就是以艺术交易电商平台的模式存在。郭弈承说，艺术授权狭义分成化作授权、产品授权和数字授权，产品授权其实是各种产品的应用。一个盘子10元，一张

---

① 参见：郭弈承于第五届中国文化产业前沿论坛的演讲，2014年7月13日。

齐白石的作品可能要100万元，盘子加上齐白石的作品，是最容易理解地把一个艺术应用在产品上的方式，这个产品可以是各种产品，包括行李箱、手表，只要你想象到的东西都可以做，各大平台都有跟艺术合作的案例，将艺术作品应用在服装、鞋子上，甚至跟化妆品合作等。艺术授权就是一种模式，让中华文化透过一种模式应用在各种产业上。[①]

六、2015年我国艺术品市场的展望

在2014年春拍中市场呈现平稳发展的趋势，艺术品市场成交总额295亿元人民币，同比2013年春拍有11%的上升，这是自2011年春拍以来成交总额的首次同比回升。虽然2014年的行情并不如市场期待的那样活跃，"数据显示，截至12月18日，2014年国内艺术品拍卖市场的成交量较去年同期下滑了18.26%，成交额下滑了17.37%，显示当前国内艺术品拍卖市场依然处于调整之中"。[②]

展望2015年的艺术品市场，不乏呈现良性发展的元素，求新求变的态势强烈；艺术收藏逐渐成为社会共识，艺术消费的扩张和艺术投资的趋热成为显性的标志；艺术品投资理念逐渐从盲目跟风向理性转变，公众的审美要求提升。

(一) 财富人群更加关注艺术品

2014年1月16日，胡润研究院在上海发布《2014中国千万富豪品牌倾向报告》，报告显示，古代字画取代手表成为富豪收藏首选，手表5年来第一次退到第二位。总体来说，70%的千万富豪喜欢收藏，而亿万富豪有80%喜欢收藏。收藏群体越来越大，艺术品作为投资品种也得到了更范围的认可，越来越多的国内高净值人群在资产配置中增加或提高艺术品投资份额。

同时，我国居民消费结构变化明显，教育、文化已经成为近期的消费热点，沿海经济发达地区和国内都会城市对文化艺术产品购买力的增长更加迅速。根据胡润百富榜2012年财富报告的数据，2012年国内经济的发展略显低迷，但国内富裕人士的投资方向在艺术品方向占比15%，比往年有所增加。国内目前的富裕人士中有64%喜爱收藏，在艺术品收藏领域中，古代书画、瓷器杂项和当代艺术仍是富裕人士最喜欢的3个大的收藏门类。

从2014年春拍，在宏观经济流动性偏紧的背景下，春拍成交总额同比上升，说明艺术品作为资产配置的观念在财富人士中得到了稳健认同。随着中国经济的发展和传

---

① 参见：郭弈承在第五届中国文化产业前沿论坛的演讲，2014年7月13日。
② 中国新闻网. 艺术品市场投资进入理性期，调整还需两三年[EB/OL]. 南方日报，[2014-12-29]. http://finance.chinanews.com/cj/2014/12-29/6919683.shtml.

统文化的复兴，艺术品投资以其独有的文化和经济价值，成为高净值人群的新宠。盛世而兴藏，博古而通今。

（二）更多企业资本进入艺术品市场

近年来，越来越多的企业和机构开始高调涉足艺术品收藏和投资领域，艺术品收藏由以往的个人爱好正逐步发展成为机构行为，艺术品收藏投资的企业化、机构化的趋势越来越明显，机构收藏正在悄然占领艺术市场。中央美术学院艺术市场研究中心执行总监马学东认为，艺术品市场从"散户市"向"机构市"的转变是未来的趋势。[①]如2013年11月，大连万达集团在纽约佳士得以1.72亿元拍下毕加索作品《两个小孩》；2014年4月，上海新理益集团有限公司董事长刘益谦在香港苏富比春拍会上，以2.8亿港元拍得玫茵堂珍藏明成化斗彩鸡缸杯，同年11月又以3.48亿港元拍到明永乐御制红阎摩敌刺绣唐卡；2014年11月，华谊兄弟传媒股份有限公司董事长王中军，在纽约苏富比印象派及现代艺术晚间拍卖会上，以6 176.5万美元(约合3.77亿元人民币)拍得梵·高静物油画《雏菊与罂粟花》等。未来机构收藏的热度将渐渐增加，机构收藏已经成为艺术品收藏领域的中坚力量。

近两年中国经济出现增长放缓、货币趋紧的趋势，艺术品市场也会面临短期调整。尽管如此，专家们还都预测在未来5～10年，中国艺术品的收益率仍将会超过股票，超过通胀，还会超过房地产。保利拍卖有限公司执行董事赵旭在接受采访时表示："艺术品市场不会受到经济环境的影响。市场有一批特定的藏家，不会因为经济大势的影响把资金拿去投资证券、房产等其他行业。反而有很多从能源、证券、地产等行业套现出来的藏家，对收藏保持着持续的热度。今年，就有很多新老买家在购买大件艺术品。比如王中军、刘益谦都在购买国内外重要的艺术品，经济环境对于收藏没有太大影响。艺术品收藏在中国有广泛群体，全球收藏家中，中国藏家占90%以上，市场是巨大的。北京保利今年秋拍的规模，市场完全能够承受。"[②]

对于企业收藏，大连万达集团副总裁胡章鸿表示，万达集团在书画收藏和推广方面主要注重3个方面的特点：第一，系统收藏中国近现代书画精品力作，尤其是集中在对中国美术史有重要贡献的一流大师身上；第二，除了对大师的关注外，我们同时注重挖掘和推荐中国当代优秀画家，帮助其更好地投入艺术创作和为其策划展览，也成为万达重要的文化产业投入之一；第三，万达集团不仅注重收藏，更注重于展览推广，我们每年都出资举办展览，向社会、向公众展示我们的藏品，使群众能够免费参

---

① 中国文物网. 2014年艺术品市场七大趋势[N/OL]. [2014-02-11]. http://www.wenwuchina.com/news/view/cat/0/id/206107?page=4.

② 张雄艺术网. 艺术品市场调整会有一个常态化过程[DB/OL]. 上海证券报, [2014-12-01]. http://www.zxart.cn/Detail/222/45806.html.

观，这也是向社会、向大众传播中国文化艺术，更好也更广泛地提升审美情趣。在获取经济回报的同时，又能扩大企业知名度、塑造企业良好形象。①

（三）艺术品市场国际化趋势明显

中国艺术品市场交易实现了从数十亿元到上千亿元规模质的跨越，逐渐成为世界艺术品市场的重要组成部分。中国艺术品市场迈向国际化的主要表现在：①国内艺术机构、活动、人员和作品走出中国，迈向世界，如嘉德、保利公司成功在香港地区举行拍卖，并取得了不错的成绩；并以香港地区为平台加紧国外分部的设立，从而为中国艺术机构和艺术作品进入国际市场奠定基础；②国外的艺术机构、活动、人员和作品走进国内市场。如国际拍卖巨头佳士得和苏富比于2013年9月和2013年12月分别在上海和北京成功地举办了两场拍卖会，成交率分别达97.5%(总成交额达1.53亿元)和79.4%(总成交额达2.27亿元)。实际上两家拍行早在1973年就进驻香港地区，并以香港地区为跳板向内地市场进军，佳士得和苏富比的试水成功有力地促进了艺术市场的国际化进程。②

在我国艺术品市场国际化的进程中，香港地区发挥着重要的连接国内外艺术市场的桥梁作用。香港地区因其十分完备的基础设施而成为亚洲最重要的艺术品交易市场，它同时也是继伦敦和纽约之后的世界第3大艺术品交易市场，不论是走出去还是迎进来，作为联系国内与国外艺术市场纽带的香港地区在艺术品市场国际化的进程中发挥了重要的作用，未来它还将发挥更重要的作用。

（四）电商尝试艺术市场并逐渐加大其份额

2013年8月，全球网络零售业巨头亚马逊公司再次扩展涉足领域；2013年11月，苏宁易购推出艺术品拍卖频道；2013年12月，国美在线宣称"时尚生活艺术品第一交易空间"的"国之美"正式上线；各大拍卖行也逐步涉足艺术品网拍业务，部分文交所正逐步开展艺术品的网上交易。网络拍卖的数量与规模正在逐步扩大，"艺术品电商化"已成艺术品市场发展的一大趋势。文化部预计，到2015年，在线艺术品交易总额将超过100亿元，全球将有一半的艺术品交易在互联网上完成。

艺术品电商成为时下最为火热的话题，市场份额的加大，网购艺术品悄然兴起。但是，作为一种新兴行业的艺术品电商，很多方面仍然存在一些漏洞，如信息的隐秘性、完整性和身份的确认问题，以及艺术品拍卖中的商品资料与实际情况严重不符、

① 谢易彤. 胡章鸿：万达专注收藏的三大信念[EB/OL]. 雅昌艺术网，[2012-10-31]. http://auction.artron.net/20121101/n277216_1.html.
② 张艳. 2014年艺术品市场七大趋势[EB/OL]. 中国文物网，[2014-2-11]. http://www.wenwuchina.com/news/view/cat/0/id/206107?page=4.

付款后不交货的欺诈现象等，如何注意和防范风险，解决网上拍卖所出现的信誉问题，形成一个完善的信用体系，既需要有关部门制定有关艺术品网上拍卖的相关规定和《拍卖法》的实施细则，从法律的角度对网上拍卖行为进行规范，改变网上拍卖的无序状态。

2015年01月11日在北京大学英杰交流中心举办的第一届中国互联网文化产业论坛上，360学院的创始人朱晓楠女士的"互联网下的文化产业跑起来"的O2O营销模式运用，将会让艺术品电商十分受益。朱女士说，798是一个新兴艺术的天堂和园区。我们经常看到那些现代和新一代的艺术家聊他的产品，聊他的艺术品，他们的线上交易已经高端量化，有不同的购买人群。其中，有一个年轻的艺术家谈到现在线上交易，一幅画6 000元的一个交易，线下就要高一点，在他画廊挂出来的作品中最低的是8 000多。但是他坦白讲他不依赖线下店面，更多的是通过线上交易，而且线上有他忠实的粉丝。

他又说，他自己恰恰是因为互联网才感觉到以前一些优质的、不会理睬他的画廊，通过线上他自己感受到逐渐有一些不错的艺术品拍卖的线下和线上机构同时来找他。接地气的想法，就是线下和线上交易对接，这里面有大量的信用机制和信息机制在对流交汇。它将把用户、专业机构、专家和产业上下游进行了整合和交汇，也就是说，我们看798的这些新生代的艺术家，过去是令政府相关行业头疼的，他们的安置，他们统一的管理、信息都存在一系列问题，但是我们前面已经起跑的这几个优秀的艺术品、画家从业者，他们如果把业务逐渐迁移到线上和线下对流的话，那么他个人的信息机制整体会完全有序化。即通过互联网可以无限地交汇。[1]

总之，过去的2014年，伴随着中国经济增长速度放缓，中国艺术品市场持续调整，藏家逐渐回归理性。可以预计，未来的10年是中国文化走向世界、中国艺术品走向世界的关键10年。

(撰稿人：范崇雄，中国文化企业研究中心)

---

[1] 朱晓楠. 2015年文化产业谁能赢得投资？[EB/OL]. 中国文化报，[2015-01-17]. http://www.ce.cn/culture/gd/201501/17/t20150117_4365402.shtm.

第十二章
文化创意与设计服务企业

- 创意产业的高速发展是依靠文化创意人力资本的投入产出和文化创意阶层的崛起。创意产业越来越多地被用来表述国民经济中从事利用人们的"智力资本"进行的文化服务和文化产品的生产与流通的新兴产业。然而,创意设计人才稀缺已成产业发展瓶颈几乎是业内的共识。

- 创意经济源于文化,文化是创意产业取之不尽、用之不竭的源泉,是繁荣滋长的肥沃土壤与坚实根基。文化的独特性和多样性构成了创意产业的本质特征和无穷魅力,同时又溢出文化,渗透经济社会活动的各个领域。

- 文化创意与设计服务处于产业链的高端,不仅具有高知识性、高增值性和低能耗、低污染等特征,而且对于提升各行各业的产品和服务品质,增加附加值、塑造品牌、提升市场竞争力具有重要意义。

一、文化创意与设计服务企业竞争力分析

2014年文化创意产业对GDP的贡献超过5.4%。在创意产业迎来发展黄金时代之时，作为创意产业群的核心——设计产业，当仁不让地将成为今后经济发展的中流砥柱，而对设计人才的需要也将随产业发展水涨船高。然而，目前我国创意人才匮乏，导致创意产业总是在引进、模仿和低水平中运行。在创意设计人才缺口极大的同时，创意设计人才在就业上遭遇了薪酬尴尬，学历薪资倒挂的现象层出不穷。

(一) 文化创意与设计服务业的人才分析[①]

《国务院关于推进文化创意和设计服务与相关产业融合发展的若干意见》指出，到2020年，设计服务增加值占文化产业增加值比重明显提高。设计服务类企业人才资源是设计行业持续发展的源泉。

设计产业涉及的领域相当广泛，平面设计、产品设计、室内设计、时装设计等都被囊括其中。中国市场对设计人才也是求贤若渴，据有关方面预测，中国的文化产业市场每年产值达4 800亿元，目前仅有1 800亿元，尚有3 000亿元的空间。创意产业的高速发展是依靠文化创意人力资本的投入产出和文化创意阶层的崛起。创意产业越来越多地被用来表述国民经济中从事利用人们的"智力资本"进行的文化服务和文化产品的生产与流通的新兴产业。然而，创意设计人才稀缺已成产业发展瓶颈几乎是业内的共识。

既要有创意，还要有技术，复合型高端人才难觅是令企业头疼的主要问题。以动漫行业为例：首先，动漫行业人员流动性强，公司必须储备足够的人员才能满足业务需求。其次，动漫领域技术含量、创新要求高，很多企业想出高薪招动画师、模型师、原画师、分镜师等动漫行业的创意型拔尖人才，但这类人才在应聘者中寥寥可数。比如：动漫游戏美工月薪3 000元起，动漫手机游戏工程师月薪4 000元起，能力强者月薪可达万元……在招聘会现场，这样的揽才广告随处可见。虽然应聘者很多，但真正符合要求的人却少之又少。

尽管人们将国产原创动画片《喜羊羊与灰太狼》的成功，看作我国动漫产业高速发展的标志，但有关专家表示，人才的极度匮乏将严重制约我国动漫产业的发展。据

[①] 云玉敏，狄浩林. 设计服务类企业人才发展现状调查研究与建议[J]. 中国职工教育，2014，(12).

统计，中国目前至少有5亿动漫消费者，每年有1 000亿元的巨大市场空间，而国内动漫人才的缺口多达百万人。但是，戏剧性的是，我国动漫制作人才却相对过剩。截至目前，我国有400多所高校设立了动画专业，1 000多所大学开办了涉及动漫专业的院系，有1 800所高校设有艺术教育专业。在国家大力扶持与发展动漫游戏产业的政策背景下，动漫成为各高校与职业学校学生的热门之选。动漫制作人才相对过剩，高端创意人才严重缺失，归根结底是兼通艺术和技术的复合型动漫人才稀缺。高校培养出来的动漫人才不能与动漫企业有效对接，是导致企业招不到人才、动漫毕业生找不到工作的根本原因。

1. 设计服务类企业人才发展现状

本调查以北京某地区设计服务类企业为研究对象，按照规划、建筑、景观、室内设计类企业，工业设计类企业，科技数字、文化传媒类企业3种企业分类，选取调研企业96家，其中大型企业(指主营业务收入在2 000万元及以上的企业)27家，中小型企业(指主营业务收入在2 000万元以下的企业)69家，采用问卷调查和访谈的形式，对企业从业人员的学历水平、培养情况及经费、行业交流、收入福利等方面进行深入地调查研究。

(1) 学历水平

调查显示，该地区设计服务从业人员学历水平全部在大专及以上。其中，拥有本科学历的从业人员占绝大多数，达到67.4%；其次是大专学历占23.3%，硕士研究生学历占9.3%。由于从事设计服务工作对设计能力和审美要求较高，因此，企业从业人员总体学历水平较高，对企业的发展和产品质量提升极为有利。此外，访谈中发现，企业除学历要求外，更注重实际能力，表现出设计服务企业发展的良好信号。

(2) 培养情况

员工培训是企业发展的必然要求，也是员工职业生涯发展的需要。一般来说，企业主要为员工提供在职进修或培训。从调查的情况来看，只有26.5%的从业人员有过在职进修或培训经历，大部分从业人员没有经历过任何进修或培训。一些企业表示尽量招聘有工作经验、较为成熟的员工，从而减少进修与培训的开支；也有企业表示不鼓励也不阻止员工参加进修与培训，但费用由员工自己承担。

(3) 培养经费

据调查，该地区设计服务类企业人才培训经费投入偏低，人才培养与企业规模相关，中小型企业人才培养亟待改善。2010—2012年间，企业培训经费支出主要集中在50万元以下，20%左右的企业没有人才培训支出；2012年，人才培养经费略有提高，支出在50万～300万元的大型企业由0上升到20%。从企业规模来看，大型企业的培训经费投入逐年增加，投入结构趋于合理；中小型企业培训经费投入不足，投入结构基本保持不变。中小企业人才培养力度受到企业自身规模和政府扶持力度的影响，尚需进一步加强。

(4) 行业交流情况

鉴于设计服务行业的特殊性，员工需要通过沟通和交流来获取设计灵感、设计经验乃至设计素材等。所以，同业交流对员工素质提升具有举足轻重的作用。

① 国内同行间交流

调查发现，国内同业交流的次数和频率较少。具体来说，2010—2012年间，交流次数在2次及以下的企业占80%以上，3次及以上的企业不足20%。大型企业交流次数较多，中小型企业国内同业交流次数非常少。

② 国外同行间交流

与国外同行间的交流差强人意，中小型企业同大型企业之间存在着较大差异。大型企业约有80%从未同国外同行进行过任何交流，而中小型企业则约有75%进行过2～3次交流。中小型企业同国外同行交流状况好于大型企业。

(5) 收入与福利状况

从年薪范围来看，员工年薪处于中等水平。34.2%的员工年薪在3万～5万，其次是5万～8万占22.8%，8万～12万占19.3%，12万及以上和3万以下的比例均约10%。社会福利方面，全部享受"五险一金"的企业员工占62%。部分享受"五险一金"的员工占38%，其中，享受住房公积金的员工比例高达94.4%，享受生育险的占5.6%，失业、养老和医疗险基本处于缺失状态。

(6) 作品获奖情况

企业获奖数量有待提升，荣获国际奖项少之又少。2010—2014年企业获奖总数逐年上升，超过40%的企业有获奖经历，且奖项集中在2～3项。其中，具有代表性的赛事奖项有国际景观规划设计大会金奖、亚洲数码设计大赛终奖、中国建筑设计金奖、中国规划设计金奖、中央电视台纪录频道创作奖等，奖项范围广泛，发展水平均衡。

2. 设计服务类企业人才发展过程中的问题

在本次调查中，总结了设计服务类企业人才发展过程所出现的问题，大体可以分为3个方面。

(1) 人才短缺，技能再培训渠道亟待完善

首先，在对企业发展过程中的困难调查时发现，企业和员工一致认为人才短缺是制约企业发展的最大问题。其次，由于企业主要由民间资本投资(据调查，该地区民间资本投资占83.33%，股票和债券市场融资为11.11%，贷款资金5.56%，政府投资、外资、上市融资、风险投资等的比例基本为零)，大多数股东为自然人，股东数量小于4人，企业追逐近期利益现象严重，在人才培养方面投入低，企业对员工再培训态度冷漠，员工面临的再培训渠道有限，高校、职业教育等社会力量参与不足，设计人才的技能再培训渠道亟待完善。

(2) 人才交流匮乏，缺少高端、实用的交流平台

国内同业缺乏交流，国外同行交流不均衡。一方面，国内中小企业数量庞大，由于竞争关系，交流常常停留在口头上，缺乏实践；同时，政府或相关单位基本没有专门为设计行业搭建交流平台，交流收效甚微。另一方面，与国外交流主要集中在影视、动画制作、数字传媒等方面，工业设计、景观室内设计等方面缺少交流机会，交流领域严重倾斜，活动往往是国外发起，交流成效有限。

(3) 缺乏具有竞争力的高端人才引进政策

收入和福利是吸引高端设计人才的动力。访谈发现，国内设计市场不健全，与国外高水平、高收入的设计行业相差甚远，国内的设计服务行业收入整体水平不高，特别在工业设计领域，比如：迪拜楼宇设计费用高达几个亿，而国内生态建筑设计费用仅为十几万，难以形成有效的市场机制，吸引高端人才。同时，国家规定的"四险"(养老、医疗、失业和工伤)还存在缺失问题，表现出设计行业在人才管理方面的不规范性。

(二) 文化创意与设计服务业的企业分析

目前创意设计公司数量众多，大小各异。但总体看来，实力出众、规模较大的公司还比较缺乏，在国际排名靠前的设计企业寥寥无几，无法提高我国创意设计行业的知名度和影响力。从整体上看，我国的创意设计产品内涵价值不高，真正高附加值和含金量高的设计产品数量较少，产品还存在风格雷同、创新性较低等问题，限制了我国创意设计行业的对外发展。产业规模小、数量少、服务能力弱的问题依然存在，部分企业因自身能力不足或迫于生存，局限于低端市场的竞争，影响了企业的创新进取能力，不利于设计产业的持续高端发展。

1. 对创意设计价值的认识不够

我国大部分生产性企业和人群普遍缺乏对创意设计的价值认识，创意设计没有真正融入到日常生活中。比如：西部许多本土的家居、鞋业生产企业没有设计理念，靠模仿复制生产低廉的产品；与上海、深圳、杭州为代表的沿海发达地区和城市比较，这些城市的创新意识更为浓厚，创意设计业较为发达。因此，加大对设计理念的普及，提升创新意识，营造全社会重视设计的氛围，对创意设计行业的发展环境具有重要作用。

2. 企业与政府、人才、院校、企业之间的对接渠道不畅通

创意设计企业需要与生产性企业、创意人才、科研院所实现对接，打造完整的产业链条。目前企业与这些元素的对接渠道还不畅通，需要政府采取保障措施，加强组织协调，帮助企业实现有效对接。比如：目前我国的广告设计公司普遍存在公司业务种类单一、低水准重复设计等瓶颈问题，客户需求集中在低层次、低价格的设计要求

上，迫切需要拓展业务市场。此外，政府相关部门政策不透明，信息不对称，相关服务有待加强。比如：政府相关部门的官网信息更新缓慢，关键政策法规中的细节信息不对称，行政审批程序复杂，造成企业对政府工作效率低的评价。因此，加强企业与政府、人才、院校、企业之间的对接渠道尤为重要。

3. 政府项目申报门槛高，需创造公平的竞争环境

创意设计企业申报政府项目时遇到门槛较高的问题，缺乏有影响和公信力的展示平台，对原创性设计突出的作品，缺乏客观公正的评价和展示推介。中小型企业在政府主导的大型招投标项目中处于劣势地位，具有创新意识的中小型设计企业因平台缺失，无法参与设计市场的公平竞争，造成优秀的本土设计团队逐步萎缩和设计能力退化。长此以往，对培养本土设计企业成长不利。同时，政府采购创意设计产品和服务的力度有待加强，这也有利于创意设计意识的推广，帮助打开消费市场。

4. 创意设计高端人才缺乏，优秀人才流失迅速

首先，设计人才的培养不容易，人才的成长成熟需要一定的时间。尽管我国创意设计公司从业人员众多，但高精尖人才缺乏，既懂专业又懂市场的高度复合型人才尤缺。人才是设计行业的核心竞争力，缺乏优秀人才就无法提升企业产品的质量和内涵，会进一步影响企业的整体发展。

其次，设计高端人才容易出现由不发达地区向发达地区流失的现象。比如沿海地区设计企业给出的工资成倍地高于我国西部地区，更加能得到创意人才的青睐，西部地区具有专业设计水准的设计师流失速度快。同样，受待遇等因素影响，引进高素质优秀人才也存在困难。因此，真正能适应我国设计市场要求的设计人员数量有限，人才缺失严重，优秀人才流失迅速。

5. 支持平台运行和企业运营的资金缺乏

为了更好地打造产业聚集地，创意设计园区需在后期园区规模扩大、氛围营造、内部装修改造上进一步改善；此外支持平台运营的专业团队需要巨大的人力费用及平台养护费用，因此如果企业缺乏资金保障，企业就很难实现规模的扩张和更大的效益。但是，在现实情况中，一方面融资渠道的单一制约了企业的进一步发展；另一方面，企业在申请银行贷款时又面临着需资产抵押、贷款利息高等问题。所以，资金匮乏的问题制约了企业的进一步发展，需要政府采取贴息等方式给予一定的资金扶持。

（三）加快我国创意设计行业发展的政策建议

1. 加大资金支持力度，完善金融配套政策

目前，我国文化产业发展专项资金重点支持重大项目、龙头企业发展，同时对符合条件的中小企业发展给予一定的资金扶持。因此，国家应鼓励创意设计企业拓展业务市场、提升研发创新能力、建设公共技术服务平台，并带动社会资本投入支持行业

发展。同时，广泛调动社会力量，鼓励各类资本投入，多方位、多渠道为创意设计行业筹措资金。发挥我国文化产权交易所的平台作用，为中小型创意设计企业及创意成果的转化提供融资服务。最后，鼓励银行等金融机构针对创意设计企业开发特色金融产品，放宽抵质押品的范围，开展知识产权质押业务，提供低息贷款，促进创意设计产业发展壮大。

2. 建设高素质人才队伍，提升产业创新能力

建立创意设计高校教育实训基地，利用企业资源建立创意设计行业毕业生实习基地，推动创意设计理论教育和实践培训相结合。加强企业与科研院所、高等院校的合作交流，培养适应市场需求的创意设计复合型人才。加强对外培训交流，学习借鉴先进地区创意设计的经验。鼓励和支持行业协会、高等学校、科研机构和企业深入交流，组织开展创意设计培训。

培育和引进高端复合型人才和行业领军人物。进一步加大优秀创意设计人才的引进力度，制定完善吸引高层次人才就业和创业的优惠政策，妥善解决社会保障、工作待遇、子女入学教育等相关问题，为创意设计业发展储备高素质创新人才。为海内外优秀创意设计人才创业和从事创意设计研究、教学工作提供激励政策，创造良好条件。建立激励设计创新的机制，防止高层次人才流失，市文化产业发展专项资金对有突出贡献的设计师给予物质奖励。鼓励创意设计人才参加国内外大型评奖活动，通过奖金鼓励、荣誉嘉奖等形式提高设计人才的积极性。

3. 完善创意设计公共服务平台，提升产业集聚效益和影响力

积极引进国内外综合实力强劲的创意设计企业，培育本土知名设计品牌，提升产品的质量，发挥龙头带动作用。以我国现有的创意产业园区为主线，吸引人才、资金、企业等要素前来发展，整合和统筹创意设计的优质资源，提升园区的集聚力和辐射力，以园区为点带动行业的整体发展。引导工业企业重视和应用创意设计，促进创意设计企业和工业企业以多种形式合作、承接外包设计业务，帮助设计企业将创意转化为产品，扩大创意设计产业市场。牵线搭桥支持设计企业与生产型企业、创意设计人才、科研院所之间的合作，为其畅通交流对接的渠道，实现产学研结合。完善创意设计行业的业务拓展平台，举办创意会展活动或其他展会形式，拓宽我国创意设计行业的交流范围，给企业提供更多的业务资讯和便利。

提高园区管理和服务水平，积极引进新的设计理念、先进技术和管理经验，提升创意设计整体水平。加大政府采购的力度，政府在进行创意设计产品和服务的采购时，优先考虑采购本市创意设计企业自主创新的产品和服务。

4. 加强宣传力度，培育创意消费市场

鼓励培训机构或专业设计企业走进企业，开展创意设计类培训项目，宣传介绍

企业设计创新经典案例，提高企业对设计创新的重视程度和认识水平。凸显创意设计在新产品开发中的价值，将创意设计作为技术创新项目及政府项目申报的重要指标之一。鼓励企业通过创意设计增加产品附加值，提升企业竞争力。

积极向社会推广介绍创意设计的理念。加大媒体对创意设计的宣传力度，完善对"创意设计"的宣传机制，支持园区企业的产品推广宣传、宣传品制作等工作，多渠道、多形式、深层次宣传推介我国的创意设计品牌。在传统媒体和网络媒体设置创意设计类专题栏目，鼓励创办创意设计相关专业报刊杂志和网站。普及创意设计理念，让创意融入日常生活，广泛开展创意设计宣传、展览、交流等活动。鼓励园区和企业开展参与大型比赛和展会等交流活动，举办具有国际影响力的节庆赛事活动。政府给予专项资金支持活动的举办，为创意设计企业提供产品和成果的展示、发布和交易平台。通过多种交流活动提升创意设计的意识，培育消费群体和市场，提升知名度和影响力。

5. 加强知识产权保护，营造良好市场环境

举办知识产权相关法律讲座和学习培训，提高企业和从业人员对知识产权的保护意识，促进设计产品自主知识产权品种的开发注册。鼓励企业和个人加强创意设计成果保护，及时进行专利申请和著作权登记，维护自身合法权益。完善创意设计业发展的有关配套政策和法规、规章，为创意设计行业提供法律服务。完善我国文化产权交易所等提供知识产权和设计成果交易、托管服务的公共服务平台，规范知识产权和创意产品的交易市场。依法严厉打击侵犯知识产权的行为，形成良好风气，为创意设计行业营造公平竞争的市场环境。

支持创意设计行业组织协会的成立，充分发挥行业协会等中介组织的桥梁作用，规范行业行规，服务企业，促进创意设计行业的健康有序发展。市文化产业发展专项资金对行业协会建设的公共服务平台予以财政补贴，鼓励各设计类行业协会组织积极开展行业交流、对接、宣传及科研等活动。

6. 加强组织保障，优化政策环境

简化行政审批程序，优化审批流程，提高行政效能。加强规范管理，加大政务公开力度，大力推行和规范网上审批，从信息发布渠道、时效性保障等方面创新服务方式，同时完善效能监察等监督机制，改善发展环境。制定和完善有利于创意设计产业发展的配套政策措施。

支持建立创意设计产业统计评估体系，加强对产业发展的监测和分析，引导和规范行业发展。完善创意设计行业统计指标，明确统计分类，完善调查分析方法和制度，提高统计数据的科学性与准确性。及时发布能真实反映产业发展动态的信息和数据，为行业发展提供科学决策和预警机制服务。

▌二、文化创意与设计企业经济贡献分析

创意经济作为当今社会经济和消费方式中新的社会经济模式，也是创意设计产业及其相应的生产消费方式的统称。创意经济的核心要素是人的创造力，是以智力资源为依托的知识经济。创意经济源于文化，文化是创意产业取之不尽、用之不竭的源泉，是繁荣滋长的肥沃土壤与坚实根基。文化的独特性和多样性构成了创意产业的本质特征和无穷魅力，同时又溢出文化，渗透经济社会活动的各个领域。

（一）创意设计的功能作用与世界创意设计产业发展的不同模式

创意作为一种独辟蹊径、独具匠心的手段，在现代设计中既是一个静止的概念，同时又是一个动态的过程。创意既是静态的"点子"和"主意"，同时也是从无到有的创造性思维活动。创意设计将知识的原创性与变化性融入具有丰富内涵的文化之中，发挥出创意产业的价值功能，形成设计研发、高附加值的产业链，增加社会财富；提升人才集聚和核心竞争力，同时也有利于产业结构的调整和优化，以及城市功能的转化。创意设计不仅改变人们的日常生活，而且可以改变一个地区、一个城市，甚至一个国家调整经济结构，转变发展方式，提高核心竞争力。创意设计作为当今文化复合型产业，已经发展成为独立的经济形态，不仅成为经济发展中新的增长点，而且成为其他产业的"助推器"，有利于带动整个创意经济的全面发展。

作为创意经济中的创意设计，是以"人"的需求为出发点，以满足人的"心理需求"为设计的最终诉求。市场需求是推动价值形成的原动力，而创意产业创造了观念价值，促进了新的需求，完善了价值系统，构筑全景的产业链，突出了创意设计的价值与作用。在当今创意时代，设计价值被进一步提升到国家战略层面。新兴的文化创意在发达国家经济中所占的比重已达到8%～12%，在英国、美国、澳大利亚、韩国、丹麦和新加坡等国家和地区、创意设计产业已形成各自特色，并产生了巨大的经济效益。其中，在很多国家，将制造业视为低效益产业，向其他国家和周边地区转移，将高利润、低耗能的创意设计环节留在国内完成。以创意能力和高技术见长的跨国企业，把廉价的加工环节和生产基地以"委托方式"外包给"打工国家"。比如：据有关权威报道，从美国进口一部在中国组装的iPhone手机是178.96美元，市场零售价格实际在2倍以上，其中在中国组装环节的费用仅有6.5美元。由此可见，创意设计可带来丰厚的利润与价值。当今创意时代，是"我们动脑，他们流汗；我们出思想，他们卖体力"的具体体现。现代企业往往只负责设计、技术监控和市场销售。比如：北欧的家具、灯具和其他室内用品等优雅、充满人文关怀的设计；日本以索尼、东芝、松下、丰田为代表的精美、细腻、精益求精的设计；德国以奔驰、大众、奥迪、西门子为代表的严谨、理性、高品质的设计；韩国以三星和现代为代表的时尚、民族味设计等，

都在国外开设产业链下游的生产型工厂，但这些企业的主要设计研发中心都留在国内本土。再如：最早提出"创意经济"的英国，创意产业已成为与金融业相媲美的支柱产业。拥有超过4 000家商业设计咨询公司以及众多的自由设计师，产业规模庞大，设计创意产业集中，政府提出了将英国打造成"世界创意中心"的宏伟计划，以保持英国创意设计产业的国际地位；仅英国的伦敦就有68万人从事创意产业工作，创意产业占伦敦经济的15%，从事创意产业的人占英国人口的12%；尤其在高校高端设计人才培养与企业的融合与接轨，是英国设计创意产业健康发展的重要因素之一。

（二）创意设计对产业集群发展的影响

创意经济离不开产业的发展，不同区域的创意设计产业就需要在原创、技术、制作、产品、市场有机结合的基础上构建价值实现系统，并形成产业集群，实现创意产业化和价值的最大化。作为主导价值链分配和延伸的设计创意产业，在带动配套相关产业及衍生产业发展的同时，分享价值创新的创意设计成果，形成产业聚群的经济效应。

推动产业创新发展的基础是产业和市场的发展，在创意设计中通过应用技术的嫁接，实现传统产业的价值创新与拓展。创意设计与传统产业的最大不同，是边际效益提升的同时，边际成本的递减，形成研发设计、高附加值、高利润的产业链，在同一地理空间的产业链是形成分工灵活的协作体系和产业集群。创意设计产业形成集群有利于解决中小产业发展中的各种困难，降低创意设计成本和风险，吸引风险资本加盟，实现投资主体多元化。其次，产业聚群的合作与交流，有利于迅速了解市场需求的变化，整合本地资源，建立产业联盟，强化分工与配套，共同打造设计品牌，发挥产业聚群的溢出效应。所以，创意产业聚群是设计品牌形成的动力源，是设计品牌的加速器，有利于促进创意经济的可持续发展和设计创意产业的升级。

纵观国内外有影响的区域几乎无一例外是创意设计产业最集中、最发达的集散地，同时也是文化交流中心，更利于以城市为中心的区域功能提升和转型。以国内创意产业的城市特色为例：如北京打造的中国"创意产业之都"，扶持近600项文化项目，聚集文化企业8 000余家，计划实现创意产业增加值近700亿元；而地处南边最早的开放城市深圳市，靠创意打造"设计之都"，仅工业设计一项就占全国近一半市场份额；随着长三角区域一体化和雄厚的经济支撑，以及底蕴深厚的文化和发达的产业集群，处于长三角的杭州文化创意产业已成为经济发展的"新引擎"，并成为城市重要的支柱产业；作为长三角区域优势明显的上海"创意产业化、产业创意化"的理念已成工艺美术、数字娱乐、展示设计等领域众多国际创意机构的首选。根据各自的城市特色，形成区域内设计创意产业链的自循环系统也不尽相同，一是从原创到市场，部分城市基本形成了较成熟的产业链，产业延展空间大；二是基本构成了协同产业链的增值服务系统，如艺术授权、拍卖等类别。据文化部发布的《2010年中国艺术品市场年度报告》显示，2010年我国艺术授权和衍生品交易60亿元。根据国际测算，我国艺术授权所带来的艺术衍生品生产总值可达1 767亿元，具有很大的市场发展空间；三是具有较高完善的配套产业链和创意设计人才的支撑。基于市场竞争目的的需要，而通过创意设计和设计想象力去弥补商业发展中的不足，以此获得最大的利润空间和企业在行业中的领导地位。正如美国工业设计师协会主席Bruce Claxton所言："设计成为一种新的竞争武器和创新关键，它像杠杆一样撬起整个商业。由此，可以建立和支持一个组织独特的竞争优势。"由此可见，创意经济中的创意设计，融入到了企业的战略和活动层面，并发展成为一个国家、乃至一个地区创新战略体系中的重要环节。如图12-1所示。

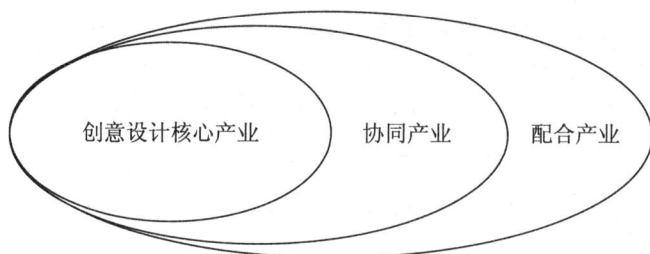

图12-1　创意设计产业聚群示意图

（三）创意设计有利于提升区域品牌价值

创意设计作为一种创新思维活动，它包含了创意设计中的相互联系、共同作用，产生众多创造性设想。很多经典的创意设计往往源于生活中的某一细节所产生的联想。比如：丹麦著名建筑设计师约恩·乌特松设计的澳大利亚标志性建筑——悉尼歌剧院，它造型奇特，外形犹如一组出海船队的风帆，也像一枚枚屹立在海滩上的大贝壳，又形似莲花。据说设计师的设计灵感来源于橘子，正是那些剥去了一半皮的橘子启发了他的创意，是这一平凡事物引起的伟大构想。

纵观现代设计，始终是以"人"的需求为出发点，即是设计的依据和归宿。在生态文明发展的新时代，低碳、绿色、简约的设计理念，体现在人与自然的和谐共存中。在现代设计领域，不同的设计载体，其设计手段和方法各有所异。在人、社会、环境3大因素的基础上进行工业创意设计，更有利于产业的可持续发展。以韩国三星美术设计学院设计的BPS地图投影和为例，其造型设计像手电筒，体积小携带方便，使用灵活，同时可以通过蓝牙下载地图和缩放摄影大小；最大的特点是用可分解塑胶制成，用手电筒一样的电池，绿色环保，方便实用。再如以创意著称的韩国三星企业，将设计创新融入研发和生产的每一个环节，并成为现代高端产业和品牌的代名词，已跻身世界五百强之列。创意设计作为铸造辉煌成就的有力武器，完成了一个由模仿到跟随者再到领跑者的蜕变。

精致是创意设计的基础，也是创意设计发展的方向之一。以我国周边的韩国为例，就有很多值得我们学习和借鉴的成功经验。韩国作为创意设计之国，提出了"资源有限、创意无限"的口号并付诸行动，带给我们的启示是多方面的。"产品应该能够改变世界，产品设计和制造的每一个环节都应追求做到完美无瑕"，这是苹果公司前CEO乔布斯的理念。只有重视产品的创意设计，特别是产品的原创性，使产品进一步精致化，才能提升产品的品牌价值。

创意设计的品牌价值最重要的是文化内涵，打造创意设计品牌，首先应增强特色文化气息，立足于产业文化底蕴和产品质量，才能有利于提升创意设计的品牌价值。如在工业设计中融入文化创意，可用色彩调节人们的心情，以结构满足人体舒适感，以造型给人们以丰富的想象，从而实现产品价值的最大化。其次，具有较高美誉度的品牌本身就是一种无形资产，有利于将相近类型中的小创意设计企业通过设计品牌联系在一起，实现优势互补和品牌集聚，从而促进创意设计产业链的整体升级，提升创意经济的综合竞争力。

（四）创意设计发展中的创意风格与设计人才

创意经济的创意设计，即设计师力求创造出新的形象，但设计本身不是没有根据的创造，而是在满足物质功能结构特点和表现要求的前提下依照美学法则进行的过程。虽然不同的设计领域对设计要求不尽相同，但对美学原则的灵活运用，不囿于传统和固有模式。特别在创意设计的前期调研阶段，是信息的动态搜寻和探求过程。而在创意设计阶段，设计师应避免受已有构想影响，应凭借设计师的直觉和创造力进行创意设想。创意设计是一个综合的思维过程，而有些设计灵感的启发往往来源于头脑风暴法、形态分析、元素的分解与整合，以及团队研讨等多种形式。在布局、形状和结构方面，设计师不能沉迷于某一方面的解决方案，更不能受某一特性、功能等条条框框的限制而阻碍设计思路。只有通过前期的资料分析和整理，对已有深入价值的创意进行判断、归纳和定位，才能最终形成设计师希望的方案。所以，一个新的创意理念所生产的产品可以转变或改善一种新的生活方式，它是设计，更是创新。结合创意设计经济发展现状，在市场调查和分析的基础上进行创意设计开发，在产品造型、视觉美学等方面设计与众不同的空间形态，进一步满足市场需求和新市场开拓，从而赢得产品竞争优势。

但凡好的设计都离不开正确的思维方式，而设计观念是设计思维的起点和方向，并贯穿创造构思的全过程。当听到"中国制造"而不是"中国创造"时，当看到琳琅满目的产品印着"Made In China"时，会使人感到中国现代设计所面临的尴尬。分析创意设计存在的种种现象，不是缺乏设计理念，而是缺乏自己的设计风格和创新意识。比如：瑞典的IKEA系列家具之所以能风靡全球，是因为它一贯所倡导的"绿色设计"风格；资源缺乏的日本以薄、短、小、精的设计特点成为国家的产业文化。所以，一个国家和地区的现代设计要在激烈的市场竞争中立于不败之地，就必须形成与之相适应的设计风格，必须重视创意设计人才和创造思维在现代设计中的作用。我国的创意设计产业的真正发展繁荣需要依靠一批拥有一流创意设计的高端人才，去打造国内外知名品牌，才能出现具有持续创新能力的设计企业。纵观国内外创意设计产业的发展，国内创意设计人才主要体现在院校培养，校企融合培养却滞后于市场发展，而且在总量和结构上都不能满足产业发展的需求，在较大程度上制约和影响了创意设计产业的发展步伐。目前，我国文化创意设计产业占GDP的份额不足4%，占文化产业市场份额不足3%，这同世界第二大经济实体的地位极不相称，而发达国家文化创意产业占国民GDP的份额平均在10%左右。美国文化创意产值在其GDP中占25%，在世界文化创意产业市场中所占份额达43%左右，因此，客观上要加强我国文化创意设计等软件建设。虽然目前相应的产业和产值数量迅猛增长，但企业急功近利的现象普遍存在，企业都希望拥有马上能够对其产生经济效益的文化创意人才，而缺乏对设计创意人才的培训与投资。高端创意设计人才的培养在国外有很多企业经验值得我们学习和借鉴，如美国迪士尼乐园在获得国家资助金后，必须拿出25%用于人才的专业培训，才有无可挑剔的高端专业人才的聚集。所以，根据区域文化特色、要树立享誉世界的创意设计品牌，人才是关键，高端人才是创新的主体。唯有重视设计创新，才能使"中国制造"提升产品的显性价值；唯有重视创意设计，才能使中国企业走向自强不息之路，并带动产业结构的转变。中国的"创意经济"才会从"中国制造"转变为"中国创造"和实现"中国智造"，并带动整个创意设计产业的良性循环。

创意设计是发展的动力，地域文化是创意设计的魅力之源。设计人才、经济基础、政策环境和制作技术的相互作用与影响，构建以创意设计为中心，并形成创意经济发展的良好环境。这种创意设计环境的营造首先应具备相应的条件要素、环境要素，最终实现创意经济增长的目标要素。如图12-2所示。

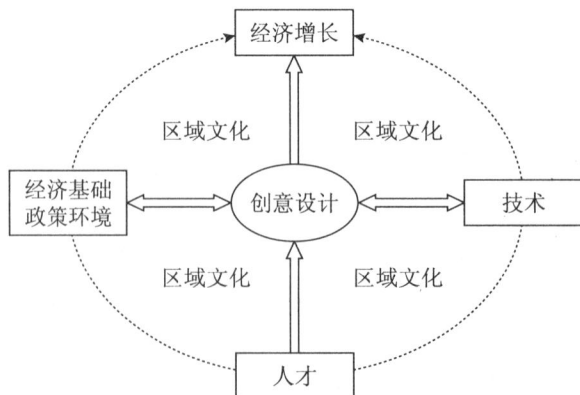

图12-2　创意设计与区域创意经济增长分析

　　总之，创意经济具有广泛的适应性，不同区域产业发展存在不平衡，为创意经济中的创意设计产业发展提供了不同的选择和模式。特别是国家宏观政策和市场要求，以及十二五规划纲要将文化产业列为国民经济的支柱产业，这意味着未来几年全国文化产业复合增速将达到37%，远远高于同期GDP增速，使市场感受到文化创意产业巨大的发展潜力。其次，企业转型追求高附加值的需求提升和文化消费要求的大幅增长，有利于促进创意经济的健康有序发展，以及提高创意设计人才的主动性和积极性。

　　作为根植于文化积淀和氛围中人的想法、才能、经验和设计创意，是独特的原创性行为，是当今"绿色GDP"的原动力，也是创意经济的核心要素。创意经济中的创意设计，是一个演变过程，更是一个发展过程。纵观创意设计本身的发展和国内外成功经验，诠释着宏观创意经济层面到具体的创意设计阶段和过程，创意设计被赋予新的功能和使命。

三、文化创意与设计服务业发展环境分析

　　文化创意与设计服务处于产业链的高端，不仅具有高知识性、高增值性和低能耗、低污染等特征，而且对于提升各行各业的产品和服务品质、增加附加值、塑造品牌、提升市场竞争力具有重要意义。近年来，我国文化创意与设计服务发展较快，但总体水平仍亟待提高，创新能力、专业人才、专业化程度和成果转化等还不能适应经济社会发展的需要，有利于文化创意与设计服务发展的政策环境还需进一步改善。文化创意与设计服务活动与第一、第二、第三产业都密切相关，装备制造业、消费品工业、建筑业、信息业、旅游业、农业和体育产业被确定为重点。这主要是因为上述行业提供的产品和服务是直接面对居民日常生活需求的终端消费，融合发展的需求拉动效应明显，有利于提升产品质量、性能和附加值，培育自主品牌，占领产业链高端，加快实现产业结构调整和优化升级。

（一）首个文化创意与设计服务业指导意见出台[①]

　　2014年3月14日，国务院印发的《关于推进文化创意和设计服务与相关产业融合发展的若干意见》(下文简称《意见》)，是我国第一次就文化创意和设计服务与相关产业融合发展出台的系统性文件。《意见》主要提出了要推进创意和设计服务与相关产业融合发展7项重点任务：一是利用文化创意助推"中国制造"升级"中国创造"；二是加快数字内容产业发展，推动文化产业转型升级；三是文化创意与设计服务、适宜的

---

① 祁述裕. 专家解读推进文化创意和设计服务与相关产业融合发展七项重点任务[EB/OL]. 新华网，[2014-03-15]. http://news.xinhuanet.com/politics/2014-03/14/c_119780516.htm.

人居环境建设相结合，提升人居环境质量；四是以文化提升旅游的内涵质量，以旅游扩大文化的传播消费，以文化提升旅游的内涵质量；五是推进农业与文化、科技、生态、旅游的融合，进一步挖掘特色农业发展潜力；六是积极培育体育健身市场，引导大众体育消费，拓展体育产业发展空间；七是鼓励各地结合当地文化特色不断推出原创文化产品和服务，积极发展新的艺术样式，推动特色文化产业发展。通过增加创意设计，丰富文化体验形式和文化产业业态，提升文化资源利用层次，拓展文化产业发展空间，促进文化产业集约化发展，增强文化产业发展后劲。

《意见》对提高我国文化创意与设计服务整体质量水平和核心竞争力，推进与相关产业深度融合，将散见于有关文件中的政策措施和现行做法整合集成并创新举措，出台更具针对性和操作性的政策文件，明确我国文化创意和设计服务业的发展方向，具有重要的现实意义。

（二）文化创意与设计服务业的行业分析

首先，我国设计行业在国内市场中处于低水平现状。像玩具、工艺品、装备制造等传统行业长期处于模仿或贴牌生产，产品的设计开发和创新能力弱。没有独立的知识产权，难以创造高的附加值；非设计企业(特别是制造业)设计推广的阻力较大。由"中国制造"转向"中国创造"举步维艰。我国高等设计教育严重滞后，我们从西方承袭过来的单一教学模式和片面的课程体系，导致西风压倒东风。一方面，高校培养的设计类专业毕业生过剩找不到工作，另一方面，社会上大量的新兴设计岗位空缺无人应聘。设计业人才供需不平衡，高层次的人力资源严重不足，这导致设计业可持续发展能力不强。设计界商业气息浓郁，文化氛围淡漠，设计师普遍浮躁或忙于商务，不利于产生杰出的设计作品和一批高水平的设计师。国家"文化产业振兴规划"也没有像英国等发达国家那样把它作为文化产业的一个分支：由于设计业多以"服务"的形式介入经济建设，而极少以直接的"产品"输出，致使其在经济领域长期无人关注。政府管理层面的不够重视有可能导致设计业长期被边缘化。

其次，我国设计行业面临着境外特别是亚洲邻国的巨大压力。从全球来看，美国、欧洲的设计遥遥领先，特别在工业设计、交互设计和数字设计方面。从亚洲来看，日本、韩国、新加坡步步逼紧。他们将我国市场定位为未来的发展腹地，希望把我国变为其创意产业的加工基地，继续充当"世界工厂"的角色。在自由竞争的亚洲设计市场里，我国会失去越来越多的机会和市场份额。我国设计业所面临的另一挑战，是营造适合设计师发展的产业环境，构筑人才资源，培育和提升设计群体，从而满足设计业的国际竞争需求。我国大部分设计师素质偏低，挑战不仅在于使更多的设计活动能在国内进行，更为重要的是能否使在本土进行设计的产品和服务具有充分的价值和高附加值，来提升整体设计实力。

（三）文化创意与设计服务业的核心竞争力

创意设计产业的发展方向是科技、创新与产业融合，它是沟通创意与技术、思想与行为、文化与科学的桥梁与纽带。创意设计除了其在文化创意产业里的精神文化成分之外，它在经济建设里更扮演着物质文化的重要角色，它与科学技术一样是先进生产力的代表。所以，培育并发展创意设计产业将有力推动城市和地区的产业结构升级，形成更加强劲而持久的产业竞争力，有效提升区域地位，并创造大量新型的就业岗位。构建创意设计产业环境并打造其核心竞争力，使之成为推动区域腾飞的重要举措。

从产业升级的角度来看，创意设计是未来产业群中的高端枢纽。创意设计除了传统的设计领域之外，还可针对信息时代的消费者需求，以数字媒体、通信传播等高新技术为手段，以创新设计思维为桥梁，提高产品的技术含量和市场适应能力。这在经济结构中的聚合度极高，能迅速形成强烈而持久的产业竞争力，提高产品的附加值，且很少与其他产业发生资源冲突。

从可持续发展的角度看，创意设计产业是保护生态环境、建设环境友好型和资源节约型社会的重要途径。多年来，我们习惯于以GDP指标作为经济和社会发展的标准，最终以牺牲环境、浪费资源为代价，使后续发展难以为继。我国的环境和资源约束依然趋紧，可供利用的土地资源严重不足；空气质量下降。环境安全形势日趋严重。创意设计产业具有高知识含量、高技术、高附加值，低能耗、低污染的"三高两低"的现代产业的特征和优势，是促进产业结构升级的重要引擎。这对于我国实现低碳生存、建设环境友好型和资源节约型社会有着十分重要的意义。

从产品核心竞争力角度看，与创意设计紧密结合的产业大多属于工业、农业、科技、信息、商贸、城乡建设、交通运输等，创意设计是这些产业的产业链前端，是各种产品、项目的实现基础。我国的制造业之所以经过半个多世纪的经营还是不健全，在国际分工中一直处于产业链最廉价的制造环节，被世人称为"世界工厂"，其主要原因是我们忽视了创意设计，丢掉了这一产业链中的关键环节，以致我国的制造业因长期缺少必需的创新设计源头而形不成完整的产业链。创意设计是产品附加值的主要来源，是形成知识产权的重要手段，它构成产品的核心竞争力。在从"中国制造"向"中国创造"的跃升过程中，创意设计起到积极的推进作用。

从对人的影响角度看，创意设计可以锻炼人的创新思维，培养人分析问题和驾驭问题的能力。创意设计是文化创意产业中的重要成分和核心内容之一，是提升城市文化品位的重要引擎。以前，人们普遍误认为创意设计的功能只是美化和包装，属于"美术"的一个分支。设计的视觉外表被夸大、设计的目的被曲解。创意设计能提高市民的生活品质，在平凡的生活中引领时尚潮流、陶冶审美情操、创造美好生活，营造人们"诗意地栖居"和美与舒适的生活环境，满足人民群众的精神文化需求。

（四）文化创意与设计服务业的未来

把创意与创新作为设计业的立足之本。随着国家文化发展战略的制定，以创意设计为载体的文化创意产业迅速发展，并已成为我国经济与文化发展的重要支柱，表现出巨大的推动力与提升力。由创意设计这一新兴生产力培育与衍生的创意文化，也已勾勒出城市文化的整体形象、基本性质及时代特征。设计，建构了图像化与符号化的社会环境，营造了时尚化与独特化的城市文化；以设计文化为核心而催生、拓展、成长的创意文化，成为城市文化的显著标志。创意设计有利于塑造开放包容、时尚先锋的现代城市文化，极大地提升城市文化品位和气质；它又是提高产品品牌价值，创造产业高附加值，提升经济质量和效率的重要推动力。设计的根本品质在于创意。从知识经济学的意义上讲，创意本身是一种生产力，而且是一种更深层、更具有爆发潜能的新型生产力。它依赖于一个城市内在的审美现代性与知识活跃度，而不依赖于外在的历史长短与地理空间。对创意这一新型生产力的充分开发，正如同能源领域对核能的开发一样，必将带来整个城市文化空间的巨大转型与产业规模的爆发式增长。

建立我国的设计生态系统。一个健全的设计生态系统，是由设计实践和设计理论两大部分共同构筑的。要打造具有我国风格和中华民族特色的创意设计流派、与世界创意设计潮流和趋势接轨。除了在创意设计实践方面花大气力之外，在设计理论和设计批评方面，也应有所创新和切实投入。偏废了设计理论建设，这个有机的生态系统就会出现结构性缺失，提供不了必要的学术前瞻和理论支撑，难以进入良性的持续发展。

现代设计在我国走过了30多年的发展历程，步入成熟期的我国设计，在格调、规模、档次、策略等方面逐渐暴露出隐藏的弱点，显得后劲不足。我们在注重设计实践和市场拓展的同时，忽略了设计理论建设、设计教育和人才的培养和引进。我国拥有较高知名度的设计品牌和一定影响力的设计大师，但缺少真正像样的研究成果和设计理论家，缺乏从事设计理论研究的学术氛围和学术机构。如果我们不从结构上弥补强大的实践与弱小的理论之间的强烈反差，不调节市场运作、基础研究、人才培养等方面的相互关系并苦练内功，导入必要的学术和智力支持，一个完整的设计生态链就不可能形成，我国设计水平就很难整体提升，设计业这个有机的系统就很难高效运转。

（撰稿人：孙连才，国家行政学院）

第十三章
文化会展企业

- 文化会展业已经成为城市文化建设与品牌运营的基本组成部分，是社会资本较集中的投资偏向领域；文化会展业已经超越狭义的展览概念，拓展到广义的会展经济、活动经济概念。

- 文化会展业发展迅速的原因在：第一，有助于产业集聚，迅速打造地方经济新增长极；第二，有助于产业引导，优化资源配置，推动产业稳健发展；第三，有助于丰富城市形象，宣传城市文化价值。

- 文化会展企业面临着系列发展问题，既包括一般性会展企业所面临的阶段性挑战，也包括文化会展企业的独特性问题，大致包括：创意与知识产权保护问题、资源整合与产业链延伸问题、品牌基础薄弱与要素缺乏问题、高端创意型人才与经营性人才缺乏问题。

- 文化会展企业的发展需要弄清楚两个问题：首先，所承担的经济功能和其他社会功能如何衔接、统一，这涉及文化会展企业如何定位的问题；其次，文化会展企业如何丰富自身的创意资源和管理资源，这涉及人才的培养和管理能力的提升。

依托于整个中国文化产业的快速发展，文化会展业得到迅速的发展，也是传统会展业发展的新形态。文化会展业的快速发展，有政策因素驱动的原因，更多地是其自身融合产业集聚、产业引领和丰富城市形象等经济效益和社会效益于一体的平台价值的彰显。但是，从目前的发展情况来看，文化会展业面临技术性、专业性和结构性的发展问题，对文化会展企业而言，如何统筹好城市形象塑造和推动产业经济，以及如何做好人才培养和提升专业水平，将会是构筑市场核心竞争力的关键。

一、中国文化会展产业发展概述

文化会展业是以文化产品作为主要展示对象，或者以体现文化服务为特征的会展业，是文化产业与传统会展业相互影响、相互融合的新兴产业领域，是以文化元素为基础、创意为手段对传统会展业发展的升级推动，是文化产业的重要组成部分，包含全部的会议活动、节事活动、一部分文化旅游以及一部分以文化产品展示和文化服务体验为核心的展览活动。文化会展业不仅直接性创造经济效益，而且在很大程度上担负起活跃国际国内文化市场、推动文化交易、实现产业联动、优化文化产业结构等的平台和引擎作用。

随着我国经济的高速增长，我国的文化会展业发展也处于快速发展阶段，自2010年上海世博会成功举办后，以深圳文博会、海南博鳌论坛、各种专业性的文化产品交易博览会(如艺术博览会)以及文化旅游为主要驱动要素，以现代化场馆建设、人才培养、品牌积累和法制建设为主要特征的中国文化会展业实现了跨越式发展：文化会展业已经成为城市文化建设与品牌运营的基本组成部分，是社会资本较集中的投资偏向领域；文化会展业已经超越狭义的展览概念，拓展到广义的会展经济、活动经济概念；以各种专业博览会涌现为契机，各种文化会展形式不断涌现；文化会展业的覆盖区域从传统的6大会展经济带(珠三角、长三角、环渤海、东北、中部以及西部)以及6大省份(广东、浙江、上海、江苏、山东以及北京)向二三级市场拓展。随着我国经济水平的提高、消费者精神文化需求的提升，使得文化会展的产品结构发生了明显变化，其独特化、多样化、专业化、精致化、规模化、规范化的特点更加明显。传统会展业的展览、参观式展会，已无法满足消费者的猎奇心理，体验型互动式文化会展将成为趋势。

中国文化会展业的快速发展也隐含着一些问题，比如社会文化意识的行政管控、各地文化会展业的市场主体地位不清晰、面临着同质化的竞争、行业发展结构比较粗糙、高端经营型人才缺乏、创意保护的法制不健全等，这些机制性和结构性的原因不仅仅是整个文化会展业向前发展需要克服的问题，也是文化会展企业在发展战略、产品决策上需要慎重考虑的事情。此外，受最近中央"八项规定"的影响，在一定程度上也影响了文化会展产业的发展，如会展规模急剧萎缩、项目经营额下滑很明显等，这些问题在2014年中国经济面临整体下行风险时更加突出。

二、2014年文化会展企业发展的机遇

十八届三中全会提出全面深化经济体制和文化体制改革的发展要求，以社会主义市场经济和先进文化为发展目标，强调转变经济发展方式，推动社会主义文化大发展、大繁荣。中国经济的快速转型增长和产业升级，以及政府的宏观政策推动，有助于中国文化会展企业的快速发展。中国文化会展业的发展，将直接推动中国文化产业的发展，进而推动中国整个经济的转型升级发展。

（一）经济增长的新突破口

中国经济正处于转型升级的关键阶段，在从"中国制造"向"中国创造"的转变过程中，文化产业发挥着关键性的因子作用，而推动文化产业发展的文化会展业发挥着不容忽视的重要作用。进一步而言，文化会展业是目前中国经济面临整体下行风险的环境中具有产业发展前景的产业，一直是国家产业发展的重要领域。

文化会展业具有高增长率、高创新性的特点，其快速发展将形成区域经济新的增长点，增强综合经济实力。据国际通用结算数据，1万平方米的场馆每年可以创造4 900万元产值，安排1 000多个就业岗位，是拉动经济增长的引擎和解决就业的有效渠道。文化会展业是服务业高度融合的产业，国际上会展业的产业带动系数大约为1∶9，产业关联度和拉动性强，不仅有利于推动本地主导产业的转型升级，同时，会展业的乘数效应更像一只无形的手，刺激外贸、旅游、酒店餐饮、零售、交通运输、金融保险、通讯等行业的市场景气，从而有力地推动当地第三产业的发展。

从众城展览提供的浙江省2014展会分布图来看，展会涵盖的范围非常宽泛，几乎涵盖了我们日常生活、工作的方方面面：奢侈品、农林牧渔、购物年货、网购货物、工业制造、钢铁冶金、婚庆婚博、房产家居、机械工业、广告媒体、环保、体育休闲、汽摩配、房产家居、服装配饰、办公用品、安全防护、医疗保健、食品饮料、孕婴童、美容美发、文化教育、印刷包装、皮革鞋业、旅游行业、建材五金、电子电力、贸易进出口、礼品玩具、消费电子、食品饮料、信息通信、交通工具、纺织纺机、光电技术、酒店用品、文化艺术、动漫游戏、创业加盟、暖通制冷、化工橡塑、

能源矿产、运输物流等，全面而立体地涵盖了整个社会活动的各个方面。从文化会展业广义的概念来看，尽管上述方方面面的产品本身离文化产业较远，但是从文化服务、活动经济的角度来讲，可以作为文化会展业的延伸产业形态。

目前各地自发形成的会议活动、由政府推动或者自发形成的节事活动，都迅速地发展起来，成为各地区经济发展的新形式、新形态。在文化旅游的带动下，也促进了各地文化会展业的发展。这些进一步表明，文化会展业在整体的中国经济转型升级，面临整体下行风险的2014年日益成为经济发展的新增长点。

（二）传统产业升级转型的新方法

第一、第二产业的发展，需要相关服务行业的支持。除了金融、保险、运输外，文化会展的重要性日益凸显。制造业要生存和提升国际竞争力，会展先行，这在西方国家已是普遍理念。大型专业性会展，往往是产品或技术市场占有率以及赢利前景的晴雨表。会展业作为集商品展示、商贸交易、经济技术合作和科学文化交流为一体的新兴产业，以其强大的关联影响和经济带动作用，有力引导产业集群的整体提升，实现资源的有效配置，有利于加快产业培植，扩大产业规模，加快区域产业结构的调整步伐，达到先进制造业和现代服务业"双轮驱动"的目标。

会展业通过关联效应和扩散效应，带动建筑、物流、旅游、酒店、金融保险等其他产业的发展，使产业转型升级顺着第一、第二、第三产业优势地位顺向递进的方向演进；沿着劳动密集型产业、资本密集型产业、技术(知识)密集型产业分别占优势地位的方向演进，使城市的产业结构向着更加合理化和高度化的方向发展，最终推动着经济的发展。比如，四川成都家具展经过15年的培育，从当初不到500个展位的小规模区域性展销会，跃升为展位1万个、拉动服务业增加收入8.52亿元、提供临时就业岗位34 823人、拥有全国专业采购商13万家的中国3大家具展之一，同时也促使成都成为中国最大板式家具生产基地和中国家具最大的内销市场。家具展成功举办，有力地推动了四川家具产业从个体手工生产到工业化生产，再到产业集群发展、产业链式发展的转型升级，促进家具企业和行业的升华。这种产业与会展相叠加的"双轮驱动"发展模式，使成都家具展和家具产业在西部地区乃至全国的影响力增强。

在新的历史条件之下，作为会展业发展最新形式的文化会展业，不仅仅发挥着传统产业之间的关联联动、产业集聚、优化资源配置等作用，而且还承担着打造地区经济增长极、塑造地区城市形象、推动地区招商引资等发展功能的任务。文化会展业对传统产业而言，带来的不仅仅是交易方式、营销理念的转变，而且更是一种设计理念、经营理念等发展理念的转变，将创意经济、活动经济等概念全面地植入传统产业中去。

（三）城市形象塑造的新手段

会展被视为产业的航母、技术的高地以及信息的中心，其具有的高地集聚效应、强力辐射效应和关联拉动效应，随其产业技术以及信息的国际化程度不断提高，推动了其所在城市的国际化水平的提升，使内外客商云集会展城市，进一步了解会展城市的历史文化魅力和经济建设、科技教育成就，进一步提高会展城市的知名度和影响力，加快会展城市的国际化进程。

我国的博鳌镇原是海南省琼海市的一个无名小镇，因作为国际会议组织——博鳌亚洲论坛永久性会址所在地而成为亚洲和世界关注点。大连市因多年举办被誉为"经济界奥林匹克"的全球性盛会——达沃斯年会，成为世界关注的焦点，来自世界各地90多个国家1 700多位政要和经济界领袖先后来到大连这座新领军城市，共同感受在经济全球化中大连表现出的智慧与成长的力量。德国汉诺威市因举办两届世博会而进入世界著名城市之列，拥有世界上最大的展览馆、国际知名的展览公司、世界著名的品牌展会以及国际一流的配套设施和配套服务，会展业带动了当地制造、贸易、金融的发展，提升了城市的知名度和影响力。美国拉斯维加斯是建立在内华达州无尽沙漠中的内陆城市，迅速崛起的会展业与老牌的博彩业、旅游业并驾齐驱，成为拉斯维加斯的3大经济支柱，使城市知名度不断提升，"赌城"逐渐让位于"世界会展之都"。目前拉斯维加斯已成为世界上最大的会展中心之一，每年举办2 000多场专业性会展，其中全美最大的200个展会中的40个是在此定期举办，每年约有500多万家厂商参展，聚集了全球主要的专业商家和客源。值得一提的是，每年一届的拉斯维加斯电子消费品展始于1967年，迄今已有47年历史，展览规模20万平米，共吸引全球130多个国家超过15万名观众参观，现已发展成为世界上规模最大、水平最高和影响最广的消费类电子产品展览会以及引领世界消费类电子技术和产品发展潮流的风向标和国际电子贸易的"立交桥"。

相比于传统会展业，文化会展业塑造城市形象方面的作用最新表现在有助于全面地展现和塑造城市文化形象，有助于打造区域文化标杆、区域文化交流、城市文化传播出去。文化会展业，不仅仅是一种优势的经济组织形式，而且还有助于城市文化价值的形成、塑造和传播，在知识经济的时代，文化的宽容、价值的普世有助于以城市为代表的区域市场吸引要素增长、增强要素的优化配置，进而从整体上丰富和拓展城市形象内涵。

（四）宏观产业政策的新推动

2014年3月，国务院发布了《国务院关于加快发展对外文化贸易的意见》，要求"支持文化企业拓展文化出口平台和渠道""支持文化企业参加境内外重要国际性文化展会"；2014年8月，国务院发布了《国务院关于促进旅游业改革发展的若干意见》，要求"规范整合会展活动，发挥具有地方和民族特色的传统节庆品牌效应，组织开展群众参与性强的文化旅游活动"，这些内容都影响着文化会展业的发展方向。2014年，文化部等部门以及地方政府就推动了如下会展：第10届中国(深圳)国际文化产业博览交易会、第9届中国义乌文化产品交易博览会、第9届中国北京国际文化创意产业博览会、第10届中国国际动漫游戏博览会和第32届中国洛阳牡丹文化节等国家级博览会和节庆活动。

2014年8月，文化部、财政部发布《关于推动特色文化产业发展的指导意见》，其中要求发展区域文化产业年代，因此，很多地方政府都在尝试推出自己的区域性文化会展活动，而且在场地、租金、税收方面给予了不错的优惠政策。

(五) 文化旅游与文化会展的相互融合

文化旅游、文化会展都是活动经济的重要组成部分，随着文化旅游的快速发展，也直接推动了文化会展业的发展。2014年9月，国务院公布了《国务院关于同意建立国务院旅游工作部际联席会议制度的批复》，由旅游局等28个部门组成国务院旅游工作部际联席会议制度，全面推动大旅游业的全面、深入发展。

以"中国洛阳牡丹文化节"为例，原为河南洛阳当地节庆"洛阳牡丹花会"，此前，牡丹花会已经与"五一"黄金周结合，形成洛阳市独特的"旅游黄金周"，2010年11月，经国务院、国家文化部正式批准升格为国家级节会，更名为"中国洛阳牡丹文化节"，2013年第31届带来旅游收入112.2亿元，2014年第32届带来旅游收入152.93亿元。随着花会市场化运作持续深入，花会显示出国际化影响力。2014年第32届中国洛阳牡丹文化节赏花启动暨《富贵双联国花牡丹》邮票发行仪式、第6届"王城之春"牡丹插花花艺展、2014中国(洛阳)赏石文化艺术展、第32届中国洛阳牡丹文化节洛阳牡丹灯会、第9届"牡丹花开幸福来"万人公益交友会、第24届河洛文化民俗庙会、"女皇武则天与神都洛阳"专题展览、2014年牡丹文化节优秀人才招聘会等23项专项活动的举办更是延长了牡丹花会的产业链，文化、经济、社会效益凸显。

(六) 地产商跨界引领文化会展业

房地产业与文化产业的合作日益紧密，很多房地产企业将文化产业视为企业转型的基本选择之一。2014年，中国房地产市场行业整体处于低谷徘徊期，全国各地多家地产商都在营销环节下足了工夫，在售楼处举办了"变形金刚展""书画艺术展""车展"等主题文化会展吸引人气。在重要节庆时节，如圣诞节、元旦节，众多地产商业圈均推出了自己独特的文化展，如北京西单大悦城携手梦工场打造了"马达加斯加"圣诞狂欢嘉年华；朝阳大悦城携手阿根廷著名插画师打造"怪诞森林奇遇记"大型圣诞景观；侨福芳草地则布置了《小王子》主题展。地产商圈针对自己的风格和消费群体定位，利用文化主题展览吸引消费群体，在本身拥有较大客户群的前提下，更会选择具有一定知名度和品牌影响力的文化展进行合作，并保证制作工艺水平，才能使文化展和商圈结合的效果最大化。

文化主题会展和地产商圈的合作有助于实现两者之间的良性推动循环。从文化展商的角度看，该合作可借助商业圈的地理优势和庞大的消费群体使文化展具有一定观赏规模，打响品牌知名度；从商业圈角度看，借助文化展的人气可吸引新鲜客流来该地区购物，提升销售额，如朝阳大悦城2014年举办的"哆啦A梦"主题展就使整体客流实现40%的增幅，整体销售额增长30%。两者互相推动，共同进行宣传，不仅能节省部分推广费用，还能创造更好的品牌效应。

三、2014年文化会展企业发展的挑战

中国文化会展产业的快速发展，但文化会展企业却面临着一系列的发展挑战和问题，既包括一般性会展企业所面临的阶段性挑战，也包括文化会展企业的独特性问题，大致包括如下：创意与知识产权保护问题、资源整合与产业链延伸问题、品牌基础薄弱与要素缺乏问题、高端创意型人才与经营性人才缺乏问题。

（一）创意与知识产权保护问题

文化会展是一种活动经济，由于活动的开放性、消费者的积极参与与创意的可复制性强，所以，在整个会展活动中，如何保护好创意和知识产权不仅仅是一种法律行为，而且应是企业的一种自我保护的商业行为。到目前为止，我国颁布并实施了一系列的知识产权保护制度，并加入了一些国际知识产权保护条约，如1983年的《中华人民共和国商标法》、1985年的《中华人民共和国专利法》、1991年的《中华人民共和国著作权法》、1993年的《中华人民共和国反不正当竞争法》；1985年加入的《巴黎公约》，1992年加入的《伯尔尼公约》和《世界版权公约》；还有一些涉及著作权、邻接权、专利和商标等的专门条约，如加入世界贸易组织后的《服务与贸易总协定》。我国已经出台了专门针对会展业的规范，如由商务部、国家工商总局、国家版权局、国家知识产权局联合颁布的2006年第1号令《展会知识产权保护办法》，再比如《2010年上海世博会知识产权保护纲要》《北京市展会知识产权保护办法》。目前有多个省市出台了相应的关于保护会展知识产权的相关规定。

以上法律、规定尽管给予了制度性保障，对文化会展企业而言，依然面临一般性的知识产权保护以及文化企业所面临的特殊性的创意保护问题。首先，对文化会展企业而言，如何对参展产品和服务进行有效的知识产权保护，不仅仅涉及参展商的经济利益，而且直接影响文化会展企业的品牌形象问题：一个文化会展企业，如果不能

有效地对展览期间展品的知识产权进行技术性的保护，将会极大地破坏自身的市场形象。其次，对展区的文化产品和服务、对文化会展企业的创意经济活动(如活动内容与形式、组织内容与形式、策划内容与形式等)而言，其中所蕴藏的创意或者技术元素很容易被人"偷取"或者"剽窃"，按照知识产权的保护原则，创意或者技术并非都直接等同于知识产权，这样的事实对文化会展企业开展经济活动存在风险：创意或者技术被"偷取"或者"剽窃"，无论文化企业是否正力图使之成为实质性的知识产权，其经济利益都将受到某种程度的直接伤害。

创意或者技术被"偷取"或者"剽窃"，不只是国内文化企业之间的恶性竞争问题，也是国际文化企业之间的恶性竞争问题；对文化会展企业而言，这仅仅是单位时间内的安全问题，而且比传统的会展行业所面临的要严峻得多：法律保护知识产权，但并不等同于保护可商业化的创意。最近于正涉嫌抄袭琼瑶剧本事件便可以证明上述问题的严峻性，创意的可复制性使得创意保护超越了纯粹的法律制度所能保护的范围。在文化产业中，创意的重要性在某种程度上直接决定着企业的生死，因此，创意的保护在任何时候都是一件极其重要的事情。在文化会展中，创意的"窃取"不能被简单地归为文化交流的结果，因为这是未经允许，或者以非法手段获得的。

(二) 资源整合与产业链延伸问题

目前中国文化会展产业的发展特征之一便是，政府或者国有企业占据实体性的会展空间资源，而民营企业享有更多的创意资源和富有更有效的管理能力。对文化会展企业而言，无论是国有的还是民营的，都需要考虑依托会展这一平台如何实现资源的优势整合，以及如何有效地拓展产业链的问题。

对占据、拥有会展空间资源的文化会展企业而言，如何利用空间资源、实现平台性功能、拓展自身的业务链条，是一直需要慎重考虑的问题，而且也是地方政府需要处理的棘手问题之一。从目前国内会展中心的运营情况来看，百分之八九十的会展中心处于亏损状态，仅仅被看作地方政府的政绩工程而已，并非转化为推动经济转型升级、经济优化的重要平台，在很多时候甚至成为地方政府的财政负担对象。如何引入民营的创意资源、资本优势和运营能力，依旧是地方会展中心发展面临的最紧迫的问题之一。

对民营文化会展企业而言，如何与这些空间资源形成有效的合作关系，不仅仅涉及"关系"的梳理，还需要推动资源的互换和模式的创新。如何形成有效的合作关系，不仅仅是一种商业关系，对地方政府而言，还需要考虑如何实现会展中心的平台功能和引擎作用，这便要求民营文化会展企业要切实地以推动地方文化产业的长远发展来创新文化会展的产品和服务。

与文化会展企业资源不匹配问题相关的现象是，国内很多文化会展原本就是由政府主导推动发展起来的。与其他行业不同，我国文化会展业在发展过程中，不少情况是在政府或行政体制改革中衍生的"准政府"机构直接出面主办展览，使我国会展市场具有较为浓厚的行政色彩。基于文化会展业的整合效应，不少会展作为政府或领导的"形象工程"被当作一个城市的整体推广活动来展开，各级政府往往投入相当多的精力和资金直接办展，在市场经济下，政府直接介入会展业，形成的垄断性行业的展览还限制了民营展览企业的成长，对展览市场的正常竞争造成了一定的冲击。大部分文化会展企业也具有官办或半官办背景，企业或多或少形成了等、靠、要的被动式经营模式，尚未建立现代企业有效的内部激励和约束机制。

早期的文化会展业的发展确实离不开政府的直接推动，引导、扶持与帮助的作用是非常明显的，同时也有助于经济效益和社会效益的有机统一。现在的问题是，当政府推动的文化会展发展到相对成熟后，政府以及国有文化企业在会展产业中的定位问题就值得考虑了。政府以及国有文化企业对这一问题的模糊性处理，事实上已经制约了中国文化会展产业的健康发展：文化会展企业的资源不匹配直接影响了文化会展产业链的有效延伸，限制了文化会展产业的升级发展。

(三) 品牌基础薄弱与要素缺乏问题

从目前中国几个成熟的文化会展活动(深圳文博会、北京文博会、博鳌论坛等)来看，其能够成功地树立自身的会展品牌的要素如下：首先，政府强有力的政策支持；其次，拥有充分的区位优势；第三，所在城市本身所展现的文化、经济、人才引领优势；第四，都处于核心经济圈，本身就扮演着经济变革和思维创新的领头羊角色；第五，或者占据某种独特的资源优势，如北京大学每年都承办着一系列的重要会议，这与北京大学作为中国一流大学本身的资源优势密不可分。

对诸多文化会展企业而言，如何争取、享有这些资源以及如何与这些资源进行有效的合作，本身就是发展面临的问题。最近几年来，中西部地区推出了自己的文博会，无论会展定位、会展规模、交易总额以及业界影响，都无法与东部沿海地区相比较。如何寻求专业化的主题定位以及区域化的市场定位，依旧是诸多文化会展企业所面临的问题。缺乏核心的资源优势，或者接触到核心的资源优势相对较晚，将会是众多的文化会展企业塑造企业品牌、提升企业竞争力所面临的核心问题之一。

对于纯粹以创意资源和运营能力为核心竞争力的文化会展企业，其品牌塑造的基础却不一样，它们纯粹以自身的创意设计能力和科学有效的内部管理机制作为市场核心竞争力的基础，它们也将会面临人才匮乏、人才恶性竞争的情况。

(四) 高端创意型人才与经营性人才缺乏问题

文化会展企业的发展离不开人才，尤其是高端创意型人才与经营性人才。目前中国文化会展企业的从业者，几乎脱胎于传统的会展行业，对文化会展的内容、形式、定位、功能缺乏足够深入的了解。这种情况一方面源于文化会展行业本身就是一门新兴的产业类别，另外一方面源于中国文化产业发展的相对滞后。

很多文化会展企业被批评为目光短浅、只会借助资源，关于这种现象的原因，剖析批评者可能会遗忘的是，文化会展企业的管理者并不懂得文化会展产业发展的产业功能定位。好的文化会展，我们一般会认为具有如下特征：创造了交流与交易的平台，推动产业的升级发展。围绕什么样的主题、如何有效地组织交流与交易，都需要高端的创意型人才和经营性人才。这一点对于国有文化会展企业尤其重要，甚至已经成为诸多国有文化会展企业发展的瓶颈性问题。对民营文化会展企业而言，引进相关的优秀人才，也面临着高昂的薪酬问题。

近年国内越来越多的高校开设了会展专业，但是就我国会展的总体研究和开发力度不够，造成了很多会展方面的专才名不副实的局面，高端创意型人才和经营性人才更是形成一个极大的缺口。好的文化会展是富有创意的传播平台，能够将某种文化理念展示并传播出去，这就要求优秀的从业人员具有深厚的文化素养和相应的策划能力，大量的知识储备和灵活运用能力需要有创意和想象力的支撑，而我国会展人才的培养教育制度却忽视了相关素养和技能。我国的文化会展企业目前总体上受短期经济利益的影响较大，优秀的文化会展从业人员很难找到良好的平台施展自己的才华，行业内部机制的缺失也导致高端人才的流失。

（五）繁杂的会展审批制度

我国会展行业多年来一直延续着计划经济时代的管理体制，对出国和在境内举办的全国性展览会，实行由各级、各地区主管部门分层、分类审批。在行政办展占主导的时期，确实有必要对展会举办过程和效果负责，对办展单位、办展目的和办展条件等作审查，以规范会展业的发展。但是这种多层次、多渠道的审批机制在市场经济条件下已不适应市场发展的要求，在很大程度上制约了我国会展业的良性发展。文化会展业正在成为推动文化产业快速发展的重要引擎和促进经济发展的新增长点，提高文化会展的审批效率，有利于主办方创建灵活的应变机制，简化审批渠道，更有利于减少重复办展率，有利于市场的公平化竞争及更多创意性新型文化会展的举办，带动各行各业的发展。尽管《文化部关于发布文化市场行政审批办事指南和业务手册的通知》于2014年8月发布，但是，这部法规并不适用于文化会展业。

四、2015年文化会展企业发展的新思路

随着中国经济体制和文化体制改革的深入开展，中国文化会展企业发展所面临的

结构性问题将会逐渐弱化，国有文化会展企业所承担的功能将会更趋明确和单一性，而民营文化会展企业凭借自身丰富的创意资源优势以及管理资源优势，将会获得充足的发展。笔者认为，中国文化会展企业的发展需要弄清楚两个问题：首先，所承担的经济功能和其他社会功能如何衔接、统一，这涉及中国文化会展产业如何定位的问题；其次，文化会展企业如何丰富自身的创意资源和管理资源，这涉及人才的培养和管理能力的提升，实际上是如何推动具体发展的问题。

(一) 城市形象与文化宣传

中国目前运营成功的会展活动案例，都要求在经济功能、城市形象塑造和文化传播等社会功能作用上展现出某种内在的一致性。文化会展产业实质上是一种活动经济，不仅仅涉及文化产品和服务的集中展览和体验，而且涉及带动城市文化旅游、塑造城市名片、宣传城市文化等多方面的发展功能。进一步而言，这也是诸多文化会展企业能够获得政府的认可、享有区域性资源的重要原因。

可以预期的情形是，在2015年，全国多个省市县将会推出自己的文博会、艺博会以及相关文化会展，如何在众多的文化会展中取得良好的成绩，将会是许多地方政府、文化管理部门以及文化会展企业所需要考虑的。对文化会展企业而言，首要的任务便是获得地方政府的政策支持，这便需要文化会展企业在会展定位、功能、内容和形式上都能够符合当地经济的发展形势以及政府的产业发展需求。如何丰富城市形象以及扩大区域文化宣传，一直是地方政府所关心的内容，在文化产业大发展的时代格局之下，这一任务的重要性和紧迫性日趋明显。对文化会展企业而言，在进行具体的业务之前，在了解当地城市形象和区域文化上需要必要的付出，这种情况便要求文化会展企业需要更强的专业性和更宽的发展视野。

同时也需要考虑文化会展业与文化旅游等其他行业的相互融合，这也是打造和丰富城市形象的重要手段。如何做好异质化的城市文化形象塑造和宣传，也不仅仅是地方政府的任务，而且也是文化会展企业所需要关注的，而在整个中国城市形象宣传无差异化的今天，如何做好这一点，确实需要诸多文化会展企业下十足的工夫。

(二) 产业推动与品牌塑造

文化会展业的重点不是会展业，发展文化会展业并不是仅追求赢利及展会的规模，这是毫无意义的。发展文化会展业的根本意义是促进文化产业发展，追求文化产业的整体发展，进一步优化第三产业结构，带动相关行业协调并进，提升文化软实力。

会展产业不同于其他产业的显著特征是，它需要考虑参展企业所代表产业的发展方向，所以，会展不仅仅是交易，更重要的是交流，通过围绕设定的主题关心行业的发展。所以，文化会展企业在推动自身业务时，需要考虑两方面的产业推动：首先，推动文化产业某个行业的整体发展，包括设定当下最关心的主题并给出建设性的意见等；其次，如何优化文化会展业自身的产业发展，推动与其他行业的融合发展，拓展文化会展产业的发展空间。

对中小型的文化会展企业而言，担负产业推动责任的必要性相对较小，而更多地应该聚焦于如何做好相关的具体策划和丰富自身的创意资源。

文化会展产业需要考虑推动文化产业的发展，对文化会展企业而言，专业性的要求被提到比较高的位置，如需要对文化产业的发展趋势有着相对清晰的认识，能够协调产、学、研、政之间的关系等。因此，如何提升专业性将会是会展企业发展得能否顺畅的最基本要素之一，这也是中国文化会展企业能否成功地塑造品牌的关键性因素之一。因此，对文化会展企业而言，需要做到如下环节：首先，设定适中的活动主题，能够吸引相关企业的参加，至少有活动主题，切勿无主题；其次，完善会展的标准和提升会展的规格，能够吸引关于产、学、研、政方面的基础性资源。换言之，规模越大、口碑越好，吸引的资源越多、社会影响力越大；第三，拓展自身的业务空间，形成相对完备的产业链，从简单的文化商品展览拓展到融合文化旅游、会议活动、节事活动等集合文化会展产品和文化会展服务于一体的现代文化会展业，提升自身的社会竞争风险。

（三）积极培养或引进专业型人才

中国文化会展企业需要加强创意型人才和经营性人才的培养或引进，从而丰富自身的创意资源和管理资源。

从中国目前人才的教育培养来看，能够找到合适的创意型人才和经营性人才的可能性比较小，尤其是缺乏满足市场需求、能够经受住市场竞争考验的高端人才。对文化会展企业而言，一方面需要引入相关的专业人才，另外一方面还需要在企业内部建立起人才培养机制，从而形成相对完备的内部人才培养机制。对国有文化会展企业而言，上述人才的引进要求显得更为紧迫。目前而言，还需要考虑如何通过产、学、研一体化的方式来进行人才培养，通过与学校、科研机构进行合作，从而达到不断更新人力资源的效果。

最后，随着我国文化贸易的国际化程度的不断推进，加强与国际文化会展企业的交流学习合作，学习新的创意理念和管理理念也是当下文化会展企业实现跨越发展的契机。

(撰稿人：孙秋静，南京意览文化有限公司)

第十四章
文化旅游企业

- 2014年可以说是我国旅游政策之年，也是我国旅游业全面走向改革的一年。

- 2014年中国旅游企业纷纷上市，体现了旅游市场的火热趋势，大大拓宽了企业现有的融资渠道；资本市场对旅游市场的"钱"景更加看好，各类资本的注入，加速了旅游企业的资金流动和重组速度，使企业快速发展，做大做强。

- 传统旅游企业与在线旅游企业的合作浪潮加剧；在线旅游企业横纵向竞争激烈，行业面临新一轮洗牌；各大主题乐园的落户与兴建成为热点；"智慧旅游""智慧旅游景区"等名词成为热门话题。

一、2014年我国文化旅游企业发展政策背景

2014年，我国文化产业发展政策频繁出台，文化旅游产业受到政策前所未有的关注，国家出台了一系列文化产业相关政策和法律法规，对我国文化旅游产业的变革发展产生了深远影响。

（一）国家旅游局和国家工商行政管理总局联合发布了2014年版旅游合同示范文本

2013年底，《中华人民共和国旅游法》正式实施，为贯彻落实该法，4月，国家旅游局和国家工商行政管理总局联合发布了2014年版《团队境内旅游合同(示范文本)》《团队出境旅游合同(示范文本)》《大陆居民赴台湾地区旅游合同(示范文本)》和《境内旅游组团社与地接社合同(示范文本)》。新版旅游合同示范文本在保持原旅游合同示范文本的完整性、规范性、公平性、引导性的基础上，根据《中华人民共和国旅游法》的要求，作出了较大的改动和完善。对安排购物活动、另行付费旅游项目在原则和方式上设定了约束性条款；根据《中华人民共和国旅游法》全面修改了合同解除的内容；增加了惩罚性赔偿责任。作为对旅游法的补充和修订，这一系列文化是规范我国旅游行业发展的重要举措，对促进我国文化旅游产业的健康发展、规范文化旅游企业的转型升级具有重要意义。

（二）财政部办公厅和文化部办公厅下发了《关于推动2014年度文化金融合作有关事项的通知》

2014年5月，财政部办公厅和文化部办公厅下发了《关于推动2014年度文化金融合作有关事项的通知》，该通知明确指出，在2014年度文化产业发展专项资金中将单独安排资金，专门用于支持相关贷款贴息项目，巩固文化金融扶持计划。贷款贴息资金安排与其他项目资金安排相互独立。同时还公布了《2014年度文化金融合作项目库》的部分项目。此次公布的99个信贷融资项目中，有超过30%是文化与旅游融合的项目，包括山西乔家大院旅游项目、东联成吉思汗陵文化旅游项目、上海迪士尼文化旅游项目、山东台儿庄运河古城恢复开发项目、河南省老君山文化旅游综合开发建设项目、湖北武当山文化旅游景区综合建设项目等。与此同时，在此次公布的19个债券融资项目中，文化旅游项目的比例也超过了50%，包括江苏无锡灵山文化旅游项目、江

苏瘦西湖旅游项目、浙江乌镇旅游项目、云南丽江玉龙雪山旅游项目等。①从该项目库中可以看出，银行最青睐的就是文化旅游项目。

（三）国家旅游局发布《旅行社产品第三方网络交易平台经营和服务要求》

2014年6月，国家旅游局发布《旅行社产品第三方网络交易平台经营和服务要求》，对旅行社第三方网络交易平台的分类、交易流程、经营的基本要求、服务的基本要求以对旅行社的要求等作了明确说明。这是国家首次对在线旅游经营服务作出要求和规范，除了进一步规范在线旅游经营，新规也为维护消费者权益提供了保障。新规在一定程度上杜绝了"黑网站"和"黑旅行社"的乘虚而入，是国家规范发展互联网路由交易平台与市场的重要举措。

（四）国务院常务会确定3措施促旅游业改革发展

7月2日，李克强总理在北京主持召开国务院常务会议，确定优化旅游发展软硬环境等3项措施以促进中国旅游业的改革发展。会议指出，要着力推动旅游业转型升级，使旅游开发向集约节约和环境友好转型，旅游产品向观光、休闲、度假并重转变，旅游服务向优质高效提升。一要以改革开放增强旅游业发展动力。推动旅游市场向社会资本全面开放，进一步深化对外合资合作，提升旅游业水平；减少行政审批，在投融资、用地、宣传推广等方面加大政策扶持，做大做强旅游企业。二要优化旅游发展软、硬环境。加大对旅游基础设施、公共服务和人才培养等的投入；加强旅游市场监管，严厉打击乱涨价、"黑导游"和强迫消费等行为。三要提升旅游产品品质和内涵。大力开发老年、民俗、养生、医疗旅游等；落实职工带薪休假制度；合理安排学校寒、暑假等假期，组织好夏令营、冬令营、研学旅行；用创意设计创新旅游产品，让中外游客享受更加便捷安全、多彩快乐的旅游之美。

（五）国务院、旅游局促进文化旅游改革发展

2014年7月22日，国务院印发《关于取消和调整一批行政审批项目等事项的决定》，涉及旅游行业审批有3个项目，其中"边境旅游项目审批"被取消，"外商投资旅行社业务许可"和"旅行社经营边境资格审批"被国家旅游局下放至省级人民政府旅游行政主管部门。

2014年8月21日，《国务院关于促进旅游业改革发展的若干意见》(以下简称《意见》)正式发布。《意见》对当前和今后一个时期旅游业的改革、创新和发展作出了总

---

① 宗和. 文化金融合作：财政资金与社会资本互动[EB/OL]. 中国财经报网，[2013-12-03]. http://www.cfen. com.cn/web/meyw/2014-05/29/content_1089659.htm.

体战略部署，为"十三五"旅游业发展规划提供了重要指导。

《意见》指出，旅游业是现代服务业的重要组成部分，加快旅游业改革发展是适应人民群众消费升级和产业结构调整的必然要求。到2020年，境内旅游总消费额达到5.5万亿元，城乡居民年人均出游4.5次，旅游业增加值占国内生产总值的比重超过5%。这是继《国务院关于加快发展旅游业的意见》(2009年)、《中华人民共和国旅游法》(2012年)和《国民旅游休闲纲要(2013—2020年)》颁布实施以来，党中央、国务院对旅游业改革发展作出的又一重大部署。《意见》共5项20条。

(六) 文化旅游相关政策

首先是国务院发布的《加快发展体育产业促进体育消费的若干意见》。近年来，我国体育产业快速发展，但总体规模依然不大、活力不强，还存在一些体制机制问题。为进一步加快发展体育产业，促进体育消费，2014年10月2日，国务院发布了《关于加快发展体育产业促进体育消费的若干意见》，提出要丰富体育产业内容，推动体育与养老服务、文化创意和设计服务、教育培训等融合，促进体育旅游、体育传媒、体育会展、体育广告、体育影视等相关业态的发展。以体育设施为载体，打造城市体育服务综合体，推动体育与住宅、休闲、商业综合开发。

其次是农业部印发的《关于进一步促进休闲农业持续健康发展的通知》。休闲农业是重要的民生产业和新型消费业态，为我国农业增效、农民增收、农村环境改善和经济社会发展作出了积极贡献。2014年12月2日，农业部发出《关于进一步促进休闲农业持续健康发展的通知》，就进一步促进休闲农业持续健康发展作出全面部署。

国家旅游局还正式发布《关于促进智慧旅游发展的指导意见》。国家旅游局2015年1月10日印发的《关于促进智慧旅游发展的指导意见》中提出，到2016年，建设一批智慧旅游景区、智慧旅游企业和智慧旅游城市，建成国家智慧旅游公共服务网络和平台。到2020年，我国智慧旅游服务能力明显提升，智慧管理能力持续增强，大数据挖掘和智慧营销能力明显提高，移动电子商务、旅游大数据系统分析、人工智能技术等在旅游业应用更加广泛，培育若干实力雄厚的以智慧旅游为主营业务的企业，形成系统化的智慧旅游价值链网络。

二、2014年我国文化旅游企业发展特点

(一) 传统旅行社与在线旅游企业深度合作

2014年是传统旅行社与在线旅游企业战略合作之年，各大传统旅行社纷纷加强同在线旅游的深度合作，拓展O2O商业模式。

1. 中国国旅作为首家传统旅行社与悠哉网进行合作

在O2O概念越来越受到市场重视之际，传统旅游行业也正在加快调整寻求属于自己的发展之路。随着中国国际旅行社总社有限公司(以下简称"国旅")与悠哉旅游网于2014年8月1日签署战略合作协议，双方将自身线上、线下的资源进行深度共享。作为首家与在线旅游深度合作的传统旅行社，国旅此举也为业界O2O发展带来了一个新思路。

此前旅游企业发展O2O模式，通常是企业自身做线下又做线上。但从过往情况来看，尚无企业依照此模式取得明显成绩。在线旅游企业虽然也在打造线下门店，但目前都不具备一定规模。目前，国旅的业务支柱是境外旅游。大部分游客对境外环境较陌生，必须跟团，因此境外旅游市场的旅游产品需求量更大。而国内旅游市场自驾游的比重较大，订机票、酒店方面的业务更多，无法显示出旅行社的优势。国旅"牵手"悠哉网后，有望提高境内旅游业务的利润空间。悠哉网也能在此次合作中增强自身竞争力。在互联网领域寡头垄断是常态，一旦格局确立，除了几家巨头企业，其他企业发展将举步维艰。依靠国旅的1 000多家门店，悠哉网今后将获得更多有利资源与在线旅游巨头进行博弈。

2. 携程大手笔战略投资华远国旅

无独有偶，8月，携程联合中信产业基金对华远国际旅游有限公司(以下简称"华远国旅")进行了战略投资。本轮战略投资对于华远国旅的估值或达20亿人民币，华远未来将保持独立运营，携程此次出资在5亿元左右，目前已经是华远国旅的最大股东。

对华远国旅的战略投资，是携程在加强其出入境旅游服务能力方面的一次大手笔，华远国际在出境旅游方面的"一站式"服务能力，是携程最终决定牵手的主要原因。正如前阵子某位"大佬"所言，在线旅游与传统旅游的边界"越来越模糊"了，携程不仅仅加速在线旅游领域的资源整合，对传统旅行社也正在进行O2O的资源整合。此外，携程还将开展一系列的调整，以消化战略投资华远国旅带来的优势资源。

3. 传统旅行社与在线旅游企业进行合作的基础

无论是国旅与悠哉旅游网签署战略合作协议，还是携程大手笔战略投资华远国旅，都说明了一个问题，即传统旅游企业与在线旅游企业不断融合的趋势。"传统旅游企业+在线旅游企业"的合作模式也是未来旅游企业的一个必然之路。这种合作的基础就是：传统旅游企业的旅游产品是旅游市场的刚性需求，在线旅游企业虽然擅长整合，但是无法向游客提供丰富的旅游产品；而在线旅游企业打理平台时的技术、运营和推广水平都是传统旅行社难以达到的，若二者合作将发挥协同作用，在为游客提供更好服务的同时，均可获得更多利润。今后或将出现传统旅游企业与在线旅游企业的合作浪潮，而且以大型传统旅游企业与在业内排名中上游的在线旅游企业为主。

（二）在线旅游企业面临的市场竞争加剧

1. 在线旅游企业横纵向竞争激烈，行业面临新一轮洗牌

目前在线旅游市场竞争日益激烈。原有在线旅游企业加紧扩大市场份额，传统旅行社向线上转型，行业进入新一轮洗牌阶段。目前在线旅游市场有4种运营模式，一是以携程、艺龙、去哪儿、同程网、途牛为代表的OTA市场，二是通过旅游内容网站抓住机会发展的穷游网和马蜂窝，三是以旅游目的地为主的面包旅行、在路上、爱旅游、海玩等企业，四是中青旅、中国国旅、众信旅游等传统企业的介入。从携程和去哪儿的财报可以看出，目前两者的成本和投入越来越大，以致携程利润不断减少，去哪儿亏损不断扩大。现在有几股势力都在市场进行竞争，呈现多元化结构，为此必须通过更多的投入，带来更多增速，才能带来市场份额，才能保持领先的地位。途牛方面则坦率表示将致力于扩大市场份额，以在供应链发面获取更强的议价能力，并进一步提高运营效率。

2. 国外在线旅游巨头通过参股中国在线旅游企业进入中国市场

8月6日，美国在线旅游巨头Priceline与中国最大的在线旅游公司携程宣布强化合作关系，Priceline将以购买可转换债券的形式对携程投资5亿美元，携程同意Priceline在未来12个月通过公开市场购买其股票，Priceline在携程的持股最高可能达到10%。Priceline与携程于2012年首次合作，此次双方为加强全球战略伙伴关系进一步合作，达成商业协议。在酒店客房分配方面，两公司都将向对方所在国的客户提供更多的客房，双方客户都将享受到对方提供的服务。这意味着，携程的客户将可以得到Priceline的租车和酒店订房服务，Priceline在大中华区以外全球的50多万家酒店向他们开放。Priceline的客户可以得到携程的机票和景点票务服务。携程在大中华区的10多万家酒店也向Princeline开放。

当前，国外在线旅游巨头都在积极进入快速增长的中国旅游市场，他们进入中国的最好方式就是参股国内在线旅游企业，而非直接进入中国市场。目前中国在线旅游市场的几大巨头已经形成了较强的品牌影响力，客户黏性较大。除了一些在细分领域有较强优势的在线旅游新进者或有机会突围之外，很少有其他企业能够与携程、艺龙、去哪儿等进行抗衡。即使依靠差异化竞争获得较好发展，最后最好的结局也是被在线旅游巨头收购。例如携程收购途牛等。这些企业虽然在业务方面有一定闪光点，但是由于行业已经发展到成长阶段，市场集中度进一步增强，缺乏强大资本实力支撑的企业难以凭"单打独斗"在市场上立足。

（三）百度直达号催生旅游市场新商机

大众化、个性化旅游时代，游客需要的是一个工具，可以满足"说走就走"的旅途中越来越多样化、移动化的需求。百度直达号刚好符合了"爱得早，不如爱得刚刚好"的逻辑，给互联网、智慧时代的旅游市场开拓，带来了新思路、新渠道和新商机。

首先是"互联网化"的零成本。事实上，对很多旅游业者来说，更需要的是一种互联网思维，而把他们拦在门外的，正是"互联网化"带来的高昂学习成本和运营成本。如在微信公号、微博的运营中，往往至少需要一个采编、一个活动运营专员构成的基本团队，其中，内容编写的水平高低以及活动互动的大小，则又牵扯到执行运营成本。粉丝的引导成本更是没有上限。而百度直达号给旅游管理经营者提供了一套几乎"傻瓜式"的运营操作体验。每个商户都拥有自己的CRM后台管理系统，实现全自动的标准化运营。同时，基于移动搜索、@账号、地图、个性化推荐等多种方式，具有精准需求的客户通过百度直达号，相当于占据了全国75%搜索流量入口，引流运营基本零成本。

其次，缩短服务链条，重新创造产品服务红利。目前不少旅游业者都将直达号视为旅行社和黑导游的终结者，最大的原因在于，驴友可以通过手机客户端，一站式完成订票、导览、路线查询以及商户预订等活动，无需人工服务。这项服务并非对全部驴友都有吸引力，但确实会吸引一大批游客。他们期待通过可靠的信息消除人工带来的高昂服务费，而将更多的消费能力转移在景区其他体验项目上，同样为景区带来红利。

再次，大数据管理系统可深挖旅游销售产品红利。旅游消费者在使用直达号后，不仅带来了消费红利，更是留下了行为数据。这将直接引导商家利用大数据分析，实现对客户群体的标签化，以针对不同客户提供个性化服务，增强客户黏性，提高客户满意度，促进客户的多频次消费。甚至可以指导旅游景区根据大数据来开辟新线路、新产品，打开二次消费市场。在商言商，以前国营性质的旅游景点，如今也面临着创收的重任。

作为一个可以垂直连接市场与消费者的新型工具，百度直达号将催生中国旅游市场产生更多的商机。

（四）智慧旅游

2014年是国家旅游局确定的"智慧旅游年"，打造智慧旅游景区成为热门话题，让旅游变得可定量、可预测、可监控、可管理、可引导、可节约、可思考，智慧旅游正在加速催生旅游产业的"大变革"。智慧旅游带来了一种全新的旅游模式。而智慧旅游的本质是，通过信息技术进行智慧决策，提升旅游体验，降低旅游成本。旅游成本被降低的过程也是智慧旅游重新瓜分旅游蛋糕的过程，许多传统既得利益将会被改变。

国家旅游局2015年1月10日印发的《关于促进智慧旅游发展的指导意见》，今后将进一步夯实智慧旅游发展信息化基础、建立完善的旅游信息基础数据平台、建立游客信息服务体系、建立智慧旅游管理体系、构建智慧旅游营销体系、推动智慧旅游产业发展、加强示范标准建设、加快创新融合发展、建立景区门票预约制度、推进数据开放共享等。

（五）微电影成为旅游企业营销的新利器

微电影，即微型电影，指的是在电影和电视剧艺术的基础上衍生出来的小型影片，具有完整的故事情节和可观赏性。时长一般为3～30分钟，短于传统电影，制作成本小、周期短、投放快，利于在网络上的迅速传播。微电影有3个鲜明特征：一是定制化，即为宣传某个特定的产品或品牌定制，由草根与精英、业余或专业团队制作；二是专业化，故事主题通过电影语言、电影的表现手法进行故事讲述；三是普适化，微电影成片或剪辑后可经微博等社交网络进行广泛传播，利用互联网即时传播特性，实现信息载体的快速传播，受众广，影响力大。因此，利用旅游营销拍摄微电影广告的性价比非常高。目前，国内已有十余省份选择用微电影来打造城市形象或景区形象。

2014年暑期，搭乘《爸爸去哪儿》第2季开播的火热，澳大利亚昆士兰州旅游及活动推广局联合《摄影之友》杂志，共同推出《带上宝贝，畅游昆士兰》的微电影。这部微电影是昆士兰州旅游形象推介的"新卖点"，区别于按照既定剧本表演的模式，《带上宝贝，畅游昆士兰》以亲子旅行为主题，借助爸爸妈妈与孩子们的足迹，带领人们领略昆士兰州美丽的城市风情、富有趣味的主题乐园、迷人的海岸以及独特的自然生态资源。这部亲子旅行微电影，不仅仅是旅游产品营销，更是宣扬真实、质朴的家庭生活的情感营销，这也是旅游微电影的核心竞争力所在。

微电影被业内认为是最好的杠杆营销手段，也是自媒体广泛传播最有效的载体。首先，对旅游的消费者来说，他们来自全国各地，其发展特征呈现出年轻化、文化化、中高端化的发展趋势。这就要求旅游的营销不仅要高密度、全覆盖，还要迎合市场消费主体的变化，时尚、流行而且独特。对这些消费者来说，微电影是最有效的解决方案。其次，从传播渠道来说，传统的旅游营销，主要有网络、电视、报刊杂志、广播、户外广告等渠道。而通过对成本、形式、效果的分析，微电影是最时尚、最经济的传播渠道。第三，从视觉效果来看，与传统的微电影相比，旅游城市、旅游景区无疑具备了更加得天独厚的资源优势。每一个旅游城市、旅游景区都有着各自鲜明的主题、景观、文化、故事，无须更多人为的策划、编排就已经韵味十足。甚至有人认为，即便是没有极佳的故事情节，旅游主题的微电影都是美轮美奂的视觉盛宴。

（六）国内主题乐园热

1. 2014年国内最具影响的新建主题乐园

2014年6月，华侨城落户重庆，该项目是一个集文化旅游、娱乐体验、生态休闲、主题商业、人文社区等多种业态于一体的大型文化旅游综合项目，其中文化旅游项目总投资就将超过50亿元。重庆华侨城包括"四园一带五中心"，其中"四园"为：欢乐谷公园、玛雅水公园、生态教育展示公园、体育运动竞技公园；"一带"为：OCT滨江市民休闲带；"五中心"：都市娱乐中心、城市庆典中心、体育竞技中心、生态教育中心、文化演艺中心。重庆华侨城大型文化旅游综合项目的落户，能填补重庆作为直辖市目前尚无大型文化旅游休闲项目的空白，促进全市旅游休闲产业品质整体提升，破解千万人口文化休闲难题，满足市民精神文化需求。

2014年8月，中国航空工业集团公司对外宣布将正式启动大型综合航空主题乐园项目"航空大世界"，整个计划合计耗资将达1 000亿～1 200多亿元，这标志着全球第一个以航空为特色的大型综合航空主题乐园正式拉开建设的序幕。

2014年9月，与迪士尼、环球嘉年华并称为世界3大娱乐主题的环球主题公园项目获得批复，正式落户北京。该项目位于北京通州文化旅游区，处于台湖、张家湾、梨园3镇交汇处，规划占地面积1.2平方公里，总投资超过200亿元。该项目由环球主题公园及度假集团与首旅集团合作开发，首旅集团旗下的首寰文化旅游投资有限公司作为项目的投资开发及运营主体。该项目预计2019年建成开业，届时将成为继日本大阪环球影城、新加坡圣陶沙环球影城之后的亚洲第3个环球主题公园及度假区，同时也是亚洲最大的环球主题公园及度假区。

2014年11月，落户安吉的中国首座Hello Kitty主题乐园正式完工，并将于2015年元旦正式开业。这座全球最大的Hello Kitty主题乐园，由上海银润控股(集团)与日本三丽鸥株式会社以品牌合作的方式构建，集中了中、日、美、欧等各方顶尖的创意、规划、设计资源，可谓"时尚萌主"的又一尊享之作。此前，Hello Kitty家园仅在日本有2个，分别位于九州和东京。凯蒂猫家园落户安吉，是以Hello Kitty为主角的主题乐园第一次走出日本，亦是"史上最具市场价值的猫"Hello Kitty的第一个海外家园。

2. 儿童业态成购物中心"标配"

随着第4波婴儿潮的来袭，在强有力的家庭经济带动效应下，儿童业态逐渐成为购物中心"标配"，数据显示，华润五彩城、蓝色港湾、朝阳大悦城、凯德MALL、大钟寺中坤广场、万达广场、首地大峡谷等近百家主流购物中心都正在着力以加大儿童业态占比来拉动商场销售。

2014年万达集团正式进军儿童产业，计划到2020年在全国开200家儿童乐园，万达宝贝王品牌正式推出。万达宝贝王是万达集团历时数年研发的创新型动漫亲子乐园，每个乐园的面积在3 000至5 000平方米。针对0～8岁亲子家庭，在游玩中融入早教、主题摄影、生日派对、亲子餐厅、婴童坊等功能区，为亲子家庭提供一站式快乐体验。而万达儿童娱乐有限公司是万达集团旗下投资中国亲子家庭文创娱乐产业的平台公司。2014年，万达宝贝王乐园率先在东莞、北京通州等9个地区的万达广场开业，以

"让孩子在梦想中成长"为经营理念,形成亲子乐园、原创动漫、亲子在线3大核心竞争力。以后,在每一个新建的万达广场都会标配一个亲子乐园;而对于现有的万达广场,则可以通过对其业态的调整,进行局部改造,将亲子乐园嫁接进去。万达宝贝王项目将中国儿童娱乐产业提升到国际水平,成为中国最大的连锁儿童娱乐项目,也是万达集团向体验式综合业态转型的重要战略之一。购物中心和传统百货商场将不断上调以儿童职业体验馆、儿童百货、游乐场等为主打的儿童业态比例。随着中国购物中心的调整,日渐兴起的儿童业态将成为购物中心重要组成部分,甚至成为核心部分。

(七)旅游资本市场活跃

2014年中国旅游业发展火热,资本市场对旅游市场的"钱"景更加看好,各类资本的注入,加速了旅游企业的资金流动和重组速度,使企业快速发展,做大做强。

1. 在线平台携程并购案例

2014年1月	携程正式对外宣布已经完成对途风旅游网的战略投资,途风旅游正式成为携程旗下的独立品牌
2014年4月	携程先后入股在线旅游企业同程、途牛
2014年7月	携程宣布已于近期收购了国内青少年游学服务提供商北京世纪明德教育科技有限公司
2014年9月	携程对外透露已经联合中信基金对华远国旅进行战略投资,尽管具体金额不详,但涉及数亿元,交易后,携程将成为华远国旅的最大股东,携程副总裁郭东杰出任新华远国旅董事长兼CEO
2014年11月	携程宣布公司及范敏等高管已完成对天海邮轮的投资,携程现任总裁范敏将担任天海邮轮的董事长兼首席执行官

2. 文化地产万达并购案例

2014年3月	并购深圳中国国际旅行社有限公司
2014年7月	收购青岛中青旅国际旅行社有限公司
2014年9月	并购无锡中国国际旅行社有限公司
2014年10月	并购浙江光大旅游集团有限公司 并购浙江光大旅游集团有限公司 完成对南京原野、南京海外旅游以及南京银燕航空3家旅行社并购,被收购的南京3家民营旅行社,将统一合并为"江苏万达原野旅行社有限公司"
2014年12月	并购湖南省亲和力旅游国际旅行社有限公司 并购昆明风光国际旅游有限责任公司

3. 境外投资案例

2014年1月	绿地集团与洲际酒店集团签署协议,将合作打造美国洛杉矶市中心高端商务酒店——绿地英迪格酒店。同时,绿地旗下奢华酒店品牌"铂瑞"将登陆悉尼市中心,标志着绿地国际酒店管理集团成为首个落户悉尼发展的中国酒店集团
2014年3月	格林豪泰酒店管理集团海外的第1家酒店在孟加拉国首都达卡开业。除了孟加拉国,格林豪泰也已在美国、韩国、越南等国成功布点,未来还将进一步加快海外拓展的步伐

（续表）

2014年6月	万达集团宣布投资近7亿英镑在伦敦核心区建设超五星级的万达酒店
2014年8月	住友酒店集团旗下的首家海外门店布丁酒店好莱坞环球影城店正式开业
2014年10月	铂涛酒店集团与法国巴黎酒店集团共同创立一个高端精品酒店——安珀酒店
2014年11月	东呈酒店集团与新加坡安达瑞酒店管理有限公司签订东南亚市场合作协议，同月，锦江国际集团收购喜达屋资本旗下的卢浮酒店集团

▌三、2014年我国文化旅游企业面临的问题

（一）在线旅游企业为争夺市场份额持续砸钱致亏损额大幅增长

在目前市场竞争激烈的情况下，各家都在以短期的利润换取更大的规模和份额，"抢跑"到一个有利的位置，以争取未来更大的发展空间。多家在线旅游企业在持续砸钱争夺市场份额的背景下净利润出现大幅下滑。根据财报资料，去哪儿第2季度总营收4亿元，同比增长127.3%，但归属于股东的净亏损为4.22亿元，去年同期净亏损为4 120万元。去哪儿持续以高投入换取市场份额，机票、酒店等业务上增速明显，但第2季度运营成本支出为7.24亿元，同比增幅高达332.31%。多家旅游企业在景区门票、酒店预订上砸钱抢市场。由于营销、管理费用大涨，途牛第2季度运营费用为1.59亿元，同比增长287.4%。由于运营成本大幅攀升，携程第2季度净利润为1.35亿元，同比下滑36%。[①]

（二）全国旅游演出市场整体下行

2014年7月31日，万达以6 000万元打造的首个旅游演艺产品——三亚《海棠·秀》，在结束了最后一场演出后于8月5日正式关停。据公开报道，《海棠·秀》的关停主要是因为连年亏损。自《海棠·秀》正式开演以来，已经换了3任总经理，但依然无法挽回颓势，上座率长期徘徊在40%左右，以至于最终不得不停止运营。《海棠·秀》从上演到最终关停，业内人士一直有颇多非议，其中负面评价最为集中的就是其对文化元素的生硬拼接，而中国观众对顶级国际大师的作品似乎并不买账。另外的原因是因为演出票的分销渠道还是主要依赖传统旅行社，在票务分销大户永乐票务和大麦网上均没有《海棠·秀》的票务产品。分销渠道的单一与《海棠·秀》的产品化不足有着直接联系。从一开始，这些旅游演出节目就基本只停留在"秀"的层面，各种高端大气上档次，但就是不接地气，与当地旅游资源的整合非常欠缺。由于无法和当地的旅游资源有效整合，也就没法被设计成为一个相对标准的旅游产品，自然也就无法采用全渠道推广的方式。据业内人士介绍，《海棠·秀》由于上座率一直较低，曾一度将

---

① 新华网. 多家在线旅游企业利润下降，各家公司拼抢市场份额[EB/OL]. 广州日报，[2015-08-25]. http://news.xinhuanet.com/fortune/2014-08/25/c_126912284.htm.

门票与附近的星级酒店捆绑促销，足见其并不是一个成熟的旅游产品，至少在产品化上的策略有待改进。

（三）国内主题公园既迎外侵又临内损

近年来，不少国际旅游业大鳄看好亚太区的主题公园投资前景，中国更是高速增长区。整个亚洲地区需求潜力巨大，发展空间广阔，市场规模仅次于美国，超过整个欧洲，中国是世界主题乐园界大鳄们未来竞相争夺的重点区域市场。根据国际游乐园及景点协会统计数据显示，2013年中国主题公园的接待量已经达到1.8亿人次，同比2012年增长6%。到2025年，中国主题公园的接待量将达到3.2亿人次。有调查研究显示，2012—2013年中国共有14个主题公园开幕，预计到2020年，包括59个主题公园、5个水上乐园将建成运营，总投资额达238亿美元。

面对日益增长的国内旅游市场，国际跨国公司(集团)开始试水国内市场。作为上海迪士尼项目之一，位于上海浦东的陆家嘴迪士尼旗舰店已于2014年6月9日动工，计划2015年初正式对外开放。与此同时，欧洲最大的动漫制作商Rainbow集团已与央视相关企业签署了以其旗下动漫角色Winx Club(魔法俏佳人)为主题的文化产业公园"海宁建设项目"。2014年轰动全国的环球影城落户北京项目也是主题乐园的大事记之一。

一边是新主题公园项目如火如荼地进行着，另一边，则是不少老牌本土主题乐园陷入发展瓶颈期。根据调查数据显示，国内共有超过2 500家主题公园，有近70%亏损，不少主题公园因未能及时适应市场变化等原因关门大吉。面对即将加入市场竞争的强劲对手，本土主题公园如何守住阵地、赢得市场，已是难以回避的问题。

四、主题乐园运营案例——上海巧克力开心乐园的开发运营之道

随着国民收入水平的提高，文化和旅游消费慢慢成为一种必需品，市场规模也在迅速增值。如何去分享文化旅游这块大蛋糕，非常多的旅游景区都花了大量的学费，在这个行业内，不论是自然景区，还是主题公园，都有大量的失败案例，成功运营的不多，在过去的5～10年，很多文化和旅游资源的开发是处于粗放式初级阶段。旅游景区开发有80%～90%的项目都是不赢利或者是亏损的，关键因素在于开发与运营。

文化旅游景区开发中最为火暴的是主题乐园的开发，如前文第三节中所述，大多是亏损的。对主题公园的开发，有太多的失败案例值得我们深思，本节以巧克力乐园的开发开放为例，探索文化主题乐园的开发与运营之道。

上海巧克力开心乐园占地4万多平方米，是由原2012年世博会后的南非馆、埃及馆等8个国家场馆改造而成，用了半年多时间进行规划、设计和改造，2013年1月正式对外营业，2014年接待游客60多万，收入规模在第一年就进入上海旅游景区的前10。上

海巧克力开心乐园作为第一个试水项目硬件投入不是很大，总投入1亿多，目前巧克力乐园的门票收入只占总收入的60%左右，还有40%是来自DIY、零售、餐饮等服务。

(一) 把目标人群定位在本地市场

非常多的同行认为，一个城市的文化和旅游项目的开发，要考虑能吸引多少外地游客，但上海巧克力开心乐园的运营者们却不这么认为。比如，对北京而言，每年有数亿的游客去北京旅游，大家都认为这个市场多么地大，但是，其实对在北京的很多旅游项目而言，这数亿的客流，可能跟这个项目一点关系都没有，又或者说，要切入这个市场非常地难，很多时候一个行业内都互相排斥，你在打交道的都是旅行社和团队，有多少项目能真正把本地市场的人群给服务好？又有多少项目有一个明确的定位？很多文化旅游项目的成功和失败，在项目挖第一勺土的时候，就已经决定它的一半了。主题、人群、位置、交通，这些因素很大程度上决定了一个文化旅游项目的成败。另外，目标客户到底是大人、小孩、老人，还是年轻人？这些在开发的时候就一定要考虑清楚。

上海很多乐园在开发阶段就会考虑，如果要做到有一定的影响力和客流，就一定要有规模，不然，如果是1 000～2 000平方，就跟商场里的儿童乐园没区别了，如果是3 000～5 000平方的规模，就跟类似"星期八小镇"这样的儿童职业体验馆没有区别了。想做多大的收入规模，就要确保相应的承载量。一个项目凭什么吸引整个上海的家庭和儿童来玩？除了有主题特色，规模也非常重要，有规模是为了要有足够的吸引力和影响力，同时能够有足够的接待能力和容纳量。不然，一年没办法接待50万或100万游客，就没办法达到预期的收入规模。

一个乐园的开发，既要有规模，又要控制规模。人群的定位非常重要，本地化的客群，对很多的旅游项目来说，都是一个非常好而且全新的切入点，不论是在上海、北京、广州、深圳等一线城市，还是在南京、杭州、宁波、苏州、青岛、大连等二线城市，当地的人口规模都在500万～1 000万，但是他们周末能去玩的地方真是少之又少。对于这些数量庞大，但又非常有消费能力和迫切需求的消费者来说，为他们做好服务，为他们定制化地去开发本地化的文化旅游项目，对一个文化旅游市场的发展非常重要。

(二) 考虑项目的后续发展

上海巧克力开心乐园的经营者们认为，如果想要做大品牌，非常重要的一点就是做大规模。很多时候，开发文化旅游项目，一定要考虑后续的发展，是否有可复制性，是否可规模化，这些其实跟前期的各种定位也有很大的关系(比如，人群、规模、主题等)。在文化旅游项目的开发中，项目要规模化，除了项目本身要过硬以外(要不断地做产品研发和升级)，还要有足够的项目土地储备。

目前，以巧克力开心乐园为例，在原来的基础上，就已经开发了一个规模在10万平米左右的文化旅游综合体项目，同时他们还在跟多个一二线城市地方政府洽谈，定位各一二线城市的本地人群，计划在3年内在全国复制拓展10个城市。在这方面，巧克力开心乐园组建了10个人的开发拓展团队，分成3个小组，负责在全国范围内跟定位的意向城市的地方政府打交道，每年可以为公司锁定3～5个城市进行合作。

(三) 如何解决资金筹措问题

巧克力开心乐园的投资和运营者们在迅速向其他城市进行拓展时，最大的问题也是资金筹措。他们的解决思路是：在新项目中，会集合3～4个中小型的主题公园(1万～4万平方不等)，当然，其中也包括了他们的巧克力开心乐园，以一个主题公园群+配套商业的形式，展现给各城市的消费者。目的是让多个有特色、主题鲜明的主题乐园聚到一起后有一个聚合效应，能够更快地带动人气，提升整体的影响力和知名度，快速为项目整体导入人流。目前，通过这样的项目定位和规划，他们在很多二线城市都可以拿到周边市场价3～4折的商业用地(周边大润发拿地300万/亩，他们只要100万/亩)用于开发整个文化旅游综合体的项目，有非常大的政府谈判和议价能力。

上海巧克力开心乐园的经验是：把轻重资产部分分离，重资产部分去拿地和投资建造，轻资产部分负责去做后期的项目运营，这样对后续融资和资本运作都比较有利。重资产部分，可以通过少量的自有资金，结合地产基金(文化旅游基金)以及银行项目贷款的方式，去运作整个项目的开发，如果匹配得好的话，能够做到5～10倍的杠杆。轻资产部分，用自有资金去做项目的运营，其中包括营销等各方面，公司每年可以支付租金给重资产公司，每年实际的投入也不会很大，但是可以享受到非常高的收入和利润，对于这类的轻资产公司，股权投资会给出非常高的估值和溢价，整个公司的价值会非常高。重资产部分，因为一方面有固定资产，另外又有品牌和运营(客流)作支持，还有部分自有资金做后盾，相对融资会比较容易，股权和债权都会有愿意进入投资。传统主题公园的门槛往往偏高，并且和旅游、地产紧紧绑在一起，是较为典型的重资产模式，而上海巧克力开心乐园走的模式恰恰相反。

任何项目，不可能是空手套白狼，一定是在有一定自有资金的基础上，合理地运营外部资金，做好资本运作。当然，外部资金可以是债权的，也可以是股权的，取决于公司对项目的判断，以及融资模式和结构的设计。

(四) 怎样做好内部的运营管理

1. 营销

项目建好了，怎么让人知道，怎么营销，怎么来人，怎么卖东西，怎么把服务做好，怎么赚钱，这一连串的问题，让很多的项目开发和运营方非常头疼。全国有非常多的文化旅游类项目甚至在项目临近完工才开始考虑这个问题。其实，项目和运营，跟开发时与项目的定位息息相关。其中最重要的第一点，是如何让游客来，不管有没有重游率，游客来了第一次来不来第二次，这是项目好不好玩和服务有没有做好的事。让游客来的前提，就是一定要让他知道，同时让游客有兴趣和有欲望来，这个时候，营销就非常重要。

到底要花多少钱做营销，营销到什么程度，这个跟项目在做前期开发的时候的财务预测有非常大的关系。有很多失败的项目，可能花了3个亿的整体投资，但如果让他花3 000万的营销费用，打死他都不肯。再好的文化旅游项目，没有人知道，没有营销都是白搭。现在已经不是"酒香不怕巷子深"的时代了，好东西一定要做广告。同时，目标人群一经确定下来，就不能经常变。

2. 服务

第一波游客来了，如何持续保持赢利，让他们持续地来，就跟项目内服务体验等各方面息息相关了。非常多的文化旅游项目有以下几点问题：物价奇高；园内服务人员极少，服务质量奇差，服务人员的表情都像别人欠他钱了一样；营销二次传播极少。这3点对于一个乐园的良性化运营至关重要。先讲服务，服务人员够不够，有没有好好地培训，有没有提供专业化的服务，很多时候是运营管理团队的高层观念和决心的问题。上海巧克力开心乐园有3种思路。第1种是：大家都是60分的水平，我也差不多就行了；第2种是：国内大部分竞争对手现在只做到了60分，我们只要做到70分就行了；第3种是：不管别人是50还是60分，我一定要做80分，或者90分。

面对上面的问题，上海巧克力开心乐园的经验是：在物价方面，尽量和外面一样，通过提高整体销量来达到提高销售收入规模和保证利润。给游客的游玩体验尽量做到80分以上，这样游客就会帮你去作宣传，现在每个人都在用朋友圈，假定1天有2 000个游客帮你发一次朋友圈，每个人都有个200~300个好友，可能就是40万~60万次广告的曝光，这些钱省下来就是利润。如果套用互联网思维，获取每个用户的营销成本是多少钱，第一次获取的时候，是贵的，但因为他的二次传播以及二次购买，这个成本慢慢地就被摊薄了，也就产生了利润。

(撰稿人：刘志芳，国家开放大学)

第十五章
教育培训企业

- 我国未来家庭的主要支出将集中在医疗和教育两大领域，教育产业既是21世纪的战略性产业，也是现阶段我国经济发展的一个新的增长点，据艾瑞和行业的调研数据显示，2014年中国在线教育市场规模达839.7亿元，同比增长19.9%。到了2017年，在线教育的规模则将近1 800亿元，2018年规模有望超过3 000亿元。

- 2014年我国教育培训市场风起云涌；国家政策环境利好，一系列优惠政策法规相继出台；教育培训企业迎来并购和上市的热潮；以BAT为代表的众多企业纷纷投资教育产业，其中教育在线产业尤为引人注目；以新东方、好未来、北京学大等为代表的知名培训企业整体赢利水平稳中有升、升中有变、变中有定，培训市场马太效应开始显现。

- 在当前互联网环境下，教育培训企业的生态环境发生了重大改变：大数据、社交网络等在教育培训中的运用日益广泛；在线教育异军突起，对传统培训机构造成重大冲击，使其纷纷寻求新的出路和转型。众多教育培训企业在快速发展的同时也面临诸多问题和挑战，未来的教育培训市场格局充满变数，但无疑的一点是教育产业已经崛起，教育培训企业在未来大有可为。

一、教育培训企业发展状况

2014年我国教育培训企业发展状态良好，这得益于国内有利的产业发展政策环境和市场环境；快速发展且前景广阔的教育培训企业2014年风起云涌，迎来了上市、融资和并购的热潮；互联网和大数据时代的到来正在颠覆包括教育培训企业在内的诸多企业的经营模式，为企业带来一些新的问题和挑战。

（一）教育企业发展环境

教育培训产业是绿色环保的新兴产业，投入少、回报高，非常符合我国可持续发展和人才强国战略的要求。因此，国家出台了一系列法律法规支持教育培训产业的发展：如国家大力支持民办教育发展，努力健全"政府主导、社会参与、办学主体多元、办学形式多样、充满生机活力"的办学体制；各级政府逐步将民办教育事业纳入国民经济和社会发展规划中，促进多种形式兴办教育等。

2014年是我国深化教育领域综合改革的开局之年，着眼于2020年基本实现教育现代化、基本形成学习型社会，我国不断调整对教育领域的战略部署。2014年5月2日，国务院印发《关于加快发展现代职业教育的决定》(以下简称《决定》)，全面部署加快发展现代职业教育。《决定》明确了今后一个时期加快发展现代职业教育的指导思想、基本原则、目标任务和政策措施，提出"到2020年，形成适应发展需求、产教深度融合、中职高职衔接、职业教育与普通教育相互沟通，体现终身教育理念，具有中国特色、世界水平的现代职业教育体系"。[①]教育部、财政部、国家发展改革委、工业和信息化部、中国人民银行5部门于2014年11月16日联合推出《构建利用信息化手段扩大优质教育资源覆盖面有效机制的实施方案》，未来6年我国教育信息化之路有了"施工路线图"和"时间表"。在相关国家政策的引导下，2014年我国教育培训企业整体取得快速发展。

（二）代表性教育培训企业经营状况

我国的教育培训企业虽然起步晚，但是发展速度惊人，2013年以来，平均每天有2.6家在线教育公司诞生。2014年在线教育企业深度整合、并购不断，大数据和互联网

---

① 新华网. 国务院印发《关于加快发展现代职业教育的决定》[EB/OL]. [2014-06-22]. http://news.xinhuanet. com/2014-06/22/c_1111255199.htm.

带来的机遇和挑战使得众多教育培训企业的发展存在变数；市场上教育培训企业的基本格局虽未固定，但以北京新东方为代表的一系列培训企业在2014年取得了长足发展。如表15-1所示。

表15-1 十大教育培训机构排行榜

排行	企业集团	主要业务
1	北京新东方教育科技(集团)有限公司	集教育培训、教育产品研发、服务等于一体的大型教育科技集团，美国上市
2	北京好未来教育科技有限公司	国内知名中小学教育培训机构之一，国内首家在美国上市的中小学教育培训机构
3	安博教育集团	国内第一个真正以升学与就业两大关键需求为导向的全国性教育服务品牌，美国上市公司
4	北京学大信息技术有限公司	目前国内个性化教育培训领域的领先者，教育培训机构十大品牌，美国上市公司
5	北京环球天下教育科技有限公司	国内规模最大并在美国上市的连锁外语培训机构之一，国内知名连锁培训机构
6	北京东大正保科技有限公司	北京高新技术企业，具备网络教育资质、经教育部批准开展远程教育的专业公司
7	弘成科技发展有限公司	国内首个成功登陆海外资本市场的网络教育全面服务提供商，十大教育培训机构品牌
8	北京阿博泰克北大青鸟信息技术有限公司	我国最大IT职业教育机构之一，致力培养中国IT技能紧缺型实用人才
9	巨人教育集团	国内中小幼教育领先品牌，极具品牌影响力的教育连锁机构，行业竞争力企业，大型综合教育集团
10	中公教育	国内公职类职业培训规模最大的现代化职业教育机构，职业教育服务业领先企业，极具影响力的教育连锁机构

数据来源：中国品牌网

2014年昂立教育经过二次重组后终于成功借壳新南洋登陆上交所，成为A股教育第一股。自2014年7月华图教育成功挂牌新三板后，教育圈迎来一波新三板小高潮；据不完全统计，已有远大股份、华图教育、书网教育等8家教育及相关业务公司在新三板成功挂牌。2014年4月3日，IT职业教育公司达内科技集团宣布成功登陆美国纳斯达克证券交易所。继英语培训、在线教育、一对一课外辅导之后，职业教育或将成为海外资本看好中国教育领域的一个新市场。达内成为2014年第一家赴美公开募股的中国公司，并且也是中国职业教育行业首家在美国上市的公司；其他在美国上市的教育培训企业在2014年整体营业收入不断增加，个别企业出现了业绩下滑。如表15-2所示。

表15-2 4个美国上市教育公司2014年营收财报

企业	2014年营收(单位：百万美元)			
	第1季度	第2季度	第3季度	第4季度(预测)
北京新东方教育科技(集团)有限公司	254.4	287.5	394	235.4～243.7

（续表）

企业	2014年营收(单位：百万美元)			
	第1季度	第2季度	第3季度	第4季度(预测)
北京学大信息技术有限公司	85	121	73	59
北京东大正保科技有限公司	18	25	35	不详
北京好未来教育科技有限公司	87	89	122.4	96.30～98.50

数据来源：由新浪财经网站和2014年中国教育行业白皮书公布资料整理而成

（三）教育培训企业发展特点

2014年我国国民经济的持续稳定发展为教育产业的发展奠定了坚实的物质基础，提供了有利的市场大环境，教育企业上市、并购和融资的现象频频发生。

1. 上市并购高潮

教育企业排队上市。2014年1月21日，全通教育正式挂牌创业板，IPO募资达1.45亿元。主营校讯通业务的全通教育虽然算不上严格意义上的教育产业股，但却是A股市场上首只名称中含"教育"的企业。全通教育上市如同推倒了多米诺骨牌，随后的半年时间里，教育企业迎来上市小高潮：2014年4月3日，达内科技登陆纳斯达克，成为3年后美股市场上又一只教育中概股；2014年6月19日，昂立教育反向并购新南洋获证监会通过，成为首只通过借壳上市的教育企业；2014年7月24日，华图教育成为首只新三板挂牌的教育企业；2014年11月，华博教育、北教传媒亦先后挂牌新三板。这一系列案例说明，A股正成为教育企业上市主战场，新三板同时成为教育企业首选。

教育企业并购、融资热潮涌动。百度、欢聚时代、拓维信息、立思辰等上市公司均启动了并购模式，所并购的项目从数千万元到上亿元不等，猿题库、沪江网、一起作业网、51Talk等在线教育机构纷纷迎来C轮融资，无论在新三板还是海外资本市场上市已是"箭在弦上"。跟谁学创始人陈向东表示："大公司在不熟悉的领域会选择投资和收购整合，小的在线公司和相对比较小的线下公司的融合也会成为趋势。"[①]2014年国内几笔影响较大的在线教育企业融资情况如表15-3所示。

表15-3　2014年国内主要在线教育融资统计(截止到2014年11月)

投资时间	投资机构	教育机构	投资额度	投资轮次	投资方向
2月	好未来	宝宝树	1.5亿元	C轮融资	早期教育
	阿里巴巴集团、新加坡投资公司淡马锡、启明创投	TutorGroup	1亿美元	B轮融资	外语教育
	雷军	100教育	10亿元	创办	外语教育

---

① 陈静. 在线教育：看上去美做起来难[N/OL]. 中国经济网——经济日报，[2014-12-23]. http://www.ce.cn/xwzx/gnsz/gdxw/201412/23/t20141223_4178604.shtml.

（续表）

投资时间	投资机构	教育机构	投资额度	投资轮次	投资方向
3月	中信资本	学尔森集团	超亿元	A轮融资	职业教育
6月	太证资本	九龙蓝海	1亿人民币	A轮融资	早期教育
	携程旅游网	世纪明德	未披露	未披露	出国留学
	徐小平	那好教育	未披露	天使	K12领域
7月	HTC董事长王雪红	爱语吧	1 000万人民币	未披露	外语教育
8月	百度	传课网	3 000万美元	收购	平台类
9月	百度	智课网	1 060万美元	A轮融资	出国留学
10月	红杉资本、顺为基金、DCM	51TALK	5 500万美元	C轮融资	外语教育
11月	伯藜创投	柳橙网	未披露	A轮融资	出国留学

资料来自《2014年中国教育行业白皮书》

　　2014年底并购融资又掀起狂潮。12月初，YY旗下100教育以3亿元收购郑仁强雅思学校团队、以1.2亿元人民币全资收购环球网校旗下在线职业培训业务；12月22日，好未来宣布向中国科学技术及教育互联网公司果壳互动注资1 500万美元现金，购得其少数股东权益；在进行了长达8个月的双向调查、团队互动磨合、业务计划讨论之后，12月23日启德教育集团宣布成功并购"明杰教育"；2015年1月，全通教育发布定增预案，拟以定增及支付现金的方式，以总价11.3亿元收购继教网、西安习悦各100%股权。

　　2. 众多互联网企业进入

　　尽管一些企业的创新理念还未被证明行之有效或者有利可图，但是这不影响类似于BAT那样的大企业涌向教育产业，也并未阻挡投资者的投资热情。2014年他们纷纷将大量资金投往各种专注教育产业的企业，其中对在线教育的投资成为主流。统计数据显示，2013年以来，平均每天有2.6家在线教育公司诞生。2014年精于布局的BAT三巨头不约而同地介入，阿里淘宝同学、网易云课堂、腾讯精品课和腾讯课堂，以及百度作业帮等教育项目接二连三地亮相，无疑将填补成人教育、职业教育碎片化、个性化、互动化的需求空白。

　　"百度、阿里、腾讯全部上了教育平台，三家公司创始人都是我的朋友，却毫不犹豫地冲进了我的领域，他们很不地道，也不和我商量一下，我从来不对朋友做这样的事情，但这就是商业。"新东方创始人俞敏洪曾在一次会议上感慨，这也从侧面反映未来的教育培训产业被普遍看好，但竞争环境日趋激烈。[1]

---

[1]　互联网重塑教育：真正的创新不在于工具改变[N/OL]. 21世纪网——21世纪经济报道，[2015-01-01]. http:// it.sohu.com/20150101/n407465892.shtml.

3. 跨界融合趋势明显

2014年新媒体产业发展迅速，新的平台不断出现，用户的媒体应用状况日益复杂，应用习惯向基于移动互联网的智能化平台转移，教育培训企业传统的面授培训和几个小时的在线课程受到冲击，碎片化学习和碎片化阅读成为2014年的高频词汇。教育培训企业也在积极寻求技术和经营模式的突破，不断加快与周边企业的融合，其中早期教育企业融合趋势明显。

早期教育的孩子年龄小，其教育不容易脱离开其他需求属性(例如衣食住行)而单独存在，因此婴童的教育培训需要与其他产业进行融合；教育本身是一种与客户黏合度强、多频次、重复消费的服务业态，能够很方便地将品牌理念与心智模式传导给消费者，因此很多机构十分看重跨界进入教育的机会。

森马于2014年7月17日与香港睿稚集团有限公司签署了《购买资产协议》，以1.022亿元购买睿稚集团持有的育翰(上海)信息技术有限公司70%股权，发展儿童业务，将公司由儿童产品提供商向线上、线下相结合，产品、教育、文化传播相结合的儿童产业综合服务商转变，打造儿童综合一站式服务平台。2014年8月12日，万达集团旗下万达儿童娱乐有限公司首个自有品牌"万达宝贝王"在北京发布，正式宣布进军儿童产业。高乐股份2013年年报中提出将拓展文化创意及幼教产业，打造新的利润增长点，努力寻求拓展文化创意及幼教产业。

二、教育培训企业面临的问题与挑战

（一）企业扩张与教育质量

2014年资本市场上的教育企业活跃异常，然而对于教育机构的并购和上市，或许应该用更开放的角度来看。单从教育的角度而言，教育机构并不适合上市，大量的市场冲击和业务增长力要求，使得教育质量的精细程度急转直下，从内部管理的要求到市场品牌口碑的维系都让机构面临更大的挑战，稍有不慎便会万劫不复。但从市场化的角度来看，教育机构的上市对教育机构本身的约束性更大，而市场的严峻程度也要求教育机构不断增加自身竞争力，完善自身教育培训体系，优化教育产品、教育服务以及创新模式。与此同时，对消费者而言更是重大利好，教育机构的"修身"带来的是传统培训模式的转变，培训教育的创新性更加明显，承载媒体呈现多样化趋势，教育效果也不断提升，选择性加大。从这几方面看下来，很难说教育机构的上市趋势到底是时势造英雄还是英雄创时势。

（二）传统培训机构停业频发

由于受到网络在线教育的冲击，加上人力资本成本、租金等开支的日益增加和企业自身经营模式的问题，2014年传统的教育培训企业处境艰难，很多企业纷纷破产，其中，少儿英语培训机构的关停情况尤为严重。2014年2月起，少儿英语培训机构倒闭、老板卷款而逃的情况频频发生。据搜狐教育不完全统计，仅截至2014年8月，全国就有12家培训企业的教学点关停，其中不乏许多知名少儿英语培训机构。[①]如表15-4所示。

表15-4　2014年部分少儿英语培训机构关停企业一览表

关门企业	时间	原因
上海：锁孔儿童英语	8月	资金链断裂
北京：春藤智能英语培训机构	8月	未能寻求到投资
成都："南瓜英语"培训机构	8月	资金链断裂
宁波：曼哈顿环球英语	8月	经营半年亏损30万
宁波：迪士尼少儿英语班	8月	选址不当，招生不足
北京：戴尔少儿英语	7月	两三年前就出现亏损
上海：莱特王国少儿英语学习中心	6月	公司破产，停业整顿
上海：迪士尼英语陆家嘴中心	6月	招生不足
广州：惠思儿童英语	5月	媒体称与外教资质到期有关
北京：英特国际少儿英语	5月	资金链紧张，学生流失严重
商丘：朗训少儿英语培训班	4月	因房租合同等问题
长沙：李阳疯狂英语分校	3月	交不起房租被迫停课

数据来源：《2014年中国教育行业白皮书》

从表15-4可以看出，少儿英语培训机构关停的原因不一，总的看来比较突出的原因是业绩下滑，亏损严重，资金链断裂，后续发展没有资金保障。

（三）在线教育商业模式有待探索

1. 众多企业昙花一现

2014年初，姚明代言的在线英语培训机构VIPABC的广告充斥在街头的各个角落，开启了这一年在线教育的火暴局面。根据市场研究机构芥末堆项目信息库的统计，在2014年信息库中的近600家在线教育公司中有60家在"红海"中消失，占比超过10%，其中甚至包括曾创办世纪佳缘的龚海燕"二次创业"的梯子网这样颇受期待的网站。前世纪佳缘CEO龚海燕进军在线教育，后由于"过于乐观冒进，战线拉得太长，以至于几个月前就花光了公司融资"，创办的梯子网和那好网倒闭。[②]传课网被百度收购，

① 搜狐教育.《2014教育行业白皮书》[EB/OL]. [2014-12-02]. http://learning.sohu.com/s2014/book2014/.
② 陈静. 在线教育：看上去美做起来难[N/OL]. 中国经济网——《经济日报》，[2014-12-23]. http://www.ce.cn/xwzx/gnsz/gdxw/201412/23/t20141223_4178604.shtml.

多贝公开课转型……据不完全统计，2014年度至少50家小有名气的在线教育企业倒闭或被收购，最短存活周期不足3个月，其中变动最大的是K12领域。这引发教育圈对继2005年在线教育泡沫期后第二次泡沫的大讨论。

2. 用户付费习惯有待培养

相比传统教育，在线教育具有多媒体内容、碎片化时间利用、不同地区教学资源整合的3大优势。目前，在线教育用户的付费习惯还在培育当中，根据2014年搜狐教育消费者调查显示，63%的网友每年用于在线学习的花费低于500元，消费高于1 000元的仅占20%。如图15-1所示。

在线学习付费情况

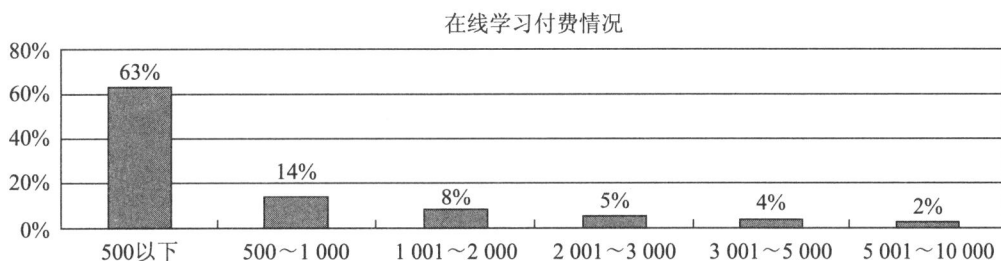

图15-1 用户在线学习付费情况

数据来源：根据搜狐教育《2014教育行业白皮书》整理而成

3. 商业模式有待探索

梯子网和那好网都曾被投资者寄予极高的期待，并作为在线教育创业样板备受推崇。然而，短短不到1年时间2家网站已成历史，梯子网关停给其他在线教育机构敲响了警钟，对时下正火的在线教育浪潮需要重新审视和思考。新东方教育科技集团总裁俞敏洪判断，因为资本的短视，对教育的热度会很快下降。当有5～10家在线教育机构倒下的时候，资本很可能将撤出教育领域。业内人士预言倒闭潮井喷期将在2015年，而难以解决的赢利模式难题是困扰行业格局的主要原因。

BAT、YY、决胜、沪江等企业除单纯在线教育产品外，也开始打造在线教育平台。腾讯高级副总裁汤道生表示，腾讯利用QQ推出的"腾讯课堂"，目前已有2 500余家机构入驻。阿里巴巴则推出了"淘宝同学"，将自己定位为教学需求匹配平台，意味着通过这个平台可以将碎片化的教育需求整合起来，将同类需求的用户组建成小班，实现按需施教，"淘宝同学"将重点打造"搜索＋导购＋交易"的教育大市场。从商业模式来看，目前在线教育平台的赢利点主要是分成和广告费，而教育产品则主要依靠收取课程费用，只是将传统线下教育的销售渠道和使用场景搬到了线上。"懂教育的不懂互联网，懂互联网的不懂教育"的难题并未得到解决。①

---

① 陈静. 在线教育：看上去美做起来难[N/OL]. 中国经济网——《经济日报》，[2014-12-23]. http://www.ce.cn/xwzx/gnsz/gdxw/201412/23/t20141223_4178604.shtml.

■三、教育培训企业发展趋势

教育产业既是21世纪的战略性产业，也是现阶段我国经济发展的一个新的增长点，据艾瑞和行业调研数据显示，2014年中国在线教育市场规模达839.7亿元，同比增长19.9%。到了2017年，在线教育的规模则将近1 800亿元，2018年规模有望超过3 000亿元。教育市场整体呈现蓬勃发展的态势，未来的市场竞争将日趋激烈，但教育产业的前景可期，未来的教育培训企业值得我们期待。

（一）积极拥抱大数据

在大数据时代，教育企业已经学会了在市场中寻求出路和发展，对家长和学生的习惯和需求，能更敏感地捕捉，更积极地促进；不同层次、不同学校、不同分数段的学生，都能找到相对应的课程。[①]

大数据、移动互联网无疑成为未来不可逆转的方向，作为传统的教育产业，在该领域也将诞生一批创业实践者，如大数据技术对学生的职业趋向分析，通过对就业市场的数据分析及时调整对学科设置。互联网与教育的结合在本土还需要探索和实践，最终目标是实现长期的商业运作的模式，由资本推动大数据、互联网与教育产业在某一领域的结合。

（二）充分利用互联网

互联网的影响将使整个消费的业态、品牌的业态和市场的业态发生变化，资本流、信息流、人流将发生更深层次的融合。[②]基于互联网思维，在线教育的融资与并购、产品的开发与输送成为未来3年的主要关注点。

用户获取信息的渠道从电视、电脑再到各种各样的移动设备，人们的日常行为被逐渐碎片化，而为了适应这种碎片化的消费行为，几乎每个人的智能手机里都会装上一两个学习型的App。通过移动设备下载课程来进行学习的人也是越来越多，在线教育的平台类型也在逐渐丰富。根据沪江网提供的数据，移动互联网将在线教育行业发展进入到高速时期，沪江网Web端用户积累从0到1 000万用了10年时间，而在移动端实现这个数字仅用了1年时间。移动互联网的发展给"教育"这一古老并且决定未来的领域提供了新的发展契机。[③]

---

① 如何让教育更公平[N/OL]. 苏州日报，[2015-01-19]. http://edu.gmw.cn/newspaper/2015-01/19/content_103854205.htm.
② 鲁小白. 2014中国企业竞争力年会在京举行[N] . 中国经营报，2014-12-22.
③ 2015移动互联网行业11大趋势[N/OL]. 中文科技资讯，[2014-11-26]. http://www.citnews.com.cn/trade/201411/233283.html.

原来的互联网教育100%是基于PC端，而有了iPad和智能手机之后，教育的面貌被彻底改变，更多地转变成碎片化学习的状态，比如等飞机、坐公交的时候，会通过手机等移动端找些视频来看，这会让过往两三个小时成段的课程变得不合时宜。同时，教育信息的传递变得异常方便，有一个微信互转的平台，就可以随时随地获取有效资源。[①]2014年8月，好未来旗下的"e度教育网"更名为"家长帮"，实现了从PC端向移动端的转型。新东方在线副总裁潘欣也表示，随着用户群从"90后"向"00后"转移，在线教育的方式也从PC端转向了移动端。"如何抓住移动学习这一趋势，将决定教育培训企业的未来。"

（三）在线教育方兴未艾

传统的教育在中国占了90%的市场份额，互联网教育只占了10%。2014年，资本密集涌向线上教育，为接下来几年互联网教育的井喷吹响了前哨，有不少分析甚至指出互联网教育极有可能成为下一个电商。

1. 在线教育前景广阔

随着知识产权保护力度的加强和消费者在线付费习惯的培育，未来几年中国的在线教育市场将保持30%以上的增速，在线教育市场依旧是众多传统教育培训企业的转型之选和必争之地。艾瑞咨询数据显示，2013年在线教育用户规模为6 720万人，同比增长13.8%，在线教育用户规模将保持15%以上的速度继续增长，到2017年预计达到1.2亿人，资本对在线教育的热情极高。一方面，用户通过在线方式接受教育培训的消费习惯已经形成，尽管从地域分布来看，一二线城市依然是主流。另一方面，为实现优质教育资源共享，政策层面的利好也为行业发展奠定基础。来自教育部等5部委制定的《构建利用信息化手段扩大优质教育资源覆盖面有效机制的实施方案》显示，到2015年，全国所有学校实现互联网覆盖，其中宽带接入比例必须高于一半以上。[②]

2. 在线教育格局不断调整

目前市场上在线教育的参与企业既有传统的教育机构，也有新进入的互联网公司，整体目前正处于调整期，还没有出现一家独大的局面。其中新东方、好未来和环球雅思等传统民营教育培训企业在培训市场上依旧体量大、势力强，但其商业模式正面临着来自新进入公司的挑战，如91外教网、猿题网和贝瓦网等企业熟悉互联网技术和运作模式，拥有技术优势。互联网巨头相继进入在线教育，拥有明显的平台优势，并且通过收购等资本运作，正在加紧布局教育在线业务，如百度拥有在线教育平台，

---

① 互联网重塑教育：真正的创新不在于工具改变[N/OL]. 21世纪网——《21世纪经济报道》，[2015-01-01]. http:// it.sohu.com/20150101/n407465892.shtml.

② 陈静. 在线教育：看上去美做起来难[N/OL]. 中国经济网——《经济日报》，[2014-12-23]. http://www. ce.cn/xwzx/gnsz/gdxw/201412/23/t20141223_4178604.shtml.

并且投资传课网；阿里布局淘宝同学和VIPABC；腾讯布局腾讯教育频道和腾讯精品课程等。

3. 企业摸索中前进

2014年，在线教育企业也在摸索可能的赢利模式。目前市场上的在线教育企业模式主要有：第1种是专注于传统教育机构的信息化的B2B模式，如科大讯飞和华平股份；第2种是网站官方提供教师团队和在线课程的B2C模式，如淘宝同学；第3种是网站本身不提供内容，由第三方或个人产生的C2C模式，如YY教育和好未来；其他模式大多是借助互联网教育平台、社区、门户网站以及App产品等展开，如各种词典类的应用。

只是简单地把传统的内容搬到线上显然无法支撑起整个企业在线教育的发展，还涉及商业模式的构建、用户服务的保障、培训效果的认定、线上线下的协调等诸多方面。目前来说整体状况是用户在线学习付费比例低，培训效果认定困难，受到诸多家长和用户质疑；线上推广的费用较高，投资回报的周期长，而且在有些情况下线、上线下存在冲突，很难协调一致。因此教育培训企业在开展在线教育业务布局时，必须要注重社会化媒体的传播，根据消费情况实行线上、线下区别定价；提供及时、高质量的精品课程内容，杜绝简单的产品移植。

从2014年的并购案例来看，知名互联网公司均启动了并购模式，如百度、欢聚时代、拓维信息、立思辰等，所并购的项目从数千万元到上亿元不等，而这些上市公司的并购对象，则多为在线教育产业。随着在线教育竞争的愈发激烈，对于一些"不差钱"的上市公司而言，在寻求业务转型或多元化之际，并购在线教育机构将成为新选择。

移动互联网的高速发展让在线教育迎来了行业发展的爆点。但是目前出现的无论是应用还是网站，在产品服务以及商业模式的建立上都还有很大的上升空间。比如在课程趣味性的增强、课程编排更加合理、提升学生学习的专注度等方面是在线教育企业需要深耕的几个领域。而关于商业模式的建立，在2015年仍将会处于摸索阶段。[①]

（四）培训企业动荡中涅槃

2014年初，在线英语外教市场竞争异常激烈，而随着房租、人力成本的上升，少儿英语培训此类非常依赖现金流的预付费项目经营难度不断加大。全国各地类似英特国际少儿英语卷款跑路，迪士尼英语在全国范围内关闭数家门店等的事件层出不穷。"重装修，轻教学，房租暴涨"带来高昂的运营成本和微薄的行业利润是导致关门的主因，因而英语培训表面来看赚钱较易，实际市场鱼龙混杂，淘汰率极高。但经历关门、停业、跑路的"洗礼"之后，国内英语培训市场将面临着重新洗牌的现实，规模

---

① IT的那些事. 2015年移动互联网行业11大趋势[EB/OL]. [2014-12-02]. http://www.alibuybuy.com/posts/86021.html.

化、品牌化、资本化的英语培训机构将最终在动荡中涅槃。

类似英语培训企业的倒闭风潮将推动模式探索，O2O成为在线教育领域最被看好的商业形式。事实上，O2O的教育模式也正被越来越多的在线教育企业所认可，除新东方外，学大教育、达内科技等正在尝试基于O2O的实验。也许未来将没有纯粹的互联网教育，只有基于互联网的教育形态，O2O将是力挽狂澜的有效策略。

（五）政策变动带来市场新格局

1.高招制度改革带来新变局

《关于深化考试招生制度改革的实施意见》发布，高考取消文理分科、英语实行一年多考、增加使用全国统一命题试卷的省份和推行高考成绩公布后填报志愿方式等内容，并把上海、浙江作为试点，从2014年秋季入学的高一学生起开始实施。政策有变，行业有动。高考招生制度的改革对校外培训行业来说是机遇亦是挑战。文理分科虽然取消，但未来关于高考学业水平考试科目选择方面的咨询市场也将应运而生，并且迅速发展；而教育部表示每科或有两次考试机会，如果得以实现，以"刷分"为目的的学子将为教育培训机构的市场增长带来强劲动力，培训市场也将不仅仅限于英语这门科目。①

2.职业教育改革继续深化

2013—2014年，连续2年研究生报考人数呈下降趋势，而专业在职学位的报考人数逐年增加，特别是商科领域(MBA、MPA等)的报考人数在全国范围内持续走热，在职教育成为新兴资本的关注点。

2014年以来，职业教育领域改革不断：国务院出炉发展职业教育体系的蓝图；中央财政拨款60亿元支持职业教育发展；部分高校应政策要求逐步向应用型大学转型、培养技术人才。相关培训企业也因此将受到影响。

3.课外辅导企业进军公办教育

2014年6月，北京市丰台、延庆等区县政府出资向民办教育机构购买服务，新东方、巨人教育等多个品牌机构都位列提供服务的民办教育机构中。9月10日，百度知道旗下的作业帮与教育部教育信息化推进办达成了初步合作；作业帮将基于全国各省市学生提问，形成"知识教学"大数据，教育部借此可直观了解到各地学生的学习状况、薄弱知识点等情况，对当地教学工作形成有据可依的定向指导。10月17日，好未来与海淀区教委签约，为羊坊店第五小学等6所学校签署了为期3年的小学英语学科教学合作协议，将选派优质教师进入公立学校参与教学、教研和教师培训。②对教育企业

---

① 人人都是产品经理. 2014年中国教育行业12个"暴走大事件"[EB/OL]. [2015-01-01]. http://gz.feixin.10086.cn/HttpInterface/SMsg/show/sdx/MzY3NjY1NTcy/idx/NzYwMDA=/tk/dc8f4bbea54c9be8f25d87ed8b75c1c4/inx/0/fclient/pc.

② 搜狐教育. 2014教育行业白皮书[EB/OL]. [2014-12-02]. http://learning.sohu.com/s2014/book2014/.

而言，进入公办教育是彰显自我品牌形象和转变经营模式的发展新机遇。

（六）A股上市之门渐开

在传统意义上，中国的教育行业一直被定义为非营利性事业，因此境内A股仍迟迟未向教育产业投资者开放，教育企业的A股上市之路长期"行路难"，最后不少教育企业只能转战海外资本市场。如继新东方之后，2010年环球雅思、学而思、学大、安博等均登陆美国证券交易市场，掀起了一股教育行业境外上市的高潮。近年来，随着我国教育的产业化和民办教育的兴起，教育企业的上市问题日益受到社会各界的关注。《国家中长期教育改革和发展规划纲要(2010—2020年)》中明确提出积极探索营利性和非营利性民办学校的分类管理，教育领域的改革不断深化。21世纪宏观经济研究院预测，行业内将很快出现一群十亿收入级、数十亿收入级的公司，上市必将成为一些企业未来发展的目标。

正是在这样的背景下，教育产业A股上市之路似乎晨光初现，虽然不能直接在A股顺利上市，但是在线教育在A股市场已经掀起一波小高潮。新南洋于2014年7月9日终于获得中国证监会核准，通过资产重组将昂立教育纳入上市主体，成为A股首只教育产业股。主营公务员考试培训的华图教育同样借助经营性培训机构的概念，2014年7月在新三板成功挂牌，之后的华图教育不断谋求转板机会，有望在2015年转到主板或创业板。2015年，营利性民办学校政策的逐渐落实，将打通教育产业A股上市通道；借道新三板，寻找一个合适的时机再转移到主板，也逐步成为教育企业的新选择。

（撰稿人：宋菲，河北传媒学院；刘园香、张立波，中国海洋大学）

第十六章
体育文化企业

- 2014年是体育产业"变革"的一年，这一年，既有传统赛事运营领军者的大踏步发展，也出现了快速冲击传统体育传媒格局的新势力；既有在体育产业中的上市企业继续借助体育文化拓展新的赢利空间，也有其他市场力量同时开始深度试水。

- 随着体育产业改革相关政策的推出，以及体育产业与相关产业的进一步融合，未来的2015年，体育文化产业必将迎来蓬勃发展的新格局。

- 如果要选出2014年中国最重大的体育产业事件，从长远的影响趋势来看，十月份国务院出台的《关于加快发展体育产业促进体育消费的若干意见》应该当仁不让。《关于加快发展体育产业促进体育消费的若干意见》以及一系列的配套政策，给2015年的体育文化企业带来了难以想象的发展空间。

一、体育文化企业发展政策环境分析

体育文化企业就是在体育文化产业领域中从事各种业态经营的企业。按照企业的行业性质和所处产业链的环节特征，体育文化产业的业态分为体育文化内容企业、体育文化平台企业、体育文化延伸企业和体育文化服务企业等。

2014年体育产业的"变革"从国家层面颁发的政策上就可以初见端倪，笔者汇总了2014年关于体育产业主要政策，尤其是下半年多项政策的密集出台，预示着中国体育产业的顶层设计已经初步完成，这些政策中分量最重的当属国务院发布的《关于加快发展体育产业促进体育消费的若干意见》〔2014〕46号文件，笔者作为文件出台前期课题调研组成员，完成了部分调研工作，相关研究成果成为文件的支撑材料。通过参与文件前期的调研工作，深感本次改革的务实有效。虽然，文件从调研到出台仅仅用了5个月时间，但是，相比酝酿8年才于2010年出台的《国务院办公厅关于加快发展体育产业的指导意见》，无论是在前期研究中召集了十几个部委的参与，还是文件在改革问题的针对性上，都体现了46号文件在政策制定的力度、效率、改革之决心都是空前的。2014年出台的与体育相关的政策如表16-1所示。

表16-1　　2014年出台的与体育产业相关的政策

时间	颁布单位	政策名称
2015-01-04	国家体育总局	《关于加强和改进群众体育工作的意见》
2014-12-30	国家体育总局	《体育总局关于推进体育赛事审批制度改革的若干意见》
2014-12-30	国家体育总局	《在华举办国际体育赛事审批事项改革方案》
2014-12-30	国家体育总局	《全国性单项体育协会竞技体育重要赛事名录》
2014-10-20	国务院	《关于加快发展体育产业促进体育消费的若干意见》
2014-08-17	国家体育总局	《国务院取消和下放一批行政审批项目》
2014-02-17	国家体育总局	《体育总局行政审批事项公开目录》
2014-01-02	国家体育总局	《中央集中彩票公益金支持体育事业专项资金管理办法》

2014年中国体育文化企业迎来了国务院的改革政策，2013年全国体育及相关产业总产出1.1万亿元，2014年10月国务院《关于加快发展体育产业促进体育消费的若干意见》，其中明确提出2025年中国体育产业总规模要力争超过5万亿元，该意见对中国体育产业整体发展，具有战略性的意义。该意见中对"赛事"审批权的取消，开通了体育产业大发展的快速通路，其影响的深度和广度将随着时间的延续逐渐显现。该意见的发布，虽然对2014年中国体育企业暂时没有直接的影响，但是其高屋建瓴的政策利好作用，仍然给中国体育文化企业带来了巨大的潜在冲击，并必将影响未来的产业格局。

二、体育文化典型企业分析

2014年10月20日出台的国务院指导性意见，让所有关心体育产业发展的人士都看到体育产业还有很大的增长空间，也让中国的体育文化企业看到了希望和机会，给了中国体育文化企业极大的信心。但从2014年度角度考察，现有体育文化产业领域的发展，仍然在相当程度上受到传统环境的影响，传统的体育文化企业仍然是市场的主角，新的玩家还没有完全登场。本部分将重点介绍几家能够反映2014年度比较有特色的体育文化企业。

(一) 时博国际与传统赛事运营

北京时博国际体育赛事有限公司(下文中简称"时博国际")成立于2005年9月，是北京市国有资产经营有限公司和北京市体育局共同发起设立的大型国际体育赛事公司，公司定位致力于国际、国内大型体育赛事的引进和推广及相关体育产业的开发与运营。时博国际一直被认为是具有标志性意义的改革探索成果，是得到了北京市政府大力扶持的体育赛事投资和管理的平台，目前已经成为北京最具影响力的体育赛事公司之一，也是国资公司文体板块企业——北京北奥集团有限责任公司下属的核心企业。

1. 时博国际的经营模式

时博国际组建的先天优势，为其经营发展奠定了坚实的基础。

(1) 运营环境分析

时博国际的大股东——北京市国有资产经营有限公司是经北京市人民政府授权的，专门从事资本运营的大型国有企业。2008年北京奥运会后，国资公司成为拥有奥林匹克公园中心区国家体育场(鸟巢)、国家游泳馆(水立方)、国家网球中心、曲棍球场、射箭场5个场馆的业主。[①]基于这种产权关系，时博国际逐步拥有了这些场馆的经营权。

时博国际的另一股东——北京市体育休闲产业协会，是代表北京市体育局的出资单位，该机构于2004年6月10日挂牌正式成立[②]，理事机构遍布北京市体育事业系统，在体育赛事资源、专业人才资源、体育产业资源等方面对时博国际拥有强大的软实力支持。

基于这些先天的优势，时博国际在成立伊始就建立并拥有了与社会各界、与政府方面的良好关系，公司举办的大型体育赛事在组织方面，从关联的体育、海关、安保、交通、医疗、卫生等领域得到了北京市各级政府部门的大力支持，同时，这些大型体育赛事在北京举办形成的相关社会效益，例如：增加就业、拉动地方经济的增长、提高财政收入、丰富当地居民的体育文化生活等，进一步强化了时博国际与关联

---

① 参见北京市国有资产经营有限责任公司官网：www. bjsam.com.cn.

② 北京市体育局. 北京体育休闲产业协会成立[EB/OL]. [2004-06-15]. http://www.bjsports.gov.cn/publish/main/116300/116303/2012/12/18/20121218135021531113144/index.html.

机构的良好关系。

(2) 运营模式分析

时博国际将自身的经营理念总结为"国际化定位、专业化管理、市场化运作、品牌化经营"。[①]

赛事运营是时博国际的运营核心业务。经过近10年的长期发展，北京市3大品牌赛事之一的斯诺克中国公开赛、南美超级德比杯(巴西VS阿根廷)、巴萨中国行、北京奥运城市体育文化节、国际泳联在北京的跳水和短池赛事、亚欧全明星乒乓球对抗赛、世界超级跑车锦标赛北京站等知名赛事活动均为时博国际投资和推广。这些大型国际体育赛事范围涵盖足球、赛车、台球、乒乓球、游泳、自行车等领域。此外，时博国际还举办大量全国专业性和群众性体育赛事，如全国游泳锦标赛、鸟巢欢乐冰雪季、北京市局级干部乒乓球比赛、北京市社区网球大赛等。

时博国际与体育界、企业界建立了紧密的合作关系，其工作受到政府主管部门的高度肯定，这构成了时博国际在体育产业领域良性发展的运营模式。

2. 时博国际2014年赛事运营状况与特征

(1) 时博国际2014年度主要赛事与文化活动运营状况[②]

时博国际在2014年举办了多项具有广泛影响力的国际体育赛事。其中比较重大的活动如表16-2所示。

表16-2　2014时博国际举办主要赛事一览表

时间	赛事	备注
3.16	2014国际泳联世界跳水系列赛北京站	为期3天
3.29—4.6	2014年北京世界男子冰壶锦标赛	时博国际负责赛事的运营核心工作
3.29—4.6	2014世界斯诺克中国公开赛	北京银行、北京汽车、北京信托、北奥集团、星牌等机构商业赞助
8.4	2014巴萨北京青训营(开营)	与心航线中国青少年成长训练营联合承办
8.8—8.18	第五届北京奥运城市体育文化节	北京市政府、北京奥运城市发展促进会主办
10.11	南美超级德比杯	鸟巢举办
10.24—10.25	世界杯短池游泳赛 FINA Swimming World Cup 第五站	国际游泳联合会主办，世博国际协办

值得强调，"南美超级德比杯"鸟巢比赛是该赛事首次走出南美，这是我国历史上引进的规格最高、水平最高的正式洲际足球比赛。决赛当天，盛况空前，影响巨大。

(2) 时博国际的赛事运营特征分析

经过多年的健康发展，世博国际的体育赛事运营模式已经形成自身的特点。

---

① 参见北京市国有资产经营有限责任公司官网"全资企业"简介：http://www.bsam.com.cn/web/static/articles/catalog_239100/article_8a8a8a8a2f9112f9012f91d58911000a/8a8a8a8a2f9112f9012f91d58911000a.html.

② 参见时博国际官网：http://www.intersports.com.cn/.

第一，铸就品牌赛事。世界斯诺克中国公开赛到2014年正好10岁。斯诺克运动在英国已有100多年的历史，但是中国于2005年才举办第一场公开赛，赛事运营方几乎没有任何可借鉴的经验。时博国际在最初几年做了大量摸索性工作，10年来，斯诺克中国公开赛已经在时博国际的推广下成为北京精品赛事。

第二，具备了同时举办多项赛事以及全流程的运营能力。时博国际在2014年3月至4月近一个月中，成功运营了3个大型国际赛事：世界男子冰壶锦标赛、斯诺克中国公开赛、世界跳水系列赛几乎同时举行，大量组织工作的各个细节操作，检验证明了时博国际同时举办多项赛事的能力。

第三，多品牌整合运营，多资源整合发展。时博国际越来越重视多方面的运营创新尝试，譬如在2014斯诺克中国赛中，首先此赛事和时博国际的其他赛事串联，在赛场上嵌入南美超级德比杯、北奥集团20周年等赛事和活动的宣传，央视、中国网络教育电视台、新华社、半岛电视台等主流媒体与互联网新媒体相结合，社会效果明显。

3. 时博国际的赛事发展趋势预测

2014年10月国务院发布《国务院关于加快体育产业促进体育消费的若干意见》，该政策被媒体纷纷转载，没有人怀疑整个体育产业将因此而发生巨大的变化，作为传统生态环境下的体育产业领头羊，时博国际必将接受来自方方面面的挑战。时博国际在未来的发展中有着以下3点趋势特征：

第一，《国务院关于加快体育产业促进体育消费的若干意见》中对体育赛事的举办审批方式给予了明确的规定，这必将引发大量新的社会力量进入体育赛事市场进行竞争。但是，在一段时间内，基于技术门槛的存在、运营人才的短缺、赛事引进先发优势等运营层的现实问题，时博国际必将继续在赛事运营领域保持一定的优势，同时，随着时间的延续、新科技技术的发展，时博国际面临的生态环境竞争压力必将越来越大。

第二，时博国际已经取得了相当巨大的先发优势，经过多年的运作，时博国际也已经形成自己的赛事运营团队，对各种赛事的操作已经具备相当的实力与经验，基于现有的发展趋势和加强赛事运营能力，时博国际完全有能力也必然进一步扩大现有品牌赛事的影响力，多方面扩大赛事的赢利。

第三，基于体育赛事的文化产业特性，版权尤其是自有品牌赛事的掌握，是未来体育产业发展的核心。时博国际完全有能力抓住政策的变化机遇，进一步引进国际赛事，从而形成版权掌控，甚至依托国有资本的实力，以一手国际赛事中国区的垄断地位为目标，积极走出北京，走向地方，带动地方性国际体育赛事活动的举办，掌握国际赛事在中国区推广举办的底层通道，打造并形成自身在未来体育产业领域的不败地位。

（二）乐视体育与新兴传媒力量

作为致力于体育内容传播的传媒机构，乐视体育成立于2012年8月。2014年1月27日乐视网与乐视控股(北京)有限公司签订了《出资协议书》，双方分别出资共同设立"乐视体育文化产业发展(北京)有限公司"，以独立的公司运营"乐视体育"。

1. 运营理念与定位

乐视网的大环境，为乐视体育的快速发展提供了坚实的基础。乐视网2010年8月在创业板上市，从技术层面看，它拥有多屏合一的传播频道：乐视网(电脑网页端、PC客户端)、移动看球客户端(手机、Pad)、乐视盒子赛事直播频道(盒子)、超级电视体育台(电视)、看球App(手机和Pad端)。[①] 从理念上看，乐视网极度重视版权，拥有70%以上国内热门影视剧的独家网络版权，号称中国第一影视剧视频网站。

乐视体育全面遵循了乐视网的传统发展策略，基于乐视的生态环境，快速形成乐视体育立体传播的播放通道，短短2年，快速发展成为体育领域的新媒体。形成了"赛事运营、内容平台、智能化终端以及增值服务"特色，提供赛事视频直播、视频回放、原创节目等多种形式的用户立体化的体育赛事视频体验，这被看作基于体育的垂直生态链，优质内容被看作是最核心的竞争力。[②]

2. 播放内容的版权建设

版权是乐视体育的运营核心。乐视体育接连买下各种优质赛事转播资源，快速成为国内互联网体育赛事版权最多的平台。乐视体育已经取得西甲、英超、意甲、法甲、中超、2014巴西世界杯预选赛、NBA、CBA、欧洲篮球冠军联赛、中国男篮热身赛、中网、澳网、MLB、NFL、世界棒球经典赛等众多大型精彩赛事的视频直播及点播权益。其中，乐视体育取得了西甲、意甲、法甲、CBA、欧洲篮球冠军联赛、中国男篮热身赛、澳网、中网等赛事的独家互联网电视合作伙伴的身份。

乐视体育还和CNTV敲定版权协议，获得2014年巴西世界杯互联网视频的最高版权。

3. 自有节目的开发

乐视体育自认为是一家"用户公司"，而不是一家单纯的体育内容公司。在取得大量体育内容版权的同时，乐视还在不断制作自己的节目。例如：乐视体育和最体育共同出品的体育脱口秀节目《黄·段子》，由乐视体育著名体育主持人黄健翔主持。这个节目可谓中国体育第一档自媒体节目。类似的节目，乐视体育源源不断地稳步推出，从长远看，很有可能形成自成体系的互联网体育节目源。

4. 2014年度发展动态

(1) 借力热点赛事推进乐视体育发展

乐视体育把自身的内容划分为赛事直播、节目生产体系、新闻生产体系和基于内容的大数据服务，其中，赛事是最核心、最顶端的资源。

---

① 参见乐视官网"关于乐视"简介：http://aboutus.letv.com/index.html.

② 京华网. 乐视剥离乐视体育独立融资运作[EB/OL]. [2014-12-05]. http://qiye.jinghua.cn/html/kjzl/2014/1205/116269.html.

世界杯热浪在中国视频网站领域形成"视界杯"现象。针对2014世界杯，乐视体育专门打造了《32夜》《黄·段子世界杯特别节目》《快"颜"快语》，专门在世界杯期间为球迷们进行精彩评说以吸引客户。这些节目取得了令人瞩目的成就，各个节目赞助情况良好；而且，《32夜》夺得2014中国广告长城奖广告主金奖，可谓名利双收。

2014年8月，前央视主持人刘建宏正式加盟乐视网，并出任乐视体育首席内容官。在乐视内部人士看来，这是补齐乐视体育生态能力的重要一步。刘建宏加盟乐视体育之后负责直播节目、赛事衍生节目及其他自制节目的运营。刘建宏的加入，结合乐视体育签下的新赛季英超新媒体版权，与董路、黄健翔、苏东、李欣、楼坚、刘晶捷构成了完整的全明星团队，吸引了大量网民通过乐视观赛。

(2) 不断增强黏着力探索新模式

乐视体育不断超越视频本身，尝试结合各种新传播形式，整合各种拓展影响力的新模式。例如：2014中网期间，乐视体育将信息技术与体育赛事融合，与客户IBM及中网展开合作，引用IBM MatchTracker(实时赛事追踪系统)对中网比赛全终端进行播报，首创国内网球播报新形式。乐视体育号称，中网期间推出的热门微博话题"娜姐别走"和"乐视生态Wu码中网"结合其他话题，让相关新浪微博阅读量超过8 000万。

围绕各种赛事，乐视体育同时在2014逐步推出了彩票、游戏、培训、赛事、电商以及旅游等一系列付费产品和增值服务。

(3) 媒体传播内容的突破创新

乐视体育在播放体育赛事的同时，大力挖掘媒体自身潜力，借助高科技发展新技术，开始尝试将媒体与体育赛事进行生态融合。乐视体育对2014北京马拉松进行了长达4小时的直播，无论从直播时长，到表现形式以及主题诉求，都完全颠覆了马拉松转播的现有模式。

乐视体育对2014北马的转播，摄像机、GoPro相机、手机，卫星、4G信号，这些产品和技术都被用来制作、传播2014北马的画面。现场记者带着4G背包随机采访、高像素摄像头的手机拍摄4G信号回传画面、专门组织的150名选手兼任手机通讯员，这些具体手段让乐视体育的转播形成全立体的新直播模式，大大突破传统视频的直播空间，丰富多彩。这种媒体深度融入赛事、放大赛事规模的创举，在世界马拉松转播史上也是前所未有的。

5. 未来发展预测

乐视体育按照当前的发展趋势，将可能直接冲击央视五套的地位。2014年乐视体育手头已经拥有NBA、英超、F1等赛事转播版权，涵盖世界各地经典赛。刘建宏进入乐视体育，标志着央视体育频道面临的巨大的挑战。

与传统视频媒体不同的是，乐视体育并不是一个简单的体育赛事展示和解说的媒体，乐视体育已经把触角伸向赛事运营以及智能硬件等领域。从本质上说，乐视体育正在成长为一家全新的"互联网体育产业公司"。这与传统"央五"为代表的体育赛事转播和报道的定位大相径庭，2014年其体育产业运营的趋势已经初见端倪，相信该公司必将在未来的发展中完成这种脱胎换骨的转换，成为体育产业中的庞然大物。

（三）智美体育与群众体育消费

智美控股集团旗下拥有3大业务板块：智美体育、智美节目和智美品牌。上市后的智美集团将其上市所募集资金的40%强势注入体育板块，智美体育迅速发展。

1. 智美体育2014年度的主体经营状况

智美公司在2013年12月与中视体育合作，制定了体育娱乐业务4年发展计划《2014—2017年智美体育比赛赛历》，2014年1月，智美集团就开始布局全年发展[1]，但根据智美官方网站公布的信息分析，2014年上半年应该是处在完成上市后的内部调整期，智美体育基本没有开展太多的自主活动，进入6月份之后，各种主办、协办、支持的活动才真正一一展开。如表16-3所示。

表16-3　2014年度智美体育开拓传统体育市场的主要举措

时间	事项	备注
2014.6.10—12	国际龙舟联合会的世界杯	国际龙舟联合会主办
2014.6.10	北京智美红土体育文化产业投资基金	与深创投合作成立智美红土公司
2014.7.27	六盘水夏季国际马拉松赛	贵州省六盘水市举行
2014.9	北京市体育总会	达成战略合作关系
2014.11.1—2	国际摩联花式极限摩托世界锦标赛	FIM国际摩托车联合会主办，智美体育为支持单位
2014.11.2	杭州国际马拉松	无
2014.11.23	广州马拉松赛	无

另外，智美体育在2014年6月1日举办了北京宠爱趣跑会"狗狗GO"活动。从内容看，这是一种将普通路跑运动进行时尚化、趣味化包装的大胆尝试，这应当被看作是智美控股集团2014年开发娱乐品牌的市场试探[2]，这场活动可以说是后来"四季跑"的试验活动。

智美体育2014年组织、运营的重点工程是承办国际龙舟联合会的世界杯。值得关注的是，智美体育在组织比赛的同时，举办了大型的龙舟文化节活动，各种娱乐互动活动缤纷亮相，如热气球表演、COSPLAY、高跟鞋跑、夕阳跑、精品车展等，充分展示龙舟文化。[3]这应当也可以看作是智美体育借助传统体育市场活动扩展群众体育消费的努力。

---

[1] 大公网."报纸新闻"智美今年办40场体育活动[EB/OL]. [2014-01-17]. http://news.takungpao.com/paper/q/2014/0117/2185803.html.

[2] 新浪体育. 2014北京宠爱趣跑会狗狗GO举行 带着狗狗一起跑[EB/OL]. [2014-06-01]. http://sports.sina.com.cn/o/2014-06-01/18297190556.shtml.

[3] 新华. 首届龙舟世界杯中国争流 世界划手6月决战福州[EB/OL]. [2014-05-13]. http://news.xinhuanet.com/sports/2014-05-13/c_126496923.htm?prolongation=1.

2. 智美体育2014"四季跑"模式的打造与分析

智美集团作为国内顶级赛事运营商，运营国内一半以上的城市马拉松，包括广马、杭马、兰马等大型赛事，除以上传统赛事运营之外，智美体育于2014年倾力对群众路跑进行了开发。

(1) 智美对开创路跑新模式的认识

智美对群众体育的潜在市场挖掘突破口，选在了最容易参与的跑步运动。智美体育对跑步比赛参与度高、传播性好的特性深有体会，一个宽松有趣的路跑赛事足以火暴引发更多人参与，一个专业的市场力量带动主题路跑非常具有市场前景。而且，区别于传统跑步赛事，趣跑活动以相对更轻松活泼的形式夺人眼球。"不设更多限制"的比赛吸引了儿童、老人，国人和国际友人，甚至之前没有任何比赛经验的民众都可以参与进来，意味着市场的庞大。

(2) 四季跑挖开群众体育产业市场金矿

2014年9月13、14日"四季跑·上海站"在上海徐汇区音乐公园盛大举办。可谓国内首创的趣味路跑项目。2014四季跑·上海站非常成功，无论是网络宣传，还是线下跑团活动，四季跑都赢得大量好评。据智美体育自己的统计，四季跑官方微博推出后1天内，"四季跑报名"话题的阅读量就突破千万，超越了NBA，排名体育类话题排名第一。

智美体育显然不满足一地一时的尝试，2014年开始了系列"四季跑"的赛事开发。11月15—16日"四季跑"第二站登陆长沙橘子洲公园。10月30日，该站四季跑报名正式开启，市场反响同样热烈。

(3) 智美对趣跑的综合打造

智美体育对"四季跑"的设定显然并不是简单的跑步，四季跑赛道全长12华里(6公里)，取意一年12个月，也暗含十二生肖的观念。智美体育借助科技技术，从视觉、听觉、嗅觉、触觉多角度包装设计，将赛道模拟成四季变换：春天草地葱郁；夏天清雨洗礼，秋天凉风习习，冬日白雪飘飘，再加上终点的"时空隧道"动感穿越。智美体育试图通过"一条赛道跑过四季"来凸显自身特色，围绕这个主题，进行了多方面的文化包装。

从目前四季跑的效果看，四季跑的吸引力显然是非常巨大的，但是，是否就是"新、奇、特"吸引了参赛者，还是这种赛事本身填补了市场需求空白，还有待进一步的观察和研究。

3. 智美体育2015发展预测

(1) 智美体育的社会群众方向的坚持

智美体育上市之后的发展，一直是有计划、有步骤地进行的。智美体育在传统项目"城市马拉松"中形成的固定收益模式，在上市后开始不断复制，从而不断扩大了其收益的空间。

城市马拉松的特征本身就是品牌性专业体育与群众体育消费相结合。专业性世界级马拉松是品牌的塑造，智美体育在此基础上开发了全程马拉松、半程马拉松、短程马拉松、小马拉松、情侣跑、家庭跑等种种群众体育消费产品，吸引大量的非专业运动员花钱报名参赛，从而智美在报名费等周边产品中获得收益。这是智美体育赢利模式的本质。

这种模式的精华所在就是群众体育的潜在市场需求的潜力。因此，针对性地开发新的专门针对群众体育消费市场的产品，成为智美体育2014关注的重心。如果说北京宠爱趣跑会"狗狗GO"是一次大胆的试水，那么，四季跑项目的开发，可谓智美体育推出的正式产品。该赛事于2014年在上海站、长沙站的开发，整体而言还处于初创期，但是，基本模式已经初步定型。

智美体育已经对在群众体育领域如何进行赢利拥有了丰富的运营经验。任何一个赛事，必将伴随智美体育举办的各种娱乐互动活动，如热气球表演、COSPLAY、高跟鞋跑、夕阳跑、精品车展等，这些活动最大限度地吸引观赛群众的消费，将赛事的赢利空间扩展到最大限度。

四季跑模式明确、普及性高，智美体育对其拥有独立的自主知识产权。相信智美体育必将在2015年加大对该项目的推广投入。

(2) 智美面临的挑战与机遇

基于自身的经验，智美体育曾在2014年开展了大量的战略布局，跟体育系统内外广泛建立各种联系与合作。这种布局工作，在传统体育产业政策的环境下，相对其他竞争者，具有比较有利的产品开发优势。

但是，由于2014年10月《国务院关于加快体育产业促进体育消费的若干意见》的改革措施将体育产业领域的进入门槛大大降低，智美体育曾经投入大量资源努力打造的企业发展环境，不再具有排他性，更多的民营企业将可能快速进入智美体育投入的市场，竞争性大大增加。

当然，智美体育面临的这种挑战，同时也是智美的机遇。智美2013年以来的各种布局，并不会因为该文件的出台完全失去意义，恰恰相反，在市场规律的作用下，智美体育曾经的努力，基于智美体育已经累积的各种市场运营经验，让智美体育拥有非常有利的先发优势。如果智美体育能抓住这种先发优势，利用该文件落地的空窗期，反而可能进一步扩大自身在体育产业领域的优势，真正占据巨大的市场份额。

(四) 部分上市体育公司

1. 探路者(300005)：在线户外旅行的领导者

2014年探路者开始尝试用互联网思维布局自身新的战略体系：多品牌、户外旅行服务平台和户外垂直电商。

探路者认为，在线户外旅行行业方兴未艾。广义户外运动美国的市场经济规模是6 460亿美元，其中户外用品销售额为1 207亿美元。目前国内户外行业消费主要集中于户外产品，户外出行服务需求还处于萌芽期，行业规模尚小，发展潜力巨大。探路者看好在线户外旅行的发展前景。

从实践上看，探路者提出的打通"商品+服务+社区"的3大战略"三合一"模式，开始通过互联网思维进行构建。探路者2014年积极推动新的发展战略，借助线上、线下的平台，努力增强与用户的互动交流，从而实现挖掘用户需求的目标。"户外生态系统"完整解决方案，是探路者在2014年进行的积极大胆的探索。这种线上模式的大力推进，在2014年确实形成了探路者线上的高速发展表现，至于这种表现背后的事实如何，还有待观察。

2013年户外用品行业零售额达到180.5亿元，同比增长24.3%，最近5年复合增速29.5%。探路者品牌户外用品在2008—2013年连续6年全国市场同类产品销量第一。从发展趋势上看，未来探路者在户外用品领域的主要值得关注的方面有：第一，线上业务是否仍然保持高速增长；第二，探路者多品牌的业务布局，是否能够继续实现稳步推进；第三，探路者开始进行品类延伸，发展童装、可穿戴设备等，这种动态也值得进一步关注。

2. 贵人鸟(603555)：深耕三四线市场，调整仍将持续

体育用品行业已经经历了3年多的调整，从市场态势上看，目前行业处于底部回升态势，整个体育用品行业调整步入尾声，从龙头公司订货会数据来看，根据自身调整时间的先后，龙头性企业开始重新正增长。贵人鸟的调整略晚于安踏、特步等，其收入调整已经持续至2014年底。2014年门店调整近千家，部分升级部分关店，总体来看，2014年公司门店会持平或略减。

整体看，由于公司面向的是低收入层次群体，进入商场、超市有一定难度，贵人鸟的策略还是在进行以清库存为主的调整工作，工作重心集中在三四线的市场，线下渠道仍然以下沉为主，对于一二线城市，一直在以特卖的形式入驻，同时也在一二线城市的边缘商圈开店推进销售。互联网线上的销售，同样以清库存为主，和其他传统生产商一样，在这个互联网时代，贵人鸟也一直在探索线上、线下融合的方法，2014年还没有给出他们最终的答案。

3. 雷曼光电(300162)：业绩拐点初现，足球传媒开拓顺利

雷曼光电2014年的发展整体乐观。伴随LED行业的景气度提升，雷曼光电积极推进，在LED产品内生和外延并重的发展基础上，开始从硬件到服务转型，从以产品为基础向着全方位定制为宗旨转型。这种转变，使得2014年上半年公司各项业务均确定突破进展，LED照明和显示屏产品，上半年营收分别实现100.1%和25.7%的高速同比增

长，上市以来业绩拐点初现，资本管控型和品牌输出型集团公司开始成型。

雷曼光电的足球传媒推进速度超出社会的预期。在中超项目基础上，雷曼光电积极开发体育传媒领域的商业价值。2014年雷曼光电陆续与中甲足球联赛12家足球俱乐部签署赞助合作协议，成为这12家中甲俱乐部的官方赞助商和合作商，合同期为5年；同时，雷曼光电与负责中国足协杯商务运营的中国福特宝足球产业发展公司签约，支持2014年中国足协杯比赛，为2014年足协杯比赛的大部分主要场次提供高清LED球场广告电子显示屏及全程广告编辑服务和赛事现场服务，促进中国足协杯比赛的商务开发，成为覆盖中国足球赛场最广泛的高科技LED球场广告电子显示屏提供商和服务商。

雷曼光电这种通过积极参与足球联赛商务开发与运营的策略，显然为其实现持续稳定发展进而构建长期的业务融合和品牌升级提供了契机。雷曼光电在中国足球联赛中的角色，已经不仅仅是赞助商，而且开始向服务商和商务开发运营商发展。雷曼光电于2014年度，已经形成健全的工作体系和服务流程，形成了赛场运行和维护方面的默契性共识。

（五）其他体育文化企业简析

2014年，足球文化主题活动和企业仍然是最受关注的热点之一。2014年，中超公司的整体收入突破4亿元大关，成为职业化以来收益最高的一个赛季。2014年1月份，中国平安以每年1.5亿元的金额签下中超4年的冠名权，创下中国足球职业化联赛冠名费用的新高。目前，中超公司的赞助商已经突破10家，从赞助金额来看，中超联赛开始进入黄金时代。2014年，中超各俱乐部的总收入突破20亿元，其中广告赞助超过8亿，转会收入超过2亿，门票收入达到1.2亿，特许商品收入超过2 000万元。2014年，7家球队的球员薪资总额超过1亿元，其中3家俱乐部的薪资超过2亿，恒大的薪资达到2.88亿，鲁能薪资达到2.86亿，国安则达到2.09亿。总体来说，根据网易体育发布的2014年《中超联赛商业价值报告》可以看出，政策红利鼓舞赞助商的投资热情，除了房地产外，其他行业的投入也在加大，俱乐部信心更强，继续在球员购买上大规模投入。当然，营收结构依然有待优化，尤其是门票收入比例不高。最后一点就是俱乐部的亏损未能有效扭转，这一点还是中超各球队未来需要努力的方向。2014年，校园足球也被提上了议事日程，已经上升到国家的层面，以校园足球为主题的活动日益增多，相信在未来3年，会涌现出一批以校园足球为业务的体育文化企业，这将对中国足球产业产生极大的推动作用。

2014 年还有一些有特色、有亮点的项目，比如将健康文化、运动文化、科技文化等融为一体的可穿戴设备。伴随着中国"马拉松"文化的兴起，可穿戴设备在2014年开始了大发展，据估计在更科学的运动理念驱动下，一个工薪家庭在跑步方面的单人年支出极有可能达到5 000～8 000元人民币，其中超过30%的比例要投资在可穿戴设备上。例如：体记忆是目前在国内可穿戴运动设备领域处于技术领先、也是比较早的手环产品，在2014年其依托体记忆手环打造的体记忆运动健康管理平台已经投入使用，通过运动状态识别收集体能信息、运动量、卡路里消耗、睡眠质量和24小时时间分配记录，提出"移动健身""量化管理"等理念，并在此功能基础上研发了支付功能，一个手环就能代替公交卡、银行卡、物业卡等，完成乘坐交通工具、刷手环消费、ATM取现等，可谓科技助力体育的典范。

三、体育文化企业发展机遇

如果要选出2014年中国最重大的体育产业事件，从长远的影响趋势来看，10月份国务院出台的《关于加快发展体育产业促进体育消费的若干意见》应该当仁不让。该文件以及一系列的配套政策，给2015年的体育文化企业带来了难以想象的发展空间。

(一) 政策导向力量不可小视，体育文化企业迎来最佳发展机会

政策中明确指出"放开体育赛事审批权……"，意味着今后体育赛事将秉持以市场为主导，以企业为主体的发展方向。企业将拥有体育赛事的主办权、版权和知识产权，这将增强企业在赛事运营中的无形资产的积累，扩大融资能力，企业可以买卖赛事的版权、经营权，才能真正实现与资本的对接。

"优化市场环境，按市场原则确立体育赛事转播收益分配机制，放宽转播权限制"，意味着今后各地地方电视台有权直播、转播体育赛事，打破央视五套的垄断地位，使地方电视台有权参与到体育赛事转播的竞争中来，为市场创造良好的媒体竞争环境。

"营造健身氛围，倡导健康生活，实行工间、课间健身制度，确保学生校内每天体育活动时间不少于1小时，积极推动公共体育设施开放。"中国体育人口不足，最根本的原因是学校体育的开展严重滞后，体育作为教育的重要内容和手段，教育部门对此重视不够。该文件所提出的要求，不仅是要促进青少年的体质健康，帮助青少年完善人格，实现全人教育，还是为了帮助青少年培养出健康的生活方式，远离吸烟、酗酒、迷恋网络等不良习惯。当然，全面普及体育运动项目，大力发展校园体育，一方面可以发现运动天才，为国家输送优秀运动人才；另一方面可以增加我国体育人口，为未来的体育消费和体育产业发展奠定基础。

鼓励社会力量的参与。进一步优化市场环境，完善政策措施，加快人才、资本等要素流动，优化场馆等资源配置，提升体育产业对社会资本的吸引力。培育发展多形式、多层次的体育协会和中介组织。加快体育产业行业协会建设，充分发挥行业协会

作用，引导体育用品、体育服务、场馆建筑等行业的发展。打造体育贸易展示平台，办好体育用品、体育文化、体育旅游等博览会。引导体育企业做强做精。实施品牌战略，打造一批具有国际竞争力的知名企业和国际影响力的自主品牌，支持优势企业、优势品牌和优势项目"走出去"，提升服务贸易规模和水平。扶持体育培训、策划、咨询、经纪、营销等企业的发展。鼓励大型健身俱乐部跨区域连锁经营，鼓励大型体育赛事充分进行市场开发，鼓励大型体育用品制造企业加大研发投入，充分挖掘品牌价值。扶持一批具有市场潜力的中小企业。

这些政策的完全落实，必将需要经历一个相当长的时期，但是，这些导向性的政策，在中国现有政府对市场经济环境影响巨大的时代背景下，必将使各种体育文化企业拥有非常优越的发展趋势。越早介入体育文化市场，越能抢得"开荒"的市场红利，越能抢占巨大的市场份额。结合《关于加快发展体育产业促进体育消费的若干意见》取消赛事审批这一根本性产业发展政策的确立，体育文化企业可能将在"专业赛事"市场和"群众体育"市场两个子领域高速发展。

（二）资本将快速进入体育市场，体育文化企业应适时借力资本力量

政策指出：鼓励社会资本进入体育产业领域，建设体育设施，开发体育产品，提供体育服务。进一步拓宽体育产业投融资渠道，支持符合条件的体育产品、服务等企业上市，支持符合条件的企业发行企业债券、公司债、短期融资券、中期票据、中小企业集合票据和中小企业私募债等非金融企业债务融资工具。鼓励各类金融机构在风险可控、商业可持续的基础上积极开发新产品，开拓新业务，增加适合中小微体育企业的信贷品种。支持扩大对外开放，鼓励境外资本投资体育产业。推广和运用政府和社会资本合作等多种模式，吸引社会资本参与体育产业发展。政府引导，设立由社会资本筹资的体育产业投资基金。有条件的地方可设立体育发展专项资金，对符合条件的企业、社会组织给予项目补助、贷款贴息和奖励。鼓励保险公司围绕健身休闲、竞赛表演、场馆服务、户外运动等需求推出多样化保险产品。

带有体育性质的投资领域，大多与社会生活密切相关，过去限于政策不清等原因，社会资本很难在这些领域取得市场平均收益。《关于加快发展体育产业促进体育消费的若干意见》中的政策开放，让这些领域的大门向社会资本敞开，在不远的将来，这些资本可能会迎来一个井喷式的发展阶段。

（三）税收政策的落实，将给体育文化企业减压

政策指出：充分考虑体育产业特点，将体育服务、体育用品制造等内容及其支撑技术纳入国家重点支持的高新技术领域，对经认定为高新技术企业的体育企业，减按15%的税率征收企业所得税。提供体育服务的社会组织，经认定取得非营利组织企业

所得税免税优惠资格的，依法享受相关优惠政策。体育企业发生的符合条件的广告费支出，符合税法规定的可在税前扣除。落实符合条件的体育企业创意和设计费用税前加计扣除政策。落实企业从事文化体育业按3%的税率计征营业税。鼓励企业捐赠体育服装、器材装备，支持贫困和农村地区体育事业发展，对符合税收法律法规规定条件向体育事业的捐赠，按照相关规定在计算应纳税所得额时扣除。体育场馆自用的房产和土地，可享受有关房产税和城镇土地使用税优惠。体育场馆等健身场所的水、电、气、热价格按不高于一般工业标准执行。

企业层面的发展，基于现实的每一笔开支的变化。税收以及相关企业发展基础耗能支出，形成企业发展的基本层面。政策的规定与落实，将大大降低体育文化企业运营的成本，能够将更多的力量集中到发展上，从而进一步提升中国整体体育产业的发展速度。

(撰稿人：何文义、黄向君、郭彬，北京大学)

第十七章
文化产业园区及运营企业

- 2014年可谓中国产业园区的政策年,各部委及相关部门相继颁布条文,或旁敲侧击或直击要害,土地、资金、产业等园区行业的立足根本先后被触及。其中,工业用地集约要求、剥离城投公司融资功能、清理地方优惠政策等为产业园区戴上了紧箍咒;而鼓励工业用地二次开发、支持探索PPP模式、刺激科技服务业等政策,则释放了行业利好。"胡萝卜+大棒"的搭配,指明了产业园区的未来发展趋势。

- 十八届三中全会后,我国文化产业发展进入"换挡期",即把发展的基础和动力从政府转向市场,并将发展的速度降下来,产业园区则将发展重点转向转型升级。2014年4月,文化部修订印发了《国家文化产业示范基地管理办法》,提高了国家文化产业示范基地的准入门槛,同时建立了常态管理机制,完善了园区退出机制。

- 今后文化产业园的运营应该重点思考3个问题:第一,文化产业园区如何从量的扩张转向质的提升?第二,奔走在成长道路上的文化企业应该如何选择入驻园区?第三,园区企业本身应该如何在园区内实现自我创新、自我发展?

一、2014年我国文化产业园区的发展概况

文化创意产业已成为引领经济发展的重要引擎，其发展规模与水平，也已成为衡量一个国家或地区综合实力高低的重要标志。2014年3月14日，国务院发布《关于推进文化创意和设计服务与相关产业融合发展的若干意见》，充分表明促进文化创意产业优化发展对推进经济发展方式转变并形成创新驱动模式具有重要意义。与此同时，我国文化产业园区的发展正在经历着从园区建设向园区运营的转型与升级阶段。

(一) 2014年触动产业园区发展根本的"新政"

1.《中华人民共和国预算法》(2014年修正)对园区自设的部分平台冲击较大

2014年8月31日，有"经济宪法"之称的新《中华人民共和国预算法》获通过，并将于2015年1月1日起施行。该新法规定地方政府可以在国务院确定的限额内，通过发行债券的方式筹措资金，围绕"地方政府债券"，将建立一系列债务借、还、用的约束机制。在用债方面，还限制了债务的经营性用途。由此，工业园区、开发园区自设的部分平台公司将失去设立依据，受到的冲击最大。

2.《关于加强地方政府性债务管理的意见》(国发〔2014〕43号)对具有地方投融资平台性质的园区产生影响

2014年10月，由国务院颁布《关于加强地方政府性债务管理的意见》，该意见对地方政府性债务的管理及其发展方向提出明确要求，受此影响最大的是各级地方政府及其相关的投融资平台，具有地方投融资平台性质的园区开发公司受此影响。从投融资角度看，园区开发公司的基本运作机制与地方投融资平台非常类似。43号文明确了地方投融资平台不再具有政府的融资功能，原本政府需要投资建设的基础设施将通过政府发债或PPP模式来融资，形成政府归政府、市场归市场的投融资机制，各自归位，不再交错。地方投融资平台和具有同样性质的园区开发公司在剥离政府融资功能之后，将面临关闭、合并、转型等选择。

3.《节约集约利用土地规定》(国土资源部令第61号)将紧缩园区土地的使用条件

这是我国首部专门就土地节约集约利用进行规范和引导的部门规章，自2014年9月1日起实施。《节约集约利用土地规定》对产业用地的集约利用进行了规范，指出：禁止在土地利用总体规划和城乡规划确定的城镇建设用地范围之外设立各类城市新区、开发区和工业园区；禁止以土地换项目、先征后返、补贴、奖励等形式变相减免土地

出让价款；工业项目投资强度、容积率、建筑系数、绿地率、非生产设施占地比例等控制性指标应纳入土地使用条件；可以采取先出租后出让、在法定最高年期内实行缩短出让年期等方式出让土地。该规定鼓励土地使用者在符合规划的前提下，通过厂房加层、厂区改造、内部用地整理等途径提高土地利用率，在符合规划、不改变用途的前提下，现有工业用地提高土地利用率和增加容积率的，不再增收土地价款。

4.《国务院关于加快科技服务业发展的若干意见全文》(国发〔2014〕49号)对园区的孵化器功能产生利好

《国务院关于加快科技服务业发展的若干意见全文》提出，构建以专业孵化器和创新型孵化器为重点、综合孵化器为支撑的创业孵化生态体系，将引导企业、社会资本参与投资建设孵化器。整合创新创业服务资源，支持建设"创业苗圃+孵化器+加速器"的创业孵化服务链条。该49号文于2014年10月颁布，对创新创业资源较为密集的孵化器、高新区等主体，带来了利好影响。

5.《关于促进国家级经济技术开发区转型升级创新发展的若干意见》鼓励园区由政府主导转向市场主导

2014年11月，由国务院办公厅发布的这项《关于促进国家级经济技术开发区转型升级创新发展的若干意见》明确指出，促进国家级经济开发区转变发展方式；鼓励国家级经济开发区由政府主导向市场主导转变，鼓励有条件的国家级经济开发区同社会资本共办"区中园"。该意见提出："在发展理念、兴办模式、管理方式等方面加快转型，努力实现由追求速度向追求质量转变，由政府主导向市场主导转变，由同质化竞争向差异化发展转变，由硬环境见长向软环境取胜转变。"

6.《国务院关于清理规范税收等优惠政策的通知》对园区的长期发展有利

2014年12月9日，国务院颁发《国务院关于清理规范税收等优惠政策的通知》，对当前在产业园区中被广泛使用的"优惠"利器进行了严格规范。该通知提出，除相关法律法规规定的税政管理权限外，各地区一律不得自行制定税收优惠政策。严禁对企业违规减免或缓征行政事业性收费和政府性基金，以优惠价格或零地价出让土地；严禁违反法律法规和国务院规定减免或缓征企业应当承担的社会保险缴费，未经国务院批准不得允许企业低于统一规定费率缴费。同时，坚决取消违法违规的财政支出优惠政策，包括先征后返、列收列支、财政奖励或补贴，以代缴或给予补贴等形式减免土地出让收入等。同时，全面清理已有的各类税收等优惠政策。

没有了这些优惠政策，企业也不用挖空心思和当地政府处好关系，来获得政策补贴和返还，转而提高自身的核心竞争力。政府靠园区建设、产业布局来吸引企业，这才是真正有利于产业结构的升级。清理地方优惠政策可能会使投资者短期受一些影响，但从长期来看，这对园区自身的核心竞争力却是利好的。园区运营商不能完全依赖地方的优惠政策，只有靠自身的发展战略、规划、厂房建设以及售后服务才能真正赢得客户。

7. "营改增"税收政策对文化企业的长期发展利好

鼓励创业，不是喊几句口号就能解决的，国家得拿出真金白银的实际政策来切实帮助小微企业。修改公司法，取消注册资本验资、放松对注册地的管制、取消公司年报审计制度等，都使得创业成本得到了极大的降低。然而，这些都是一次性的，更能体现扶持效果的肯定是比较长效的税收优惠政策。"营改增"就是目前我国正在推行的一项税收优惠政策。这项政策对文化产业园区中的小微企业的发展来说是一件非常利好的事情，而小微企业创业孵化基地的建设又将进一步推动园区的升级转型。

8. 财政部2014年度文化产业发展专项资金拟支持产业园项目

《2014年度文化产业发展专项资金拟支持项目公示》于2014年9月11日正式发布。此次拟支持项目包括"重大项目"和"一般项目"两大类，共计800项。其中，"重大项目"包括文化金融扶持计划、促进文化创意和设计服务与相关产业融合、推动电影产业发展、环保印刷设备升级改造工程、加快特色文化产业发展、推动对外文化贸易发展、新闻出版业数字化转型升级和实体书店扶持试点等8个类别，共计495项，占比61.9%。此外，该公示中还包含一般项目，共计305项，其中支持文化体制改革45项、支持文化传播渠道建设48项、支持文化产业升级145项、支持文化产业园区及基地建设26项、支持文化产业园区及基地建设41项。

（二）截至2014年底我国国家级文化产业园区

1. 第5批国家级文化产业示范(试验)园区和第六批国家文化产业示范基地名单

为进一步加强文化产业园区、基地的建设管理，根据《国家级文化产业示范园区管理办法(试行)》和《国家文化产业示范基地管理办法》的有关规定，2014年5月，文化部发布有关通知，决定在2014年新命名一批国家级文化产业示范(试验)园区和国家文化产业示范基地，并开启了申报工作。根据中国经济网12月4日发出的信息，第5批国家级文化产业示范(试验)园区和第6批国家文化产业示范基地(以下简称"国家示范基地")推荐名单已经浮出水面。

第5批国家级文化产业示范(试验)园区推荐名单中，国家级文化产业示范园区：安徽省蚌埠大禹文化产业示范园区、甘肃省敦煌文化产业园；国家级文化产业试验园区：江苏省南京秦淮特色文化产业园、浙江省衢州儒学文化产业园、湖北省武昌长江文化创意设计产业园、西藏自治区西藏文化旅游创意园。第6批国家文化产业示范基地推荐名单如表17-1所示。

表17-1 第6批国家文化产业示范基地推荐名单①

序号	属地	推荐单位名称
1	中央企业	华录文化产业有限公司
2	北京	北京中视东升文化传媒有限公司
3		北京丑小鸭卡通艺术团有限公司
4		北京巅峰智业旅游文化创意股份有限公司
5		北京东道形象设计制作有限公司
6	天津	天津滨海航母旅游集团有限公司
7		天津市迅龙通讯科技有限公司
8	河北	河北乐海乐器有限责任公司
9		河北省曲阳县荣杰雕刻石材有限公司
10	山西	山西本命年文化创意有限公司
11		平遥县唐都推光漆器有限公司
12	内蒙古	内蒙古天睿文化发展有限责任公司
13	辽宁	丰远集团有限公司
14		抚顺金信园古玩艺术市场有限公司
15		盘锦江南风情园发展有限公司
16	吉林	长春市宝凤剪纸艺术有限公司
17		吉林圣鑫农业发展有限公司
18		长春紫玉木兰工艺有限公司
19	黑龙江	黑龙江满艺工艺品有限公司
20		伊春市美江木艺有限责任公司
21	上海	中广国际广告创意产业基地发展有限公司
22		上海南翔智地企业投资管理有限公司
23		上海河马动画设计股份有限公司
24	江苏	吴江静思园
25		徐州大风乐器有限公司
26		南通一八九五文博产业发展有限公司
27	浙江	美盛文化创意股份有限公司
28		华鸿控股集团有限公司
29		浙江台绣服饰有限公司
30	安徽	安徽省绩溪胡开文墨业有限公司
31		合肥安达电子有限责任公司
32	福建	福建盈盛号金银饰品有限公司
33		华昌珠宝有限公司
34		龙人古琴文化投资(长泰)有限公司
35	江西	江西桐青金属工艺品有限公司
36		江西丝黛实业有限公司
37		景德镇佳洋陶瓷有限公司

① 国家级文化产业示范园区将增至十家[EB/OL]. 中国经济网，[2014-12-04]. http://www.ce.cn/culture/gd/201412/04/t20141204_4049247.shtml.

(续表)

序号	属地	推荐单位名称
38	山东	山东华夏文化旅游集团有限公司
39		山东华艺雕塑艺术有限公司
40		山东省儒源文化集团有限公司
41	河南	河南省荣昌钧瓷坊有限责任公司
42		洛阳牡丹瓷股份有限公司
43		郑州枫华实业有限公司
44	湖北	武汉致盛文化创意产业有限公司
45		湖北视纪印象有限科技股份公司
46	湖南	张家界天门狐仙文化旅游产业有限公司
47		湖南华凯文化创意股份有限公司
48	广东	佛山市新石湾美术陶瓷厂有限公司
49		广东长城集团股份有限公司
50		广州励丰文化科技股份有限公司
51		广州市浩洋电子有限公司
52		深圳市创意投资集团有限公司
53	海南	三亚亚龙湾云天热带森林公园有限公司
54		海南中野旅游产业发展有限公司
55	广西	广西华蓝设计(集团)有限公司
56		桂林力港网络科技有限公司
57	重庆	重庆壹秋堂文化传播有限公司
58	四川	成都传媒文化投资有限公司
59		四川省剑门关景区开发有限责任公司
60	贵州	遵义红色旅游(集团)有限公司
61		贵州石中玉投资集团发展有限责任公司
62	云南	丽江玉龙雪山印象旅游文化产业有限公司
63		云南汇通古镇文化旅游开发集团有限公司
64	陕西	宝鸡雪云文化产业发展有限公司
65	甘肃	平凉市正道文化艺术发展有限公司
66	青海	青海塔尔寺文化旅游资源开发有限公司
67		循化县博艺旅游文化有限责任公司
68	宁夏	宁夏志辉实业集团有限公司
69		宁夏盛天彩数字科技股份有限公司
70	新疆	新疆七坊街创意产业投资有限公司
71		吐鲁番欢乐盛典文化投资有限公司

2. 我国现有的国家级文化产业园区数目

据统计，自2007年国家级文化产业示范园区的认定工作开始以来，前4批共有8家园区入选。加上此次公布的2家，我国国家级文化产业示范园区已升至10家。文化产业试验园区共认定2批8家，此次又将增加4家。其中，广东省广州北岸文化码头因当地政府发展规划调整导致项目建设终止，其"国家级文化产业试验园区"命名被文化部撤销。国家示范基地共认定5批273家，文化部撤销了北京中录同方文化传播有限公司、湖北省民间艺术团等8家单位的"国家文化产业示范基地"命名，所以目前我国共有265家国家示范基地。国家级文创园区遭摘牌已成为国家强化园区规范管理的重要信号。如此次名单中的71家单位顺利通过公示，我国国家示范基地将增加至336家。①

（三）我国文化产业园区的发展及趋势预测

1. 文化产业园区要有"进"有"出"

《中国文化产业发展报告(2014)》指出，十八届三中全会后，我国文化产业发展进入"换挡期"，即把发展的基础和动力从政府转向市场，并将发展的速度降下来，将发展重点转向转型升级。2014年4月，文化部修订印发了《国家文化产业示范基地管理办法》，提高了国家文化产业示范基地的准入门槛，同时建立了常态管理机制，完善了园区退出机制。

文化产业园区要有"进"有"出"。目前一些文化产业园区有名无实，变成一些地方发展房地产的卖点，此类园区缺少文化内涵，赢利模式也比较模糊，因此建立园区退出机制十分必要。在新一轮的优胜劣汰中，全国许多地区都出现了一批率先推动升级的文化产业园区，运营者针对前阶段园区建设中出现的项目重复、投资效率低、培育能力差等问题，探索新的路径和方法。

2014年12月3日发布的《2014中国产业园区持续发展蓝皮书》回顾了自1984年以来中国产业园区30年的发展历程，提出了"园区2.0"的发展模式，指出"制度、融合化、软环境"是其核心驱动要素，借以实现创新升级阶段的持续发展。换句话说，在创新升级时期，整合中国产业园区持续发展的驱动要素、合作方式、发展路径，是实现产业生态、社会生态与自然生态相融合的新型发展模式。而完善产业园区管委会自身的管理制度，通过制度完善获取管理红利，也是文化产业园区赢利模式升级的关键。

2. 从园区建设转向园区运营

集聚或集群化发展是文化创意产业发展的基本空间形式和组织形态，而在产业集聚发展的路径上不同国家或地区具有各自的特色，大致可归为两种基本模式：一是在市场机制作用下各类经济主体自发集聚形成的产业群落，二是在地方政府主导下通过园区建设形成的文化创意类产业园区，后者是当今中国各地大力推进文化创意产业集聚发展的主要模式。近几年，各地也因此快速形成了数千个不同规模和不同层次的规划建设和转型改建中的文创园区。而且，与一般自发性产业区不同，建设模式的"产业园区"具有明确的空间地理边界、明确的企业组织范围、明确的产权边界、明确的

---

① 国家级文化产业示范园区将增至十家[EB/OL]. 中国经济网, [2014-12-04]. http://www.ce.cn/culture/gd/201412/04/t20141204_4049247.shtml.

管理机构主体。空间、组织的"有界性"以及园区行为的"主体性"是这类园区的基本特性。在"政府政策+市场机制+园区机构+企业主体"共同构成的运行体系中，园区组织成为文化创意产业体系运行中的重要行为主体，而且在从园区建设进入园区运营优化发展阶段后，园区组织将成为集成产业群系统资源更为关键的因素，并在文化创意产业园区的潜在功能发挥和可持续发展中具有推动作用。

3. 从单一产业振兴转向融合发展

随着国内外文化创意产业融合发展的实践，文化创意产业显现出更深层次的潜在功能，由此也促使人们对其融合发展方式及其功能作用的认识不断深化，即文化创意产业的融合特性已经使得它不再仅仅是一种单纯的产业现象，而是一种与新时代相适应的新生发展范式。特别是由于它与科技融合而相得益彰，与传统产业融合而促使其新生活力和价值倍增，与新兴产业融合而促使其业态更放异彩。所以，我国发达地区在先行发展文化创意产业的基础上，已经在超越以往单一文化创意产业功能的认识，进一步强化创意经济时代融合发展理念，将文化创意产业发展作为地区创新驱动的重要抓手和经济发展的推进引擎，以此促进经济发展的转型升级和全面实现小康社会的战略目标。

反映这一转换趋势特征的标志就是，2012年5月和6月，国家科技部、中宣部等多部门先后联合下发了《关于认定首批国家级文化和科技融合示范基地的通知》《国家文化科技创新工程纲要》，特别是2014年3月，国务院发布《关于推进文化创意和设计服务与相关产业融合发展的若干意见》，这些举措将进一步促进文化、艺术、创意设计、动漫影视、新媒体等文化创意产业，与旅游休闲、时尚服务、建筑装潢、工业制造、农业生产等特色经济领域的融合发展，由此带动产业升级和价值增值。

4. 从多部门分业管理转向机构协同

文化创意产业日益显现出国民经济支柱和国家或区域软实力的重要地位，但由于文化创意产业与传统产业有很大不同，它的实质是融合性的产业经济形态，除了文化、创意、科技等因素紧密融合外，几乎所有产业都需要融入"创意"元素，从而"创意"生产也就成为各产业链的重要环节。在文化创意产业园区建设发展中，各地主管文化、传媒、出版等部门的党委宣传部已成为地方领导和推动文化创意产业发展的重要力量，而政府的相关行政或经济部门也"齐抓共管"。

随着产业的发展和园区的成型，外延式扩张及外源式驱动的作用实效开始递减，这就需要培育形成系统协同机制激发内源性驱动的作用模式，以取代原有外源力量主导和简单叠加作用的体制机制模式。因此，根据文化创意产业的融合发展特性，我国在文化创意产业不断探索发展的进程中，先期发展的许多地方已经意识到以往传统管理体制难以适应如今创意经济时代融合发展的范式，北京、上海、杭州等地为克服原有体制的弊端，在整体的管理体制机制上积极进行创新探索，正在形成独具地方特色管理协调体制的"北京模式""上海模式"和"杭州模式"。它们共同的特点是：都成立由地方党政主要领导负责、相关职能管理部门负责人参加的推进文化创意产业发展或协调领导小组，并下设办公室或类似机构负责承担日常统一管理协调工作。所不同的是，各地主要责任部门的任务分工及协调机制存在差异。①

二、我国文化产业园区存在的问题及建议

(一) 文化产业园区存在的问题及原因分析

受各种国家政策以及园区本身运营的压力影响，2014年"园区地产化"信号已经减弱。我国创意产业园之所以扎堆出现，是源于国内文化产业迅速兴起的热潮。很多人都想进入这样一个领域，但大部分的动机、赢利模式、发展战略都是非常粗糙、不成熟的。从2014年开始，这种借文化产业之名，利用产业园进行房地产的开发的势头明显减弱。从全国的文化产业园区的发展情况来看，10%是比较成功的，20%基本维持，70%是经营状况不佳。②很多园区开发商已经意识到，为了建园而建园，不考虑所依托的资源，必将造成后续发展无力的局面。

虽然我国文化产业园区的发展已经从建设热潮趋于理性，但在现在的发展过程中，仍然露出一些指向根本的问题。比如：①园区现有的业态结构不合理。有些园区在招商和运营的过程中，因为开始没有足够的文化企业进驻，因此选择了吸引大量餐饮企业等入驻，造成园区业态中餐饮企业的数量较多。但是餐饮企业本应该作为园区的配套，起到的是辅助性功能。②园区运营商还只处于二房东状态。目前国内很多文化产业园区只是在做二房东，只考虑出租，不考虑持久运营。作为园区应该为入驻企业提供资金、人才等方面的服务。

文化产业园出现的现状和瓶颈问题在国内具有共性，究其原因有3个方面：一是开始目标定位的模糊和执行不彻底；其次是园区特色没有确定下来；第三就是园区运营商的能力有限，刚开始初衷很好，但是实际的运营能力和条件却并不成熟，最终导致园区的招商就不会太理想。

(二) 园区运营发展的建议

社会经济在发展，市场也在不断地进行大浪淘沙。对无数产业园区经营者而言，开发建设不是什么难题，最大的困惑在于采取什么样的运营模式确保产业园区保持长

---

① 康胜，金波. 转型与融合：我国文化创意产业发展新趋势[J]. 《中国社会科学报》，2014-11-5，(665).
② 刘琼，苏兵. 文化产业园如何突围？[N/OL]. 深圳商报，[2014-11-14]. http://szsb.sznews.com/html/2014-11/14/content_3061793.htm.

久生命力。产业园区是一个进入门槛很低、技术门槛很高的行业，可能刚开始觉得花不了很多钱，但要想把它做好、真正做成一种商业模式却并非易事。

对此，文化产业园区发展的基本思路应该是：首先，产业园区要从快速的量的扩张向质的提升改变，要从粗放走向集约，要将制造业与服务业结合，更加注重软环境建设。其次，对于众多形形色色的园区，企业应该如何选择进驻的园区？最后，文化产业园区需要始终坚持创新机制，走出一条生态化的产业园区发展模式。

1. 文化产业园区从量的扩张转向质的提升

(1) 园区配套服务中增加互联网环节

互联网不仅是工具，更是大势所趋，这就要求园区运营商在配套服务中增加互联网环节，譬如设立与之匹配的招商呼叫中心、微信运营中心、第三方或第四方的战略物流配套，只有用企业家的心态来审视园区的招商工作和入驻后的"零差距"，才能让企业家感受到产业园区的魅力和高效。

(2) 形成一个泛园区的商务形态

园区未来发展将会成为一个泛园区的商务形态，基础的电信服务、互联网服务、电子商务服务、注册税收服务、物业运营服务将成为基础服务，能源管理、商品代运营、集群化会展体系、分布式渠道交流、常驻型法务工作等生产性服务业将成为园区的增值配套，依托园区未来发展趋势，提前让拟入驻企业享受快捷零成本的优质服务，是园区未来发展平台的必然趋势。

(3) 迅速亲近客户并保持与事件热点推广同步

优秀的富豪能够在10秒钟内同任何人建立高效纽带，优秀的招商工作者在1分钟内可与任何人建立亲近的关系。在快节奏的今天，客户很难给我们多次机会，所以在发展中，应该让园区事件同客户所知晓的热点事件同步推广，方便招商工作者取得客户信赖，并自动自发形成客户口碑。[①]

(4) 用数据和威信吸引企业家眼球

数据不仅是用来分析的，更是可以对比的。不能因为不能量化数据而说园区提升效率不明显，而应该抓住环节，强化数据支撑的逻辑关系，从而在公务、政务、商务中塑造园区是优秀卓越所在的不二之选。企业家对数据的敏感性远远高于招商工作者的口头表达或宣传画册，只有把数据拉升到一定的黄金点，企业家的眼球将会绕着你转，园区的数据量化完全是招商工作中的"精准弹道导弹"。

(5) 展示优秀的园区氛围和运营能力

对任何园区而言，人气值缺乏是无法有效提升园区美誉的，这就要求园区运营者首先同周边的社区打成一片，形成区域公信力和辐射力，口碑感自然形成，为未来园

---

① 张泽生. 从福布斯中国富豪榜看产业园区应该如何招商[EB/OL]. 搜狐焦点产业新区，[2014-11-03]. http://chanye.focus.cn/news/2014-11-03/5712588.html.

区的运营和招商自然提供了群众基础。[①]

2. 企业如何选择入驻的园区

园区一哄而上、热衷授牌、恶性竞争……产业园区的盲目发展不但给自身提升带来局限性，也限制了园内企业的健康成长。有些园区甚至在运营时就像出租商铺一样，只要给租金就出租。在选择园区时，企业应怎样区分园区优劣，找到适合自身发展的园区呢？[②]

(1) 清楚园区的赢利模式

鼓励产业园区集中为企业提供服务是众多地方政府采取的举措，一方面有地方招商的压力驱动，一方面也是园区服务市场的实际需求，但园区也是独立的经济体，有收入的诉求，因此，清楚园区的赢利模式对企业选择园区有非常重要的意义。产业园区的赢利模式可以分为地产增值、政府补贴、税收分成、产业投资、BPO(商务流程外包)收益、中介服务收益等几个方面。

目前大部分园区的收入都是依附在土地溢价基础之上的，即第一种赢利模式，所以大部分园区都强调物业载体的宣传；政府补贴模式中，政府多年来致力于改善创业环境，建设了多个公共服务平台、孵化器等基础配套环境，园区是这些平台建设的承建方，政府补贴经费基本上按照产业专项资金划拨各园区；税收分成是指入园企业上缴的税收一部分归国税，一部分归省、市财政收入，一部分是由区县支配，这部分税收一般采取部分返还园区的方式，支持园区建设或者用于进一步招商，也算是招商的"绩效奖"；产业投资主要是指园区建立或控股专业性的产业投资机构，如天使基金、VC(风险投资)、PE(私募股权投资)等投资相关产业，分享企业成长并获取收益；BPO收益主要是指园区投资控股机构为园区提供专业技术性服务、企业发展服务、金融服务类公司，并通过BPO等形式获取收益；中介服务收益是指园区通过向入园企业提供融资服务、培训服务、网络通讯服务、人力资源、法律咨询等服务获取向服务提供方收取费用的收益模式。

(2) 考察园区的服务类型

除了赢利模式，园区提供的服务也是企业选择园区时需要重点参考的"指标"。目前而言，国内园区主要提供3大类服务。

第1类是基础型服务，也可以称作"安慰性"服务，园区在对提供服务的机构进行评比、遴选后，将优选结果告知企业。第2类是引导型服务，主要是协助企业申请相关资质、项目申报等咨询工作，这类工作比想象中繁杂得多。第3类则是产业型服务，这是负责任的园区一直在努力的方向，但目前做好的园区不多。

---

① 张泽生. 从福布斯中国富豪榜看产业园区应该如何招商[EB/OL]. 搜狐焦点产业新区，[2014-11-03]. http://chanye.focus.cn/news/2014-11-03/5712588.html.

② 企业如何找到合适自身发展的园区[EB/OL]. 安徽省商务厅，[2015-01-15]. http://www.ahbofcom.gov.cn/XXGK/TitleView.aspx?Id=135492.

（3）企业选择入驻园区的基本原则

站在企业角度，明确园区的赢利模式和可能提供的服务后，在选择园区时还应参考以下几项原则：

一是产业接近原则。园区定位、已聚集的企业与企业经营方向相近非常重要，这样才能享受产业集聚效应带来的便利，任何企业都是整个产业的一小部分，产业资讯、人才资讯等要与市场互动。二是区域就近原则。靠近创业团队成员的集中区域，在熟悉的地方创业有利于企业成长。三是要判断园区服务的专业程度和专注度。从园区工作人员对企业产业方向的熟悉程度，看园区企业服务人员是否能给予指导，如果园区总想着赚钱，如成立一批法律、财务、培训等机构，以为企业服务为名想方设法收钱的，一般不是好园区。四是要看园区服务的规范性。号称帮助企业垫资注册资金，实际发放高利贷，催着企业"创业"的不是好园区，可能只是为了完成招商指标。多听入园企业反馈，咨询已入园的企业主，他们的反馈意见非常有参考价值。

如果对园区服务不满意，企业可以迁出，园区是企业的服务提供方，创业企业有选择的主动权，淘汰"不靠谱"的园区是市场力量作用的必然结果。另外，不是所有企业都需要进驻园区，一方面因为创业服务业尚不健全，无法精细服务所有产业方向。另一方面，有时企业经营可能靠近客户反而是最好的选择。

3. 文化产业园区的创新问题

对文化产业园区的创新问题的解决，只谈一些空话没有任何意义，下面结合文化产业园区运营模式创新的案例来进行具体分析，以起到抛砖引玉之效。

▌三、园区运营模式创新案例

（一）广告产业园——以成都国家广告产业园为例

2014年4月17日，成都广告产业园从全国32家国家广告产业试点园区中脱颖而出，正式获得授牌，成为西南地区唯一国家级广告产业园区，其中，"红星路35号"广告创意产业园是成都国家广告产业园的核心区域。

1. 园区全产业链的打造

成都市红星路一段35号，是成都军区原7234印刷厂的旧址。这里位于成都市最繁华的商业区，与春熙路相距不到3公里。经过德国MV建筑设计事务所的精心打造，2012年8月，"红星路35号"广告创意产业园正式挂牌。目前，这座硬朗工业气息十足的独特建筑是成都国家广告产业园的核心区域。

成都市广告创意产业运营管理有限公司是成都市政府授权成立的国有独资公司，也是成都国家广告产业园的运营管理方。该公司宣传策划部部长李黎表示，广告企业一定要选址在繁华商圈内，以满足交通便利、产业成熟等必要条件。这样做是为了适应广告行业的需求和特点。

针对不断壮大的西部广告创意产业发展集群，成都国家广告产业园搭建了多个平台，如广告创新研发中心、广告交易中心、云计算服务中心、3D打印创意体验中心、新媒体驱动中心、广告研究院等，为客户提供配套型专业服务和公共服务。

广告交易中心是成都国家广告产业园中比较有代表性的平台。此平台可以整合本地资源，为广告主提供更广泛的广告设计、制作、发布渠道，打造一个广告要素积聚、流通的区域性交易平台，在国内尚属首创。下一步，广告交易中心还将单独成立公司，以便更好地运营。

目前，园区已初步打造出了一条以广告创意设计与传媒印务、网络数字、电子出版及广告交易等上下游产业相聚合的全产业链。随着成都国家广告产业园在全国范围内逐步建立起了品牌，已经有越来越多的广告企业主动找上门来谈合作。目前，核心园区已经基本驻满，三期正在招商阶段。经过国家工商总局的评估，成都国家广告产业园的综合分数在第二批挂牌成立的国家广告产业园中位居第二。到2016年末，该园区将力争集聚千家以上，建成"西部领先、国内一流、具有一定国际影响力的广告产业示范园区"。

2. 园区为企业带来客源

作为入驻成都国家广告产业园较早的企业，洛可可设计(成都)有限公司已是成都广告圈内知名的设计顾问公司，之所以当初选择"红星路35号"，是因为他们的选址优先考虑的是广告产业园区，而不是商务写字楼。首先，园区内没有很高的建筑，视野更开阔，不像写字楼那样冷冰冰的，这里独立、开放、自由的环境更适合设计师的发挥。而且，园区一般都有自己的主题。我们也希望能在一个主题更鲜明的场所进行工作，可以说双方的合作是1+1＞2的。同时，政府和园区对洛可可的入驻给予了一定的扶持，包括房租减免、税收补贴等。同时，产业园举办的各种推广活动也为企业作了宣传。而他最看重的，是园区搭建的平台可以给企业带来客户资源。

2014年，成都国家广告产业园先后举办了多项大中型活动，如FUN成都游戏动漫节、2014创意暨青年广告设计大赛等，旨在借此打造自己的品牌形象。这些有影响力的活动要比单纯的广告宣传更务实。一场大型活动既可以提升园区的影响力，又能够推动产业的融合与发展，更重要的是可以实现园区平台与企业的联动。依据园区相关规定，新引进入驻成都国家广告产业园的企业，如果年度经济贡献度达到一定标准，在房租方面可享受优惠。注册资金在1 000万元以上、年营业总收入在3 000万元以上的广告企业，还将享受重点扶持政策。

成都潘多拉科技有限公司是四川唯一一家以3D技术实现"智慧城市"平台应用的产业运营服务商，目前正在与成都国家广告产业园合作，搭建网格化管理的3D平台。

该公司总经理认为，虽然企业才入驻不久，但已经能够实实在在地感受到园区给予的支持。"产业园举办的一些活动确实起到了很好的宣传作用，也为企业带来了客户资源。比如，沈阳的客户就通过园区的平台直接找到他们，希望能进行有关"智慧城市"的合作。该公司开发的软件需要有专业的广告团队来进行设计包装。而园区的推广平台，恰好可以满足企业这方面的需求。产业园的优势在于资源整合，可以通过平台搭建来实现企业间的相互沟通，达到优势互补，协作共赢。

3. 产业基础薄弱或成园区发展瓶颈

西安工业大学人文学院教师陈红指出，与发达国家和地区相比，我国广告业总体发展水平较低，广告企业多、小、弱、散特征明显，粗放式经营普遍存在，创新能力和发展动力不足，专业化、集约化、国际化程度不高，企业国际竞争力较弱。一位业内人士指出，目前成都市的广告产业还稍显稚嫩，多数企业都是采取小规模的发展模式，服务的客户也多属于地产、医药、食品等行业。虽然经过这些年的努力，成都本土的广告企业有了较快的发展，但仍然与一线城市存在不小的差距。以洛可可为例，公司在3年多的时间内也经历了一段成长期。从2012年初接近50名员工，到目前维持在30人左右，团队建设已趋于理性。

"最初公司开业时，在政府和园区的支持下，大家都充满干劲。但市场毕竟是理性的。相比东部沿海地区，成都的产业基础要弱一些。"园区负责人说，"我们服务的客户大多属于轻工行业，而且多数是民营企业，但成都本地更多的是重工业、军工企业，这也导致目前洛可可的业务从量到质暂时无法与沿海城市相比。"此外，"成都本地的广告行业在工业设计和UED(用户体验设计)方面并不强大。作为企业，洛可可愿意去培育这块市场，但显然还需要时间。"对于企业来说，相比于房租、税收等优惠政策，企业其实更看重未来的发展空间。产业园需要更多考虑如何帮助企业在市场竞争中"突出重围"。

案例总结：我国的广告产业园期待转型升级。据不完全统计，目前国内建有广告产业园区29个，其中包括11个国家广告产业园和18个国家广告产业试点园区。但由于种种原因，各产业园的发展并不均衡。各地的广告产业园区主要存在3个突出问题：一是园区公告企业的准入门槛较低，与园区发展的总体目标不相符合；二是集群经济效应不明显，这源于对广告产业集群的内涵缺乏科学认识；三是部分地区广告产业基础薄弱，园区缺乏科学规划，导致一些广告产业园区建设项目流于形式。有些地方则是把广告产业园当作一个地产项目去运作，背离了当初规划的方向。

国家广告产业园的功能价值就在于科学的"产业规划"，根据"产业规划"的要求再去招商。企业之间的相互需求可以形成"连接点"，招商入驻的企业之间要符合产业链的衔接，最终形成一条产业链，这样才会发挥产业园的综合优势和整体功能。广告产业园区规划部门需要根据不同广告企业的特点，设置不同的准入标准。为避免产业竞争力缺乏，应建立混合式广告产业集群，重点发展大型整合营销传播公司、大型综合型广告代理公司、专业品牌广告公司和营销传播公司等。

相对于中、东部地区，西部地区经济发展的基础和速度都较为落后，要在区域竞争中表现出优势，更应注重经济转型。对此，可以重点发展4类新型广告业态：一是数字营销公司；二是媒介购买公司；三是媒介广告公司和企业广告公司；四是内容植入营销公司。此外，广告产业园区也需要制定相应的激励政策，积极引导新型广告业态企业入驻园区。[①]

（二）科技产业园——以中关村科技园创新型孵化器为例

创意产业的发展不能仅仅依靠总体的动员与政策支持，还必须有实质性的产业发展与推广。当前各国创意产业的发展面临的主要问题已不是理念转换，而是如何实际运作，推动文化创意企业的快速生长，并发挥集聚效应，培育创意市场，打造并完善创意产业链，形成新的产业发展群落。因此，创建创意产业孵化器对产业园区的建设来说十分重要。

作为我国创新创业最为活跃的地区，自2009年以来，中关村涌现出创新工场、车库咖啡、创客空间等一批运作模式新、创新能力强、专业水平高、平台搭建好的新型创业服务组织，推动各种创新要素快速融合，搭建了创业高端要素集聚平台，营造了良好的创新创业氛围。这些机构服务内容涵盖投资、孵化、培训、媒体等各个环节，服务范围涉及项目发现、团队构建、企业孵化、后续支撑等全价值链的区域创业服务生态体系，掀起了中关村创业服务发展的新浪潮，成为中关村创业服务体系的一支重要新兴力量。那么车库咖啡、3W咖啡、Binggo咖啡、36氪这些所谓的创新型孵化器到底"新"在哪儿？

第1新——服务

现在有很多地方盖了大楼就说是孵化器，其实这是10年前应该干的事儿，现在早就过了那个阶段。现在的孵化器不再依赖于是否自己拥有物业，中关村18家创新孵化器，没有一家是拥有自己的物业产权的。传统孵化器更多比的是孵化面积有多少，租金收入是多少，而现在创新孵化器比的则是创业服务的水平高低和创业服务的收入多少。

第2新——生态

中关村除了区域的创新创业生态系统之外，每一个创新型孵化器都在着力构建自己的生态圈、生态系统。中关村的创新型孵化器各具特色，已形成了服务内容的多样化。有以服务软件企业为核心的；有以服务互联网企业为核心的；有以聚集天使投资人交流为核心的；也有一批以服务智能硬件企业为核心所形成的孵化生态的；也有依

① 王臻. 升级"国字号"成都广告产业园面临破冰[EB/OL]. 新华网，[2014-07-28]. http://news.xinhuanet.com/chanye/2014-07-28/c_1111820195.htm.

托于一些大企业，像微软、联想、百度，都在构建自己的生态系统，为自己的产业服务，同时更重要的是为了培养一代又一代的新的创业群体。

第3新——潮流

新潮流是什么概念呢？通过这种创新型的孵化器，不是在培育一个简单的新的创业企业，而是代表了我国甚至世界新兴产业发展的潮流和前沿，代表了一种趋势。现阶段有3大趋势非常明显，第一，以大数据和互联网为代表的新技术，正在改变着诸多传统产业，为产业转型升级提供了巨大帮助；第二，通过技术创新和商业模式创新结合，不断催生新兴产业；第三，制造业的服务化，比如小米。

第4新——概念

真正的孵化应该是从创意到公司，从概念到公司。过去许多传统孵化器就像是"养猪"专业户，盖好一所大房子以后，引进来一批企业，孵化器再进行不断地"催肥"，每年涨一点儿房租，日子也过得挺好。而真正的孵化器应该是把鸡蛋变成小鸡，那才能叫做孵化。为什么说新概念呢？不断地找这种新概念，把概念变成公司，同时还把天使投资人吸引进来，投资概念。这是创新型孵化器和传统孵化器完全不一样的地方。

第5新——模式

创新型孵化器不是只有某一种模式，而是有各种各样的模式。创新工场，归结为精英创业的孵化器，能够到这里来享受创业服务的，都是经过严格筛选和考核的，有的甚至是大公司VP级的人物或者是CTO。几个人围着一个小桌子，开始从概念到公司的旅程；车库咖啡是草根创业的平台，到那里去的人都是同样怀揣梦想，不分国籍，不分天南地北，不分年龄大小，学什么的都有，干什么的都有；还有像3W是互联网的圈子，到那个地方去演讲不被业内牛人轰下来是对演讲人最大的挑战；还有36氪、联想之星、"摇篮计划"……各种各样的创业服务模式都在中关村聚集。

第6新——文化

通过创新型孵化器这一载体，传播、弘扬并发扬光大了中关村创新创业文化。这一点特别重要。当一个区域有一代又一代的年轻人，不是以到大公司工作，到稳定的单位去就业为目标，甚至包括大公司出来的，哪怕当了老总级别的人物了，都愿意投身于创业，以创业为荣，这个区域的创新创业文化就形成了。以创业为荣形成了风气之后，核心竞争力是无可比拟的。我们看到，这些年在中关村呈现了这种可喜的现象。[①]

案例总结：中关村科技园创新型孵化器具有服务、生态、潮流、概念、模式、文化等6个特征，通过自我创新带动创新，通过自我发展带动发展，保持在园区行业的领先地位。

(撰稿人：刘志芳，国家开放大学)

---

① 韩琼林. 郭洪：中关村创新型孵化器的六个"新"[N/OL]. 北京商报，[2014-8-25]. http://www.bjbusiness. com.cn/site1/bjsb/html/2014-08/25/content_267843.htm?div=-1.

第十八章
文化企业投融资与并购

- 2014年中国文化企业并购交易规模超过千亿元，整体规模持续增长。文化企业并购案例主要发生在影视传媒、游戏动漫、移动互联网、教育培训和旅游户外5个行业板块，其中影视、新媒体板块是并购的热点领域。

- 以BAT(百度、阿里巴巴、腾讯)为代表的战略升级型并购、以上市公司"湘鄂情""松辽汽车"等为代表的主业转型式并购以及以文化产业基金为代表的财务投资型并购，共同主导了2014年中国文化企业并购市场。

- 预计2015年，中国文化企业并购市场将继续保持活跃增长的态势，与以往单一市场驱动型并购交易不同的是，政策驱动型并购交易将逐渐活跃。随着新三板市场交易制度的逐渐完善以及投资人入市门槛降低，更多的文化企业并购交易将会出现在新三板市场中。

- 中国体育产业的历史性机遇与政策利好，将更多地刺激在此领域之中的并购投资。

近几年来，文化产业政策利好不断，特别是新一届政府关于文化领域的重大利好政策频频颁布，这让市场坚信，文化产业的春天已经到来。在具体政策方面，多部委于2014年出台了诸多产业扶持政策。2014年2月28日，中央全面深化改革领导小组第二次会议审议通过《深化文化体制改革实施方案》；8月18日，《关于推动传统媒体和新兴媒体融合发展的指导意见》获得通过；8月19日，文化部、财政部、工信部3部委联合发布《关于大力支持小微文化企业发展的实施意见》，在财税方面给予了实实在在的政策利好。8月25日，文化部与北京市联合发布《关于加快国家对外文化贸易基地(北京)建设发展的意见》，提出基地重点文化企业享受资金等扶持政策，并放宽适用条件限制。10月15日，国家主席习近平在北京主持召开文艺工作座谈会并发表重要讲话，为文艺工作的发展指明方向。在政策支持和市场环境不断向好的背景下，文化传媒公司2014年业绩继续保持快速增长态势。可以说，文化产业引领了中国经济新常态。特别是新兴文化业态发展迅速，与年轻人消费特性紧密相关的电影、游戏、动漫和互联网新媒体等公司业绩增幅位居前列，未来发展潜力仍然很大。

一、文化产业投资基金情况分析

在国家政策引导和宏观经济形势的影响下，文化产业高附加值的特性吸引了众多投资者的目光，大量资本和人力资源涌入文化领域。网络、数字、信息技术的发展，动漫、网络游戏等新兴文化产业迅速兴起，已成为文化产业领域投资的重要方向。

根据公开信息不完全统计，截至2014年底全国共有各类文化产业投资基金116支，包括文化产业股权投资基金、艺术品投资基金、文化产业专项投资基金等几大类。以35支文化产业股权投资基金为例，首期实际募资规模达459亿元，成为集聚资金的"大湖泊"(表18-1)。自此之后，在政府大力发展文化产业的利好政策"刺激"下，2014年开始展开了中国文化产业投资基金的"井喷"期。

表18-1　2014年文化产业基金募集列表

成立时间	基金名称	关注行业	募集状态	完成/目标规模	管理机构
04-02	上海黑骥马股权投资合伙企业	电信、媒体、科技、文化产业的非上市企业	正在募集	目标规模：RMB 2亿，已募集金额：RMB 1.6亿	盛大资本

(续表)

成立时间	基金名称	关注行业	募集状态	完成/目标规模	管理机构
04-16	领势投并基金	互联网应用、移动互联网、云计算和智能终端领域	正在募集	目标规模：RMB 7.5亿；已募集金额：RMB1亿	领势资本
05-09	北京中关村软件园中以创新发展投资中心	移动互联网；互联网金融，智能支付，基于"云"的金融服务；智能电网、智慧交通、智能物流等	已募完	目标规模：RMB 3亿；已募集金额：RMB 3亿	施拉特创投
05-30	IDG中国创业投资基金四期	TMT行业	已募完	目标规模USD 5.9亿；已募集金额USD 5.9亿	IDG资本
08-21	源码资本I期	O2O、互联网金融、新型社交、娱乐、企业IT	已募完	目标规模：USD 1亿；已募集金额：USD 1亿	源码资本

数据来源：投资潮、投资中国、投资界、文资网、风险投资网

二、2014年中国文化企业融资情况分析

我们将从新三板上市、私募融资以及并购融资2个角度分析考察中国文化企业2014年融资情况。

（一）文化企业新三板上市情况

针对文化企业规模小、资金技术比较密集的特点，代办股份转让系统(简称"新三板")的全面开放成为众多文化企业资金的"孵化器"。据统计，2014年被批准上市的文化企业中，选择挂牌于新三板的企业占44%(表18-2)。

表18-2　2014年文化企业上市列表

上市时间	上市企业	交易所	募资金额	行业与主营业务	VC/PE投资方
2014-01-23	思美传媒	深圳中小板	5.4亿人民币	影视制作及发行	中信资本 深圳创新投
2014-01-24	万泉河	新三板	非公开	网上招聘	非公开
2014-01-24	金天地	新三板	非公开	影视制作及发行	无
2014-01-24	凯立德	新三板	非公开	位置服务	是
2014-01-24	页游科技	新三板	非公开	网络游戏	非公开
2014-03-06	保利文化	港交所主板	25.7亿港币	娱乐传媒	无
2014-03-20	三多堂传媒	新三板	非公开	影视制作及发行	无
2014-04-10	百奥家庭互动	港交所主板	15.2亿港币	网络游戏	非公开
2014-04-10	酷买网	新三板	非公开	B2C	非公开

（续表）

上市时间	上市企业	交易所	募资金额	行业与主营业务	VC/PE投资方
2014-04-17	新浪微博	纳斯达克证券交易所	2.9亿美元	网络社区	非公开
2014-04-17	乐居	纽约证券交易所	1亿美元	电子商务	非公开
2014-05-06	尚思传媒	新三板	非公开	广告创意及代理	无
2014-05-09	途牛旅游网	纳斯达克证券交易所	7 200万美元	网络旅游	非公开
2014-05-16	聚美优品(原团美网)	纽约证券交易所	2.5亿美元	B2C	是
2014-05-22	京东商城	纳斯达克证券交易所	17.8亿美元	B2C	非公开
2014-06-06	盈富通	新三板	非公开	动漫	无
2014-06-09	艾融软件	新三板	非公开	网络服务	无
2014-06-09	永鹏网络科技	新三板	非公开	无线互联网服务	无
2014-06-10	牛商股份	新三板	非公开	网络营销	非公开
2014-06-12	智联招聘	纽约证券交易所	7 574万美元	网上招聘	是
2014-06-13	中外名人	新三板	非公开	影视制作及发行	无
2014-06-20	约伴传媒	新三板	非公开	网络旅游	无
2014-06-30	联众	港交所主板	8.3亿港币	网络游戏	是
2014-07-09	天鸽互动	港交所主板	16.1亿港币	网络视频	非公开
2014-07-11	荆楚网	新三板	非公开	资讯门户	非公开
2014-07-18	科通芯城	港交所主板	13.8亿港币	B2C	非公开
2014-07-30	世纪工场	新三板	非公开	广告创意及代理	非公开
2014-08-01	华人天地	新三板	非公开	影视制作及发行	非公开
2014-08-07	乐逗游戏	纳斯达克证券交易所	1.2亿美元	手机游戏	是
2014-08-13	银橙传媒	新三板	非公开	广告代理商及网络营销服务机构	非公开
2014-08-13	智通人才	新三板	非公开	网上招聘	非公开
2014-08-20	熙浪股份	新三板	非公开	B2C	非公开
2014-08-20	兴致科技	新三板	非公开	手机游戏	非公开
2014-08-21	春秋鸿	新三板	非公开	影视制作及发行	非公开
2014-08-22	兴致科技	新三板	非公开	手机游戏	无
2014-09-10	腾信股份	深圳创业板	4.2亿人民币	广告代理商及网络营销服务机构	非公开
2014-09-12	光影侠	新三板	非公开	休闲娱乐	无
2014-09-19	阿里巴巴	纽约证券交易所	217.7亿美元	B2B	非公开
2014-10-10	慧聪国际	港交所主板	非公开	B2B	无

(续表)

上市时间	上市企业	交易所	募资金额	行业与主营业务	VC/PE投资方
2014-10-24	聚宝网络	新三板	非公开	楼宇电视	无
2014-11-03	云南文化	新三板	新三板	文化传播	无
2014-11-04	钢钢网	新三板	非公开	B2C	无
2014-11-06	飞扬天下	新三板	非公开	网络游戏	无
2014-11-06	北教传媒	新三板	非公开	出版业	无
2014-11-12	华博教育	新三板	非公开	网络教育	无
2014-11-17	超级玩家	新三板	非公开	网络游戏	无
2014-12-05	飞鱼科技	港交所主板	6.6亿港币	手机游戏	无
2014-12-11	陌陌	纳斯达克交易所	2.2亿美元	手机SNS	非公开

数据来源：投资潮、投资中国、投资界、文资网、风险投资网

　　新三板上市是中国文化企业的重要融资渠道之一。随着新三板交易制度的逐渐完善与成熟，特别是做市商制度、转板交易规则以及新三板投资人准入门槛的降低，预计在未来几年，新三板的市场交易活跃度将极大增加。同时，对中国文化企业而言，先在新三板上市，获得更多政策红利后，再通过转板或被上市公司并购的方式间接进入创业板、中小板或主板，不失为一条登陆主流资本市场的战略性路径。

（二）2014年文化企业私募融资情况分析

　　根据相关数据统计，2014年度财政部下达文化产业发展专项资金50亿元人民币，比2013年增加4.2%，共支持项目800个，与2013年基本持平。2014年专项资金分配工作紧紧围绕国家文化改革发展战略和规划，特别是配合落实新出台的《国务院关于加快发展对外文化贸易的意见》《国务院关于推进文化创意和设计服务与相关产业融合发展的若干意见》《关于支持电影发展若干经济政策的通知》等重要政策文件，创新管理模式，优化资金投向，更好地发挥引导示范和带动作用。

　　根据相关统计数据，2014年我国文化企业私募融资案例共发生82起，私募融资规模约为460.65亿元人民币(表18-3)。从融资企业分布行业来看，2014年大部分私募融资发生在与互联网相关的文化企业(如：手机游戏、网络游戏、网络视频等)。从投资主体来看，传统私募股权投资基金仍是文化企业投资主体。

表18-3　2014年中国文化企业私募融资

时间	融资企业	投资机构/投资人	涉及融资金额	所属行业
2014-01-07	晨之科	海通创意资本	5 000万人民币	手机游戏
2014-01-09	快乐工场	麦顿投资	1 000万人民币	网络服务
2014-01-20	蓝港在线	兰馨亚洲/赛富投资基金/昆仲资本	8 000万美元	网络游戏
2014-02-11	来来网	九合创投/鼎晖创投	100万美元	网络游戏

(续表)

时间	融资企业	投资机构/投资人	涉及融资金额	所属行业
2014-02-17	同程网	博裕资本/元禾控股/腾讯产业共赢基金	5亿人民币	网络游戏
2014-02-18	阿里巴巴	软银中国/老虎基金	2.3亿美元	B2B
2014-02-19	孔明科技	昆仲资本/富达亚洲	1 000万美元	广告代理商及网络营销服务机构
2014-03-01	微信海	浙江创投	8 850万人民币	无线营销
2014-03-19	趣加游戏	金沙江创投/思伟投资/兰馨亚洲	7 400万美元	网络游戏
2014-03-24	美澳居	泰山天使投资/DCM资本/真格基金	5 000万人民币	B2C
2014-03-26	天天果园	锴明投资/海纳亚洲	非公开	B2C
2014-03-27	小声	九合创投	100万人民币	手机SNS
2014-03-28	阿达游戏	非公开	750万元人民币	网络游戏
2014-04-03	酒仙网	红杉/东方富海/沃衍资本	2.6亿人民币	B2C
2014-04-08	猎上网	IDG资本/华创资本	1 000万元美元	网上招聘
2014-04-15	我趣旅行网	晨兴创投	100万美元	网络旅游
2014-04-17	KnewCoin	BitFund.PE	非公开	网络服务
2014-04-22	V电影	非公开	1 000万元人民币	网络视频
2014-04-22	兼职猫	创新谷投资	100万人民币	无线搜索
2014-04-23	家捷送(社区001)	五岳天下	4 000万元人民币	电子商务
2014-04-28	客如云	非公开/凯兴资本/景林投资	450万美元	电子商务
2014-04-28	优酷土豆	云锋基金	1.3亿美元	网络视频
2014-04-29	沪江网	百度投资部	8 000万美元	网络教育
2014-04-30	在路上	软银中国	1 500万美元	手机SNS
2014-05-01	Hobobe	500 Startups	10万元美元	网络游戏
2014-05-06	Roseonly	IDG资本/Accel	1 000万元美元	B2C
2014-05-07	内聘网	非公开	100万元人民币	B2C
2014-05-08	中国美术视频网	非公开	50万人民币	网络教育
2014-05-09	清林华成	厚持投资管理	1 000万人民币	电子商务
2014-05-12	聚美优品(原团美网)	泛大西洋资本	1.5亿美元	B2C
2014-05-14	途牛旅游网	老虎基金	1 290万美元	网络游戏
2014-05-16	乐动力	DCM资本/蓝驰创投	100万美元	无线互联网
2014-05-22	喜马拉雅	凯鹏华盈/海纳亚洲/西瑞雅	1 150万美元	无线音乐
2014-05-29	OpenXLive	荷多投资/元禾控股/海通创意资本	1 000万人民币	手机SNS
2014-06	江海云霄	厚持投资管理	1 000万人民币	网络教育
2014-06-03	米折网	IDG资本/高榕资本	3 000万美元	电子商务

（续表）

时间	融资企业	投资机构/投资人	涉及融资金额	所属行业
2014-06-03	字节跳动	中国微博开发者创新基金/红杉	1亿美元	无线互联网络
2014-06-04	健一网	国际创投	3亿人民币	电子商务
2014-06-04	剧角映画	同创伟业/天星资本	6 000万人民币	影视制作及发行
2014-06-05	比邻在线	启明创投/晨兴创投	1 500万美元	手机SNS
2014-06-06	蘑菇街	启明创投/挚信资本/厚朴/IDG资本/高榕资本	2亿美元	B2C
2014-06-06	PP租车	清流资本/红杉	1.5亿人民币	电子商务
2014-06-09	淘常州	盛大资本	500万美元	手机游戏
2014-06-09	亿欧网	盈开投资	100万元人民币	资讯门户
2014-06-10	炫彩互动	中国文化产业投资	8 000万元人民币	网络游戏
2014-06-16	小猪短租	晨兴创投/君联资本	1 500万美元	电子商务
2014-06-26	阿思拓	高榕资本	1 000万元人民币	电子商务
2014-06-27	户外资料网	非公开	5 000万元人民币	资讯门户
2014-07	寺库网	银泰资本/IDG资本/森合投资/盘古创富/华人文化投资	1亿美元	C2C
2014-07-01	格瓦拉	华人文化投资	2亿人民币	互联网
2014-07-14	米讯科技	国投高科	1 000万人民币	无线营销
2014-07-15	房多多	光速创投/维新力特资本/鼎晖创投	8 000万美元	资讯门户
2014-07-17	一起作业	顺为基金/H Capital/老虎基金	非公开	网络教育
2014-07-18	蜜芽宝贝	真格基金/红杉/险峰华兴	2 000万美元	B2C
2014-07-22	猿题库	经纬中国/IDG资本	1 500万美元	网络教育
2014-08-01	我买网	IDG资本/赛富投资基金	1亿美元	B2C
2014-08-07	乐华娱乐	华人文化投资	3亿人民币	影视制作及发行
2014-08-12	驴妈妈	非公开	3亿人民币	网络游戏
2014-08-18	来来网	昆仲资本/鼎晖创投	1亿人民币	网络游戏
2014-08-19	春雨掌上医生	蓝驰创投/中金/如山投资/淡马锡	5 000万人民币	无线互联网服务
2014-09	阿里巴巴	尚高资本/鲲行资本/李嘉诚基金会	非公开	B2B
2014-09-12	敦煌网	上海华盈 / 华创资本	1亿人民币	B2B
2014-09-12	易到用车网	GIC	非公开	互联网信息服务
2014-09-15	周伯通招聘	网易资本	2 800万人民币	互联网信息服务
2014-09-17	微聚	联创策源	1 800万美元	互联网信息服务
2014-09-17	到家美食会	麦格理	5 000万美元	互联网信息服务
2014-09-18	乐视影业	恒泰资本	34 000万人民币	电影制作发行
2014-09-22	极客学院	蓝驰创投/海纳	2 200万美元	互联网信息服务
2014-09-22	租租车	启明创投	1 000万美元	互联网信息服务

（续表）

时间	融资企业	投资机构/投资人	涉及融资金额	所属行业
2014-09-22	Spottly	Cherubic Vent	85万美元	互联网信息服务
2014-09-24	友友租车	光速安振中国/	1 000万美元	互联网信息服务
2014-09-28	网贷天眼	君联资本	1 000万美元	互联网信息服务
2014-09-28	宠物说	融银资本	1 000万人民币	互联网信息服务
2014-09-29	闺蜜圈	顺为基金/光速	1 000万美元	互联网信息服务
2014-10-03	Studio 8	复星集团	10 000万美元	电影制作发行
2014-10-08	源起梦想科技	网易资本/创新	500万人民币	音响制作
2014-11-01	租房宝	华映资本	1 000万人民币	互联网信息服务
2014-11-04	PP租车	IDG资本/晨兴创	6 000万美元	互联网信息服务
2014-12-01	美空网	厚持资本	5 000万人民币	互联网信息服务
2014-12-02	分期乐	数字天空技术/	10 000万美元	互联网信息服务
2014-12-03	路路行旅游	光速安振中国	1 000万美元	互联网信息服务
2014-12-18	云知声	高通创投	5 000万美元	互联网信息服务

数据来源：投资潮、投资中国、投资界、文资网、风险投资网

（三）文化企业并购交易情况分析

文化企业通过规模经济能够把企业的专业化活动分解成许多的价值链，管理者可以通过对价值链的选择来制定扩张政策，从而增强产业整合市场的能力。随着文化产业内具有规模经济的文化企业的增加，其对文化市场的支配能力愈发增强，易于形成成本上的优势，在一定程度上能够减少行业之间的激烈竞争程度，增高文化产业的进入壁垒，竞争力较弱的文化企业必将被竞争力强的大企业所并购，这样不仅实现了资源的优化配置，而且能够保护文化产业的发展。

1. 2014年文化企业并购总体情况

受资本市场整体的并购环境影响，2014年以来，证监会放松了对并购的审核程序，鼓励上市公司加速并购整合；其次，影视公司，尤其是民营影视公司上市进程基本处于停滞状态，作为财务投资的股东们已经成为这些民营公司寻求资本解套的最大压力方；此外，有强烈市值管理需求的上市公司，对于公司的大文化概念、业绩增长、企业转型方面，可谓"求贤若渴"。

根据中国经济网相关数据统计，2014年截止到12月20日，文化产业共发生并购事件159起，并购总规模超过1 000亿元人民币，2014年前6个月的并购规模已超过2013年全年总规模。主要发生在影视传媒、游戏动漫、移动互联网、教育培训和旅游户外5个行业板块，其中影视、新媒体板块是并购的热点领域，55起事件并购金额达450亿元，占并购总金额的45%。[①]

---

① 中国经济网. 2014文产并购规模超千亿影视传媒成热点领域[N/OL]. [2014-12-27]. http://www.ce.cn/culture/gd/201412/27/t20141227_4214126.shtml.

　　与2013年相比，并购事件涉及领域更广，热点领域也由游戏动漫转移到影视传媒领域。2014年，国内文化企业并购，包括影视、游戏、广告、出版、有线和卫星电视等子行业，涉及资本约1 605亿元。这意味着，几乎每隔一天就发生一起文化传媒公司并购案。按月度来看，8月份、12月份并购尤为活跃，月度并购案分别达到22起、19起。就行业而言，以影视、游戏、广告、出版类并购为主，分别为61起、40起、46起、11起。其中，影视类并购更是占据36%，平均每6天即发生1起影视公司并购案。相比之下，2013年，A股涉及影视行业的并购事件仅有7起(表18-4)。

表18-4　2014年国内文化企业并购列表

发生时间	并购方	被并购方	所属行业	并购金额	涉及股权	并购状态
2014-01-08	腾讯	京东商城	B2C	2.1亿美元	15%	已完成
2014-01-21	综艺股份	掌上飞讯	手机游戏	5 414万人民币	68.24%	已完成
2014-01-24	阿里巴巴	1stdibs	B2C	1 500万美元	—	已完成
2014-01-28	民生控股	民生电子商务	电子商务	6 337万人民币	6%	已完成
2014-02-16	腾讯	大众点评网	资讯门户	4亿美元	20%	已完成
2014-03-04	掌趣科技	欢瑞世纪	影视制作及发行	1.3亿人民币	4.67%	已完成
2014-03-15	综艺股份	仙境乐网	手机游戏	1亿人民币	51%	已完成
2014-03-20	粤传媒	万将	网络游戏	480万人民币	7.19%	已完成
2014-03-22	立思辰	乐易考	网络教育	2 000万人民币	51%	已完成
2014-03-28	粤传媒	飞飞商城	B2C	4 000万人民币	10.53%	已完成
2014-04-11	美盛文化	星梦工坊	娱乐传媒	1 530万人民币	51.06%	已完成
2014-04-14	世界邦旅行网	途客圈	旅游网络	非公开	—	已完成
2014-04-15	携程旅行网	开元旅游	网络旅游	5 000万人民币	—	已完成
2014-04-18	粤传媒	第一财经	报刊	1亿人民币	25%	已完成
2014-04-29	光线传媒	广州仙海	网络游戏	2.3亿人民币	20%	已完成
2014-04-29	阿里巴巴	优酷土豆	网络视频	10.9亿美元	16.5%	已完成
2014-05-13	大众点评网	大嘴巴	无线互联网	5 000万人民币	—	已完成
2014-05-20	宜通世纪	中时代科技	无线营销	5 280万人民币	40%	已完成
2014-05-09	淘宝旅行	阿斯兰	广告代理商及网络营销服务机构	非公开	60%	已完成
2014-05-14	奇虎360	智美集团	电视	1亿美元	100%	已完成
2014-07-15	掌趣科技	艺动娱乐	手机游戏	10亿人民币	100%	进行中
2014-07-16	华数传媒控股股份	视讯传媒	影视制作及发行	1 020万人民币	51%	已完成
2014-07-16	德利股份	武神世纪	网络游戏	1 250万人民币	100%	进行中
2014-07-24	Fidelidade	博纳影业	影视制作发行	4 916万美元	13.3%	已完成
2014-07-28	省广股份	尚道微营销	网络营销	1 250万人民币	25%	进行中
2014-08-09	东大科技园	逐日数码	网络服务	2.2亿人民币	51%	已完成

(续表)

发生时间	并购方	被并购方	所属行业	并购金额	涉及股权	并购状态
2014-08-15	东方通	惠捷朗科技	无线互联网服务	4.2亿人民币	100%	进行中
2014-08-19	北京文化	群像文化	影视制作及发行	4.2亿人民币	100%	进行中
2014-08-28	三七玩	岂凡网络	网络游戏	非公开	10%	已完成
2014-08-29	任子行	唐人数码	网络游戏	6亿人民币	100%	进行中
2014-08-17	金亚科技	雪狐科技	手机游戏	800万人民币	35%	已完成
2014-10-24	朗玛	梦城互动	网络游戏	1 500万人民币	11.77%	已完成
2014-10-27	腾邦国际	欣欣旅游	网络游戏	3 600万人民币	12%	已完成
2014-11-22	百视通	东方明珠	文化传播	341.1亿人民币	100%	进行中
2014-12-03	富春通信	骏梦游戏	网络游戏	9亿人民币	100%	进行中
2014-12-10	中彩合盛	大彩网络	网络服务	1亿人民币	31%	已完成
2014-12-16	蓝色光标	玄鸟文化	网络营销	3 000万人民币	30%	已完成
2014-12-18	八菱科技	印象恐龙	文化传播	非公开	100%	已完成
2014-12-23	互动娱乐	春天融和影视	影视制作及发行	5.7亿人民币	50.38%	进行中

数据来源：投资潮、投资中国、投资界、文资网、风险投资网

传媒企业的业绩高成长、并购活跃和政策支持是传媒行业发展的核心驱动力。在未来的几年内，传媒公司之间的并购或是互联网等企业进入文化传媒产业都将处于高潮期。

2. 文化企业并购交易特点分析

从并购类型来看，2013年主要集中在影视、游戏类，而2014年相对分散，除影视、游戏外，还涉及广告、教育等。在这些并购案中，上市公司成为主要群体之一。以掌趣科技为例，继2013年2月6日收购动网先锋、10月16日斥资17.39亿收购玩蟹科技100%股权及8.14亿收购上游信息70%股权后，2014年1月13日，其又以2 200万增资筑巢新游35%股权，随后又于3月4日再大手笔投资文化类资产，斥资1.28亿增资欢瑞世纪影视。此后公司又宣布以2 000万元参股智能手机创投基金——冠润基金。

目前并购文化类资产的动因主要有3类：第1类是出于传统行业转型的需求，如高金食品、中南重工、湘鄂情等；第2类是欲跨界抢占文化产业的机会，如阿里巴巴、腾讯、百度、万达、恒大等；第3类是欲打通产业链上下游，巩固行业龙头地位，如中青宝、华录百纳、华策影视、奥飞动漫等；而蓝色光标、天舟文化、华谊兄弟、掌趣科技等公司，则期望通过并购发展成为全产业链的综合传媒集团。

随着世界文化产业中传媒业的竞争日趋激烈，各传媒集团已从规模竞争转型到产业价值链的结构竞争。产业价值链的结构不是无序扩张，而是有机建构，是相关行业的开发。在这一延伸形式的高端，媒介产业可以与整个娱乐业联系起来，如动画、游

戏、影剧院、主题公园、文化广场等。而更高层次的运作则是整合以媒介为主体的多产业经济复合体，将延伸了的价值链作为整体盘活。

3.通过并购提升文化企业竞争力

一个国家文化产业竞争实力主要表现为若干家文化企业集团以雄厚的资本、技术和人才实力参与国际和国内市场竞争的能力。由于我国文化产业起步较晚，文化企业数量虽然很多，但文化产业结构不够合理。主要表现为文化产业的总量和规模较小，大企业、大集团较少，文化产品在国际市场上的竞争力较弱，文化体制与文化产业发展的内在要求不相适应。具体表现在以下几方面：

一是文化产业市场集中度较低，文化企业规模经济实现程度低。我国的国有文化企业是在传统计划经济体制的基础上形成的，带有计划经济时代企业的弊端。在这种情况下，文化企业很难发展壮大，市场集中度难以提高，很难实现规模经济。以广播电视业为例，广播电视业是文化产业中最具活力与生命力的部分，对带动相关文化产业，如音像业、旅游业、出版业等的发展具有明显的拉动作用，从而成为一些发达国家国民经济的重要组成部分。中国电视产业规模小，收入低，与发达国家相比差距很大。

二是文化企业的创新能力不强，技术进步缓慢。产业组织理论认为，企业发展在达到一定经济规模时，由于其较高的市场集中度，使其对市场有一定的垄断能力，因而会带来垄断利润；为了保持这一垄断利润，企业会加大创新，促进技术进步。发达国家十分重视高新技术与文化产业的融合，注重把高新技术运用于文化产品的创作、生产、传播等各个环节，而我国的文化企业创新能力有待提高。

三是文化市场机制不够健全，文化企业的管理和经营意识不强。发达国家由于市场机制比较完善，文化企业能够按照市场经济的规律进行文化产品的生产和销售，形成了一套与市场经济规律相适应的市场经营和管理模式。与发达国家相比，我国的文化企业多是从文化事业单位转制而来，文化企业散、乱、滥、差的现象十分严重，大量低水平、重复的文化产品充斥文化市场，这是我国文化产业缺乏竞争力的重要原因。我国文化市场机制的不完善主要表现在缺乏完善的市场准入和退出机制，没有形成合理有效的文化产业进入和退出机制。[①]

资本的进入本来是要提高文化产业的生产力和产业效率的，但是并购双方在后期的不合理整合，受到伤害的往往是被并购方，这对整个文化未来的发展不但没有提升作用，还会给现有文化产业企业和从业者带来负面影响。特别是在现阶段文化产业已经有泡沫出现的情况下，部分资本有炒作文化产业的嫌疑，资本对文化产业的大力投资是对文化产业未来发展的肯定，但是用资本来炒作文化产业的这种心态，也将会对文化产业的发展带来很不利的影响。

---

① 王乾厚.文化产业规模经济与文化企业重组并购行为[J].河南大学学报：社会科学版，2009，(6)：78-85.

随着对外开放的进一步扩大，我国文化企业将会在国际、国内两个市场与对手展开竞争，因此，文化企业应不断提高市场运作的能力。文化产品的生产、流通、销售要按照市场经济规律的要求来进行，从文化产业项目的立项调研到文化产品销售网络的建立，再到市场营销策略的制定，文化产业价值链的各个环节都应相互贯通，以形成一套与市场经济相适应的文化产业运作模式。增强我国文化产业的竞争实力，政府必须积极鼓励和扩大文化企业与其他行业的融合，引导企业的融资并购行为。

三、年度文化企业并购典型案例

(一) 剧角映画获6 000万元B轮融资

剧角映画创建于2009年，在成立后的5年内，服务过上百部影片，累计票房超50亿元。B轮融资将用于补充公司整体发展的运营资金，包括下属影院业务的开发投资建设，制片、营销、娱乐营销及发行业务的拓展。2013年8月，剧角映画获得同创伟业千万级别的A轮融资。剧角映画打破业内服务常规，提出"荣誉营销"，剧角映画将影片的营销环节作为核心竞争力推向市场。此后，剧角映画服务的影视剧项目营销先行，待项目面市，再根据市场反馈，参与票房分成，证明营销环节对影片市场的重要性及影响力。

继2013年8月完成首轮千万级融资后，以电影营销起步的北京剧角映画文化传媒有限公司(以下简称"剧角映画")于2014年6月3日再次获得超过6 000万元B轮融资，并与领投方之一天星资本建立了战略投资关系。剧角映画市场估值超过3亿元。

剧角映画正逐步向集电影投资、发行、影院经营及娱乐商务营销为一体的全产业链影视企业发展。目前，剧角映画下辖剧魔影业、剧麦发行两家子公司。2014年，剧魔影业结合行业内丰富资源，推出"M电影计划"，一期将启动15部影片，囊括多位一线导演、监制、编剧及演员，上映周期跨越2014—2016年。剧角映画下设影院投资管理中心，积极布局影视产业链下游，着眼二三线城市潜在票房收入点，逐步推进剧角国际影院计划。①

(二) 趣加游戏完成7 400万美元B轮融资

趣加游戏成立于2010年，是一家社交游戏开发商，主要做跨平台的F2P游戏——免费下载，道具收费。其总部位于北京，在旧金山和温哥华也设有办公室。这家创业公司在游戏领域飞速发展并向全球扩张，有来自20多个国家的近100名外籍员工。从2011

---

① 中国文化报数字报. 剧角映画获6 000万元B轮融资[N/OL]. [2014-07-19]. http://epaper.ccdy.cn/html/2014-07-19/content_131311.htm.

年起，每年收入出现惊人的增长率，其制作的游戏在多个平台发布和运营。2012年趣加游戏完成了1 300万美金的A轮融资，随着B轮融资的顺利完成，趣加游戏总融资金额超过8 700万美元。

趣加游戏是一家技术驱动公司，最关注4个点——移动、社交、云、大数据。正是得益于稳健的游戏运营、强大的数据分析和技术支撑，在社交游戏生命周期普遍偏短的行业大背景下，趣加游戏却展现出格外旺盛的生命力。趣加游戏的科技基金获得了金沙江创业投资基金的认可。该投资方专注于投资立足中国、面向全球市场的高新技术初创企业。金沙江创业投资目前旗下管理10亿美元的基金，并和美国硅谷老牌的创业投资基金Mayfield Fund建立了长期的战略合作关系。

（三）携程2.2亿美元入股同程旅游

2014年4月28日，同程旅游获得携程2.2亿美元的战略投资，同程旅游与携程在休闲旅游和门票领域的竞争关系由此转变为战略合作关系，同程旅游最新获得的投资将有一大部分被用来发展无线业务。

通过这次投资，在同程旅游的股东中，携程成为仅次于同程旅游管理层团队的第二大股东。对携程来说，虽然在年初成立地面服务事业部主攻景点门票后业绩有强劲增长，但在景点数量、产品体验、地推资源、运营经验等方面，依旧与同程旅游、驴妈妈等有差距。

携程入股同程旅游能够共享同程旅游的景点资源及其运营经验，对携程来说无疑少走了许多弯路。携程做"现付"，在付款、取票、审核、发放返现上信息无法透明，比如，景点的游客数量只能由景区说了算，因此，携程把景点门票的现付业务全部接入同程旅游，借鉴同程旅游与景点门票的深度合作来解决现付问题，而携程则专注于线上的预付和用户体验方面。[①]

（四）光线传媒斥2.3亿元布局"游戏+影视"

2014年5月，光线传媒宣布，以2.3亿元收购广州仙海科技有限公司(以下简称"仙海科技")部分股权并增资，项目完成后将持有仙海科技的20%股权，并与仙海科技打造"游戏+影视"的战略方向，把合适的电影改编成游戏，顺应市场发展和用户需求，完善产业链布局。

由于电影投资的高风险性，光线传媒在《泰囧》后经历了今年第1季度票房小产的窘境。光线传媒第1季度财报显示，其报告期内实现营业收入1.28亿元，同比下降39.3%，同期实现归属上市公司股东净利润0.27亿元，同比下降66.6%。在资本市场关

---

① 中国文化报数字报. 携程2.2亿美元入股同程旅游[N/OL]. [2014-07-19]. http://epaper.ccdy.cn/html/2014-07-19/content_131311.htm.

注业绩回报的背景下，光线传媒重金砸向网络游戏，无疑可以丰富企业未来的产品线。影视公司进军游戏领域，光线传媒并非第一家。早在2010年，华谊兄弟就以1.485亿元投资掌趣科技22%的股权。电影产业专家彭侃表示："总的来说，影视行业和其他产业的跨界融合，从好莱坞的发展来看也是一个趋势，对行业发展是有好处的，但也是有风险的，主要看两家公司的业务能否达成一个纵深的、1+1>2的效应。"

（五）阿里巴巴入股文化中国

文化中国传播集团是中国新兴的文化产业综合性集团，以精品影视剧制作、传媒经营和手机无线新媒体运营为主业的综合性文化产业集团。阿里巴巴集团以每股0.5港元发行124.88亿股新股，总值62.44亿港元。交易完成后，阿里巴巴将拥有文化中国传播股份扩大后60%的股份，并与文化中国传播的几位持股人结为行动一致人，拥有文化中国传播投票权的70.8%。双方将探索线上娱乐及媒体相关领域的未来商机。认购事项可提升公司的融资能力，增强其战略地位及财务状况，以利用线上娱乐及媒体相关领域的新内容制作机遇及潜在收入平台，以及促进本集团业务之发展。

(撰稿人：何毅，北京城市发展研究院产业金融研究所)

第十九章
文化企业上市

- 互联网文化产业是文化产业发展的主流形态。阿里巴巴市值约等于除腾讯和百度之外所有上市文化企业市值之和，也约等于腾讯和百度的市值之和。

- IPO重启与注册制改革，新三板迎来史无前例的大扩容，未来将有大批文化企业登陆新三板。

- 非文化上市企业疯狂跨界并购影视和游戏资产，没有想不到，只有做不到。2015年这种现象将成为"新常态"。

- 2014年上市文化企业发展热点及特点表现在4个方面：互联网化、影视化、游戏化的业务拓展与布局；传统媒体与新兴媒体融合与探索；互联网企业布局数字文化产业；非文化上市企业疯狂跨界并购。

文化企业上市，是指相关文化企业通过证券交易所首次公开向投资者增发股票，以期募集用于文化企业发展资金的过程。上市文化企业，是发行的股票经过国务院或者国务院授权的证券管理部门批准在证券交易所上市交易的文化股份有限公司。文化企业上市，是为文化产业发展募集资金，提高公司知名度和管理透明度的重要方式。2014年，我国上市文化企业在新常态经济环境下，受文化体制改革深入推进和文化产业蓬勃发展的带动，呈现稳步向前的发展态势。

一、2014年文化企业上市政策环境

2014年是我国深化改革、调结构、转方式的一年。为实现企业上市和上市企业的规范发展，国家密集出台大量政策法规，对资本市场产生了深远影响。文化企业作为国家市场经济的重要组成部分，除了受国务院颁布的《关于进一步优化企业兼并重组市场环境的意见》；证监会发布的《上市公司重大资产重组管理办法》和《关于修改〈上市公司收购管理办法〉的决定》等宏观政策影响，各种文化政策更是直接影响了文化企业上市和上市文化企业的发展，2014年，国内文化企业的上市发展态势欣欣向荣。

（一）《深入推进文化金融合作的意见》推动文化金融发展

2014年3月17日，文化产业司发布了《关于深入推进文化金融合作的意见》，该意见提出要充分认识推动文化金融合作的重要意义，创新文化金融机制，创新符合文化产业发展需求特点的金融产品与服务，加强组织实施与配套保障。以贯彻落实党的十八届三中全会"鼓励金融资本、社会资本、文化资源相结合"的要求，进一步落实《关于金融支持文化产业振兴和发展繁荣的指导意见》。该意见指出要加快推进文化企业直接融资，支持文化企业通过资本市场上市融资、再融资和并购重组。加强对文化企业上市的辅导培育，探索建立文化企业上市资源储备库，研究分类指导不同类型文化企业与资本市场对接。鼓励文化企业并购重组，实现文化资本跨地区、跨行业、跨所有制整合。支持文化企业通过全国中小企业股份转让系统和区域性股权交易市场实现股权融资。

《意见》推动文化企业直接融资是"对近年来文化企业债券融资、上市融资成效的肯定和推广。今后，将引导大型文化企业更多地采取债券融资和上市融资，让金融机构腾挪更多的信贷资源扶持大批小微文化企业，形成科学合理的文化产业投融资梯

次结构,让各类型的文化企业能融资、融到资、用好钱"。^①

中央这一政策的出台,对全国地方文化金融体制改革起到了重要的引导作用。山西省、四川省、山东省等各省份分别对国家政策进行落实,推出相关"意见"支持国家政策的落地。如11月,上海市通过了《上海市关于深入推进文化与金融合作的实施意见》,对国家政策进行贯彻,支持文化企业上市挂牌及发行债券。建立拟在主板、中小板、创业板上市及全国中小企业股份转让系统、上海股权托管交易中心挂牌的文化企业数据库,为文化企业上市开辟"绿色通道"。支持文化企业独立发行或集合发行企业债券以及短期融资券、中期票据等债务融资工具。并且对成功在境内上市、挂牌、发债的本市中小文化企业给予一定的资金奖励,以鼓励地方文化企业上市发展。地方文化企业上市或上市文化企业的发展,都应对这些政策加以足够的重视,以享受政府利好政策的支持。

(二) 政策支持规范上市企业兼并重组

2014年3月,国务院发布《国务院关于进一步优化企业兼并重组市场环境的意见》提出多项有利于企业兼并重组的政策,尤其在上市公司方面,取消了上市公司收购报告书事前审核以及上市公司重大资产重组的审批(构成借壳上市的除外)。

7月,证监会修订《上市公司重大资产重组管理办法》《上市公司收购管理办法》,根据修订后的规则,不涉及借壳上市、不涉及发行股份购买资产的并购重组将取消审批。两个办法包括大幅减少事前审批,是贯彻国务院关于简政放权的重要举措;明确了借壳上市标准与IPO等同,禁止创业板公司借壳上市;鼓励依法设立的股权投资基金、创业投资基金、产业投资基金、并购基金等投资机构参与上市公司并购重组,上市公司可以向特定对象发行可转换为股票的公司债券、定向权证,用于购买资产或者与其他公司合并,丰富了支付工具等相关政策,是促进企业兼并重组,调整文化企业格局的战略举措,对规范推动上市企业有着重要意义。

(三) 核心文化领域企业上市政策

2014年,文化产业体制改革进入攻坚阶段,各领域文化企业上市得到政策的大力支持,如核心文化领域的新闻出版企业与广播影视企业。

首先在新闻出版企业。2014年11月,《深化新闻体制改革实施方案》正式出台,就完善新闻出版管理体制,增强新闻出版单位发展活力,建立健全多层次出版产品和要素市场,推进出版公共服务体系标准化、均等化,提高新闻出版开放水平5个方面的改革任务提出政策措施。为深化公益性新闻出版单位改革,继续推进新闻出版单位体

---

① 中国经济网. 刘玉珠解读《关于深入推进文化金融合作的意见》[EB/OL]. [2014-03-25]. http://www.ce.cn/culture/gd/201403/25/t20140325_2547343.shtml.

制改革，探索国有出版企业股权激励机制，该方案提出"经批准允许有条件的国有控股上市出版企业开展股权激励试点。鼓励和支持传统出版传媒与新兴出版传媒融合发展。推动传统出版企业兼并重组"。方案将推动国有出版集团通过参股、收购、投资等方式布局新媒体多元化发展道路，加快新闻出版企业的融合发展路径。

其次是广播影视企业。2010年，广电总局印发了《广播影视企业上市审核管理办法(试行)》，首次发文引导广播影视企业上市，表明了广电总局对广电行业文化体制改革，推动文化影视企业上市的积极态度。随着近年来文化娱乐行业的迅速增长，许多影视公司纷纷谋求登陆资本市场。2014年，国家新闻广电总局在2014年工作要点中指出，"鼓励有实力的企业跨地区跨行业跨所有制兼并重组，支持符合条件的新闻出版广播影视企业上市融资，做大做强一批骨干企业。支持'专、精、特、新'企业发展，支持各类小微服务企业发展"。[①]鼓励文化企业上市，推动文化企业融资形式的多样性。

(四) 地方政策

地方政府也对文化企业的上市发展予以了极大的支持。 2014年7月7日，黑龙江发布了《黑龙江省文化产业重点项目扶持资金管理办法(试行)》，明确规定将对实现首发上市或通过其他方式实现权益性中长期股权融资的我省文化企业给予融资奖励，最少给300万元融资奖励。7月和9月，湖南省、海南省关于印发了省《文化产业引导资金管理办法》的通知，促进金融资本和文化资源对接。对文化企业利用银行、非银行金融机构等渠道融资发展予以支持；对文化企业上市融资、发行企业债等活动予以支持。江苏省也在《2014年度江苏省文化产业引导资金项目申报指南》中，将有助于文化企业上市的项目，作为文化产业引导资金优先支持的重大项目。

▌二、2014年文化企业上市概况

2014年，资本市场重要的事件是IPO 2次重启并进入改革季，这也为文化企业上市IPO发展奠定了基本基调。1月，IPO在停罢14个月后终于开闸，注册制改革得到推进、创业板首发、修订融资机制、新三板转板加速等一系列政策组合拳，推动了中国多层次资本市场的建设。从政策的角度来看，2014年5月9日，国务院发布《关于进一步促进资本市场健康发展的若干意见》(简称"新国九条")。这是自2004年1月以来国务院第二次以红头文件形式出台的资本市场纲领性文件。从顶层设计上保护中小投资者，完善市场功能，补足制度"短板"，堪称我国资本市场发展历程中重要的里程碑。[②]截

---

① 国家新闻出版广电总局. 2014年新闻出版广播影视工作要点[J]. 中国出版，2014-05：6-11.

② 银行信息港. 2014年股市重要事件有哪些[EB/OL]. [2014-12-25]. http://www.yinhang123.net/wangdian/gupiao/33160.html.

至2014年底，证监会累计下发7批IPO批文，共有126只新股相继发行，总募资规模近700亿元。

(一) 新三板上市

融资小额、快速、灵活，投资者范围广泛，券商业务加码等因素均有利于新三板定增的发展。2014年大批文化企业在新三板挂牌上市。1月24日，被誉为"中国版纳斯达克"的新三板迎来一次史无前例的大扩容，266家公司集中挂牌，开启了资本盛宴的序幕，在此之前，新三板共有355家公司挂牌交易。根据股转系统统计数据显示，截至2014年12月31日，新三板挂牌公司已经达到1 572家，而到2015年1月12日更是暴增至1 633家。不到1年时间，新三板仅挂牌公司数量就增长了近4倍。总股本从扩容前的97.17亿股，增至2014年底的658.35亿股；总市值更是从553.06亿元增加至4 591.42亿元，增长了7.3倍。[①]新三板上的文化企业在这种背景下迅速发展，2014年数量激增(如表19-1所示)。

表19-1　2014新三板上市文化企业

公司名称	所属行业	上市时间
金天地	影视制作及发行	2014/1/24
欧迅体育	其他	2014/1/24
视威科技	终端设备及技术服务	2014/1/24
页游科技	网络游戏	2014/1/24
中视文化	其他	2014/1/24
舜网传媒	其他	2014/2/14
三多堂传媒	影视制作及发行	2014/3/20
尚思传媒	广告创意/代理	2014/5/6
盈富通	动漫	2014/6/6
中外名人	影视制作及发行	2014/6/13
约伴传媒	网络旅游	2014/6/20
荆楚网	资讯门户	2014/7/11
金诺科技	其他	2014/7/14
世纪工场	广告创意/代理	2014/7/30
华人天地	影视制作及发行	2014/8/1
银橙传媒	广告代理商及网络营销服务	2014/8/13
小白龙	其他	2014/8/14
春秋鸿	影视制作及发行	2014/8/21

---

① 网易财经. 新三板全面扩容1周年 五大变化揭示成长潜力[EB/OL]. [2015-01-30]. http://money.163. com/15/0113/01/AFQ78R3I00253B0H.html.

（续表）

公司名称	所属行业	上市时间
兴致科技	手机游戏	2014/8/22
光影侠	娱乐与休闲	2014/9/12
聚宝网络	楼宇电视	2014/10/24
博润通	其他	2014/10/31
云南文化	文化传播	2014/11/3
北教传媒	出版业	2014/11/6
飞扬天下	网络游戏	2014/11/6
时空客	户外平面广告	2014/11/13
超级玩家	网络游戏	2014/11/17

（二）传统媒体与新兴媒体融合探索

中央全面深化改革领导小组第四次会议审议通过的《关于推动传统媒体和新兴媒体融合发展的指导意见》，强调要着力打造一批形态多样、手段先进、具有竞争力的新型主流媒体，建成几家拥有强大实力和传播力、公信力、影响力的新型媒体集团。媒体融合成为国家层面的改革共识。上市公司纷纷通过传统媒体与新媒体的融合进行改革发展。

1. 上市文化企业中的新型传媒集团探索

提到新型媒体集团，人民日报社、新华社、中央电视台、中国国际广播电台、中央人民广播电台、光明日报报业集团、经济日报报业集团等中央级媒体是龙头。从行业来看，报业、出版、广电3类媒体转型承载着新型传媒集团的探索。

从上市文化企业的角度，新型媒体集团应选择什么样的标准扶持？郭全中认为有以下几个标准：首先，以中央级媒体为主。其次，要具有舆论引导重任的媒体。第三，有市场影响力。第四，有专业化运作能力。第五，旗下有上市公司。第六，有政策影响力。当然，是否国有控股也是一个至关重要的因素。[①]根据以上标准，未来有可能成为新型传媒集团的主要有如下几个公司：

人民日报社旗下人民网。人民网是第一家在国内A股整体上市的媒体企业。公司重点发展业务为：互联网广告、网络舆情业务、移动互联网业务。其中，网络舆情服务被视为人民网信息服务业务的重要增长点。

上海文广集团旗下百视通。百视通目前在全力推进传统媒体与新兴媒体的融合，是上海文广集团统一的产业平台和资本平台。2014年11月，百视通和东方明珠开始整合，交易完成后，百视通将作为存续方，东方明珠将注销法人资格，其全部资产、负

① 王峰. 郭全中：新型媒体集团应选择什么样的扶持标准[EB/OL]. 中国经济网，[2014-09-01]. http://sd.ce.cn/xw/sh/201409/01/t20140901_1780272.shtml.

债、权益、业务和在册人员将并入百视通，将全力打造包括"内容、平台与渠道、服务"在内的互联网媒体生态系统。

中国国际广播电台旗下华闻传媒。2014年华闻传媒加快了从传统媒体向移动互联网平台转型的步伐。公司进行系列重大并购重组，先后将国视通讯、掌视亿通、精视文化、邦富软件、漫友文化等公司的控股权收入囊中。华闻传媒收购的国视通讯与掌视亿通利用在移动视频领域的丰富资源和运营经验，将由报纸、杂志、广播、互联网电视等媒体向移动互联网进行了快速延伸，极大地丰富了媒介资源。

浙江日报报业集团旗下浙报传媒。浙报传媒主要收入来自于报刊发行、广告及网络推广、在线游戏运营3个板块浙报传媒。2014年通过一系列动作，公司成功打造新闻传媒、互动娱乐、影视和文化产业投资"3+1平台"，为传统媒体向互联网枢纽型传媒集团转型奠定基础。

上海报业集团旗下新华传媒。新华传媒主要收入来自于图书销售、文教用品、广告报刊3个板块，2014年推出"澎湃新闻""界面"两款新媒体产品，加快向新媒体转型；联合元禾母基金和华映资本，共同发起的八二五新媒体产业基金，目标规模为12亿元人民币，主要用于投资互联网新媒体行业。

此外还有广州日报报业集团旗下的粤传媒、成都传媒集团旗下的博瑞传播、中央电视台旗下的中视传媒、湖南广电集团旗下的电广传媒等。

2. 新型传媒集团的互联网思维

从报业、出版、广电3类上市文化企业业务拓展与转型来看。上海交通大学媒体与设计学院媒介转型研究室主任魏武挥分析，"积极地通过切入游戏、影视、彩票等行业获取多元化发展机会，但其背后的转型路径实则是通过自身新闻品牌在当地的影响力等资源和覆盖的用户数，深耕本土市场，涉及电商、养老、相亲、就业、医疗等各个行业，从而开辟媒体经营新增长点"[1]。如今，媒体的主营业务收入早不在新闻这一块了，人们不禁要问，大家都去做跨界去了，谁还愿意专心地去做新闻呢？新型媒体集团的转型是要做"不务正业"的转型吗？

转型不仅仅是产业营收布局的转型，也不是仅仅只有数字化的转型，还包括了经营模式的转型、体制转型、人的转型、理念的转型等。媒体融合是一场全方位的革新，也是一场新的艰苦创业征程。一切传播都将互联化，我们需要结合大数据思维、互联网思维、用户思维、版权思维和底线思维，从内容走向服务，围绕服务探索模式，把新闻内容经营成一体化的产业链。认识到传播是一种对话，而非一味灌输，要将内容产品化，产品服务化，把用户变成客户，为用户创造价值。

---

① 颜沁. 媒体融合：谁会是新媒体"国家队"[N]. 中国文化报，2014-12-26.

三、2014年上市文化企业发展特点

(一) 2014年上市文化企业发展的基本特点

纵观2014年上市文化企业业务拓展与布局，主要发力点在互联网、影视、游戏3个方向。另外，上市文化企业与PE、券商等机构合作成立并购基金或者投资公司，助力业务拓展，是众多企业不约而同的选择。

1. 互联网化拓展

当今社会，互联网已经成为同供水和供电一样不可缺少的基础设施，深刻地改变了人们的生产、生活和交往方式。今后大多数文化产业业态都会搬到互联网上，互联网将成为文化产业的主要舞台。2014年上市文化企业互联网化拓展主要表现在两个方面，一是与互联网化相关的业务并购，二是开展与互联网化相关的业务合作，如表19-2所示。

表19-2　上市文化企业互联网化并购表

时间	上市文化企业	出资额	交易后股权比例	标的公司	核心价值
2014年5月	华闻传媒	7.2亿元	100%	邦富软件	互联网舆情管理
2014年6月	数码视讯	5 270万元	51%	博汇科技	IPTV和OTT全网监测监控
2014年10月	省广股份	2.52亿元	85%	上海恺达	移动互联网广告平台AdTOUCH
2014年11月	皖新传媒	1.57亿元	45%	蓝狮子	数字出版
2014年12月	蓝色光标	2 437.5万美元	11.69%	精硕科技	数据挖掘、分析和管理
2014年12月	蓝色光标	2 500万美元	14.29%	晶赞科技	大数据处理与应用
2014年12月	凤凰传媒	3.465亿元	66%	传漾广告	互联网广告

除了直接并购之外，在互联网化业务合作拓展方面，上市文化企业也大展拳脚，打造跨媒介融合的产业链，拓展公司业务范围。如表19-3所示。

表19-3　上市文化企业业务互联网化拓展表

时间	上市文化企业	合作公司	合作内容
2014年3月	浙报传媒	华数传媒	互联网电视终端业务
2014年4月	当代东方	中兴九城	OTT互联网电视视频内容
2014年4月	数码视讯	广西广播电视	OTT业务
2014年4月	数码视讯	湖南有线集团	OTT业务
2014年4月	华数传媒	阿里巴巴	资本/云计算/大数据
2014年4月	歌华有线	永新视博	高清交互数字电视平台及应用服务
2014年5月	金亚科技	500彩票网	OTT终端产品
2014年5月	时代出版	天源迪科	数字出版/新媒体/大数据
2014年5月	金亚科技	彩虹世纪	互联网电视音乐
2014年5月	吉视传媒	阅视无限	社交电视应用系统
2014年6月	当代东方	国广东方	OTT TV
2014年9月	省广股份	百度	大数据业务，精准的营销决策

正如李彦宏所说："作为企业家要有前瞻性，要能够看到未来会是什么样，而不是现在是什么样。作为文化产业的企业家，我觉得更需要这种能力。文化产业中的诸多方面，都能够和移动互联网进行结合，并且在结合的过程中，产生出新的用户消费习惯和新的市场需求，同时也会产生一批新的伟大的公司。当然，如果不能跟上时代的步伐，不能感知新文化现象的产生，不能感知移动互联网带来的便利，不能真正研究移动互联网时代的用户习惯和行为变化，这个公司很有可能被淘汰。市场既充满了很多机会，又是非常残酷的，我们每个人都生活在这样的大市场环境中，仔细地观察这些变化、抓住相应的机会，这是我们这一代人应该努力思考、并试图获得的能力。"①

2. 影视化拓展

未来，影视行业会与所有文化细分行业都发生关系，因为互联网社交时代是图文音像的时代，是视频化表达的时代，视频化的集中展示便是影视化。因此，影视行业是整个文化产业的驱动力和龙头，电影又是影视这个大领域里的核心，在这块布局便是上市文化企业显而易见的逻辑事实了。

下面来看上市文化企业具体案例。2014年5月，华数传媒以1亿元向天津唐人影视有限公司增资，实现以视频为核心的新媒体产业链垂直一体化发展。9月1日，作为全球做大的钢琴制造商，珠江钢琴设立珠广传媒，进军影视业务。10月24日，北京文化定向增发33亿收购世纪伙伴、浙江星河、拉萨群像各100%股权等。11月18日，华谊兄弟发布定增计划：拟募集资金36亿元用于影视剧项目以及偿还银行贷款，阿里创投、腾讯及平安资管3家公司合计认购其中的35亿元。定增后，阿里与华谊兄弟将在内容与资本层面与华谊展开深度合作。12月5日，乐视网大股东承诺注入乐视影业。拟在未来一年内的合适时机，以合理的方式，按照中国证监会有关规定，启动将关联方乐视影业的控股权转让给公司。公司控股股东承诺，拟在未来一年内向上市公司注入乐视影业资产。2015年1月，上市公司湖南电广传媒与美国狮门影业达成合作协议，双方合作3年，投资15亿美元共同投资影片制作、发行，并进行电影衍生产品的开发营运。同在2015年1月，万达院线成为沪深两市"院线第一股"。据悉，万达集团未来会将旗下的电影的投资、制作、发行和放映等其他电影类资产也注入万达院线中来，实现与资本市场的对接。

3. 游戏化拓展

从2013年开始，游戏公司便是上市文化企业竞相追逐的标的企业，这一趋势在2014年得到延伸(如表19-4所示)，这同游戏公司体量小、创新性强、发展潜力巨大有着不可分割的关系。不出意外，游戏化也将是2015年上市文化企业重点拓展的领域。

---

① 新浪科技. 李彦宏：企业家要创造新产业和新市场[EB/OL]. [2014-12-20]. http://tech.sina.com.cn/i/2014-12-20/doc-iavxeafr8465350.shtml.

表19-4　2014年上市文化企业游戏化拓展表

时间	上市文化企业	出资额	交易后股权比例	标的公司
2014年1月	掌趣科技	2 200万元	35%	筑巢新游
2014年4月	奥飞动漫	9 800万元	40%	Waystar公司
2014年4月	奥飞动漫	2 000万元	40%	三乐信息
2014年4月	中青宝	5.65亿元	100%	名通信息
2014年4月	中青宝	7.4亿元	100%	中科奥
2014年4月	中青宝	4.4亿元	100%	美峰数码
2014年4月	光线传媒	2.3亿元	20%	仙海科技
2014年6月	中文传媒	26.6亿元	100%	智明星通
2014年6月	光线传媒	1.76亿元	51%	热锋网络
2014年6月	光线传媒	1.6亿元	26.67%	妙趣横生
2014年10月	天舟文化	120万美元	25%	KEYROUTE CO.LTD
2014年12月	山水文化	3.6亿元	100%	掌沃无限

2015年1月29日，国务院发布了《国务院关于推广中国(上海)自由贸易试验区可复制改革试点经验的通知》，提到"允许内外资企业从事游戏游艺设备生产和销售等"，这是继2014年1月在上海自贸区试点解除长达14年的游戏机禁令后，中国将允许在全国范围内生产和销售游戏机，相信会有上市文化企业进行游戏领域的软硬件一体化布局。

4. 长线合作、未来布局

纵观2014年全年，上市公司与PE、券商等机构合作成立并购基金或者投资公司，进行并购重组方面的"长线合作"和"布局未来"是上市文化企业发展的一个普遍现象。具体模式为：成立并购基金或者投资公司，对目标收购对象进行控股型收购，待业务成熟后，选择将该资产出售给上市公司，或选择现金退出，或参与换股收购退出。这种方式可以为上市公司储备更多的并购标的，提供过桥资金，也可以服务于上市文化企业的全业务发展(如表19-5所示)。

表19-5　2014文化企业并购基金/投资公司设置表

时间	上市文化企业	出资额	基金/公司名称	关注方向
2014年4月	掌趣科技	2 000万元	上海冠润创业投资合伙企业	智能手机及手机游戏
2014年4月	百视通	首期4亿元	百视通投资公司	新媒体
2014年4月	乐视网	1 000万元	领势投并基金	乐视生态产业链上下游资源
2014年4月	天舟文化	4 000万元	移动互联网产业基金	移动互联网
2014年6月	中青宝	1 000万元	移动互联网投资基金	除游戏领域之外的移动互联网
2014年6月	山水文化	首期0.2亿~0.5亿元	文化产业投资并购基金	文化产业
2014年6月	当代东方	—	华安当代文化产业基金	文化产业
2014年6月	凤凰传媒	2 500万元	游戏产业创投基金	互动娱乐游戏
2014年7月	新华传媒	1.5亿元	苏州八二五新媒体产业基金	新媒体及信息科技

（续表）

时间	上市文化企业	出资额	基金/公司名称	关注方向
2014年7月	齐心集团	8 000万元	齐心和君产业股权投资基金合伙企业	文化用品上下游
2014年7月	新文化	2.55亿元	上海赛领新文化股权投资基金	文化产业
2014年11月	华数传媒	10亿元	浙江华数文化传媒产业投资合伙企业	新媒体

（二）互联网企业布局文化产业

互联网文化产业是未来文化产业发展的主要方向。说到互联网文化产业不得不提BAT(百度、阿里巴巴、腾讯)，从上市文化企业的市值排行榜中可以看到，这3家公司目前已经毫无疑问是全国文化企业的前3强。总结起来，BAT布局文化产业主要集中在游戏、视频、网络文学、影视以及相关平台方面。

1. BAT布局文化产业

从BAT的整体布局来看，根据逐鹿网的不完全统计，2014年总计有94家公司与BAT发生资本关系，涉及资金达到150亿美元～180亿美元，其中，百度动用了20亿美元～30亿美元，收购或投资了15家公司，阿里动用了60亿美元～70亿美元，投资或收购了36家公司，腾讯动用了70亿美元～80亿美元，投资或收购了44家公司。在最受BAT青睐的领域排行里，O2O类型公司(14家公司)名列榜首，游戏(11家公司)位居次席，文化娱乐(10家)和技术服务(10家)并列第三。看上去，BAT既有兴趣参与流行文化和内容消费，也不忘持续强化自己身为科技企业的立足之本，这种充满居安思危色彩的布局，正是BAT难被轻易颠覆的护城河战略(如表19-6所示)。[1]

表19-6　BAT的文化产业布局

BAT	月份	标的公司	金额	所属行业及业务
百度	5月	蓝港互动	2 000万美元	移动游戏开发商
	11月	爱奇艺	3亿美元	在线视频网站
阿里	3月	文化中国传播集团	8.04亿美元	影视传媒
		佰程旅行网	2 000万美元	境外旅游服务商
	4月	华数传媒	10.5亿美元	数字电视服务商
		优酷土豆	12.2亿美元	在线视频
		V电影	千万级人民币	影视社交平台
	5月	恒大足球	1.92亿美元	职业足球俱乐部
	6月	21世纪传媒	5亿人民币	报业传媒
	7月	Kabam	1.2亿美元	美国游戏开发公司
	8月	芭乐网	1亿元人民币	原创影视内容发行和运营平台
	9月	华谊兄弟	5.81亿美元	影视制作公司
	11月	陌陌	6 000万美元	陌生人社交应用
		KTPlay	百万级人民币	移动游戏平台

---

[1] 虎嗅. 2014年度BAT投资并购图谱[EB/OL]. [2015-01-08]. http://www.huxiu.com/article/105702/1.html.

（续表）

BAT	月份	标的公司	金额	所属行业及业务
腾讯	1月	星创互联	千万级人民币	手机游戏开发商
	2月	同程旅游网	5亿人民币	旅游预订网站
	3月	CJ Games	5亿美元	韩国手游公司
	5月	秦天柱	1.5亿人民币	游戏开发商
		Whisper	3 600万美元	美国匿名社交应用
	6月	TapZen	800万美元	美国移动游戏公司
	9月	Altspace VR	400万美元	美国虚拟现实研发商
		我趣	2 000万美元	出境游线路服务网站
	10月	快看	2 000万美元	移动社交应用
	11月	Heirloom	100万美元	美国图片分享应用
		华谊兄弟	5.81亿美元	影视制作公司
		4:33 Creative Lab	1.1亿美元	韩国游戏工作室
	12月	Kamcord	1 500万美元	美国移动游戏视频录制工具
		Aiming	—	日本游戏工作室
		Play Dots	1 000万美元	美国手游开发商

2. 视频平台竞争进入深水区

视频网站这两年正在经历从春秋战国到寡头竞争的关键时期。几大视频网站，无论是核心资源的争夺、大手笔的资金投向，还是战略合作伙伴的结盟、合作方式的选择等，无论手段多么让人眼花缭乱，宗旨依然围绕着"内容制胜"展开。从优质内容的稀缺性的角度来讲，好的内容可以形成全网用户通吃的影响力特征。优质内容制胜无非就3种方式，一种是购买版权，一种是UGC、PGC，另一种就是自制。随着版权成本的逐步看涨，自制内容制胜成为目前视频网站竞争的重要筹码。视频网站之间的竞争也因此进入了深水区。

从目前趋势来看，明年各大视频网站的自制投入将进一步加大。2015年优酷土豆媒体推介会的关键词便是"大自制"。土豆的自制团队配备到位：4个工作室，每个工作室20～30人，一个独立团队可以同时推进好多个节目，内部甚至引入了好项目PK机制。业务结构方面，目前形成了优酷、土豆、合一影业、云娱乐4大板块。在硬件方面，优酷4K超高清机顶盒和土豆派15.6寸Pad，都将在2015年售卖。

爱奇艺2014年全面启动了"工作室战略"，成立了刘春工作室、高晓松工作室、马东工作室，是希望借助传统电视人的力量在自制上突破。此外，2015年1月14日，爱奇艺宣布与英特尔达成战略联盟，通过定向联合研究，着力攻克视频存储、转码分发、云计算、大数据分析性能优化等领域的技术难题。

2015年将搜狐视频继续打造一批自制作品，开创定制周播剧场，达到200集的规模。搜狐在2015伊始抛出了全新的自我定义：科技公司+内容公司+娱乐营销公司，在其"同屏-共振"大战略中提出的"内容营销三式"让人眼前一亮:"移动即互动""弹幕经济"以及"深挖植入"。

3. 网络文学两强相争

据报道,国内目前有44.4%网民阅读网络文学,存在2.74亿网络文学用户。2015年1月26日,腾讯文学和盛大文学宣布,将联合对方成立新公司"阅文集团",对原本属于盛大文学和腾讯文学旗下起点中文网、创世中文网等众多网文品牌进行统一管理和运营。网络文学市场将由盛大文学、腾讯文学、百度文学3巨头争霸的态势,变成腾讯和百度的二龙争霸。

盛大文学的雏形,是从2004年盛大以200万美元的价格买下"起点中文网"开始建立的。从《裸婚时代》《搜索》,到《甄嬛传》《步步惊心》,这些过去几年的热门电视剧其实都是改编自盛大文学旗下各网站的原载作品。目前,盛大文学的用户量约为1.5亿,占全国6.18亿网民的24.3%。盛大文学虽是网络文学市场前3强,且在内容端仍是最强,但从移动端发展趋势、读者作者流失情况、IPO前景来看,面临腾讯等强大冲击的盛大文学,其价值正在逐步下跌。

4. 在线旅游O2O

2014年12月11日,中国旅游研究院与中国旅游协会联合发布了2014年中国旅游集团20强排行榜,排前3的分别是携程旅游集团、中国港中旅集团公司、华侨城集团公司以及锦江国际(集团)有限公司。值得一提的是,在2014年的榜单上,北京趣拿软件科技有限公司(去哪儿)由去年的第7位,上升到今年的第4位,上升速度较快。互联网对旅游行业的改造程度由这个排名情况可见一斑。

在未来很长一段时间,中国所有机票、酒店、旅行社等生态系统上的角色,都不得不在在线旅行行业3巨头携程、去哪儿、途牛之间纵横捭阖。携程核心竞争力是电话呼叫系统;去哪儿核心竞争力是垂直搜索技术;途牛核心竞争力是专业旅游顾问。在线旅游O2O在2014年已经基本定型。

(三) 非文化上市企业疯狂跨界并购

2014年大批影视、手游公司被非文化类上市企业收购,用"有钱就是任性"这句话形容再恰当不过了。

1. 影视类

2014年,影视业资本潮的突出特点是跨界并购(如表19-7所示),"英雄不问出处""有钱就是任性",成了这个时代这个行业的时尚。影视公司是风口,是传统行业转型的"救命稻草",不论是出现了业绩下滑趋势的上市公司,还是寻求转型的传统企业,都纷纷向影视公司靠拢,希望借影视行业高速增长的光环为公司注入活力。

表19-7　非文化上市企业跨界并购影视公司

时间	上市企业	原主营业务	出资额	交易后股权比例	标的公司
2014年4月	皇氏乳业	生产各类乳制品	6.825亿元	100%	御嘉影视
2014年4月	高金食品	肉猪养殖与销售	60.1亿元	100%	印记传媒
2014年5月	鹿港科技	各类毛纺纱线以及高档精纺呢绒面料生产与销售	4.7亿元	100%	世纪长龙
2014年6月	道博股份	磷矿石贸易、学生公寓租赁	7.8亿元	100%	强视传媒
2014年6月	浙江广厦	房地产开发	5.62亿元	100%	福添影视
2014年6月	中南重工	管件、法兰、管系和压力容器的研发、生产和销售	10亿元	100%	大唐辉煌
2014年7月	德力股份	日用玻璃器皿研发、生产和销售	9 000万元	30%	派格华创
2014年8月	鑫科材料	铜基合金和辐射特种电缆产品的研发、生产和销售	13.25亿元	100%	西安梦舟
2014年8月	松辽汽车	汽车车身零部件制造；建筑材料贸易	23.2亿元	100%	耀莱影城
2014年8月	万好万家	针纺织品、服装及其他缝纫制品、纱、线、布	7.13亿元	100%	青雨影视

其实，"看上去很美"的影视行业暗藏风险。多家上市公司并购失败，包括泰亚股份终止收购欢瑞世纪，中科云网终止收购笛女影视，熊猫烟花终止收购华海时代，禾盛新材终止收购金英马影视等。究其原因，影视公司估值过高、自身财务问题、业务上升空间有限等是这个行业屡见不鲜的问题。

2. 游戏类

2014文化产业并购中的游戏板块，则更多地向移动端手游迁移，拥有内容创新点的小型游戏团队或者是游戏工作室越来越受文化产业资本的偏爱；同时，跨界并购现象在游戏行业中依然特别明显且并购规模较大(如表19-8所示)。在这个变化的背后，实际上是生活方式的变化。表现在随着智能手机的普及，手机已经离不开每个人的日常生活，在手机上玩游戏已经成为重要的生活方式。有了基础设施，自然就需要有内容支撑了。

表19-8　非文化上市企业跨界并购游戏公司

时间	上市企业	原主营业务	出资额	交易后股权比例	标的公司
2014年1月	科冕木业	实木复合地板	24.5亿元	100%	天神互动
2014年4月	爱使股份	煤炭销售	11.8亿元	100%	游久时代
2014年5月	巨龙管业	混凝土输水管道的研发、生产和销售	30亿元	100%	艾格拉斯科技
2014年7月	大东南	塑料包装	5.63亿元	100%	游唐网络
2014年8月	松辽汽车	汽车车身零部件制造；建筑材料贸易	14.28亿元	100%	都玩网络
2014年9月	天沃科技(张化机)	石油化工、煤化工、造纸、氧化铝等领域的非标压力容器的设计、制造	15亿元	100%	5173游戏网
2014年12月	顺荣股份	汽车零部件制造、销售	19.2亿元	60%	三七玩网络

据不完全统计，目前国内从事手游开发的团队和公司超过1万家，每个月有数百款新游戏推向市场，但真正成功的屈指可数。根据UC九游平台透露的数据显示，国内手游成功几率为4%左右。[①]大部分游戏生产出来，缺乏赚钱的渠道，甚至并没有到达用户手机里。虽然游戏创业门槛较低，两三个人就可做一款产品，但手游的研发成本、运营成本、推广成本，都比以前大幅增加。以渠道为例，行业也较为混乱，内部很多潜规则，不跟渠道打好关系，即便是好的产品，也得不到重点推荐，这就意味着大部分手游产品根本没有出头的可能。再加之手游产品生命周期短，过了新鲜劲，产品的付费率及留存率都会出现跳崖式的下降。

总之，不管是影视类还是游戏类的并购案例，并购只是开始，整合才是关键。由于是非文化上市企业跨界并购，更多的要考虑并购完成之后的长远打算，而不是为了一时热闹。文化产业是内容产业，内容产业不是一个爆发的行业，文化产品和创意需要前期很长时间的积淀，后期还要有积极有效的渠道推广，很多有优秀内容的文化产业企业，其爆发也是要有一段酝酿期。文化产业的发展需要长期的运作和合适的外部市场运行环境，文化企业要能够静下心来经营才能久远。

四、2014—2015年中国上市文化企业盘点

2014—2015年中国上市文化企业排行榜，如表19-9所示。

表19-9　2014-2015年中国上市文化企业排行榜

排名	名称	市值[②]	人民币折算市值[③]
1	阿里巴巴	美股2 580.64亿	16 127.71亿
2	腾讯控股	港股12 838亿	10 347.43亿
3	百度	美股807.88亿	5 048.85亿
4	网易	美股144.39亿	902.37亿
5	华侨城	沪深572.98亿	572.98亿
6	东方明珠	沪深467.12亿	467.12亿
7	奇虎360	美股74.26亿	464.09亿
8	乐视网	沪深461.81亿	461.81亿
9	百视通	沪深456.19亿	456.19亿
10	中国国旅	沪深454.34亿	454.34亿
11	携程	美股65.10亿	406.84亿
12	华谊兄弟	沪深355.08亿	355.08亿
13	华数传媒	沪深322.22亿	322.22亿
14	中南传媒	沪深316.63亿	316.63亿

① 马鸣. 手游成功率较低、页游进入深水期，游戏行业加速洗牌[EB/OL]. 中国科技网，[2014-12-08]. http://www.wokeji.com/kjwh/whzx/201412/t20141208_888901.shtml.

② 市值数据信息统计来源：东方财富网，2015年1月27日。

③ 汇率：1港币=0.806人民币元；1美元=6.249 5人民币元。

排名	名称	市值	人民币折算市值
15	鹏博士	沪深313.29亿	313.29亿
16	凤凰传媒	沪深304.88亿	304.88亿
17	光线传媒	沪深270.90亿	270.90亿
18	阿里影业	港股330亿	265.98亿
19	人民网	沪深254.97亿	254.97亿
20	华闻传媒	沪深253.98亿	253.98亿
21	欢聚时代	美股40.52亿	253.23亿
22	万达院线	沪深252.00亿	252.00亿
23	电广传媒	沪深250.91亿	250.91亿
24	蓝色光标	沪深247.08亿	247.08亿
25	奥飞动漫	沪深232.05亿	232.05亿
26	浙报传媒	沪深231.95亿	231.95亿
27	优酷土豆	美股34.19亿	213.67亿
28	去哪儿网	美股34.19亿	213.67亿
29	锦江股份	沪深210.70亿	210.70亿
30	掌趣科技	沪深205.41亿	205.41亿
31	歌华有线	沪深199.57亿	199.57亿
32	华策影视	沪深199.04亿	199.04亿
33	中文传媒	沪深194.00亿	194.00亿
34	吉视传媒	沪深183.19亿	183.19亿
35	中体产业	沪深180.98亿	180.98亿
36	皖新传媒	沪深178.36亿	178.36亿
37	金山软件	港股220.62亿	177.82亿
38	宋城演艺	沪深168.00亿	168.00亿
39	视觉中国	沪深166.16亿	166.16亿
40	微博	美股26.12亿	163.24亿
41	省广股份	沪深162.18亿	162.18亿
42	顺荣股份	沪深160.61亿	160.61亿
43	新浪	美股24.47亿	152.93亿
44	华录百纳	沪深137.77亿	137.77亿
45	游族网络	沪深136.12亿	136.12亿
46	珠江钢琴	沪深135.47亿	135.47亿
47	昆仑万维	沪深131.82亿	131.82亿
48	博瑞传播	沪深131.75亿	131.75亿
49	搜狐	美股21.03亿	131.43亿
50	中青旅	沪深130.80亿	130.80亿
51	大地传媒	沪深130.26亿	130.26亿
52	粤传媒	沪深124.23亿	124.23亿
53	深圳华强	沪深123.25亿	123.25亿

（续表）

排名	名称	市值	人民币折算市值
54	新华传媒	沪深122.36亿	122.36亿
55	陌陌	美股18.52亿	115.74亿
56	长江传媒	沪深109.11亿	109.11亿
57	创维数字	沪深106.84亿	106.84亿
58	长城影视	沪深101.83亿	101.83亿
59	捷成股份	沪深98.69亿	98.69亿
60	凤凰卫视	港股121.44亿	97.88亿
61	晨光文具	沪深95.82亿	95.82亿
62	盛大游戏	美股15.28亿	95.49亿
63	数码视讯	沪深95.49亿	95.49亿
64	湖北广电	沪深91.23亿	91.23亿
65	众信旅游	沪深90.57亿	90.57亿
66	时代出版	沪深88.87亿	88.87亿
67	腾信股份	沪深87.42亿	87.42亿
68	腾邦国际	沪深85.75亿	85.75亿
69	畅游	美股13.69亿	85.56亿
70	黄山旅游	沪深77.87亿	77.87亿
71	顺网科技	沪深73.79亿	73.79亿
72	天舟文化	沪深72.86亿	72.86亿
73	姚记扑克	沪深71.21亿	71.21亿
74	威创股份	沪深68.94亿	68.94亿
75	美盛文化	沪深68.29亿	68.29亿
76	中青宝	沪深68.09亿	68.09亿
77	中视传媒	沪深66.35亿	66.35亿
78	新文化	沪深63.92亿	63.92亿
79	出版传媒	沪深63.19亿	63.19亿
80	天威视讯	沪深59.68亿	59.68亿
81	完美世界	美股9.51亿	59.43亿
82	人人	美股9.42亿	58.87亿
83	智美集团	港股70.48亿	56.81亿
84	北京文化	沪深56.66亿	56.66亿
85	网龙	港股66.80亿	53.84亿
86	广电网络	沪深53.30亿	53.30亿
87	TOM集团	港股64.63亿	52.09亿
88	思美传媒	沪深50.42亿	50.42亿
89	保利文化	港股57.88亿	46.65亿
90	丽江旅游	沪深46.13亿	46.13亿
91	北巴传媒	沪深46.05亿	46.05亿
92	高乐股份	沪深41.44亿	41.44亿

(续表)

排名	名称	市值	人民币折算市值
93	途牛	美股6.55亿	40.93亿
94	首旅酒店	沪深40.61亿	40.61亿
95	凤凰新媒体	美股6.42亿	40.12亿
96	艺龙	美股6.37亿	39.81亿
97	金陵饭店	沪深38.94亿	38.94亿
98	海昌控股	港股48.00亿	38.69亿
99	金亚科技	沪深37.71亿	37.71亿
100	齐心集团	沪深36.71亿	36.71亿
101	乐逗	美股5.87亿	36.68亿
102	天鸽互动	港股44.25亿	35.67亿
103	博雅互动	港股43.74亿	35.25亿
104	白马户外媒体	港股42.19亿	34.01亿
105	IGG	港股41.39亿	33.36亿
106	中国手游	美股5.05亿	31.56亿
107	当代东方	沪深31.32亿	31.32亿
108	迅雷	美股4.88亿	30.50亿
109	曲江文旅	沪深28.70亿	28.70亿
110	山水文化	沪深28.48亿	28.48亿
111	方直科技	沪深28.35亿	28.35亿
112	蓝港互动	港股35.13亿	28.31亿
113	博纳影业	美股4.13亿	25.81亿
114	世界华文媒体	港股29.53亿	23.80亿
115	新华文轩	港股29.48亿	23.76亿
116	佳创视讯	沪深23.48亿	23.48亿
117	飞鱼科技	港股29.07亿	23.43亿
118	西藏旅游	沪深23.04亿	23.04亿
119	雅仕维	港股26.31亿	21.21亿
120	联众	港股25.06亿	20.20亿
121	中文在线	沪深18.97亿	18.97亿
122	中视金桥	港股21.71亿	17.50亿
123	空中网	美股2.51亿	15.69亿
124	百奥家庭互动	港股19.38亿	15.62亿
125	网秦	美股2.41亿	15.06亿
126	云游控股	港股17.36亿	13.99亿
127	壹传媒	港股16.53亿	13.32亿
128	昌荣传播	美股1.89亿	11.81亿
129	橙天嘉禾	港股13.44亿	10.83亿
130	中国国家文化产业	港股11.76亿	9.48亿
131	淘米	美股1.47亿	9.19亿

(续表)

排名	名称	市值	人民币折算市值
132	航美传媒	美股1.44亿	9.00亿
133	中国新华电视	港股10.71亿	8.63亿
134	北青传媒	港股9.47亿	7.63亿
135	汇星印刷	港股8.32亿	6.71亿
136	A8新媒体	港股7.86亿	6.34亿
137	天马影视	港股7.65亿	6.17亿
138	品牌中国	港股6.96亿	5.61亿
139	环球数码创意	港股4.63亿	3.73亿
140	新华通讯频媒	港股3.69亿	2.97亿
141	华视传媒	美股0.47亿	2.94亿
142	酷6	美股0.41亿	2.56亿
143	第九城市	美股0.32亿	2.00亿
144	中国三三传媒	港股2.43亿	1.96亿
145	大贺传媒	港股1.02亿	0.82亿

表19-9所列145家上市文化企业市值排行榜几乎涵盖了文化产业各细分领域，是全国文化产业研究第一次系统地对海内外已上市的文化企业进行市值排行的梳理。通过本市值排行榜不仅可以看出资本市场的文化产业板块发展现状与发展潜力，更可以对文化产业各细分领域的具体企业进行综合比较，了解其与关联企业的发展现状与发展潜力。以下几点需要特别说明。

（一）市值排行榜前3名牢牢被BAT占据

9月19日，阿里巴巴正式在纽交所上市，融资250亿美元，成为有史以来全球最大规模的IPO，其市值一度超过3 000亿美元。阿里巴巴市值约等于除腾讯和百度之外，所有上市文化企业市值之和(16 796.81亿人民币)，也约等于腾讯和百度的市值之和(15 396.27亿人民币)。

（二）一些上市文化企业改名值得关注

如"华润锦华股份有限公司"变更为"创维数字股份有限公司"，之前的主营业务纺织业务及锦纶业务已经全部置出上市公司，深圳创维数字技术有限公司资产已经全部注入上市公司。主营业务变更为数字机顶盒产品的研发、生产和销售。同样，我国五金行业的首家上市公司"江苏宏宝五金股份有限公司"变更为"长城影视股份有限公司"。"太原天龙集团股份有限公司"更名为"山西广和山水文化传播股份有限公司"，主营业务变更为：自有房屋租赁，旅游文化及相关产业。"梅花伞"更名为"游族网络"。"铁联传媒"改名为"中国国家文化产业"。"北京旅游"更名为

"北京文化"，主营业务由旅游业转为"电影+电视剧+艺人经纪"。

(三) 一些企业的价值被低估

在美股市场，2014年，市值严重缩水的公司不在少数。究其原因，不仅源于华尔街投资者对文化企业的不认可，对这类做空机构的打压，还源于严厉的监管要求等。如博纳影业，市值仅25.81亿人民币，2014年全年涨幅仅20%，比起在A股市场的其他上市文化企业数百亿市值显得体量非常小。不及华谊兄弟(355.08亿元人民币)和光线传媒(270.90亿人民币)的1/10。同样，一些公司选择私有化的方式来寻求更好的估值和更大的发展。2014年7月25日，巨人网络退市，退市时，该公司市值为28.68亿美元，较上市首日市值缩水近31.71%。无独有偶，盛大游戏、完美世界也已经着手启动私有化退市工作。截至目前，在美国上市的网游概念股只剩下第九城市、畅游和新近上市的乐逗游戏，且3家公司的估值也相当低。

(四) 腾讯市值爆炸式增长

从腾讯的市值发展来看，《中国文化企业报告2013》统计，2013年2月18日腾讯市值4 096.11亿人民币，《2014年中国文化企业报告》统计，2014年3月17日腾讯市值8 042.21亿人民币，如今腾讯市值10 347.43亿人民币。总体来看，2013年微信的颠覆式发展为腾讯的市值爆发增长起到了决定性的作用，微信不仅仅是一个通信工具，这个入口承载了通信、社交、媒体、游戏、电子商务、互联网金融等生态体系。今年腾讯市值增长放缓，可见微信已经进入发展的成熟期。这也意味着移动互联网发展的颠覆式创新基础空间会越来越少，留给新公司上市或者创新的基础业务已经所剩无几，综合来看，未来拓展空间将集中在跨界融合和O2O领域。

(五) 2014年上市文化企业市值有升有降

2014年，上市文化企业中市值上升较快的如：腾讯控股、百度、网易、华侨城、东方明珠、中国国旅、阿里影业、歌华有线、中体产业等。这些公司的市值均较上年度上升超过100亿人民币。2014年，上市文化企业中市值下降较多的如：欢聚时代、蓝色光标、优酷土豆、掌趣科技、新浪、搜狐、人人、博雅互动、IGG、网秦等。这些公司的市值均较上年度下降超过20亿人民币。2014年与2013年相比，市值在50亿人民币以上，但又基本上在原地踏步(涨跌幅在10亿人民币内)的企业如：华闻传媒、奥飞动漫、华策影视、吉视传媒、粤传媒、长江传媒、凤凰卫视、时代出版、畅游、威创股份、中青宝、完美世界、广电网络、TOM集团、思美传媒等。

(撰稿人：朱嘉，中国文化企业研究中心；庞敏，中国海洋大学)

第二十章
文化企业品牌打造

- 品牌是什么？是力量，是制胜市场的力量、引领消费者的力量、助推企业成长的力量。成功的品牌可以带来流光溢彩，给品牌创造者带来巨大的市场份额，赚得盆满钵满。当然，打造好的品牌是十分艰辛的。有人说，糟糕的企业策划原因各有不同，成功的品牌却都是相似的。

- 2014年，众多文化企业品牌经过多年的发展提升，有声有色地活跃在各自领域中，绽放着自身独特的品牌光彩，吸引了社会大众的持续关注，为企业带来巨大的商业价值和良好的社会效益。分析研究这些成功的文化企业品牌的成长之路，对我国文化企业发展会有很好的示范效应。

一、制定品牌发展战略，强化品牌建设路径

在市场竞争日益激烈的今天，品牌可谓是企业的灵魂。产品的竞争力、企业的竞争力最终都体现在品牌的竞争力上。品牌关系到企业的市场空间。对文化企业来说，只有以前瞻性战略眼光做好品牌建设的整体规划，以追求基业长青的文化自觉制定品牌发展战略，才能够打造出具备知名度、美誉度和忠诚度"三度合一"的好品牌。

（一）做好品牌建设整体规划

文化企业要打造出好品牌，实现品牌的可持续发展，就需要制定品牌发展战略，做好品牌建设的整体规划，为此需要做好3个方面的工作：一是树立清晰的品牌意识；二是坚持内容为王的战略导向；三是加强品牌的规划管理。

1. 树立清晰的品牌意识

品牌意识是企业对品牌和品牌建设的基本理念，它是一个企业的品牌价值观、品牌资源观、品牌权益观、品牌竞争观、品牌发展观、品牌战略观和品牌建设观的综合反映。对文化企业来说，只有具备清晰的品牌意识，才能让文化品牌成为企业在现代经济中的战略性资产和核心竞争力的重要源泉，清晰的品牌意识为文化企业制定品牌战略提供坚实的理性基础，是引领文化企业在现代竞争经济中获取竞争优势的战略性意识。

以浙江卫视打造的品牌综艺栏目《中国好声音》为例，《中国好声音》从2012年第1季开播至今，已经连续播出3季，每一季都十分火爆，引发观众的广泛关注。《中国好声音》之所以具有这样持续的魅力，在于该节目制作之初就树立了清晰的品牌意识，致力于把节目打造成优秀的综艺大片，用"大片意识"来指导制作过程，营造大气场、输出正能量、传递真性情，让思想性、艺术性和可看性在节目中得到完美体现。正是源于这样的品牌意识，《中国好声音》呈现给观众的是华丽的视听盛宴。因此，文化企业在建设品牌之初需要树立清晰的品牌意识，以此更好地制定品牌的发展策略，打造优秀的文化品牌，实现品牌社会效益和经济效益的双赢。

2. 坚持内容为王的战略导向

文化产业是"内容为王"的产业，文化产品具有经济价值和文化价值双重属性。我们在塑造文化品牌时，既要重视文化产品的经济价值，努力增强品牌的文化造血功能，实现品牌的市场价值；同时更要关注文化产品的精神价值，把文化产品的经济效

益与社会效益结合起来，坚持社会效益优先的原则。因此，文化企业在品牌规划之初就要坚持以打造高品质的内容产品为原则，加强品牌文化内涵建设，提升品牌文化价值，实现品牌的可持续发展。

以湖南卫视为例。湖南卫视在1997年正式播出后，就致力于实施大精品战略，倾力打造精品栏目。17年来，陆续推出了综艺栏目品牌《快乐大本营》《天天向上》《百变大咖秀》《我是歌手》《爸爸去哪儿》等，创下综艺节目收视传奇；《跨年晚会》问鼎收视冠军，开下卫视先河；金鹰独播剧场播出的《隋唐英雄3》《陶之恋》《妻子的秘密》《宫锁连城》《风中奇缘》等精品剧集收视排名前茅，获得观众的广泛认可和喜爱，在国内外具有广泛的影响力。据索福瑞调查数据显示，2014年1—9月各省级卫视全天收视率排名(包括csm50城和csm34城)，湖南卫视稳居第一位。收视率是目前衡量一部电视剧或者一个电视台影响力的重要标准，湖南卫视之所以深受观众的认可和喜爱，与湖南卫视一直以来施行的精品战略有着密切关系。

3. 加强品牌规划管理

要以可持续发展的眼光做好品牌的规划管理，累积丰厚的品牌资产。对文化企业来说，加强品牌规划管理，就是要创建具有鲜明的核心价值与个性、丰富的品牌联想、高品牌知名度、高溢价能力、高品牌忠诚度和高价值感的强势品牌，累积丰厚的品牌资产。首先，要理解品牌资产的完整构成，透彻理解品牌资产各项指标，如知名度、品质认可度、品牌联想、溢价能力、品牌忠诚度的内涵与其相互之间的关系。

以深圳华强文化科技集团股份有限公司为例。华强借助于小荧屏，让"熊大""熊二""光头强"等经典的动漫形象深入人心，使《熊出没》品牌迅速获得广大儿童的喜爱与青睐。2014年大电影《熊出没之夺宝熊兵》以2.47亿刷新国产动画片最高票房纪录。在《熊出没》品牌具有知名度和影响力之后，华强对品牌实行了合理的规划和管理，对《熊出没》品牌衍生品的开发和授权，采取了谨慎的开发策略，如已开发了食品、玩具、图书音像、手游等十几个品类，2 000多种产品，但至今未像"喜羊羊"衍生品开发那样铺天盖地地展开销售，重要原因在于华强担心盗版数量很可能会远高于正版。在品牌管理上，华强采用多元互补的策略，通过旗下各产业板块的互补相生，不断提升《熊出没》的品牌价值，同时也通过《熊出没》品牌效应提升集团下其他产业板块，如主题公园的影响力和知名度。正是通过合理的品牌管理和规划，华强集团让处在品牌价值上升期的《熊出没》为自身以及旗下的其他文化产业板块带来了增值效益，产生了"1+1>2"的品牌效应。

（二）强化品牌建设的途径

在文化产业巨大的市场前景下，不论是影视还是游戏行业，都具备市场高增长、投资回收期短、回报率高的特点。部分上市文化公司出于做大做强的需要，不断通过并购加大在文化产业领域的战略布局，提高市场集中度，维持竞争优势；部分非文化领域的上市公司，原有主业发展遭遇瓶颈，迫切需要转型，从而选择利润丰厚的文化产业，既符合政策导向，又可以为企业未来发展找到新的增长点。合理的品牌并购，是文化企业强化品牌建设的有效路径，为此，文化企业需要做好三个方面的工作：一是做好品牌并购的战略分析与研究；二是有效管理并购品牌；三是通过并购提升品牌形象，实现品牌的增值效益。

1. 做好品牌并购的战略分析与研究

文化企业在并购品牌之前，需要对打算并购的品牌进行战略分析与研究，做好风险防控。例如近年来，中国有一些民营文化企业进行大规模海外并购，如万达集团并购美国AMC院线，小马奔腾联合收购美国数字王国特效公司等。从实践效果看，我们认为文化企业要进行品牌并购，就需要对所要并购的品牌进行整体评估，估算其品牌价值是否能为企业带来更好的效益，挖掘其有价值的可转移资产，不能盲目并购。只有先明确了企业的发展战略，才能权衡得失，做好取舍，把握好并购的方向。

以2014年江苏凤凰国际的跨国并购为例。为了适应新媒体的迅猛发展，凤凰传媒上市以来一直致力于通过引进新技术、整合内容资源、并购优质企业等多种方式并举，实施传统业务的转型升级。从2012年开始，公司陆续并购了凤凰创壹、慕和网络、凤凰传奇等一批新媒体企业，积极布局新媒体业务仍是公司业务发展的重点，而寻求优质企业实施并购是公司最有效的拓展模式。而此次跨国收购的产品并非传统的纸质出版，是其有声童书与益智早教结合的泛文化产品，将对凤凰传媒现有业务形成了有益的补充和延伸，与公司具有较强的协同效应。因此，凤凰传媒认为，此次收购有助于拓展公司的产业链，增强公司在童书出版业务上的实力，符合公司打造国际一流出版集团的发展战略。

可见，文化企业要进行品牌并购，必须基于企业发展的整体战略考虑，对要并购品牌进行理性的分析和研究，明确其品牌资源能够企业带来更好的效益，符合企业未来的发展趋势，实现并购品牌和现有品牌的相互融合与补充，促使企业能够迅速做强、做大，提升企业的核心竞争力，拓展企业的成长空间。

2. 合理有效管理并购品牌

文化企业在完成品牌并购后，还只是阶段性胜利，只有对并购品牌进行有效管理，才能最终实现品牌并购的终极目标，让并购品牌资源效益最大化，为企业带来良好的社会效益与经济效益。

要管理被收购的品牌资产，企业需要多维度对收购品牌现有的定位、行业发展要求和企业自身经营之间找到一个聚合点，对品牌进行重新定位。为此，文化企业要对并购品牌进行有效的管理，实现其品牌效应的最大化，首先要为并购的品牌找到合适的市场定位。对并购的品牌不要轻易改变其品牌内涵，保留其品牌个性，创造条件让并购品牌与自身品牌形成市场互补的局势。其次，注重并购品牌与企业文化的融合，做到资源整合，优势互补，实现最大的协同效应，让企业自有品牌和并购品牌能够发挥各自优势，为企业的发展壮大各尽其职。

百度大手笔收购了爱奇艺、PPS后，首先将PPS视频业务与爱奇艺进行有效整合，明确其市场定位。公司明确爱奇艺与PPS整合后，采用双品牌独立运营策略，PPS作为爱奇艺的子品牌继续为视频用户提供更优质的服务。在爱奇艺与PPS进行品牌整合的半年时间里，爱奇艺与PPS先后打通了会员登录账号、广告投放系统、内容生产平台、CDN与P2P技术等。此次品牌策略调整，为二者今后各自发展定下基调。

目前来看，百度收购而来的资产91无线、爱奇艺、PPS等对其向移动平台转型助力不小。2014年7月25日，百度公布了截至2014年6月30日的第2季度的财务报告。其中，百度第2季度总营收为119.86亿元人民币，较2013年同期增长58.5%。至此，百度已经连续3个季度营收增速超过50%，其中移动营收持续保持高速增长，在总营收中占比已达30%。正是源于对新老品牌的有效整合和管理，百度让其旗下的多个品牌形成了资源的优势互补，实现了品牌的增值效益，助推企业的快速成长。

3. 通过理性并购提升品牌价值

通过并购知名品牌迅速提升企业自身的品牌形象，进而提升企业自身的品牌价值，以此实现企业品牌效益的最大化，是许多文化企业进行品牌并购的初衷。但是如果没有对并购行为进行理性思考和分析，则有可能会适得其反，不仅没有发挥并购品牌的资源优势，还有可能会损害到已有的品牌。

文化企业在理性并购品牌过程中需要把握3个关键因素。一是并购品牌的信息传播口径应该与今后的品牌整合和管理工作关联起来。在信息的披露上，要形成利于品牌将来发展的局面。二是制定新的品牌架构和发展战略。如果被并购品牌的市场地位具有绝对优势，那么并购方应当继续保持该品牌独立发展和运作的格局，避免将被并购的强势品牌纳入自身品牌运作系统中，混淆品牌定位，稀释了强势品牌的价值。三是尊重被购品牌的文化内涵。并购方应该充分尊重被购品牌已有的品牌价值，在保持品牌精神不变的基础上进行优化。如果并购方一味要求被购品牌融入其企业文化当中，难免会使其在企业中明显处于弱势地位的强势品牌的品牌价值受损。

二、打造品牌核心竞争力，塑造优势品牌

品牌核心竞争力是指某个品牌独特的、不可复制的、持久的、难以被对手超越的功能，主要表现为差异性和持久性。文化企业在运作市场的时候，只有打造品牌的核心竞争力，塑造优势品牌，才能更好地在市场竞争中占据优势地位。

（一）坚持品质至上，筑牢品牌基础

品牌由"品"和"牌"组成，"牌"代表的是消费者对该品牌的认知度，"品"代表的是消费者对该品牌的美誉度和忠诚度。可见，品牌最终体现的是消费者对该品牌的认可度和信任度。文化企业的品牌只有从内到外都获得消费者的认可，才能够最终实现品牌价值，让企业获得社会效益和经济效益。因此，文化企业品牌打造需要坚持品质至上，筑牢品牌根基。

1. 注重形象设计或包装

品牌形象是企业重要的无形资产，只有在包装设计中注重对品牌形象的策划和经营，让品牌符合消费者的审美需求，才能激发消费者的购买欲望，从而让品牌在市场竞争中占据有利地位。

以2014年春节档上映的《熊出没之夺宝雄兵》为例。它在2014年春节档上映，以2.5亿元票房刷新了华语动画片票房纪录，成为迄今为止国产动画电影最高票房纪录，实现了社会效益和经济效益的双赢。在该部动画电影中，除了经典的熊大、熊二以及光头强角色之外，还出现了一个叫嘟嘟的萌娃，嘟嘟的形象设计可谓是全部影片的一个亮点，也是这部电影获得成功的关键因素。女婴嘟嘟的形象定位为3岁左右的超萌、超可爱的小女孩形象，有着这个年龄阶段的孩子的共同特点，还不太善于表达，生动的眼睛会说话，对世界永远保持着好奇的童心，调皮、捣蛋，经常让大人们手足无措，却又温暖地牵动着众人的心。可见，对文化企业来说，需要在品牌的形象设计和包装上下足工夫，使之更符合现代人的审美需求，这样更有利于文化企业品牌的推广和品牌价值的实现。

2. 塑造品牌人物或故事

好的品牌都是有故事、有内涵的。例如，迪士尼曾表示，他们的品牌价值源于精彩的品牌人物和故事。首先，迪士尼的品牌理念是由一组非常重要的人物作为代言人的，这些人物就是米奇、小熊、公主和赛车等。在2010年前，迪士尼收购了英雄集结的漫威公司，将钢铁侠、蜘蛛侠、绿巨人等英雄人物纳入囊中。2013年，他们收购了制造星球大战的卢卡斯影业，把消费者的想象世界从地球引到外太空银河系。迪士尼也因此拥有了非常丰富的品牌形象资源。众多的英雄人物构建起迪士尼了不起的品牌喜好度。

深圳华强集团在打造《熊出没》品牌上的经验可资借鉴。一是用心塑造品牌的人物和故事。《熊出没》品牌成功的原因，应当说跟该品牌的人物和故事的成功塑造有很大关系。在《熊出没》中，3个主要人物熊大、熊二和光头强刻画得十分生动有趣。3个主角的形象和故事随着《熊出没》动画片的持续播出，逐渐深入人心，观众不仅喜爱熊大、熊二的可爱形象，对光头强的情感也是爱恨夹杂。二是多渠道加强品牌的推广营销。华强数字从2008年开始做动漫以来，就跟国内的播出平台建立、保持了很好的合作关系。2012年初，《熊出没》系列连续动画片开始在中央电视台少儿频道播出。三是不断丰富品牌的文化内涵。对《熊出没》的主题进行不断创新和丰富。2012年播出的动画连续剧《熊出没》，在刚开始播出的时候，故事情节比较简单，主要以保护森林环境为主题，讲述森林保护者熊大、熊二与破坏森林的伐木工光头强之间上演的搞笑对决。随着该动画片知名度和影响力的不断扩大，深圳华强数字动漫有限公司开始对《熊出没》主题进行各种创新，在电视频道上陆续推出了《熊出没之环球大冒险》《熊出没之过年》《熊出没之年货》等，故事情节更加丰富精彩，人物角色更加丰满，活动场景更加广阔。

此外，华强集团还通过品牌链的不断延伸来丰富品牌文化内涵。《熊出没》作为动画连续剧在电视频道播出并获得广大观众，特别是"00后"小朋友的喜爱后，华强集团就把《熊出没》品牌从电视领域延伸到电影领域，开始打造《熊出没》系列大电影，例如2014年春节档放映的《熊出没之夺宝熊兵》以及将在2015年上映的《熊出没之雪岭雄风》，每一部电影的打造，都是对《熊出没》品牌文化内涵的进一步丰富，让《熊出没》品牌的知名度、美誉度以及忠诚度得以提升。

(二) 构筑品牌核心价值或理念，满足客户内在需求

品牌的核心价值是吸引消费者的利器，引发消费者的共鸣，所以改变思维，打造核心就是建立一种象征，代表一种购买取向，引导消费者的想法和精神追求。对文化企业来说，构筑品牌的核心价值，要做到3个方面：一是品牌核心价值要始终如一；二是品牌核心价值要能够激发激情；三是品牌核心价值要富有个性。

1.品牌核心价值要始终如一

品牌核心价值是品牌资产的主体部分，明确定位并全力维护和宣扬品牌核心价值，已成为许多国际一流品牌的共识，是创造百年金字招牌的秘诀。纵观国际上的一系列知名文化企业品牌，如迪士尼、宫崎骏动漫、好莱坞梦工厂等，我们不难发现这些企业都有着始终如一的品牌核心价值，企业的一切价值活动都要围绕品牌核心价值展开。企业一旦清晰地规划勾勒出品牌的核心价值，就会在以后的10年、20年，乃至上百年的品牌建设过程中，始终不渝地坚持这个核心价值。只有在漫长的岁月中以非凡的定力去做到这一点，不会被风吹草动所干扰，让品牌的每一次营销活动都为品牌做加法。

以迪士尼为例，迪士尼公司从1928年推出《威利汽船》以来已经经历了80多年的发展，但是迪士尼这个品牌的核心却一直没有变，它们就是："创新、品质、共享、故事、乐观、尊重。"目前，迪士尼在全球的5大业务包括娱乐节目制作、主题公园、玩具、图书、电子游戏和传媒网络。在这5大主营业务中，迪士尼始终坚持品牌的核心价值，无论是观看迪士尼出品的动漫电影，还是到迪士尼主题公园游玩，消费者都能

够深刻感受到迪士尼品牌核心价值在细节处的体现。

对国内文化企业来说，要想把企业做大做强做优，需要加强品牌建设，在规划品牌之初，就需要明确品牌的核心价值，并在实践中对品牌核心价值进行持之以恒的推广与实践，才能让品牌深入人心，成为企业的形象代言人，进而为企业带来良好的社会效益和经济效益。

2. 核心价值要能够激发激情

品牌的核心价值要富有感染力，才能够触动消费者的内心世界，引发消费者共鸣，让消费者认同并喜爱该品牌。

以苹果公司为例：苹果公司创始人乔布斯在创业之初曾撰写了一份苹果公司文化备忘录：让世界上每一个人都拥有电脑，是我们的梦想，并且我们为此积极努力着；我们齐心协力，奋斗不懈；我们制造一流的产品；我们生产与众不同的东西，同时从中获利；我们手连手、心连心，不是赢就是输；我们充满激情，富有创意，共同开创公司的康庄大道；我们所有员工都踏上了这趟冒险的旅程，我们的所作所为与公司的命运息息相关，我们要为公司创造一片美好前景。正是这样的企业文化赋予苹果员工强烈的使命感和责任感，让他们坚信公司有着伟大的目标，即通过制造提高人们生活品质的工具而改变世界。因此，对文化企业来说，品牌的核心价值要富有感染力，一开始就要对企业将为消费者提供的文化产品和服务有一个清晰明确的品牌定位，在此基础上，通过精心提炼，把品牌最核心的价值理念和诉求表达出来，触动消费者的内心，引发消费者与品牌之间的情感共鸣，让消费者能够从品牌中找到情感共鸣，获得产品实用功能之外的优越感和满足感。

3. 核心价值要富有个性

"品牌核心价值"是什么？品牌核心价值是一个品牌的DNA，是一个品牌的灵魂，是一个品牌的精髓，品牌核心价值代表着一个品牌最核心、最独一无二的要素。因此，品牌的核心价值应该讲究个性化，要能够与竞争品牌形成鲜明差异，从而引发公众关注，实现消费者对其的认同与接受。

以央视的品牌栏目《星光大道》为例。从2004年开播至今，央视《星光大道》栏目已经走过了10年。这10年间，《星光大道》不仅在收视率上一路走高，成为一档深受老百姓喜爱的综艺栏目，而且推送出了一批颇具艺术才华的百姓歌手。可以说，星光大道在成就无数平凡人梦想的同时也成就了自己。予人玫瑰，手有余香，星光大道为无数老百姓提供了展示自我的舞台，也得到了老百姓的喜爱和欣赏。星光大道之所以能够在品牌化创作的成功之路上不断开拓和延伸栏目的生命周期，关键原因在于《星光大道》个性化的品牌核心价值，那就是"打造老百姓自己的舞台"，让有梦想、有才华的普通人通过这档栏目有机会实现自己的梦想，获得新的人生机遇。

10年来，《星光大道》一直是坚持以这一品牌个性来进行节目的制作。例如，10

年来，参加星光大道的参赛选手都是来自于普通的老百姓，职业范围很广泛，主要是来自各行各业的业余文艺爱好者，有工人、农民、警察、教师、军人、志愿者、家庭主妇、小市场商贩等，还有下岗工人、自由职业者、退休老人甚至残疾人等；在年龄上也分布广泛，各个年龄段的人都有，上至古稀老人下至学龄前儿童，也有不少国际友人，只要有才艺、有勇气，就有机会登上星光大道的舞台，展示自我。可见，文化企业在打造品牌的核心价值时，应充分考虑其品牌的个性定位，而且凸显品牌与众不同的核心价值，从而牢牢锁定目标群体，让自身的品牌产品成为消费者的首选。

(三) 坚持创新发展

品牌的形成需要时间的沉淀，同样，品牌的发展也需要不断创新，创新是品牌发展的主要动力。如果一个品牌缺乏创新，必然会给人以落伍和死气沉沉的感觉，并可能承担其品牌市场份额被其他品牌侵占的风险。所以说，品牌创新是品牌自我发展的必然要求，是克服品牌老化、使品牌生命不断延长的唯一途径。

品牌创新首先要以市场为中心，只有以市场为中心，以消费者为中心，才能真正实现品牌创新之目的。其次，品牌创新要有针对性，针对品牌运作过程中的具体问题进行具体分析，对症下药，对品牌进行更新改造。第三，品牌创新要坚持实事求是的态度，遵循科学的程序，采取适当的步骤。第四，企业在品牌发展上，既要有短期目标，又要有长期计划，一方面要充分利用品牌资源，另一方面还要充分保护品牌资源，以实现品牌及其创新工作的可持续发展。品牌创新是一个系统工程，一般来说，品牌创新主要从产品创新、技术创新、形象创新和管理创新等几个方面来进行。

1. 品牌创新的基础：产品创新

对文化企业来说，进入目标市场、赢得竞争优势，其创造的文化产品或提供的文化服务是其基本手段。这就要求产品必须具有竞争性，而提供具有竞争力的产品的最佳途径就是持续的产品创新。

2014年美国苹果公司(Apple)已连续两年超越谷歌(Google)，成为世界最具价值的品牌。目前全球只有苹果公司和谷歌公司的品牌市值突破千亿美元。苹果公司产品的品牌价值之所以能够连续多年位居世界前列，与其持续不断的产品创新有着不可分割的关系。从1998年推出的个人计算机iMac到2001年推出后风靡全球的音乐播放器iPod，再到2006年一经问世便好评如潮的MacBook，2007年引爆业界革命的iPhone，2010年开创历史先河的平板电脑iPad，苹果公司推出的任何一款产品都可以使全球为之疯狂，即便是饱受诟病的iPhone5C和iPhone5S，以及2014年新推出的iPhone6，总是吸引大量忠实拥趸争相抢购。这当中的秘诀便是苹果公司对产品持续不断的"创新"。

2. 品牌创新的支撑：技术创新

新技术决定了新产品。如果品牌的技术创新跟不上市场要求，品牌就不可能继续获得消费者的认同。与此同时，技术的落伍将导致品牌竞争优势的丧失。没有技术的创新，就如同人没有新鲜血液一样，品牌就不可能发展壮大，技术创新是品牌的支柱和后盾。

以好莱坞电影的技术创新为例。好莱坞电影的发展与现代科学观念的发展密切相关。从初创时期开始，好莱坞电影便确立了技术主义的传统，每一次技术上的风暴和革新，都会给不同时期的好莱坞电影带来质的飞跃。好莱坞第一部有声影片《爵士歌王》的诞生，使电影真正成为能将声音和画面结合起来的新的艺术形式，而好莱坞第一部彩色电影《浮华世界》的问世，更使电影跨过了从黑白到彩色的界限和鸿沟，不仅是视觉上的进步，也是美学上的突破。

20世纪70年代末80年代初，一系列好莱坞大片纷至沓来，"票房炸弹"式的"大片时代"来临，《星球大战》《侏罗纪公园》等影片凭借栩栩如生的角色还原、惟妙惟肖的造型设计、形象生动的模拟声效等开启了科技进步的又一先例。进入到当代，以《阿凡达》为代表的3D技术被突破性地运用到电影的表现范畴，CG动作捕捉技术、协同工作系统以及虚拟摄像机的使用，使人类的视听体验进入到了更为高层次的享受阶段。《阿凡达》的成功再次验证了技术与细节对现代电影的决定性影响。

好莱坞电影利用一次次的技术创新提升电影的创作水平，适时地满足了观众不断变化发展的欣赏需求，为观众带来声画结合的震撼体验，也让好莱坞电影的票房号召力持续强大。持续不断的技术创新，让历经百年的好莱坞电影历久弥新，散发青春与活力，总是能够带给观众新鲜的感受和惊喜。

3. 品牌创新的手段：形象创新

品牌形象创新是品牌创新中对消费者最直接影响的部分，也是消费者对品牌变化最直观的感受。在适当的时候根据市场的需要进行品牌的形象创新，才能确保品牌的市场竞争优势和消费者对品牌的忠诚度。

以湖南卫视频道的创新发展为例。1997年1月1日，湖南卫视上星播出，推出了《快乐大本营》《玫瑰之约》等一系列名牌栏目，在全国产生了广泛影响，确立了频道的强势品牌地位。因频道同质化竞争激烈、观众口味的变化，2002年湖南卫视启动第二轮创新，正式确立"锁定娱乐，锁定年轻，锁定全国"的战略定位，突出"青春，靓丽，时尚"的频道特色。2006年湖南卫视上星10周年广告创收突破10亿，创收能力稳居省级卫视第一、全国第三，《超级女声》原创节目创造了中国国内单一电视活动营销的最高纪录。2013年湖南卫视创新推出以"越成长，越青春"为口号的主题，温情推出全新父子亲情互动趣味真实感动记录节目《爸爸去哪儿》，关注亲子关系，传递荧屏正能量，延续快乐心情。2014年，湖南卫视再换频道包装，以简洁、扁平、平滑的风格继续引领电视前茅，并打出"越欢聚，越青春"的口号，编排创新再度升级。

可见，湖南卫视通过持续不断的品牌形象创新，很好地满足了电视市场的需要和观众的欣赏需求，也因此获得了良好的社会效益和经济效益，不仅成为许多电视观众收视的首选频道，而且更好地实现了自身的品牌价值。

4.品牌创新的保证：管理创新

品牌创新作为品牌成功的关键，其培育和发展是一个多因素组成的复杂过程，而产品创新、技术创新、形象创新、管理创新则是这一复杂过程中不可缺少的组成部分，为品牌创新提供了可能。同时，这几方面因素并不是孤立存在的，只有把其看成一个有机的整体，协调发展，才能走好品牌创新之路，更好地完成品牌创新的使命。

在品牌管理创新的实践中，许多国际知名文化企业都有值得借鉴的宝贵经验。以迪士尼主题乐园为例，凡是走进迪士尼乐园的每一个人都感到受尊重、无微不至的服务和不断遇到的惊喜。每个人之所以能够在迪士尼乐园里感受到这些快乐的体验，源于迪士尼公司特有的企业文化和管理方式的创新。在迪士尼，新员工在上岗前都要到迪士尼大学上一门叫做"迪士尼传统"的课程，以了解迪士尼乐园的发展历史和精神、宗旨所在。

正是在这种"一切以顾客为中心"的企业文化的引导下，迪士尼对员工管理也遵循着这一原则。以这种"一切从顾客的需求出发"的企业文化来管理培训员工，让每一位员工既是乐园的工作者、服务者，同时也是乐园的管理者、参与者；既对员工有严格的工作规范要求，同时也给予他们一定的主动权，让他们能够与游客进行良好的互动，让每一位来到迪士尼的游客都能感受到迪士尼这种与众不同的企业文化和管理模式，从而大大提升了顾客的满意度，为迪士尼乐园带来了源源不绝的客源和商业利润。

▌三、做好品牌营销工作，实现品牌效益

文化企业的品牌营销是指企业通过研究消费者的产品需求，然后用质量、文化和独特性的宣传让品牌在用户心中获得价值认可，最终实现品牌的社会效益和经济效益。文化企业要做好品牌营销工作，并最终实现品牌效益，需要做到：一是增强营销针对性，做好品牌的市场定位；二是巧妙设计品牌营销方式，创意为王；三是拓宽品牌营销途径，对品牌进行全方位立体式营销。

（一）做好品牌的市场定位，增强营销针对性

品牌定位是一项综合性的系统工作，对一个品牌进行完整具体的定位包括目标市场定位和经营理念定位，而目标市场则是人们常说的目标消费人群，是企业品牌所瞄准的目标潜在客户。另外，目标市场则是企业品牌核心价值主张、管理模式和目标愿

景作出明确的定位以及规划，能够更好地指导企业品牌长期发展。

1. 受众定位：以消费者为导向

品牌必须将自己定位于满足消费者需求的立场上，最终借助传播让品牌在消费者心中获得一个有利的位置。要达到这一目的，首先必须考虑目标消费者的需要。借助于消费者行为调查，可以了解目标对象的生活形态或心理层面的情况。消费者有不同类型、不同消费层次、不同消费习惯和偏好，企业的品牌定位要从主客观条件和因素出发，寻找适合竞争目标要求的目标消费者。品牌定位一定要摸准顾客的心，唤起他们内心的需要，这是品牌定位的重点。所以说，品牌定位的关键是要抓住消费者的心。

2. 功能定位：以产品或服务特点为导向

根据产品或服务的特点，设计不同的定位是品牌定位的重要方法。在产品同质化现象十分突出的今天，文化企业要打造出好的品牌，就需要根据其产品的质量和服务，努力塑造与众不同的品牌定位。例如迪士尼对品牌的功能定位就是"全民共享、体验快乐"，因此迪士尼从开始的电影创造、卡通形象以及后来的主题公园和玩偶商品等，都让消费者充分地享受到了迪士尼产品或服务"全民共享、体验快乐"的品牌功能，消费者通过迪士尼的产品和服务体验到了"尊重、共享、快乐"的感受，迪士尼也因此获得了良好的品牌效益。

3. 市场定位：以目标市场为导向

选择目标市场，明确企业应为哪一类用户服务，满足他们的哪一种需求，是企业在营销活动中的一项重要策略。以目标市场为导向进行品牌的市场定位，才能扬长避短，找到有利于发挥本企业现有的人、财、物优势的目标市场，最大限度地实现品牌价值。电影作为一种文化产业，除了需要遵循电影创作的艺术原则之外，还必须根据观众的欣赏口味进行适时调整。只有在注重市场调研的基础上进行电影创作，才能让电影符合市场的需求，锁定目标消费群体，进行有重点的推广营销，让好莱坞在全球电影市场上始终立于不败之地。

好莱坞注重做市场调研，把电影测评作为了解观众的重要手段，并且贯穿电影制片、发行和放映的每一个环节。所以，在电影创作和市场推广中，认真分析观众的心理、了解观众的欣赏诉求尤为必要，只有读懂观众，才能赢得观众，赢得市场。为了开辟中国电影市场，好莱坞各大公司早在20世纪90年代中期就已开始对中国市场进行研究，有的成立了中国部，聘用中国留学生回到中国担任要职。各电影公司还积极联络中国主管电影及意识形态的政府机构。

可见，注重市场调研，有针对性地培育目标市场，是好莱坞电影提升全球影响力的关键。只有了解市场、读懂观众，才能够制作出符合市场需求的电影作品，从而赢得观众、赢得市场。

（二）巧妙设计品牌营销方式，创意才是王道

当前我们处在同质化产品竞争异常激烈的环境中，各种品牌不断地通过不同的营销诉求试图打动消费者，文化企业如何在重重包围之下使消费者对自己的品牌和产品更感兴趣？关键就是用创意营销理念吸引消费者，从而征服市场。我们以2014年中外文化企业品牌营销案例为切入点，分析文化企业如何通过创意营销实现品牌效益。

1. 卓越游戏《我叫MT》：与知名品牌合作，借势营销

从2013年1月至今，卓越游戏《我叫MT》已经陪伴广大玩家走过了1年多的风风雨雨。作为寿命周期较短的手游产品来说，可以说《我叫MT》创造了一个奇迹。与此同时，卓越游戏也率先凭借《我叫MT》的强大影响力，开启了手游品牌借势营销的创意大门，将整个手游营销市场带向了一个全新的高度。

一是借势电视广告进行品牌营销。2013年下半年，《我叫MT》正式启动了手游品牌推广战略，首当其冲的则是当下热门的全国各大卫视热播节目广告：从湖南卫视天天向上到江苏卫视非诚勿扰，全国上亿观众知道了《我叫MT》这个名字。

二是借势网络热播剧进行品牌营销。2014年7月，网络热播神剧《万万没想到》大受网友关注，而《我叫MT》早在年初就已经和该剧制作方"万合天宜"建立合作关系，紧密筹备相关推广工作。

三是借势电商品牌进行营销。当下手游涉及电商合作推广屡见不鲜，但卓越游戏对《我叫MT》的品牌宣传却凸显特色——特制限量发行的Zippo打火机让不少男玩家爱不释手。

四是借势App软件进行品牌营销。无论是品牌还是广告，最终的目的都是积累更多用户。相对其他异业合作，《我叫MT》对同为App软件的品牌合作更加青睐。从2014年起，《我叫MT》便陆续与快的打车、招商银行、唱吧等App软件达成合作。

五是借势"地铁院线"进行品牌营销。当众多手游厂商还在思考如何压低渠道获取用户成本的时候，卓越游戏早已将《我叫MT》与品牌合作推向目标用户身边。

可见，通过与知名品牌合作、借势营销的方式，卓越游戏《我叫MT》不仅将整个手游营销市场带向了新的高度，同时也成为手游行业创意营销的典范，创造了手游行业的营销奇迹。

2. 韩剧《来自星星的你》：多渠道整合营销，让产品火到不行

2014年初最火的电视剧颁给韩剧《来自星星的你》(下文中简称《星你》)一点都不为过。人气火暴的SBS剧《星你》红遍亚洲各地大小屏幕，韩国收视率调查机构尼尔逊公司2014年2月28日公布的数据显示，该剧大结局在韩国平均收视率达28.1%。在中国国内，仅爱奇艺一个网站，该剧的点播次数就已经超过6亿次。《星你》之所以这样火，除了富有创意的剧情、唯美感人的画面之外，利用新媒体进行创意营销也功不可没。

一是通过线上、线下互动营销。中国的观众最初是通过网络视频欣赏到韩剧《星你》。2013年12月18日，《星你》第1集在爱奇艺和PPS双平台上线；在播出的第3周开始，关于"都教授"的剧照开始在微博等社交网站上扩散，百度搜索指数已经升至140万；乐视网高级副总裁高飞也决定从爱奇艺手里购得分销版权。在乐视网加入之后，《星你》最终在爱奇艺、PPS和乐视网3个视频平台上完成最初的覆盖。这3个视频网站是目前国内最火、观众覆盖人群最广的视频网站，这为《星你》的广泛传播奠定了广泛的观众基础。

二是通过在线交错进行口碑营销。在《星你》播出1个月左右，《星你》在社交网站与网民的口碑传播里经历第一次发酵，《星你》也遇到了第一个引爆点：明星等微博大号参与口碑营销。在这个过程中，曾有30多位明星发微博提及或推荐《星你》，也带动了各自的百万或千万粉丝。

三是借助多重利益集团的机会性营销实现自身营销。《星你》与以往其他韩剧不同，在百度指数的话题讨论中，北京、上海、深圳等一二线城市自然是话题最集中的区域，但《星你》的传播却在三四线城市同样引发了大范围关注和讨论。而除了居于旋涡中心的力量之外，许多看似与《星你》并无关系的利益集团也加入了与《星你》有关的机会性营销。如2014年春节前后，在微信里输入"炸鸡和啤酒"，聊天界面中就会飘下雪花。2月12日魅族创始人黄章高调入驻新浪微博，便发布了第一个状态："大家好！我刚从火星回到地球……"瞬间粉丝暴涨至5万多。

可见，韩剧《星你》通过线上、线下互动营销、在线交错进行口碑营销以及借助其他利益集团的机会性营销，最终实现了自身品牌的推广和营销，但《星你》的中国之行并没有结束。这部韩剧和与这部韩剧相关的衍生品在中国市场上依旧持续火热着。

3. 乐视网：社会化大数据营销，催生网台联动佳绩

2014年2月，综艺开年大戏《我是歌手》第2季的赛程已经过半，截至第6期播放完毕，该综艺节目在独家网络视频播放平台乐视网上创造出全屏播放量超过5亿的惊人数字，其中仅移动端就贡献了50%以上的流量；网络播放总时长超过60亿分钟，相当于平均每个中国人都通过乐视网收看了4分钟节目。

一是通过社会化大数据营销，催生网台联动佳绩。传统整合营销传播常用的ACPP模式在社会化大数据时代已经发生了根本性变化。品牌"自说自话"的传播方式逐渐转化为从social平台出发，在大数据搜集分析的基础上了解受众真正想看的信息，从而调整传播策略。乐视网对《我是歌手》第2季的内容及品牌捆绑营销，也正是基于David Rogers提出的"The Network Is Your Customer"理论所展开，并在实践中大获成功。演歌类综艺节目的生杀大权，通常掌握在用户手中。他们的反馈，能够决定节目内容编排、艺人阵容设定以及后续所有的宣传话题基调。乐视网利用自身互联网媒体的先天属性优势，在《我是歌手》每一期节目的播出前后密切关注所有和用户反馈相

关的网络数据，从社会化媒体平台上挖掘传播亮点，第一时间对传播方向和传播策略进行调整，最终输出最符合互联网受众喜好和关注焦点的传播内容。

二是通过与综艺品牌栏目进行生态合作，发挥垂直产业链的整合威力。《我是歌手》第2季之所以被称为"中国网络视频独播综艺里程碑"，其深层次原因在于它开启了"生态合作"的全新时代，乐视生态的垂直产业链整合在《我是歌手》的土壤里落地开花。乐视网为《我是歌手》第2季量身定制了一系列丰富的娱乐内容产品及技术产品，全面打通触达消费者的多屏终端，构建出"看《我是歌手》，享我的五屏生活"这一独特的综艺栏目五屏整合模式，在PC端、乐视视频客户端、超级电视TV大屏和电影巨屏上分别进行了内容运营的大胆创新和尝试。

从以上3个文化企业品牌营销的案例中，我们可以看出，文化企业要在激烈的市场竞争环境中成功实现品牌的推广和营销，关键就是通过富有创意的营销方式赢得消费者、征服市场。

（三）拓宽品牌营销途径，全方位立体式营销

第一，利用全媒体(传统媒体和新媒体)进行借势营销。例如通过平面媒体、门户网站、视频网站、微博、微信、数字电视平台等进行组合营销，多管齐下。

第二，建立自有渠道，推出自己的营销平台，掌握营销主动权。例如凤凰传媒集团旗下的凤凰卫视是主品牌，"凤凰网"是其自有营销渠道之一。

第三，通过自媒体实现品牌传播。例如，利用朋友圈进行品牌的分享和推介，实现品牌的有效传播。

总之，在这个品牌竞争的年代，谁赢得客户的认可，赢得消费者的认同，谁就赢得了市场。对文化企业来说，除了要生产好的内容产品，还要打造好的品牌，并通过编织巧妙的营销网络，将品牌送达消费者的内心，从而获得消费者对品牌的认可和消费，赢得品牌长期的市场占有率。

（撰稿人：陈安娜，北京大学）

附 录
中国文化企业排行榜与推荐榜 >
(2014—2015年)

- 在广泛收集数据和深入调研的基础上，通过专家论证、研讨和评选，确定了2014—2015年中国文化企业排行榜(1个)、推荐榜(2个)和企业案例(1组)。其中，以上市文化企业2014年第1季度市值为依据评出"中国上市文化企业30强"。

- "中国最具成长性文化企业推荐榜"的主要标准：所属行业须属文化产业的新兴领域或者占据价值链高端，具有较大的成长空间；市场容量足够大，且距市场饱和尚远；企业管理制度规范合理，具有强劲的发展潜力。

- "中国文化企业领军人物推荐榜"的主要标准：2014年度在文化企业界具有重要影响力或突出成就的文化企业家。

- "中国文化企业品牌案例"选择的主要标准：行业代表性、活跃性和启发性。行业代表性是企业在行业经营方式上开创或代表了某种新的模式或方向；活跃性是企业在2014年的发展中颇受关注，或是传统优势企业的锐意创新，或是新兴企业的崭露头角；启发性是企业的经营管理模式对其他相关文化企业具有启发和借鉴意义。

一、中国上市文化企业30强(企业市值前30位排名)

排名	名称	市值①	人民币折算市值②
1	阿里巴巴	美股2 580.64亿	16 127.71亿
2	腾讯控股	港股12 838亿	10 347.43亿
3	百度	美股807.88亿	5 048.85亿
4	网易	美股144.39亿	902.37亿
5	华侨城	沪深572.98亿	572.98亿
6	东方明珠	沪深467.12亿	467.12亿
7	奇虎360	美股74.26亿	464.09亿
8	乐视网	沪深461.81亿	461.81亿
9	百视通	沪深456.19亿	456.19亿
10	中国国旅	沪深454.34亿	454.34亿
11	携程	美股65.10亿	406.84亿
12	华谊兄弟	沪深355.08亿	355.08亿
13	华数传媒	沪深322.22亿	322.22亿
14	中南传媒	沪深316.63亿	316.63亿
15	鹏博士	沪深313.29亿	313.29亿
16	凤凰传媒	沪深304.88亿	304.88亿
17	光线传媒	沪深270.90亿	270.90亿
18	阿里影业	港股330亿	265.98亿
19	人民网	沪深254.97亿	254.97亿
20	华闻传媒	沪深253.98亿	253.98亿
21	欢聚时代	美股40.52亿	253.23亿
22	万达院线	沪深252.00亿	252.00亿
23	电广传媒	沪深250.91亿	250.91亿
24	蓝色光标	沪深247.08亿	247.08亿
25	奥飞动漫	沪深232.05亿	232.05亿
26	浙报传媒	沪深231.95亿	231.95亿
27	优酷土豆	美股34.19亿	213.67亿
28	去哪儿网	美股34.19亿	213.67亿
29	锦江股份	沪深210.70亿	210.70亿
30	掌趣科技	沪深205.41亿	205.41亿

① 市值数据信息统计来源：东方财富网，2015年1月27日。

② 汇率：1港币=0.806人民币元；1美元=6.249 5人民币元。

▌二、中国最具成长性文化企业推荐榜(排名不分先后)

➢ 北京光线影业有限公司

【推荐理由】近年来，光线影业不断刷新其在光线传媒中的地位，电影收入占比超六成。2014年累计票房收入超过31亿，占国产片总票房19.2%，在国内各大民营电影公司中排名第一。其出品的电影以喜剧、青春爱情魔幻类型片为主，2014年《爸爸去哪儿》《分手大师》《同桌的你》等多部电影的票房大卖印证了曾经"我们最了解娱乐界"的口号。同时，光线影业也在促进光线传媒开拓实景娱乐项目"中国电影世界"，不断推动光线传媒向全产业链舰队式文化企业进军，IP的产业链运营能力大大提升。

➢ 湖南快乐阳光互动娱乐传媒有限公司

【推荐理由】芒果TV是湖南快乐阳光互动娱乐传媒有限公司旗下的互联网视频供应平台，同时也是2014年湖南卫视自制节目独播后的唯一播出平台，发展面向电脑、手机、平板、电视机的多终端，实现了多屏合一独播、跨屏、自制的发展，在整合湖南广播电视台和芒果传媒优质资源的基础上，大力整合内容、创新服务应用、拓展传播领域、完善用户体验，开辟新型视频传播业态，贯通视频生活应用，迅速成长起来。芒果TV的一系列举动，是传统电视媒体积极推动媒体融合，在互联网时代抢占互联网视频的重要尝试。

➢ 浙江华策影视股份有限公司

【推荐理由】作为一家民营公司，华策影视在2010被誉为"中国电视剧"第一股。2014年动作不断：2月收购合润德堂20%股份；4月购买高格影视原股东股份并增资，持股比例达18.1%；5月入股JDF金典工场，出品音乐剧，进军演艺市场；8月与爱奇艺合作，建立合资公司，着力发展网络剧、综艺节目等；10月收购韩国电影巨头NEW发行的新股，成为中国企业在韩国影视行业规模最大的一笔投资，布局海外市场，提速全球化战略；11月，拟收购天映传媒40%股权，开拓综艺节目市场。通过近几年的资本动作，华策影视逐渐完善全产业链业务布局，打造综合性全媒体娱乐集团。

➢ 北京开心麻花娱乐文化有限公司

【推荐理由】2003年，开心麻花首创"贺岁舞台剧"概念，每年一贺岁剧深受观众喜爱，已成功推出《夏洛特的烦恼》《乌龙山伯爵》等多部票房与口碑双赢的经典作品，屡创中国话剧演出的奇迹，成为舞台剧领域最具市场号召力的喜剧品牌、民营机构。近年来，开心麻花致力于建设一个专业、全方位的娱乐产业体系，加强对舞台音乐剧的拓展，坚守音乐剧的原创阵地；涉足网络剧领域，与乐视网联合推出了网络情景喜剧《开心麻花剧场》；尝试电视小品制作，在春晚等舞台上获得全国人民的关注和喜爱。

➤ 今日头条——北京字节跳动科技有限公司

【推荐理由】2014年6月，今日头条获得1亿美元C轮融资，估值5亿美元，是国内移动互联网领域成长最快的产品服务之一。以工程师的逻辑运营新闻咨询、用推荐引擎解决长尾需求痛点，在与装备精良的4大门户新闻客户端的贴身肉搏中顽强活了下来，成为引领行业发展新方向的标杆。未来无论能否完善内容生态系统以跳出内容版权舆论的泥沼，今日头条都称得上是移动互联网时代颠覆式创新的黑马。

➤ 品友互动

【推荐理由】在RTB市场上，品友互动无疑是最为活跃的布道者。当中国广告市场还在广告位的竞争中残酷比拼的时候，以技术起家的品友互动就开始积极尝试并探索程序化购买这片广阔的蓝海，最终成为今天大数据在广告技术领域应用成功的实践者。从2008年成立公司至今，品友互动凭借顶级技术、超大流量和精准算法坚持大数据在广告行业的实践，并且极大程度的帮助广告主提升广告投放效果。2014年品友互动和数十家顶级媒体核心资源完成对接，在私有程序化购买的市场中先拔头筹，为国内的其他技术广告公司树立行业标准。

➤ 雅昌文化集团

【推荐理由】雅昌集团所开创的"传统印刷+IT技术+文化艺术"的独特经营模式，以纸墨为桥梁，以科技为支撑，为数字时代下的文化艺术找到新的生存空间。2014年5月上线"雅昌艺术书城"App，打造国内第一家专业艺术类电子图书的阅读和分享平台。雅昌集团的成长过程是一个较为典型与完整的产业链形成范本，在由印刷公司向综合艺术品服务提供商的成功转变源于其在发展过程中由生产到服务的理念转变，以及对于时代需求的准确把握。

➤ 广东百合蓝色火焰文化传媒股份有限公司

【推荐理由】蓝色火焰是一家集品牌代理、品牌内容营销、内容制作运营为一体的新媒体公司，是《同一首歌》的总代理，出品了大电影《快乐到家》《爸爸去哪儿》等。自2013年成功打通内容制作运营与品牌内容营销业务，构建了影视生产全产业链后身价不断大涨；2014年4月被华录百纳以25亿全额收购，实现曲线上市；后又出品了第2季《最美和声》《女神的新衣》《勇敢的心》3档节目，逐渐成为中国最具影响力的综合性文化传媒公司之一。

> ➤ **携程旅行网**

【推荐理由】作为中国领先的在线旅行服务公司，携程成功整合了高科技产业与传统旅行业，被誉为互联网和传统旅游无缝结合的典范。2013年，携程成功在美国上市；2014年，携程不断强化基础业务并开辟新业务：8月，大手笔战略投资华远国际旅游，强化出境旅游的"一站式"服务能力；同时又牵手锦江之星试水酒店O2O，推动OTA佣金的传统营收模式的变革。9月，购买精致世纪号邮轮打造中国首个邮轮品牌Skysea，正式进军邮轮业，吹响了中国本土邮轮产业突破的号角。携程在近几年正不断突出品牌，完善综合性的旅游服务。

> ➤ **杭州玄机科技信息技术有限公司**

【推荐理由】玄机科技秉承"让深度知识的获得更有趣，让优质内容的传播更便捷"的理念，全力开创数字内容服务的新天地，其用10余年的时间塑造了动画品牌《秦时明月》，使其成为"中国最具影响力"的原创动画品牌；于2014年8月首映《秦时明月》大电影，成为暑期国产动画电影首日票房冠军；12月第5部《君临天下》登陆优酷土豆，好评不断。玄机科技在发展过程中探索出了一条"小说→动画片(播放授权)→网络视频+电视台+移动增值+海外发行→开发授权游戏+真人电视剧+电影+图书玩具等衍生品"的全产业链发展商业模式，未来的玄机科技值得期待。

▌三、中国文化企业领军人物推荐榜(排名不分先后)

> ➤ **马云 阿里巴巴集团董事局主席**

【推荐理由】2014年，马云掌舵的阿里巴巴登陆纽交所，跃升为仅次于谷歌的全球第二大互联网公司。从英语老师到商界巨鳄，马云改变了个人购物习惯、重塑了企业做生意的方法、引领了中国互联网经济的崛起，是数字时代的草根英雄。2014年，阿里巴巴上线娱乐宝、入股华数传媒、投资优酷土豆、收购文化中国、与华谊兄弟达成战略合作，在电商、金融之外，马云正挟资本、技术、互联网思维和马云式商业之道聚焦于"快乐"产业，一场电影产业乃至整个文化产业的新变革即将开幕。

> ➤ **于冬 博纳影业集团的董事长**

【推荐理由】2014年6月，于冬"未来电影公司都将给BAT打工"这一语道出了互联网影响下传统电影人的忧虑，但互联网下优质的内容将变得更加可贵，传统电影公司更需要互联网思维。于是2014年于冬带领博纳投资《后会无期》，成为粉丝电影的典型代表，是互联网思维与电影产品的结合典型案例；投资《智取威虎山3D》成为贺岁档的票房与口碑冠军，被誉为"2014年度观众最满意华语片"。一年前其联合发起的博纳诺亚影视基金，作为中国第一只市场化募集的影视专业投资基金，在14年投资的几部电影票房与市场回报收益颇高。未来将进一步布局本土电影和好莱坞市场，增加海外合作，同时进军全产业链。

➤ 黎瑞刚 上海文化广播影视集团有限公司董事长

【推荐理由】黎瑞刚是上海广播电视台党委书记、上海文化广播影视集团有限公司董事长、东方明珠新媒体股份有限公司董事长、华人文化产业投资基金董事长。2014年，在黎瑞刚布局及领导下，上海文化广播影视集团与上海东方传媒集团有限公司实现整合，原百视通和原东方明珠资产合并重组，成为中国A股首家市值超过千亿元的传媒文化类上市公司。在黎瑞刚的领导下，上海文广集团被打造为中国最大的省级广电媒体及综合文化产业集团。

➤ 陈海燕 江苏凤凰出版传媒集团董事长

【推荐理由】自2011年担任凤凰出版传媒集团董事长之后，不断带领集团顺应时代，加快出版创新，提出将原来出版产业链的概念提升为产业生态圈的理念。2014年7月成功带领凤凰出版传媒集团并购美国出版国际公司，成就了中国出版业最大跨国并购案，实现了有声童书全球市场的崭新布局。目前，凤凰出版传媒在新闻出版业总体经济规模和实力评估中名列第一，是中国规模最大、实力最强的出版产业集团。

➤ 王健林 万达集团股份有限公司董事长

【推荐理由】2012年万达院线收购美国AMC影院公司，成为世界第一大院线，占有全球近10%的市场份额。新注册成立北京万达文化产业集团，注册资本50亿元，资产310亿元，成为国内最大的文化产业企业。而从2013年起，万达影视传媒公司计划每年投资不少于8部影片。正因为王健林一直遵循产业规模化经营的思路，万达才成为目前中国文化产业领域的旗舰型企业。在中国文化产业还处于小、散、乱的发展初期，万达通过信息化的技术，降低管理成本和运营成本，用新的产业模式引领发展，同时引进全球顶尖人才，推动文化产业快速发展。

➤ 雷军 小米科技有限公司CEO

【推荐理由】小米科技有限公司是一家专注于智能手机自主研发的移动互联网公司。米聊、MIUI、小米手机是小米公司的3大核心业务，"为发烧而生"是小米的产业理念。作为公司的领头羊，雷军一直在向国家先进模式学习，追求高品质的原创产品，他首创了用互联网模式开发手机操作系统、发烧友参与开发改进的模式；以线上抢购的模式发售小米产品，引发抢购热潮。雷军对于原创、高品质的追求以及其所采用的独特营销模式使其被誉为"中国的乔布斯"。

➤ 王潮歌　观印象艺术发展有限公司总裁、"印象系列"总导演、总编剧

【推荐理由】王潮歌女士率领的"观印象"团队，秉承艺术创新和商业创新两大原则，成功打造了"印象"品牌，并推出了"印象系列"实景演出《印象刘三姐》《印象西湖》等"印象系列"山水实景演出；又推出"又见"品牌《又见平遥》《又见五台山》情境体验剧，参与创作纽约大都会歌剧院歌剧《秦始皇》、北京奥运会开闭幕式、上海世博会等，实现跨区域、跨行业、跨产业链条等多种形式的品牌延伸，大力带动了地方文化旅游产业链，塑造了文化产业全新模式，成为当代文化创意产业的成功范本及新标杆。

➤ 蔡东青　奥飞动漫文化股份有限公司董事长

【推荐理由】蔡东青所创的"火力少年王"品牌悠悠球产品自2005年诞生至今，累计市场销售额达到30亿元，销售数量约为1.4亿个，创下世界该产品的销售纪录。2012年他与美国孩之宝的跨国合作，启动了奥飞动漫国际化战略起点，为奥飞动漫获得快速全球化的品牌营销渠道，加速其海外市场开拓和国际化进程，亦是中国原创动漫和玩具品牌走向全球的契机。2014年，他带领奥飞动漫以IP(知识产权)为核心，完善产业链并构筑开放平台，同时加快国际化发展步伐，持续开展全球并购，"新时代中国迪士尼"的目标得到稳步推进。

➤ 杨文艳　炫动传播股份有限公司总经理

【推荐理由】杨文艳一直在探索在公司内部打通一个动画创作的畅通模式，即如何在公司内部，把播出、产业等各自的信息、能力反馈到前期创意过程中，这个机制和模式同时也向外开放。通过全产业链经营，炫动有优势采用相应的创投模式，为作品的市场表现保驾护航，避免作品做出来以后才发现同类型作品已成红海，或是不适合受众，同时也避免了动画形象在未来的衍生当中受到局限。

➤ 杨丽萍　云南杨丽萍文化传播股份有限公司董事长

【推荐理由】2014年，杨丽萍创立的云南文化于10月正式登陆新三板，成为第一家上市的舞蹈公司，而其本人也完成了从艺术家到企业家的完美蜕变。2014年，在杨丽萍带领下的云南文化可谓"一路畅行"：2014年春晚，小彩旗连续旋转4小时，无疑是打造接班人的成功案例；3月，成立杨丽萍影视发展有限公司；4月，"杨丽萍设

计"系列品牌产品上线首发；下半年，集现代舞、京剧等为一体的《十面埋伏》，预先展示反响强烈；11月，《2014版云南映象》首演国家大剧院。培养后备力量、加快剧目制作、加强内容创新、拓展模式多元，杨丽萍成功实现了资本与艺术共舞，财富与文化齐飞的和谐格局。

▌四、中国文化企业品牌案例

详见《中国文化企业品牌案例》，清华大学出版社，2015年版。